Schritte
PLUS NEU 3 Niveau A2.1

Deutsch als Zweitsprache
Lehrerhandbuch

Susanne Kalender
Petra Klimaszyk

Hueber Verlag

Symbole / Piktogramme		Abkürzungen	
	Binnendifferenzierung	EA:	Einzelarbeit
	Achtung	GA:	Gruppenarbeit
	Ausspracheübung	HA:	Hausaufgabe
TiPP	methodisch-didaktischer Tipp	PA:	Partnerarbeit
	landeskundliche Informationen	PL:	Plenum
ZDM	Hier kann eine bestimmte Aufgabe aus der Rubrik „Zwischendurch mal …" eingeschoben werden.	WPA:	wechselnde Partnerarbeit
	Zu dieser Aufgabe gibt es einen Film.	IWB:	interaktives Whiteboard

7.   6.   5. | Die letzten Ziffern
2029 28 27 26 25 | bezeichnen Zahl und Jahr des Druckes.
Alle Drucke dieser Auflage können, da unverändert,
nebeneinander benutzt werden.
1. Auflage
© 2017 Hueber Verlag GmbH & Co. KG, München, Deutschland
Redaktion: Büro Veronika Kirschstein, Lektorat und Projektmanagement, Gondelsheim
Illustrationen: Jörg Saupe, Düsseldorf
Umschlaggestaltung: Sieveking Agentur, München
Gestaltung und Satz: Sieveking Agentur, München
GPSR-Kontakt: Hueber Verlag GmbH & Co. KG, Baubergerstraße 30, 80992 München,
kundenservice@hueber.de
Druck und Bindung: Friedrich Pustet GmbH & Co. KG, Gutenbergstraße 8, 93051 Regensburg,
technik@pustet.de
Printed in Germany
ISBN 978–3–19–311083–1

Art. 530_20050_001_05

Inhalt

Schritte plus Neu ist die umfassende Neubearbeitung des Lehrwerks *Schritte plus*.

1 Rahmenbedingungen

Schritte plus Neu ist ein Lehrwerk für Lernende auf den Niveaustufen A1, A2 und B1 des Gemeinsamen Europäischen Referenzrahmens (GER), die in einem deutschsprachigen Land leben oder arbeiten möchten. Ziel ist es, den Lernenden die Integration in Alltag und Beruf zu erleichtern und alltägliche Situationen sprachlich zu bewältigen.

Schritte plus Neu geht bei der Stoffauswahl von den Vorgaben des GER aus und deckt die Lernziele des Rahmencurriculums für Integrationskurse des Bundesamts für Migration und Flüchtlinge sowie die Prüfungsvorgaben der Prüfungen *Start Deutsch 1* und *2*, des *Deutsch-Tests für Zuwanderer (DTZ)*, der *Goethe-Zertifikate (A2, B1)* und des *Zertifikats Deutsch* ab.

2 Aufbau *Schritte plus Neu*

2.1 *Schritte plus Neu* in sechs oder drei Bänden

Schritte plus Neu liegt in einer sechsbändigen Ausgabe (Arbeitsbuch integriert) und einer dreibändigen Ausgabe (Arbeitsbuch separat) vor:

Schritte plus Neu 1 *Schritte plus Neu 2* oder *Schritte plus Neu 1+2*	A1 / *Start Deutsch 1*
Schritte plus Neu 3 *Schritte plus Neu 4* oder *Schritte plus Neu 3+4*	A2 / *Start Deutsch 2*, *Goethe-Zertifikat A2*
Schritte plus Neu 5 *Schritte plus Neu 6* oder *Schritte plus Neu 5+6*	B1 / *Deutsch-Test für Zuwanderer*, *Zertifikat Deutsch*, *Goethe-Zertifikat B1*

2.2 Die Bestandteile von *Schritte plus Neu*

Schritte plus Neu bietet ein umfangreiches Angebot an Materialien und Medien, die aufeinander abgestimmt und eng miteinander verzahnt sind:

- ein Kursbuch
- ein Arbeitsbuch
- ein Medienpaket mit den Audio-CDs zum Kursbuch und einer DVD mit den Filmen zum Kursbuch
- eine digitale Ausgabe von Kursbuch und Arbeitsbuch mit allen Audios und Filmen
- eine App mit allen Audios und Filmen zu Kurs- und Arbeitsbuch
- ein Lehrerhandbuch
- Glossare zu verschiedenen Ausgangssprachen
- Intensivtrainer
- Berufstrainer
- Testtrainer
- eine Übungsgrammatik

Der Lehrwerkservice im Internet unter www.hueber.de/ schritte-plus-neu enthält u. a.:

- ausführliche Unterrichtspläne zu Kurs- und Arbeitsbuch
- zahlreiche Kopiervorlagen, z. B. zu den Transferaufgaben/ Aktivitäten im Kurs und den Filmen
- ein Lerner-Portfolio
- interaktive Zusatzübungen für die Lernenden zu den Selbsttests im Arbeitsbuch
- alle Audios zum Kurs- und Arbeitsbuch

Der Lehrwerkservice wird sukzessive immer wieder mit aktuellen Informationen und zusätzlichen Angeboten für den Unterricht ergänzt.

2.3 Medienüberblick: Die Verfügbarkeit von Filmen, Hörtexten, interaktiven Übungen und Kopiervorlagen

Material	Medienpaket	Lehrwerkservice www.hueber.de/schritte-plus-neu	App*	LHB
Hörtexte Kursbuch	x	x	x	
Hörtexte Arbeitsbuch		x	x	
Audio-Dateien zur Foto-Hörgeschichte	x	x	x	
Foto-Hörgeschichte als Slide-Show	x		x	
„Tims Film"	x		x	
Kopiervorlagen zu „Tims Film"		x		
Filme zu „Zwischendurch mal ..."	x		x	
Audiotraining	x	x	x	
Videotraining	x		x	
Lektionstests				x
Kopiervorlagen zu den Lernschritten				x
Kopiervorlagen zu den Aktivitäten im Kurs		x		
Interaktive Übungen zu den Selbsttests im AB		x		
Kopiervorlagen zum Portfolio		x		

* Mit der neuen, kostenlosen *Hueber Media*-App können alle Filme und Hörtexte ganz einfach per Smartphone oder Tablet direkt aus dem Buch heraus abgerufen werden. Sie sind jederzeit verfügbar und somit ideal einsetzbar für das individuelle Lernen und Wiederholen. Die App ist im App Store oder Google Play Store verfügbar.

3 Das Kursbuch

Jeder Band von *Schritte plus Neu* enthält sieben Lektionen. Diese folgen einem klaren und einheitlichen Aufbau.

Aufbau einer Lektion

Die Foto-Hörgeschichte
Motivierender Einstieg über eine Foto-Hörgeschichte mit hoher Identifikationsmöglichkeit für die Lernenden

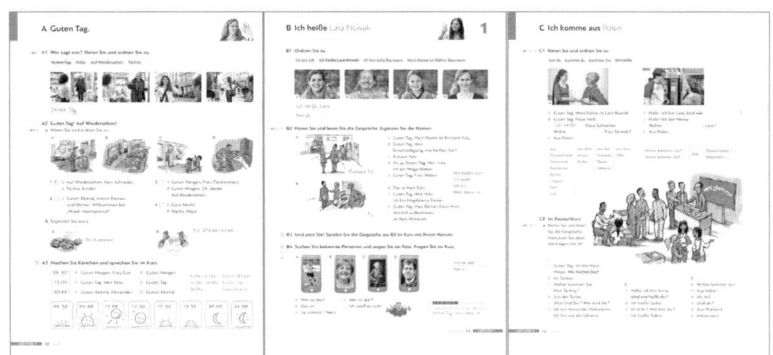

Die Seiten A bis C
Einführung und Einübung des neuen Lernstoffs in abgeschlossenen Einheiten

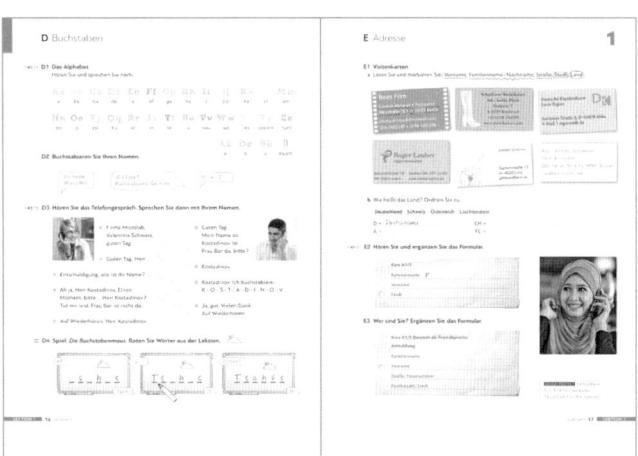

Die Seiten D und E
Training und Erweiterung der rezeptiven und produktiven Fertigkeiten

Die Seiten „Grammatik und Kommunikation"
- Übersicht über Grammatikstrukturen und Redemittel, dazu Übungen, Tipps, Visualisierungen und Merkhilfen
- Übersicht über Lernziele und Möglichkeit zur Selbstevaluation
- Verweis auf Videotraining und Audiotraining

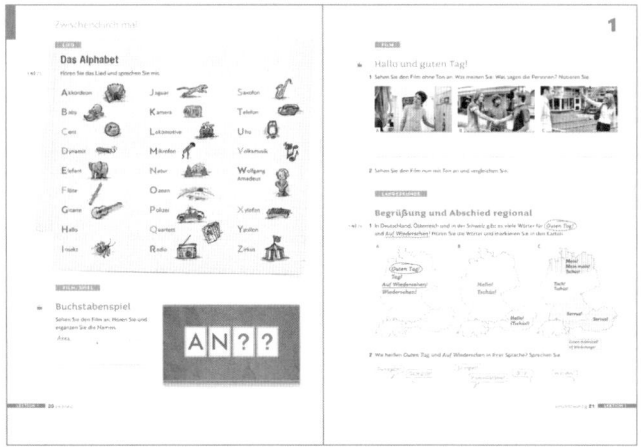

Die Seiten „Zwischendurch mal ..."
Fakultatives Angebot mit Filmen, Projekten etc. zum variablen Einsatz im Unterricht

Konzeption — Das Kursbuch

3.1. Die Foto-Hörgeschichte

Jede Lektion beginnt mit einer Foto-Hörgeschichte. Die Lernenden begleiten den jungen Deutschlerner Tim in seinem Alltag. Dadurch wird ein motivierender Einstieg geschaffen, der nah an der Lebenssituation der Lernenden ist und durch die emotional ansprechenden Inhalte zu größeren Lernerfolgen führt.
Die Foto-Hörgeschichte bildet den sprachlichen und thematischen Rahmen der Lektion: Sie führt die Kommunikationsmittel und den grammatischen Stoff in einer zusammenhängenden Episode ein und entlastet damit den Lernstoff. Zugleich trainiert sie das globale Hörverstehen. Die Geschichte kann über die Audios 🔊 gehört werden, während die Lernenden parallel die Fotos im Kursbuch ansehen. Sie steht aber auch als Slide-Show 🎞 zur Verfügung und kann im Unterricht am interaktiven Whiteboard gezeigt werden (→ siehe „2.3 Medienüberblick" auf S. 5).

„Tims Film"
Ergänzt wird die Foto-Hörgeschichte jeweils durch einen kleinen Film („Tims Film"). 🎬
Tims Film

Diese Filmsequenzen erzählen kurze Alltagsszenen aus der Perspektive der Hauptfiguren Tim und Lara und lassen diese dadurch noch lebendiger werden. Darüber hinaus wird das Hör-Sehverstehen geschult. Diese Filme sind fakultativ einsetzbar und können gemeinsam im Unterricht angesehen werden, eignen sich aber auch gut zum selbstständigen Nachbereiten und Ansehen zu Hause. Eine Kurzbeschreibung des Filminhalts sowie konkrete Vorschläge, an welchen Stellen die Filme im Unterrichtsablauf der Lektion eingesetzt werden können, finden Sie in diesem Lehrerhandbuch am Ende der Hinweise zu den Foto-Hörgeschichten. Tipps, Hinweise zum Einsatz im Unterricht sowie Kopiervorlagen zu den Filmen finden Sie im Lehrwerkservice unter www.hueber.de/schritte-plus-neu (→ siehe „2.3 Medienüberblick" auf S. 5).

3.2 Die Seiten A bis C

Die **Kopfzeile** enthält ein Zitat aus der Foto-Hörgeschichte und repräsentiert den Lernstoff der Seite. Die neue Struktur ist fett hervorgehoben. So können Sie und die TN sich rasch orientieren.

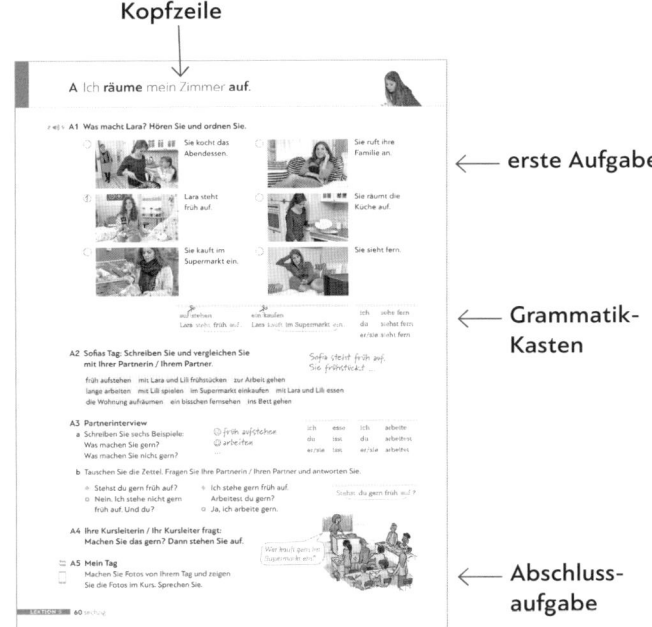

Die **erste Aufgabe** dient der Einführung des neuen Stoffs. Sie bezieht sich ebenfalls im weiteren Sinne auf die Foto-Hörgeschichte und schafft damit den inhaltlichen und sprachlichen Kontext für die neu zu erlernenden Strukturen.

Der **Grammatik-Kasten** fasst den Lernstoff übersichtlich zusammen und macht ihn bewusst. In den **folgenden Aufgaben** üben die TN den Lernstoff zunächst gelenkt und dann in freierer Form.

Die **Abschlussaufgabe** ist mit dem Piktogramm 🔁 gekennzeichnet und dient dem Transfer des Gelernten in den persönlichen Anwendungsbereich (z. B. über sich selbst sprechen oder schreiben, seine Meinung sagen) oder bietet die Möglichkeiten, den Lernstoff auf spielerische Art und Weise aktiv und interaktiv anzuwenden. Manche Aufgaben sind zusätzlich mit dem Piktogramm 📱 versehen. Dieses weist darauf hin, dass die TN bei dieser Aufgabe ihr Smartphone oder Tablet nutzen können. Hinweise dazu finden Sie in diesem Lehrerhandbuch jeweils bei den didaktischen Vorschlägen zu den entsprechenden Aufgaben. Der Einsatz dieser Medien ist jedoch fakultativ!
Hinweis: Zur Vereinfachung und Unterstützung Ihrer Unterrichtsvorbereitung finden Sie zu vielen der Abschlussaufgaben Kopiervorlagen im Lehrwerkservice unter www.hueber.de/schritte-plus-neu.

3.3 Die Seiten D und E

Die Seiten D und E dienen der Vertiefung und Erweiterung der vier Fertigkeiten Lesen – Hören – Schreiben – Sprechen. Die Textsorten zu den Fertigkeiten Lesen und Hören entsprechen ebenso den Anforderungen der Niveaustufe A 2 wie die Sprech- und Schreibanlässe (→ siehe „5.2 Fertigkeitstraining" auf S. 12).

3.4 Übersicht: Grammatik und Kommunikation

Diese Doppelseite gibt einen Überblick über die neue Grammatik und die wichtigen Wendungen der Lektion. Mithilfe der Übersicht kann der Stoff der Lektion selbstständig wiederholt und nachgeschlagen werden. Die Übersicht enthält zudem Verweise auf die *Schritte Übungsgrammatik*.

Darüber hinaus soll auf dieser Seite mit kleinen Aufgaben, Tipps, Merkhilfen und Visualisierungen auch wiederholend und vertiefend gearbeitet werden. Diese sind den Grammatiktabellen oder den Redemittelkästen jeweils am rechten Rand direkt zugeordnet. Auf dieses Zusatzangebot kann entweder im Unterricht eingegangen werden oder Sie weisen Ihre Lerner darauf hin, wie sie mit diesen Seiten sinnvoll eigenständig arbeiten und sie zum Nachschlagen nutzen können. Entsprechende Hinweise finden Sie in diesem Lehrerhandbuch auf den Seiten 18/19 und in den didaktischen Hinweisen direkt bei den Aufgaben mit den jeweiligen Grammatikthemen bzw. Wendungen. Sollten mehrere Verweise zu einem Grammatik-Teil vorkommen, dann steht die kurze Anleitung an der „Hauptstelle" und von den „Nebenstellen" wird auf die Hauptstelle verwiesen.

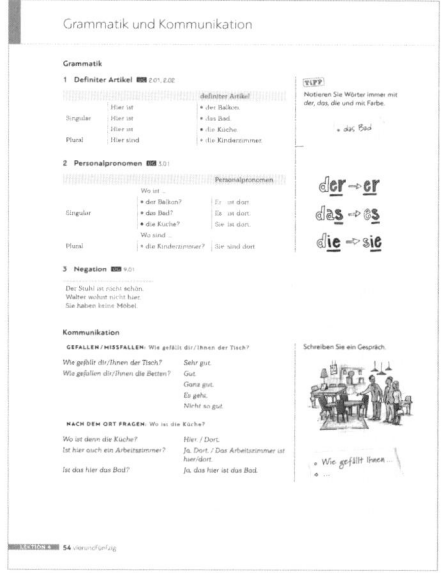

Die Rubriken „Audiotraining" und „Videotraining" verweisen auf ein umfangreiches fakultatives Trainingsangebot, das Lernende und Lehrende im Medienpaket, im Internet und über Smartphone/Tablet abrufen können. (→ siehe „2.3 Medienüberblick" auf S. 5).

Sie können die Übungen zum Audiotraining und Videotraining anfangs in den Unterricht integrieren, um Ihre TN mit diesen Übungsformen vertraut zu machen und sie später zur selbstständigen Beschäftigung mit diesem Zusatzangebot anregen.

Eine Kurzbeschreibung des Inhalts und mögliche Vorgehensweisen finden Sie in diesem Lehrerhandbuch unter → „5.12 Arbeit mit den Übersichtsseiten ‚Grammatik und Kommunikation'" auf den Seiten 18/19 und direkt in den didaktischen Hinweisen zur jeweiligen Lektion.

Audiotraining

Das Audiotraining umfasst jeweils drei Übungen zum Wiederholen, Üben und mündlichen Einschleifen der wichtigen Wendungen der Lektion.

Videotraining

Kleine Filmsequenzen mit den Hauptdarstellern der Foto-Hörgeschichte zeigen wichtige Redemittel und Strukturen der Lektion in kleinen Spielszenen und bieten ein aktives Übungsangebot für die Lernenden. Zu jeder Lektion gibt es einen Film, in dem wichtige Wendungen der Lektion präsentiert werden und die Lernenden aktiv einbezogen werden. Durch Nachsprechen oder Variieren von Redemitteln können sie das Gelernte festigen.

Den Abschluss der Doppelseite bildet die Übersicht über die Lernziele der Lektion. Diese schafft Transparenz und eignet sich zur Selbstevaluierung. Sie ist nach den Lernschritten A bis E gegliedert (→ siehe „5.12 Arbeit mit den Übersichtsseiten ‚Grammatik und Kommunikation'" auf S. 18).

3.5 Zwischendurch mal …

Auf diesen Doppelseiten finden Sie zwei bis vier kleine Angebote, die Sie fakultativ im Kurs einsetzen oder zur Binnendifferenzierung nutzen können.

Die Rubriken sind: Lied, Film, Spiel, Landeskunde, Projekt, Comic, Schreiben, Lesen, Hören, Gedicht.

Der Schwerpunkt dieser Aufgaben und Projekte liegt nicht mehr auf dem Erwerb und Einüben von Strukturen, sondern die Lernenden können hier das in der Lektion erworbene Wissen aktiv und oft spielerisch anwenden und erweitern. Diese Zusatzangebote sind völlig unabhängig voneinander und an verschiedenen Stellen der Lektion einsetzbar. Eine Beschreibung der Einsatzmöglichkeiten finden Sie in diesem Lehrerhandbuch unter „Zwischendurch mal ..." in der jeweiligen Lektion. Die Stellen im Unterrichtsablauf, an denen ein Angebot aus „Zwischendurch mal ..." eingesetzt werden könnte, sind mit diesem Symbol ZDM gekennzeichnet.

4 Das Arbeitsbuch

Im Arbeitsbuch finden Sie vielfältige Übungen und Aufgaben zu den Lernschritten A bis E für die Still- und Partnerarbeit im Kurs oder als Hausaufgabe. Auch hier erscheinen – wie auf der entsprechenden Kursbuchseite – in der Kopfzeile ein Zitat und ein Foto aus der Foto-Hörgeschichte als Strukturierungs- und Memorierungshilfe.

4.1 Basisübungen – Vertiefungsübungen – Erweiterungsübungen

Die Übungen und Aufgaben berücksichtigen unterschiedliche Lernniveaus innerhalb des Kurses und bieten so Möglichkeiten zur Binnendifferenzierung. Die Aufgaben sind folgendermaßen gekennzeichnet:
- Keine Kennzeichnung: Basisübungen für alle TN
- ◇ : vertiefende Übungen für TN, die noch mehr üben wollen/müssen
- ❖ : erweiternde Übungen als Zusatzangebot oder Alternative für schnellere TN

4.2 Die Rubriken
Neben den oben beschriebenen Basis-, Vertiefungs- und Erweiterungsübungen finden Sie im Arbeitsbuch folgende Aufgaben:
- **Wiederholung:** Aufgaben, die den bereits gelernten Stoff aus den Bänden A1.1 und A1.2 wiederholen.
- **Schreibtraining:** eine Schreibaufgabe, passend zum Thema und den neuen Inhalten jeder Lektion
- **Grammatik entdecken:** Aufgaben, die neue Grammatikphänomene durch die Art der Aufgabenstellung bewusst machen und zum eigenen Entdecken des neuen Stoffs einladen
- **Prüfung:** Aufgaben, die in ihrem Aufbau genau den gängigen Prüfungsformaten der Prüfungen *Start Deutsch 1* und *2* sowie des *Deutsch-Tests für Zuwanderer (DTZ)*, der *Goethe-Zertifikate (A2, B1)* und des *Zertifikats Deutsch* folgen und zur Prüfungsvorbereitung eingesetzt werden können
- **Phonetik:** ein systematisches Aussprachetraining mit Übungen passend zur Lektion, das sich je nach Bedarf der TN gut in den Unterrichtsablauf integrieren lässt

4.3 Der Selbsttest
Den Abschluss jeder Arbeitsbuchlektion bildet ein Lernertest zur Selbstevaluation.

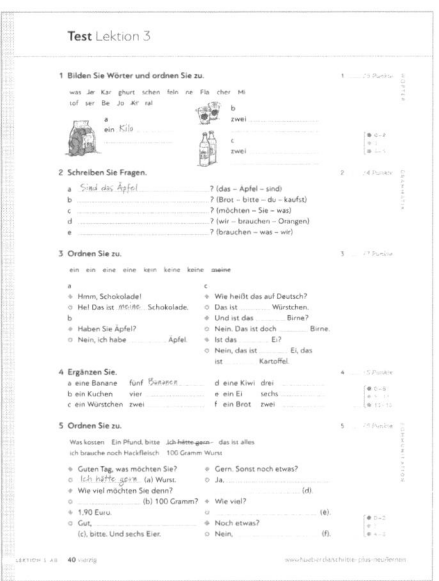

- drei Rubriken: Wörter – Grammatik – Kommunikation
- Punkteauswertung mit „Ampelsystem"
- Vertiefungs- und Erweiterungsübungen im Lehrwerkservice unter www.hueber.de/schritte-plus-neu/lernen

4.4 Die Fokus-Seiten

Die Inhalte der Fokus-Seiten am Ende jeder Arbeitsbuchlektion orientieren sich an konkreten Sprachhandlungen, die im Alltag der TN eine Rolle spielen. Sie greifen Lernziele auf, die im Rahmencurriculum für Integrationskurse festgeschrieben sind. Sie bieten zusätzliche Materialien zu den Aspekten „Alltag", „Beruf" und „Familie". Der Schwerpunkt liegt auf dem Thema „Beruf", das in jeder Lektion behandelt wird. Die Fokus-Seiten können fakultativ – jeweils den Bedürfnissen und Lerninteressen der TN entsprechend – im Unterricht behandelt werden. Methodisch-didaktische Hinweise zu jeder Lektion finden Sie in diesem Lehrerhandbuch.

4.5 Der Lernwortschatz

Am Ende des Arbeitsbuchs gibt es auf den Seiten LWS 1– LWS 26 ein integriertes „Wörterlernheft" in Form einer Liste mit dem Lernwortschatz und Visualisierungen zu Kernthemen der Lektion. Der Lernwortschatz ist chronologisch nach Lektionen sortiert und innerhalb der Lektion den Aufgaben zur Foto-Hörgeschichte sowie den Lernschritten A–E zugeordnet. Die TN können eigene Übersetzungen in ihrer Muttersprache ergänzen. Es gibt mehrere Memorierungshilfen für die TN: Zu jedem Wort gibt es einen Kontextsatz, der das Lernen des Wortes unterstützt. Zudem sind die Nomen mit farbigen Genuspunkten und Artikeln versehen. Am Ende des Lernwortschatzes jeder Lektion finden die TN eine bebilderte Darstellung eines Wortfelds sowie einen Lerntipp zum Wörterlernen.

4.6 Die Grammatikübersicht

Am Ende des Buches befindet sich eine Übersicht über den gesamten Grammatikstoff des Bands zum Nachschlagen. Die Übersicht enthält Verweise auf das Vorkommen in den Lektionen sowie auf die *Schritte Übungsgrammatik*.

5 Methodisch-didaktische Grundlagen und praktische Tipps

5.1 Arbeit mit der Foto-Hörgeschichte

Der Einstieg in jede Lektion erfolgt über eine Foto-Hörgeschichte. Diese ...

- ist authentisch: Die Sprache wird im Kontext vorgestellt. Die Lernenden können sich intensiv mit einer Geschichte auseinandersetzen, wodurch das Memorieren von Wörtern und Strukturen erleichtert und verbessert wird.
- ist motivierend: Die Fotos erleichtern eine situative und lokale Einordnung der Geschichte und aktivieren das Vorwissen. Durch die Kombination von Foto und Hörtext/Geräuschen verstehen die Lernenden eine zusammenhängende Episode. Sie erkennen, dass sie am Ende der Lektion in der Lage sein werden, eine ähnliche Situation sprachlich zu meistern.
- macht neugierig: Die Geschichten sind so amüsant, dass sie das Interesse der Lernenden wecken und zur Identifikation einladen.
- vermittelt implizit Landeskunde und regt zu interkulturellen Betrachtungen an.

Neben den Audio-Dateien steht Ihnen die Foto-Hörgeschichte auch als „Slide-Show" zur Verfügung. Diese können Sie im Unterricht am interaktiven Whiteboard abspielen und haben damit eine direkte Verknüpfung von Bild und Ton. Alternativ können die TN die Slide-Show zur Nachbereitung auf dem Smartphone oder Tablet ansehen (→ siehe „2.3 Medienüberblick" auf S. 5).

„Tims Film"
Die Foto-Hörgeschichte wird ergänzt durch kleine Filme. Jede Filmsequenz passt zur Foto-Hörgeschichte und erweitert das Thema der Foto-Hörgeschichte um einen Aspekt aus der Perspektive der Hauptfiguren Tim und Lara. Die Hauptfiguren erzählen in kleinen „Handyfilmen" ergänzende Geschichten aus ihrem Alltag. Dies lässt Geschichte und Figuren lebendiger werden, vermittelt darüber hinaus vertiefende landeskundliche Inhalte und bietet motivierende Sprechanlässe.

Praktische Tipps:
Arbeit mit der Foto-Hörgeschichte

Beginnen Sie den Unterricht nicht direkt mit dem Hören der Geschichte. Die TN lösen zu jeder Episode Aufgaben vor dem Hören, während des Hörens und nach dem Hören. Generell sollten Sie die Geschichte so oft wie nötig vorspielen und ggf. an entscheidenden Passagen stoppen. Achten Sie darauf, jede Episode mindestens einmal durchgehend vorzuspielen.

Hören Sie am Ende jeder Lektion die Geschichte mit den TN noch einmal. Das ermutigt sie, denn sie können erleben, wie viel sie im Vergleich zum allerersten Hören nun schon verstehen, und das fördert die Motivation.

Aufgaben vor dem Hören
Die Aufgaben vor dem Hören machen eine situative Einordnung der Geschichte möglich. Sie führen neue, für das Verständnis wichtige Wörter der Geschichte ein und lenken die Aufmerksamkeit auf die im Text wichtigen Passagen und Schlüsselwörter. Für die Vorentlastung bieten sich außerdem viele weitere Möglichkeiten:

Fotosalat und Satzsalat
Kopieren Sie die Fotos und schneiden Sie die einzelnen Fotos aus. Achten Sie darauf, die Nummerierung auf den Fotos wegzuschneiden. Die Bücher bleiben geschlossen. Verteilen Sie je ein Fotoset an Kleingruppen mit 3 bis 4 TN. Die TN legen die Fotos in eine mögliche Reihenfolge, hören die Geschichte mit geschlossenen Büchern und vergleichen die Foto-Hörgeschichte mit ihrer Reihenfolge. Sie korrigieren ggf. ihre Reihenfolge.
Diese Übung kann um Satzkarten erweitert werden: Schreiben Sie zu den Fotos einfache Sätze oder Zitate aus der Geschichte auf Kärtchen, die die TN dann den Fotos zuordnen. Sie können hier auch zwischen geübteren und ungeübteren TN differenzieren, indem Sie geübteren TN weniger Vorgaben und Hilfen an die Hand geben als den ungeübteren.
Auf fortgeschrittenerem Niveau können sich die TN zu ihrer Reihenfolge der Fotos eine kleine Geschichte ausdenken oder Minidialoge schreiben. Ihre Geschichte können sie dann beim Hören mit dem Hörtext vergleichen.

Poster
Jede Foto-Hörgeschichte gibt es auch als großes Poster, das Sie im Kursraum aufhängen können oder für einen Fotosalat verwenden können. Wenn Sie nur ein Poster haben, geben Sie je ein aus dem Poster ausgeschnittenes Foto an eine Kleingruppe. Die Gruppen versuchen dann, den richtigen Platz in der Geschichte für ihr Foto zu finden, und entwickeln eine gemeinsame Reihenfolge. So müssen sich alle beteiligen und mitreden. Alternativ können die TN aus ihrer Gruppe auch je einen TN bestimmen, der sich mit den anderen gewählten TN vor dem Kurs in der richtigen Reihenfolge aufstellen muss, sodass diese TN die Reihenfolge der Geschichte bilden und das Foto vor sich halten. Das macht Spaß, weil die TN sich bewegen müssen und womöglich mehrmals umgestellt werden, bis alle mit der Reihenfolge einverstanden sind.

Hypothesen bilden
Verraten Sie den TN nur die Überschrift der Lektion und zeigen Sie ggf. noch eines der Fotos auf Folie. Die TN spekulieren, soweit es die Sprachkenntnisse zulassen, worum es in der Geschichte gehen könnte (Wo? Wer? Was? Wie viele? Wie? Warum?). Oder die TN sehen sich die Fotos im Buch an und stellen Vermutungen über den Verlauf der

Handlung an. Das motiviert und macht auf die Geschichte neugierig. Zudem wird das spätere Hören in der Fremdsprache erleichtert, weil eine bestimmte Hör-Erwartung aufgebaut wird. Fortgeschrittenere Anfänger können sich im Vorfeld Minigespräche zu den Fotos überlegen und ein kleines Rollenspiel machen. Nach dem Hören vergleichen sie dann ihren Text mit dem Hörtext.

Situationsverwandte Bilder/Texte
Vielleicht finden Sie einen passenden Text oder ein Bild / einen Comic, den Sie verwenden können, um in das Thema einzuführen und unbekannten Wortschatz zu klären. Diese Übungsform eignet sich, wenn Sie erst ganz allgemein auf ein Thema hinführen wollen, ohne die Fotos aus der Foto-Hörgeschichte schon zu zeigen. Zeigen Sie z.B. beim Thema „Einkauf" das Bild eines gefüllten Einkaufskorbs. Die TN nennen die ihnen bekannten Lebensmittel. Dadurch wird das Vorwissen der TN aktiviert.

Aufgaben während des Hörens
Die TN sollten die Geschichte mindestens einmal durchgehend hören, damit der vollständige Zusammenhang gegeben ist. Dabei ist es nicht wichtig, dass die TN sofort alles erfassen. Sie haben verschiedene Möglichkeiten, den TN das Verstehen zu erleichtern:

Mitzeigen
Beim Wechsel von einem Foto zum nächsten ist ein „Klick" zu hören, der es den TN erleichtert, dem Hörtext zu folgen. Bei jedem Klick können die TN wieder in die Geschichte einsteigen und mithören, falls sie den Faden einmal verloren haben sollten. Als weitere Hilfestellung können Sie zumindest in den ersten Stunden einen TN bitten, auf dem Poster der Foto-Hörgeschichte mitzuzeigen. Die übrigen TN zeigen in ihrem Buch mit, sodass Sie kontrollieren können, ob alle der Geschichte folgen können.

Wort-/Bildkärtchen
Stellen Sie im Vorfeld Kärtchen mit Informationen aus der Foto-Hörgeschichte her (z.B. Lektion 5: Bild- oder Verbkärtchen mit den Tätigkeiten der Familie). Die TN hören die Geschichte mit geschlossenen Büchern und legen die Kärtchen während des Hörens in die Reihenfolge, in der die Informationen in der Geschichte vorkommen.

Antizipation
Wenn die TN wenig Verständnisschwierigkeiten beim Hören haben bzw. wenn die TN schon geübter sind, können Sie die Foto-Geschichte natürlich auch während des Hörens immer wieder stoppen und die TN ermuntern, über den Fort- und Ausgang der Geschichte zu spekulieren. Allerdings sollten Sie die Geschichte im Anschluss auch einmal durchgehend vorspielen.

Aufgaben nach dem Hören
Die Aufgaben nach dem Hören dienen dem Heraushören von Kernaussagen. Sie überprüfen, ob die Handlung global

verstanden wurde. Lesen Sie die Aufgaben gemeinsam mit den TN, geben Sie Gelegenheit zu Wortschatzfragen und spielen Sie die Geschichte noch weitere Male vor, um den TN das Lösen der Aufgaben zu erleichtern. Stoppen Sie die Geschichte ggf. an den entscheidenden Passagen, um den TN Zeit für die Eintragung ihrer Lösung zu geben. Darüber hinaus können Sie die Foto-Hörgeschichte für weitere spielerische Aktivitäten im Unterricht nutzen und so den Wortschatz festigen und erweitern:

Rollenspiele
Vor allem schon geübtere TN können kleine Gespräche zu einem oder mehreren Fotos schreiben. Diese Gespräche werden dann vor dem Plenum als kleine Rollenspiele nachgespielt oder mit dem Smartphone aufgenommen und dann gezeigt. Regen Sie die TN auch dazu an, die Geschichte weiterzuentwickeln und eine Fortsetzung zu erfinden.

Pantomime
Stoppen Sie das Audio beim zweiten oder wiederholten Hören jeweils nach der Rede einer Person. Bitten Sie die TN, in die jeweilige Rolle zu schlüpfen. Lassen Sie die TN pantomimisch darstellen, was sie soeben gehört haben. Fahren Sie dann mit der Foto-Hörgeschichte fort. Wenn die TN schon geübter sind, können die TN die Geschichte pantomimisch mitspielen, während Sie diese noch einmal vorspielen.

Kursteilnehmerdiktat
Die TN betrachten die Fotos. Ermuntern Sie einen TN, einen beliebigen Satz zu einem der Fotos zu sagen, z.B. „Heute ist das Wetter gut." Alle TN schreiben diesen Satz auf. Ein anderer TN setzt die Aktivität fort, z.B. „Wir machen heute ein Picknick." etc. So entsteht eine kleine Geschichte oder ein Dialog. Die TN sollten auch eine Überschrift für ihren gemeinsam erarbeiteten Text finden. Schreiben Sie oder einer der TN auf der Rückseite der Tafel oder auf Folie mit, damit die TN abschließend eine Möglichkeit zur Korrektur ihrer Sätze haben. Diese Übung trainiert nicht nur eine korrekte Orthografie, sondern dient auch der Wiederholung und Festigung von Wortschatz und Redemitteln.

Situationsverwandte Bilder/Texte
Auch nach dem Hören können Sie situationsverwandte Bilder oder Texte zur Vertiefung des Themas der Foto-Hörgeschichte nutzen. Die TN können die Unterschiede zwischen der Foto-Hörgeschichte und dem Text oder der Situation herausarbeiten. So könnte z.B. in Lektion 3 mithilfe einer Statistik über das Lieblingsessen der Deutschen dargestellt werden, welche Gerichte in Deutschland besonders oft auf den Tisch kommen.
Texte oder Bilder können auch in eine andere Situation überleiten und nach dem Hören der Foto-Hörgeschichte zur Erweiterung eingesetzt werden (z.B. Lektion 3: Eine Firmenkantine; weiterführend: ein kleines Café, ein Imbiss, ein Restaurant). Damit werden Wörter und Redemittel in einen anderen Zusammenhang transferiert und erweitert. Sie können so individuell auf die Interessen Ihres Kurses eingehen.

Phonetik

Die Foto-Hörgeschichte bietet sich sehr gut für das Aussprachetraining an, denn sie enthält viele für den Alltag wichtige Redemittel, die sich gut als Formeln merken lassen. Greifen Sie wesentliche Zitate/Passagen aus der Geschichte heraus, spielen Sie diese isoliert vor und lassen Sie die TN diese Sätze nachsprechen. Der Hörspielcharakter und der situative Bezug innerhalb der Foto-Hörgeschichte erleichtern den TN das Memorieren solcher Redemittel. Außerdem lernen die TN, auch emotionale Aspekte (Empörung, Freude, Trauer, Wut, Mitgefühl ...) auszudrücken. Schließlich kommt es nicht nur darauf an, was man sagt, sondern vor allem darauf, wie man es sagt. In jeder Sprache werden ganz unterschiedliche Mittel benutzt, um solche emotionalen Aspekte auszudrücken.

Nicht zuletzt können auch Modalpartikeln wie „doch", „aber", „eben" unbewusst eingeschliffen werden. Die Bedeutung von Modalpartikeln zu erklären ist im Anfängerunterricht schwierig und daher oft wenig sinnvoll. Mithilfe der Zitate aus der Foto-Hörgeschichte können die TN diese aber verinnerlichen und automatisch anwenden, ohne dass Erklärungen erforderlich sind.

Praktische Tipps:
Arbeit mit „Tims Film"

Es gibt mehrere Möglichkeiten für den Einsatz im Kurs:
- Sie können die Filme im Unterricht zeigen, nachdem Sie die Foto-Hörgeschichte durchgearbeitet haben. In diesem Lehrerhandbuch finden Sie Hinweise dazu, wie und wann Sie die Filme im Unterricht einsetzen können. Darüber hinaus gibt es im Lehrwerkservice unter www.hueber.de/schritte-plus-neu Arbeitsblätter zu jedem Film, die Sie im Kurs bearbeiten können (→ siehe „2.3 Medienüberblick" auf S. 5).
- Sie können die Filme im Unterricht auch als motivierenden Abschluss der Lektion zeigen.
- Die TN können die Filme nutzen, um ihr eigenes Verständnis des Lektionsstoffs zu überprüfen.
- Die Filme bieten neben der Foto-Hörgeschichte eine situative und authentische Einbindung des Lernstoffs, sodass die TN sehen, wo und wie sie das Gelernte umsetzen können.
- Die TN nutzen die Filmvorlage für entsprechende eigene kleine Handyfilme, z. B. im Rahmen eines kleinen Projekts. Anschließend zeigen die TN ihre Filme im Kurs oder stellen sie auf die Lernplattform.
- Alternativ können sich die TN analog zu den Handyfilmen weitere Situationen ausdenken, eigene Rollenspiele entwickeln und diese im Kurs präsentieren.
- Wenn Sie keine Möglichkeit haben, Filme im Unterricht zu zeigen, sollten Sie Ihre TN auf jeden Fall auf das Filmsymbol hinweisen. Sie können die Filme dann im Internet über ihre Smartphones/Tablets abrufen und haben damit eine motivierende Möglichkeit, den Lernstoff zu wiederholen (→ siehe „2.3 Medienüberblick" auf S. 5).

5.2 Fertigkeitstraining: Lesen – Hören – Schreiben – Sprechen

Das gezielte Fertigkeitstraining spielt in *Schritte plus Neu* eine tragende Rolle. Sowohl die rezeptiven Fertigkeiten (Lesen und Hören) als auch die produktiven Fertigkeiten (Schreiben und Sprechen) werden systematisch geübt.

Lesen

Die TN üben das Lesen anhand einfacher authentischer Textsorten. Dazu gehören auf dem Niveau A2 Diagramme, Prospekte, Kataloge, Anzeigen, E-Mails und Mitteilungen/Nachrichten. Kurze Zeitungsartikel, Blogeinträge und Reportagen runden das Programm ab.

Hören

Die TN lernen, Kernaussagen und wichtige Informationen aus alltagsrelevanten Textsorten zu entnehmen. Dazu gehören z. B. Lautsprecherdurchsagen, automatische Telefonansagen, Meldungen im Radio etc.

Schreiben

Die TN lernen, sich Notizen zu machen sowie persönliche E-Mails, Kurznachrichten und Mitteilungen zu schreiben. Um die Schreibfertigkeit der TN aufzubauen, enthält das Arbeitsbuch ein systematisches Schreibtraining.

Sprechen

Die TN werden zur sprachlichen Bewältigung von Alltagsgesprächen hingeführt. Dazu gehören z. B. das Bitten um Informationen, Terminabsprachen, Entschuldigungen und Einladungen. Sprechen auf der Niveaustufe A2 heißt: Fragen stellen und Antworten geben. In *Schritte plus Neu 3* und *4* üben die TN daher häufig kurze Frage-Antwort-Gespräche oder offene Gespräche über für sie relevante Themen.

5.3 Grammatikvermittlung

Die Grammatikprogression in *Schritte plus Neu* orientiert sich an den Lernzielen des Rahmencurriculums für Integrationskurse und den Vorgaben der Prüfung *DTZ*. In übersichtlichen kurzen Lernschritten werden die Strukturen in kleinen „Portionen" eingeführt und intensiv geübt. Häufige Wiederholungsschleifen festigen das Gelernte und bereiten auf die Erweiterung einer grammatischen Struktur vor. Dort, wo es sich anbietet, wird der neue Stoff auch induktiv eingeführt, d. h. die TN erarbeiten und entdecken neue Strukturen/Paradigmen mithilfe der Aufgaben selbst. Deshalb werden ab *Schritte plus Neu 2* manche Grammatik-Kästen von den TN selbst ausgefüllt.

Von Anfang an gibt es im Arbeitsbuch die Rubrik „Grammatik entdecken", die den TN neue Grammatikphänomene durch die Art der Aufgabenstellung bewusst macht und zum eigenen Entdecken des neuen Stoffs einlädt.

Grammatik-Kasten

Der Grammatik-Kasten fasst den neuen Stoff anhand von Beispielen einfach und verständlich zusammen. Farbsignale ersetzen Regelerklärungen, die die TN im Anfängerunterricht noch gar nicht verstehen würden.

Das Erlernen des Artikelsystems wird durch eine besondere Farbkennzeichnung unterstützt:

(blau) • der Fernseher, -
(grün) • das Bett, -en
(rot) • die Dusche, -n
(gelb) • die Möbel (Pl.)

Diese Farbkodierung, die sich durch alle Bestandteile des Lehrwerks zieht, unterstützt als Memorierungshilfe den Lernprozess (→ siehe „4.5 Lernwortschatz" auf S. 9).

Praktische Tipps: Arbeit mit den Grammatik-Kästen

- Schreiben Sie die Beispiele aus den Grammatik-Kästen an die Tafel / ans IWB und heben Sie die neuen Strukturen – wie im Grammatik-Kasten – visuell hervor. Verweisen Sie auf die erste Aufgabe auf den A – C-Seiten und zeigen Sie die dahinterstehende Struktur auf.
- Die TN sollten immer das Gefühl haben, Grammatik als Hilfsmittel für das Sprechen und Schreiben zu lernen und nicht als Selbstzweck. Zeigen Sie deshalb immer den konkreten kommunikativen Nutzen der erlernten Grammatik auf und arbeiten Sie mit Beispielen.
- Sollten Ihre TN ab Band 2 die Grammatik-Kästen selbst ausfüllen, ist es wichtig, dass Sie immer im Anschluss die richtige Lösung an der Tafel / am IWB präsentieren.
- Verweisen Sie im Verlauf der Unterrichtsstunde immer wieder auf den Grammatik-Kasten. Er soll den TN auch bei den anschließenden Anwendungsaufgaben als Gedächtnisstütze und Orientierungshilfe dienen.
- Der Grammatik-Kasten kann auch als Vorlage für Plakate dienen, die im Kursraum aufgehängt werden. Sie zeigen kurz und knapp das Wichtigste. Vor allem zu Beginn eines Kurses und bei lernungewohnten TN ist es sehr nützlich, wichtige Strukturen immer „im Blick" zu haben und schnell darauf verweisen zu können.
- Die Aufgaben „Grammatik entdecken" im Arbeitsbuch dienen dem induktiven Lernen. Sie können auch vor der Arbeit mit dem Grammatik-Kasten eingesetzt werden. Alternativ können Sie diese Aufgaben auch vertiefend bearbeiten, nachdem Sie die Strukturen erklärt haben.
- Verweisen Sie auch immer wieder auf die Tabellen auf der Übersichtsseite „Grammatik und Kommunikation" sowie die dort angebotenen Zusatzaufgaben und Memorierungshilfen.
- Achten Sie von Anfang an darauf, dass die TN neue Nomen mit dem Genuspunkt und der Pluralmarkierung (analog zum Lernwortschatz) und ab Band 2 auch die Verben immer mit dem Partizip Perfekt und dem entsprechenden Hilfsverb notieren.

5.4 Wortschatzvermittlung

Die Wortschatzprogression orientiert sich ebenfalls an den Lernzielen des Rahmencurriculums für Integrationskurse und den Vorgaben der Prüfung *DTZ*. Der Wortschatzarbeit liegen folgende Überlegungen zugrunde:

- Neuer Wortschatz wird mit bekannten Strukturen eingeführt, damit die TN sich auf die neuen Wörter konzentrieren können.
- Nach Möglichkeit werden Wortfelder eingeführt.
- Im Lernwortschatz am Ende des Arbeitsbuchs wird jedes neue Wort mit einem Kontextsatz aus der Lektion und einer Schreiblinie ergänzt, auf der die TN die Übersetzung in ihre Muttersprache eintragen können. Sie können sich damit selbst abfragen und den neuen Wortschatz im Kontext lernen. Zahlreiche Wörter und Wortfelder sind im Lernwortschatz visualisiert. Auch dies erleichtert das Vokabellernen.
- Kleine Lerntipps zum Vokabellernen im Lernwortschatz helfen den TN beim Spracherwerb.
  (→ siehe „4.5 Lernwortschatz" auf S. 9)

Praktische Tipps

- Achten Sie darauf, dass die TN von Anfang an gezielt ein Wörterbuch (oder eine Wörterbuch-App) benutzen. Das fördert das autonome Lernen.
- Nutzen Sie auch die Foto-Hörgeschichten für die Wortschatzarbeit. Die TN suchen im Wörterbuch passende Wörter zu den Fotos.
- Achten Sie auf regelmäßige Wiederholung der Lernwörter.
- Geben Sie regelmäßig die Lernwörter der jeweiligen Kursbuchseiten als Hausaufgabe und fragen Sie diese in der nächsten Stunde ab. Erstellen Sie zum Abfragen einen kleinen Lückentext mit Lücken für die neuen Wörter.
- Lassen Sie neue Wörter pantomimisch darstellen: Die anderen raten.
- Lassen Sie neue Wörter zeichnen: Die anderen raten.
- Umschreiben Sie die Wörter. Die TN raten das passende Wort.
- Erstellen Sie Bildkarten oder ein Bilder-Bingo, um den Wortschatz spielerisch zu wiederholen.
- Die TN bilden Wortketten im Rahmen eines „Ich packe meinen Koffer"-Spiels.
- Die TN erstellen Wortschatzübungen füreinander (Kreuzworträtsel, Buchstabensalat etc.).
- Die TN bilden zwei Gruppen, laufen abwechselnd zur Tafel und notieren neue Wörter.
- Die TN laufen im Kursraum herum und murmeln die neuen Wörter. Das hilft beim Einprägen.
- Ermuntern Sie die TN, neue Wortfelder in ihrem Portfolio zu notieren.
- Fragen Sie auch immer wieder Wörter aus vorhergegangenen Lektionen als Wiederholung ab, indem Sie z. B. ausgewählte Wörter auf Kärtchen schreiben und nach Wortarten, Artikeln oder Wortfeldern sortieren lassen.
- Weisen Sie die TN auf die Lerntipps zum Wörterlernen auf den Lernwortschatz-Seiten hin.

5.5 Automatisierung

Für einen erfolgreichen Spracherwerb ist es wichtig, neue Strukturen nicht nur kognitiv zu erfassen, sondern sie auch immer wieder einzuschleifen. Durch diese Automatisierung bekommen die TN ein Gespür für die neuen Strukturen. Durch das aktive Verwenden und Memorieren werden diese zu beherrschbarem Sprachmaterial. Die TN gewinnen Vertrauen in die Erlernbarkeit des Neuen. Dafür bietet *Schritte plus Neu* mehrere Möglichkeiten an:

- Variationsaufgaben: Kurze, alltagsbezogene Modellgespräche, die die TN variieren sollen.
- Audiotraining: Einschleifübungen zu Grammatik und Redemitteln der Lektion
- Videotraining: Präsentation und Einschleifübungen zu den Redemitteln der Lektion

Praktische Tipps zum Audio- und Videotraining finden Sie unter → „5.12 Arbeit mit den Übersichtsseiten, Grammatik und Kommunikation'" auf den Seiten 18/19 und direkt in den didaktischen Hinweisen zur jeweiligen Lektion.

Praktische Tipps: Arbeit mit den Variationsaufgaben

- Die TN decken den Modelldialog zu und hören ihn zunächst nur. Falls vorhanden, sehen sie dazu das Bild/Foto an und konzentrieren sich auf die Situation. Wenn Sie die Bilder/Fotos auf Folie kopieren / am IWB zeigen, können die TN die Bücher geschlossen lassen.
- Stoppen Sie das Modellgespräch beim zweiten Hören nach jedem einzelnen Sprechpart. Die TN sprechen im Chor nach. Dabei sollen sie den Text nicht mitlesen, sondern sich auf das Hören und Nachsprechen konzentrieren.
- Die TN hören das Gespräch noch einmal und lesen mit.
- Die TN lesen und sprechen das Gespräch in Partnerarbeit.
- Die TN lesen die Varianten und sprechen das Gespräch in Partnerarbeit mit den Varianten. Die farbigen Unterlegungen helfen den TN zu erkennen, welche Teile des Gesprächs variiert werden sollen.
- Die TN wechseln regelmäßig die Rollen.
- Die TN sollten manche Gespräche auch auswendig lernen und vor dem Kurs vorspielen.
- Die TN können oder sollen auch eigene Varianten bilden.

5.6 Aktivitäten im Kurs 🔁

In den Abschlussaufgaben auf jeder Kursbuchseite wird der Lernstoff in den persönlichen Bereich der TN übertragen. Sie befragen sich auf ganz unterschiedliche Art gegenseitig zu verschiedenen Themen oder üben den Lernstoff durch eine spielerische Aktivität in Kleingruppen.
Achten Sie darauf, dass die TN sich bei diesen Aktivitäten möglichst oft im Kursraum bewegen. Das fördert das Memorieren von Wörtern und Strukturen. Bewegung ist für viele TN auch konzentrationsfördernd und trägt zur Aktivierung beider Gehirnhälften bei. Dadurch wird neuer Wortschatz im Gedächtnis besser verankert.
Bei dieser Art von Aufgaben geht es häufig darum, dass die TN selbst Kärtchen, Plakate oder Fragebögen erstellen, was

nicht nur ein gutes Schreibtraining ist, sondern sich auch positiv auf das Kursklima auswirkt. Wenn Sie im Kurs nicht genug Zeit für Bastelarbeiten haben, können Sie zu den entsprechenden Aufgaben Kopiervorlagen aus dem Lehrwerkservice unter www.hueber.de/schritte-plus-neu nutzen (→ siehe „2.3 Medienüberblick" auf S. 5).

Praktische Tipps

- Vermeiden Sie in diesen Phasen zu viele Korrekturen. Die TN sollen Gelegenheit haben, sich frei auszudrücken.
- Achten Sie auf den Wechsel von Sozialformen.
- Nutzen Sie einen Ball für Frage-Antwort-Gespräche.
- Rollenspiele sollten nicht nur gesprochen, sondern auch gespielt werden. Wenn Ihre TN im Besitz von Smartphones sind, können Sie sie auch anregen, kleine Videos von den Rollenspielen aufzunehmen.
- „Kugellager": Die TN stehen sich in einem Außenkreis und einem Innenkreis gegenüber. Der Außenkreis stellt Fragen, der Innenkreis antwortet. Nach jedem Mini-Gespräch bewegt sich der Innenkreis im Uhrzeigersinn, damit stehen sich zwei neue Partner gegenüber. Alternativ können Sie die TN sich auch zu Musik im Kreis bewegen lassen. Wenn die Musik stoppt, sprechen sie mit der Partnerin / dem Partner, die/der ihnen gerade gegenübersteht. Auf diese Weise können Sie Bewegung und Musik in den Unterricht integrieren.
- Texte, Plakate etc. werden im Kursraum aufgehängt. Die TN gehen herum und sprechen darüber.
- Die TN suchen andere TN mit möglichst vielen Gemeinsamkeiten oder Unterschieden.
- Die TN sprechen mit wechselnden Partnern (WPA), um so möglichst oft die Dialoge oder Aufgaben zu wiederholen und zu variieren.
- Sie können hier gezielt geübtere und ungeübtere TN zusammenarbeiten lassen und so eine Differenzierung vornehmen, ohne dass sie den TN sofort bewusst wird.

Praktische Tipps zur Paar- und Gruppenbildung
Paare:

- Verteilen Sie Kärtchen, auf denen z. B. Frage und Antwort stehen. TN mit einer Frage suchen den TN mit der passenden Antwort. Dies können Sie auch mit Verbformen (Infinitiv und Partizip), Gegensatzpaaren, Komposita oder mehrsilbigen Wörtern usw. durchführen.
- Kleben Sie vor dem Unterricht unter oder hinter die Stühle der TN Zettelchen, von denen je zwei die gleiche Farbe haben. Das geht auch mit Bonbons. So können Sie die Partnerfindung steuern.
- Nehmen Sie ein Bündel Schnüre, Anzahl: die Hälfte Ihrer TN. Die TN fassen je ein Ende einer Schnur, am anderen Ende der Schnur finden sie ihre Partnerin / ihren Partner.
- Das „Atomspiel": Die TN stehen auf und bewegen sich frei im Raum, evtl. können Sie Musik dazu vorspielen. Als Stoppzeichen rufen Sie „Atom 2" (alternativ: 3/4/5/...). Die TN finden sich paarweise (bzw. zu Dreier-, Vierer-, Fünfergruppen ...) zusammen.

Gruppen:

- Zerschneiden Sie einen Satz in seine Bestandteile: Die TN müssen den Satz zusammenfügen (z. B. „Und wie heißen Sie?") und bilden eine Gruppe.
- Lassen Sie die TN abzählen (bei einer Gruppe von 21 TN von 1 bis 7, alle Einser gehen zusammen, alle Zweier etc.).
- Zerschneiden Sie Postkarten (Bilderpuzzle) oder Spielkarten und verteilen Sie sie: Die TN suchen die fehlenden Puzzleteile und finden so gleichzeitig ihre Partner.
- Definieren Sie bestimmte Merkmale: Alle mit Brille, alle mit blauen Augen, ... bilden eine Gruppe.

5.7 Binnendifferenzierung

Ein (Integrations-)Kurs setzt sich aus TN mit unterschiedlichen Muttersprachen sowie unterschiedlichen Lernerfahrungen und Lernzielen zusammen. Binnendifferenzierung ist eine Möglichkeit, den Unterricht für alle TN interessant zu gestalten, auf die unterschiedlichen Bedürfnisse der TN einzugehen und jeden Einzelnen so gut wie möglich zu fördern. Binnendifferenzierung bedeutet Gruppenarbeit: Innerhalb des Kurses werden (zeitweise) mehrere Gruppen gebildet, die unterschiedliche Lerninhalte bearbeiten. Das kann beispielsweise heißen, dass leistungsstärkere Gruppen mehr oder schwierigere oder freiere Aufgaben erhalten oder dass für einzelne Gruppen verschiedene Lernziele gesetzt werden. *Schritte plus Neu* bietet vielfache Unterstützung für einen binnendifferenzierenden Unterricht:

- in den Unterrichtsplänen durch praktische Hinweise zum binnendifferenzierenden Arbeiten; diese sind mit ←→ gekennzeichnet
- explizit im Kursbuch durch gekennzeichnete Zusatzaufgaben für schnellere TN SCHON FERTIG?
- implizit im Kursbuch durch Lesetexte oder Rollenspiele in unterschiedlichen Schwierigkeitsgraden
- implizit im Kursbuch durch die „Zwischendurch mal ..."-Seiten: Die Aufgaben auf diesen Seiten können in Einzelarbeit, in Gruppenarbeit oder auch im Kurs bearbeitet werden. In den Unterrichtsplänen finden Sie jeweils Verweise dazu, wie und wann schnelle oder interessierte TN die Aufgaben auf diesen Seiten bearbeiten können. ZDM
- implizit im Kursbuch durch die Extra-Aufgaben auf den Übersichtsseiten „Grammatik und Kommunikation"
- explizit im Arbeitsbuch durch die mit ◇ gekennzeichneten vertiefenden Übungen für Lernungewohnte und die mit ❖ gekennzeichneten erweiternden Übungen für Lerngewohnte
- implizit im Arbeitsbuch durch die Selbsttests: Das „Ampelsystem" in der Auswertung ermöglicht den TN, im Internet unter www.hueber.de/schritte-plus-neu/lernen die passenden Anschlussübungen zu finden. Die TN können mit diesen Übungen den Stoff der Lektion selbstständig wiederholen und sich ggf. auch auf den Test vorbereiten (→ siehe „4.3 Der Selbsttest" auf S. 9).

Praktische Tipps

Wichtig: Es ist nicht nötig, dass immer alle alles machen! Teilen Sie die Gruppen nach Kenntnisstand und/oder Neigung ein. Die einzelnen Gruppen können ihre Ergebnisse dem Plenum präsentieren. So lernen die TN miteinander und voneinander.

Binnendifferenzierung / Kursbuch

- Verweisen Sie schnellere TN immer wieder auf die „Schon-fertig?"-Aufgaben, auf die passenden Aufgaben auf den „Zwischendurch mal ..."-Seiten und den Übersichtsseiten. Gehen Sie herum und helfen Sie individuell.
- Lassen Sie nach Abschluss von Lektion 1 alle TN den Selbsttest im Arbeitsbuch machen. Erläutern Sie das „Ampelsystem" und zeigen Sie – wenn möglich – exemplarisch im Internet, wie die TN mit den zusätzlichen Übungen umgehen sollen.
- Wenn Sie einen Computerraum zur Verfügung haben, bieten Sie für die erste Lektion an, die Übungen gemeinsam im Kurs durchzugehen. So können Sie helfen, wenn die TN mit den Übungsformen noch nicht vertraut sind.
- Ermuntern Sie die TN, das Audio- und Videotraining und die Handyfilme aktiv zu nutzen. Schnellere TN können diese Aufgaben mithilfe von Smartphone/Tablet und Kopfhörer auch nutzen, während andere TN noch Aufgaben aus Kurs- oder Arbeitsbuch lösen.
- Stellen Sie Mindestanforderungen, die von allen TN gelöst werden sollen. Besonders schnelle TN bekommen zusätzliche Aufgaben, z. B. Erweiterungsübungen im Arbeitsbuch. Reduzieren Sie die Vorgaben und Hilfestellungen für lerngewohnte TN. Entfernen Sie z. B. Vorgaben oder Schüttelkästen in den Aufgaben.
- Binden Sie schnellere TN als Co-Lehrer mit ein: Wenn diese eine Aufgabe beendet haben, können sie die Lösung schon an die Tafel oder ans IWB schreiben.
- Stellen Sie die Gruppen nach Neigung oder Lerntypen zusammen. Haben Sie beispielsweise visuell orientierte TN, können Sie neue Grammatikstrukturen mit Beispielen und Farben an der Tafel oder dem IWB präsentieren. Kognitiv orientierte TN erhalten Tabellen, in denen sie neue Formen eintragen – für diese TN sind die „Grammatik entdecken"-Aufgaben im Arbeitsbuch besonders gut geeignet.
- Lassen Sie bei unterschiedlich schwierigen Aufgaben die TN selbst wählen, welche sie lösen möchten und wie viel sie sich zutrauen. Damit vermeiden Sie eine feste Rollenzuweisung, denn ein TN kann sich einmal für die einfachere Aufgabe entscheiden, weil er sich selbst noch unsicher fühlt, ein anderes Mal aber für die schwierigere, weil er sich in diesem Fall schon sicher fühlt.
- Aufgaben zum Lesen: Nicht alle TN müssen alle Aufgaben lösen. Langsamere TN können sich auf die Aufgaben zum globalen Lesen konzentrieren oder nur weniger Absätze lesen und den restlichen Text als Hausaufgabe bearbeiten. Schnellere TN finden eine Reihe von weiteren Lesetexten auf den „Zwischendurch mal ..."-Seiten.

- Aufgaben zum Hören: Sie können die TN in Gruppen aufteilen: Jede Gruppe achtet beim Hören auf einen bestimmten Sprecher und beantwortet die entsprechenden Fragen.
- Aufgaben zum Sprechen: TN, die noch Hilfestellung benötigen, können bei Sprechaufgaben auf die Redemittel auf den Kursbuchseiten und auf der Übersichtsseite zurückgreifen. Geübtere TN sollten das Buch schließen.
- Aufgaben zum Schreiben: Achten Sie auf die Vorlieben der TN. Nicht alle haben Freude am kreativen Erfinden von kurzen Texten. Bieten Sie auch Diktate (im Internet unter www.hueber.de/schritte-plus-neu) an oder unterstützen Sie TN, die noch Schwierigkeiten beim Schreiben haben, indem Sie ihnen Beispieltexte mit Lücken zum Ausfüllen geben.

Binnendifferenzierung /Arbeitsbuch

Die binnendifferenzierenden Übungen im Arbeitsbuch (siehe auch Seite 9) können im Kurs oder als Hausaufgabe bearbeitet werden. Es empfiehlt sich folgendes Vorgehen:

- Die Basisübungen (ohne Kennzeichnung) sollten von allen TN gelöst werden.
- Zusätzlich können die Vertiefungsübungen (◇) und die Erweiterungsübungen (❖) gelöst werden. Lassen Sie nach Möglichkeit die TN selbst entscheiden, wie viele Aufgaben sie lösen möchten, oder geben Sie bei der Stillarbeit im Kurs einen bestimmten Zeitrahmen vor, in dem die TN die Übungen lösen sollten. So vermeiden Sie, dass nicht so schnelle TN sich unter Druck gesetzt fühlen.

Die Basis- und Vertiefungsübungen sollten Sie im Plenum kontrollieren – durch Vorlesen im Kurs oder durch Selbstkontrolle der TN mithilfe einer Folie, auf der Sie oder ein TN zuvor die Lösungen notiert haben. Erweiterungsübungen führen über den Basiskenntnisstand hinaus. Hier gibt es auch freiere Übungsformen, z. B. das Schreiben von Dialogen anhand von Vorgaben. Die TN können sich bei diesen Übungen selbstständig zu zweit kontrollieren oder Sie verteilen eine Kopie mit den Lösungen. Bei freien Schreibaufgaben sollten Sie die Texte einsammeln und in der folgenden Unterrichtsstunde korrigiert zurückgeben.

5.8 Wiederholung

Damit sprachliche Strukturen und Wörter gefestigt werden können, müssen sie immer wieder aktiviert werden. *Schritte plus Neu* setzt daher auf häufige Wiederholungssequenzen:

- Im Lehrwerkservice finden sich interaktive vertiefende und erweiternde Übungen zum selbstständigen Weiterüben. Sie sind mit den Selbsttests am Ende jeder Arbeitslektion verknüpft.
- Mit dem Audio- und dem Videotraining auf den Übersichtsseiten „Grammatik und Kommunikation" können die TN wichtige Wendungen aus der Lektion selbstständig üben.
- Im vorliegenden Lehrerhandbuch gibt es zu jeder Lektion eine Kopiervorlage zur Wiederholung.
- Im Internet finden sich weitere Kopiervorlagen zur Wiederholung („Wiederholungsstationen").

Praktische Tipps

- regelmäßige Wortschatzwiederholung am Anfang jeder UE, z. B. durch spielerische Aktivitäten zum Einstieg (→ siehe „5.4 Wortschatzvermittlung" auf S. 13)
- Greifen Sie bereits bekannte Hör- und Lesetexte nochmals wiederholend auf und erstellen Sie kleine Wiederholungsübungen dazu (z. B. Lückentexte).
- Nutzen Sie die Wortfeld-Abbildungen auf den Lernwortschatz-Seiten zur Wortschatzwiederholung und -erweiterung. Kopieren Sie dazu die Abbildungen (z. B. ohne Artikel oder ohne Wörter) auf Folie, zeigen Sie sie am IWB und lassen Sie sie von den TN ergänzen.
- Wiederholen Sie Wortschatz, besonders Verben durch pantomimische Darstellung. Verteilen Sie dazu Wortkarten an die TN. Diese spielen das jeweilige Wort pantomimisch vor, die anderen raten.
- Die TN erstellen zu Beginn der Kursstunde kleine Plakate zu einem bestimmten Wortfeld der letzten Kursstunde. Achten Sie darauf, dass alle Nomen immer mit dem richtigen Artikel (und Genuspunkt) präsentiert werden. Lerngewohnte TN können in dieser Phase selbstständig mit dem Wörterbuch arbeiten und das Wortfeld um weitere Wörter ergänzen.
- Erstellen Sie zusammen mit den TN eine „Schatzkiste", indem Sie die TN in regelmäßigen Abständen bitten, die neuen Wörter auf Kärtchen zu schreiben und zu visualisieren. Die „Schatzkiste" kann dann bei Bedarf zur Binnendifferenzierung oder Wiederholung genutzt werden.

5.9 Lernstrategien/Lernerautonomie

Viele Lernende verfügen aufgrund ihrer Lernbiografie nicht über die Mittel, ihren Lernprozess eigenständig zu strukturieren und zu steuern. Deshalb gibt es in *Schritte plus Neu* dazu einige Hilfestellungen:

- Durch die Übungen im Arbeitsbuch lernen die TN in der praktischen Anwendung verschiedene Lerntechniken kennen (z. B. „Grammatik entdecken").
- Auf den Übersichtsseiten „Grammatik und Kommunikation" und auf den Lernwortschatzseiten finden die TN kleine Tipps zu verschiedenen Lerntechniken.

Merke:		TIPP
Ich heiße	~~Frau Baumann.~~	Lernen Sie Fragen und Antworten
Mein Name ist		immer zusammen.

- Auf den Übersichtsseiten „Grammatik und Kommunikation" finden Sie die Lernziele der jeweiligen Lektion. (→ siehe „3.4 Übersicht: Grammatik und Kommunikation" und „5.12 Arbeit mit den Übersichtsseiten ‚Grammatik und Kommunikation'" auf S. 8 und 18)
- Im Lehrwerkservice steht eine Kopiervorlage für ein komplettes Portfolio zu jedem Band zur Verfügung (→ siehe „2.3 Medienüberblick" auf S. 5). Das Portfolio bietet die Möglichkeit, das Gelernte individuell zu dokumentieren und den Lernfortschritt am individuellen Lebensalltag zu spiegeln. Die TN halten Angaben zu sich und ihrem Umfeld fest, die sie sprachlich bereits bewältigen können, und reflektieren an konkreten Beispielen über ihren Sprachlernprozess.

Praktische Tipps

- Verweisen Sie regelmäßig auf die Lerntipps auf den Übersichtsseiten „Grammatik und Kommunikation" und den Lernwortschatzseiten.
- Achten Sie darauf, dass die TN die Lerntipps ausprobieren, und tauschen Sie sich darüber im Unterricht aus, z. B. indem Sie Kärtchen mit Smileys an Ihre TN verteilen, damit sie die Lerntipps bewerten, und erstellen Sie ein Plakat mit den hilfreichsten Tipps für Ihren Kurs.
- Nehmen Sie sich eine feste Zeit in der Unterrichtswoche vor, in der sich die TN mit dem Thema Sprachenlernen beschäftigen.
- Kopieren Sie das Portfolio möglichst für alle TN. Alternativ können die TN sich die Seiten auch selbst aus dem Internet herunterladen (→ siehe „2.3 Medienüberblick" auf S. 5).
- Bitten Sie alle TN, sich einen Ordner für das Portfolio anzulegen und die erarbeiteten Blätter dort abzuheften.
- Begleiten Sie die Arbeit der TN am Portfolio aktiv. Ermuntern Sie Ihre TN, das Portfolio regelmäßig zu führen, und planen Sie innerhalb des Unterrichts Phasen ein, in denen die Portfolio-Arbeit thematisiert wird.

5.10 Landeskunde

Die Vermittlung von Landeskunde ist für Migrantinnen und Migranten, die den Alltag in Deutschland meistern wollen und müssen, besonders wichtig. In *Schritte plus Neu* werden landeskundliche Inhalte gezielt angeboten:

- durch die Foto-Hörgeschichte, die den deutschen Alltag authentisch abbildet und dabei implizit landeskundliches Wissen vermittelt sowie interkulturelle Diskussionsanlässe bietet
- durch die Handyfilme zu den Foto-Hörgeschichten, die ebenfalls den Alltag in Deutschland zeigen
- durch landeskundlich relevante Lese- und Hörtexte auf den D- und E-Seiten sowie auf den „Zwischendurch mal ..."-Seiten
- durch die fakultativen Fokus-Seiten im Arbeitsbuch, die konkrete Informationen und Hilfestellungen zum Leben in Deutschland geben
- durch Projekt-Vorschläge auf den „Zwischendurch mal ..."-Seiten, die die TN anregen, sich mit ihrem Wohnort, ihrem unmittelbaren Umfeld und ihrem Alltag zu beschäftigen

Landeskundliche Informationen, über die die TN nach dem Rahmencurriculum für Integrationskurse verfügen sollten und die für das Leben in Deutschland wichtig sind, finden Sie in diesem Lehrerhandbuch. 🌍

Praktische Tipps

- Führen Sie mit Ihren TN ein Kurs-Tagebuch, in dem sie wichtige landeskundliche Informationen, Ergebnisse von Projektarbeit etc. dokumentieren.
- Regen Sie an, dass die TN Dinge und Gewohnheiten, die ihnen im deutschen Alltag auffallen, im Kurs thematisieren.

- Ermuntern Sie die TN, Gegenstände, Dokumente etc. aus ihrem Lebens- und Berufsalltag in den Unterricht mitzubringen
- Lassen Sie die TN landeskundliche Informationen mit ihren Heimatländern vergleichen.

5.11 Phonetik

Häufig erwerben Lernende gute Kenntnisse in Wortschatz und Grammatik. Damit haben sie einen wichtigen Schritt für die Kommunikation mit Muttersprachlern der Zielsprache gemacht. Aber selbst wenn die Wörter von ihrer Semantik her richtig verwendet werden, kann es durch eine falsche Aussprache oder Betonung zu Missverständnissen bis hin zum völligen Scheitern der Kommunikation kommen. Deshalb wird in *Schritte plus Neu* von Anfang an Wert auf eine gründliche Ausspracheschulung gelegt:
In *Schritte plus Neu* stehen neben der Schulung einzelner Laute und Lautkombinationen vor allem Wortakzent, Satzakzent und Satzmelodie im Vordergrund.
Die Ausspracheschulung in *Schritte plus Neu* hält sich an folgende Prinzipien:

- Sie erfolgt in einem Wechselspiel aus imitativem und kognitivem Lernen, z. B. durch Hören, Erkennen und Nachsprechen oder Hören, Erkennen und Markieren oder Hören und Nachsprechen.
- Die Laute werden zunächst im Wort und, darauf aufbauend, im ganzen Satz geübt.
- Die Beispiele ergeben sich aus der Lektion. Dadurch steht die Phonetik in einem für die TN relevanten und nachvollziehbaren Kontext. Zudem ergibt es wenig Sinn, Wörter nachzusprechen, die man nicht versteht.

Praktische Tipps

- Regen Sie die TN dazu an, phonetische Phänomene zunächst zu übertreiben, um die Lautbildung/Betonung zu üben und dadurch sicherer zu werden.
- Einzelne Sätze und Sequenzen aus der Foto-Hörgeschichte eignen sich sehr gut, um gesprochene Sprache zu hören und zu üben, z. B. wenn emotionale Ausdrücke und Aussagen dabei sind.
- Lassen Sie die TN Wortschatz zu einem bestimmten Laut sammeln und anschließend nach Schreibweise ordnen.
- Die TN oder Sie können aus Wörtern zu einem bestimmten Phänomen auch kleine Texte schreiben, in denen möglichst viele Laute einer bestimmten Sorte vorkommen, z. B. „Ist Iris im Iran?" – „Ich bin nicht sicher." / „Wo? Rot?" – „Da! Das Fahrrad!"
- Sprechen Sie mit den TN Wörter/Sätze laut, leise, geflüstert, gebrummt etc. Variieren Sie in der Stimmung und lassen Sie die TN mit ihrer Stimme spielen.

5.12 Arbeit mit den Übersichtsseiten *Grammatik und Kommunikation*

Die Übersichten über den Grammatikstoff und die wichtigen Wendungen der Lektion dienen den Lernenden zur Wiederholung direkt im Anschluss an die Lektion oder auch später.

Bei den Grammatik-Kästen sind jeweils Verweise zu den entsprechenden Abschnitten der *Schritte Übungsgrammatik* zu finden. Hier können die Lerner den Grammatikstoff weiterführend nachschlagen und trainieren (→ siehe „3.4 Übersicht: Grammatik und Kommunikation" auf S. 8).

Aufgaben / Tipps / Visualisierungen

Zu den einzelnen Grammatikphänomenen und den systematisch gruppierten Wendungen werden über die Übersicht hinaus am rechten Rand die folgenden Möglichkeiten angeboten:

In kleinen freien Aufgaben wenden die Lernenden den Lernstoff noch einmal an – meist in Bezug auf ihre eigene Lebenswelt.

Tipps zu Lernstrategien unterstützen den Lernprozess.

Visualisierungen helfen beim Memorieren der neuen Strukturen.

Kleine Suchaufgaben oder Rätsel wiederholen den gelernten Stoff spielerisch.

Illustrationen von Situationen verdeutlichen den Kontext des Gelernten.

Praktische Tipps

- Erstellen Sie Lückentexte aus den Übersichten. Die TN ergänzen die Lücken in Partnerarbeit und vergleichen anschließend mit dem Buch.
- Die TN ergänzen die Grammatikübersichten um eigene Beispiele.
- Verweisen Sie im Unterricht immer wieder auf diese Seiten, damit sich Ihre TN an den Umgang mit den Übersichten gewöhnen. Tipps zur Einbindung der Übersichten in den Unterrichtsablauf finden Sie auch hier in diesem Lehrerhandbuch.

- Aufgaben: Diese Aufgaben können zur Wiederholung im Unterricht bearbeitet werden, als Hausaufgabe gegeben werden oder zur Binnendifferenzierung genutzt werden.
- Tipps: Lesen Sie die Tipps – wenn möglich – gemeinsam mit Ihren TN und lassen Sie sie – wenn möglich – auch direkt praktisch anwenden.
- Lassen Sie die TN aus den Übersichten Plakate erstellen, die im Kursraum aufgehängt werden und so immer einen schnellen „Zugriff" zum neuen Stoff bieten.
- Achten Sie darauf, dass Sie die Grammatikübersichten aktiv in den Unterricht einbinden, damit die TN die Scheu vor diesen verlieren und lernen, sie als Hilfsmittel zu nutzen.
- Erläutern Sie den TN, dass diese Übersichten die wichtigen Strukturen zeigen, die zum Gebrauch der Sprache wichtig sind und kein Selbstzweck.

Audiotraining und Videotraining

Die Automatisierung spielt im Sprachlernprozess eine wichtige Rolle. Deshalb bietet *Schritte plus Neu* ein umfassendes Programm zum Einschleifen der wichtigsten Strukturen und Redemittel an (→ siehe „5.5 Automatisierung" auf S. 14).

Dieses Angebot können die TN zum selbstständigen Üben und Festigen von Strukturen und wichtigen Wendungen nutzen. Sie können die Übungen zum Audio- und Videotraining anfangs in den Unterricht integrieren, um Ihre TN mit diesen Übungsformen vertraut zu machen und die selbstständige Beschäftigung mit diesem Zusatzangebot anzuregen.
In den Unterrichtsplänen finden Sie Hinweise dazu, wie Sie diese Lerneinheiten konkret im Unterricht nutzen können.

Audiotraining

Zu jeder Lektion gibt es drei Übungen, die die wichtigen Wendungen und Strategien in kleinen Sätzen / Gesprächen aufgreifen. Die Übungen sind selbsterklärend und ausschließlich über die Informationen in den Audios zu lösen. Jede Aufgabe beginnt mit einem Beispiel, das die Aufgabenstellung transparent macht. Das Trainingsprogramm besteht aus Übungen zum Nachsprechen und Variieren der gelernten Wendungen nach einfachem Muster. Mithilfe dieses Trainings schleifen die Lernenden diese noch einmal ein und automatisieren so ihre Verwendung.

Praktische Tipps

- Weisen Sie Ihre TN auf diese Trainingsmöglichkeit und das Potenzial der Automatisierungsübungen hin. Spielen Sie zwei oder drei Sequenzen im Unterricht vor und zeigen Sie, wie Ihre TN selbstständig mit diesen Aufgaben arbeiten können.
- Spielen Sie das Audiotraining im Unterricht vor, die TN laufen im Kursraum herum und sprechen die Aufgaben mit.
- Spielen Sie das Audiotraining im Kurs vor und lassen Sie die TN die Lösungen im Chor sprechen.
- Die TN nutzen das Audiotraining der vorhergehenden Lektionen zur Wiederholung und Festigung.

Videotraining

Zu jeder Lektion gibt es eine Filmsequenz, die aus zwei Teilen besteht:

Im ersten Teil sehen die Lernenden eine kleine Szene (gespielt von den Hauptdarstellern der Foto-Hörgeschichte), in der wichtige Wendungen der Lektion aufgegriffen werden. Im zweiten Teil werden die Lernenden direkt angesprochen und müssen Aufgaben zum Lernstoff lösen.

Die TN können das Videotraining selbstständig zur Wiederholung und Festigung nutzen. Sie sollten jedoch zu Beginn des Kurses einige dieser Videotrainings mit den TN zusammen ansehen und die TN zum Mitmachen auffordern, damit sie das Prinzip kennenlernen und es später selbstständig nach Bedarf nutzen können.

Praktische Tipps

Zeigen Sie die Filme im Unterricht als motivierenden Abschluss der Lektion und arbeiten Sie damit im Kurs. Hier gibt es mehrere Möglichkeiten:

- Zeigen Sie die kleinen Szenen und lassen Sie sie von den TN in kleinen Rollenspielen oder pantomimisch nachspielen.
- Zeigen Sie die Mitmachszenen und lassen Sie Ihren Kurs im „Chor" mitmachen.
- Sollten Ihre TN im Unterricht genügend Smartphones oder Tablets zur Verfügung haben, können sie die Filme auch in Partner- oder Gruppenarbeit ansehen, mitsprechen und nachspielen.
- Die TN nutzen die Filmvorlage für entsprechende eigene kleine Handyfilme. Anschließend zeigen die TN ihre Filme im Kurs oder stellen sie auf die Lernplattform.
- Sollten Sie keine Möglichkeit haben, Filme im Unterricht zu zeigen, weisen Sie Ihre TN auf jeden Fall auf das Symbol zum Videotraining hin. Die TN können die Filme dann eigenständig ansehen und haben damit eine motivierende Möglichkeit, den Lernstoff zu wiederholen (→ siehe „2.3 Medienüberblick" auf S. 5).

Lernziele

Die Auflistung der Lernziele dient der Transparenz des Lernprozesses. Für jeden Lernschritt A bis E können Lernende und Lehrende das Lernziel nachvollziehen. Diese Liste dient dazu, dass die Lernenden ihren Lernfortschritt selbst überprüfen können, indem sie ihr Können selbst einschätzen.

Durch Ankreuzen können die TN in der Rubrik „Ich kann jetzt …" selbst bestimmen, ob sie die Ziele erreicht haben. Darüber hinaus ergänzen sie in der Rubrik „Ich kenne jetzt …" Wörter aus dem erlernten Wortfeld. Auch dies dient der Überprüfung des Gelernten.

Praktische Tipps

- Verweisen Sie nach jedem erarbeiteten Lernschritt A bis E auf die Lernziele auf der Übersichtsseite und motivieren Sie Ihre TN dazu, anzukreuzen, wie sie ihren Lernerfolg einschätzen.

- Gehen Sie im Kurs umher und fragen Sie nach. Geben Sie unsicheren TN Tipps, wie sie den Stoff nochmals wiederholen oder vertiefen können, zum Beispiel, indem Sie ihnen geeignete Aufgaben im Arbeitsbuch, auf der Übersichtsseite oder die interaktiven Übungen im Internet empfehlen.
- Lassen Sie die Rubrik „Ich kenne jetzt …" nach Abschluss der Lektion ergänzen. Vergleichen Sie die Ergebnisse im Kurs und nutzen Sie diese Unterrichtsphase zur Wiederholung der Wortfelder. Verweisen Sie ggf. auch auf die Lernwortschatzseiten der Lektion.

5.13 Arbeit mit den Seiten *Zwischendurch mal …*

Die Einheiten auf diesen Seiten können Sie während der Arbeit mit den einzelnen Lernschritten der Lektion benutzen. In den Unterrichtsplänen finden Sie Verweise auf eine optimale Verknüpfung des Lernstoffs mit den Aufgaben auf diesen Seiten. Sie können diese Einheiten aber auch zur Wiederholung und Festigung des Stoffs im Anschluss an die Lektion bearbeiten. Sie sind fakultativ und spiegeln den Stoff der Lektion – oft in spielerischer Form.

Die Aufgaben können teilweise auch in Selbstarbeit bearbeitet und gelöst werden. Damit sind sie sehr gut zur Binnendifferenzierung geeignet (→ siehe „5.7 Binnendifferenzierung" auf S. 15).

Auf diesen Seiten finden Sie folgende Rubriken, die komplett unabhängig voneinander als eigenständige Zusatzaufgaben einsetzbar sind:

PROJEKT Hier wenden die TN den Stoff noch einmal praktisch und frei an, und zwar in Teamarbeit. Die Projekte fördern auch soziale Kompetenzen, den Umgang mit Informationsmedien und das selbstständige Handeln.

FILM Zu vielen Lektionen gibt es landeskundlich interessante Filmsequenzen, die das Thema der Lektion unter einem neuen Blickwinkel aufgreifen. Die Aufgaben dazu schulen das Hör-Sehverstehen. Zusätzlich zu den Aufgaben auf den „Zwischendurch mal …"-Seiten finden Sie in diesem Lehrerhandbuch noch Kopiervorlagen mit weiteren Didaktisierungsvorschlägen zu den Filmen. (→ siehe „2.3 Medienüberblick" auf S. 5)

LESEN Ergänzende, landeskundlich interessante Lesetexte vertiefen und erweitern den Stoff und schulen das globale Leseverstehen.

HÖREN Ergänzende Hörtexte vertiefen und erweitern den Stoff und schulen das globale Hörverstehen.

SCHREIBEN Zusätzliche authentische und kreative Schreibanlässe bieten die Möglichkeit zum gezielten Schreibtraining.

LANDESKUNDE Interessante landeskundliche Zusatzinformationen und Themen schärfen den Blick für die deutschsprachige Lebenswelt der TN und bieten Anlass zum interkulturellen Vergleich.

SPIEL/RÄTSEL Das spielerische Wiederholen des Lernstoffs soll die TN motivieren und ist besonders gut nach längeren, kognitiv orientierten Unterrichtsphasen einsetzbar.

LIED Beim Einsatz von Musik im Unterricht haben Sie vielfältige Möglichkeiten, Ihre Lernenden durch die Kombination von Text und Rhythmus anzuregen. Auch der Einsatz von Bewegung in Form von Pantomime oder Tanz trägt in vielen Lerngruppen zur zusätzlichen Motivation bei.

Praktische Tipps

PROJEKT
- Bereiten Sie die Projekte immer sprachlich so weit wie nötig vor. Wiederholen Sie erforderliche Redemittel. Das gibt den TN Sicherheit bei der Durchführung der Projekte.
- Sie können die Projekte als Hausaufgaben aufgeben, die einzeln oder im Team gelöst werden sollen. Wenn Sie genug Unterrichtszeit zur Verfügung haben, können Sie die Projekte auch für selbstständige Gruppenarbeitsphasen nutzen.
- Wichtig ist, dass die Ergebnisse der Projekte im Kurs präsentiert und/oder auf die Lernplattform gestellt werden.

FILM
- Nutzen Sie die Fotos und die Überschriften im Buch, um Erwartungen an die Filme zu wecken.
- Stellen Sie W-Fragen (wer – was – wann – wo – wie – warum) zum Film.
- Lassen Sie den Film zunächst ohne Ton laufen und ermuntern Sie die TN, Hypothesen zum Gesehenen aufzustellen.
- Lassen Sie nur die Tonspur ablaufen und lassen Sie die TN Hypothesen zum Gehörten aufstellen.
- Zeigen Sie ausgewählte Standfotos aus den Filmen und lassen Sie die TN beschreiben, was gerade passiert oder was sie sehen.
- Stoppen Sie den Film nach kurzer Zeit. Die TN äußern Vermutungen, was weiter passiert.
- Lassen Sie die TN Szenen aus dem Film nachspielen.

LESEN/HÖREN/LANDESKUNDE
- Nutzen Sie Bilder und Überschriften, um Erwartungen an den Text zu wecken und das Vorwissen der TN zu aktivieren.
- Die TN können auch eigene Aufgaben füreinander erstellen, z. B. Richtig-Falsch-Aufgaben, Fragen zum Text, Lückentexte etc.
- Wortschatzarbeit: Die TN suchen wichtige Wörter aus dem Text und sortieren sie nach Wortfeldern.
- Die TN stellen anhand der Informationen im Text interkulturelle Vergleiche an. Das kann paarweise, in Gruppenarbeit oder im Plenum geschehen.

COMIC
- Schneiden Sie die einzelnen Bilder des Comics aus, die TN setzen den Comic wieder richtig zusammen.
- Entfernen Sie Teile oder auch komplette Texte aus den Sprechblasen, die die TN dann zuordnen oder auch komplett neu schreiben. Damit können Sie entweder Leseerwartungen wecken oder die TN zu weiteren eigenen Variationen anregen.

LIED
- Arbeiten Sie mit dem ersten, ganzheitlichen Höreindruck (Melodie/Gesang), indem Sie das Lied als Ganzes vorspielen. Fragen Sie dann, wie die TN das Lied finden bzw. worum es gehen könnte.
- Nutzen Sie Bilder und Überschriften, um Erwartungen an den Text zu wecken und das Vorwissen der TN zu aktivieren.
- Spielen Sie, wenn vorhanden, zunächst nur den Refrain vor und tragen Sie im Kurs zusammen, was die TN verstanden haben.
- Die TN hören das Lied und notieren, welche Wörter sie verstanden haben. Notieren Sie diese dann auf Zuruf an der Tafel und lassen Sie Vermutungen über den Liedinhalt anstellen.
- Schreiben Sie einige Schlüsselwörter auf Kärtchen, verteilen Sie sie im Kurs und bitten Sie die TN, sie hochzuhalten, wenn das Wort im Lied vorkommt. Alternativ können Sie die TN bitten, aufzustehen und sich nach den gehörten Worten chronologisch aufzustellen.
- Schreiben Sie den Text satzweise auf Papierstreifen und bitten Sie die TN, die Sätze während des Hörens in die richtige Reihenfolge zu legen.
- Abschließend können die TN das Lied oder den Refrain auch mitsingen. Dabei können verschiedene Zeilen oder Strophen im Kurs aufgeteilt werden.

Die erste Stunde im Kurs

	Form	Ablauf	Material	Zeit
		Bevor Sie in die Arbeit mit *Schritte plus Neu 3* einsteigen, sollten die TN sich gegenseitig kennenlernen und Bekanntschaft mit den Protagonisten der Foto-Hörgeschichte machen. Je nach Ausgangssituation bearbeiten Sie diese Seite.		
Situation 1		Ihr Kurs läuft weiter und alle TN kennen *Schritte plus Neu* bereits.		
1		**Kurzvorstellung**		
	PL	1. Machen Sie eine kurze Vorstellungsrunde, auch wenn sich die TN bereits kennen. Die TN sagen ihre Namen, woher sie kommen und wie lange sie in Deutschland sind. Bitten Sie die TN, ganze Sätze zu machen. *Hinweis:* Da die TN oft in Situationen sind, in denen sie sich vorstellen müssen, ist das noch einmal eine gute Wiederholung und Festigung.		
2		**Wer sind Tim und Lara?**		
	GA	1. Die Bücher sind geschlossen. Die TN sammeln, was sie über Tim und Lara wissen, und notieren Stichwörter. Geben Sie dafür etwa fünf bis zehn Minuten Zeit.		
	PL	2. Tragen Sie zusammen, was die Gruppen gesammelt haben.		
	EA	3. Die TN lesen die Texte über Tim und Lara und verbinden die Aussagen. Abschlusskontrolle im Plenum. *Lösung: Lara: ist Polin/Pole. Tim: ist Kanadierin/Kanadier., hat eine neue Arbeit in einem Hotel., zieht in eine neue Stadt um.*		
	PL	4. *fakultativ:* Die TN spekulieren, wie es mit Tim und Lara weitergeht. Stellen Sie, wenn nötig, einige Motivationsfragen: „Sehen sie sich wieder?", „Werden sie ein Paar?".		
3		**Partnerinterview**		
	PL ⟷	1. Erstellen Sie vorab für jeden TN einen Fragebogen wie im Buch. Wenn Sie viele ungeübte TN in Ihrem Kurs haben, können Sie die Interviewfragen vorab mit den TN gemeinsam formulieren und an der Tafel notieren. Bitten Sie geübtere TN, sich weitere Fragen auszudenken (z. B. Lieblingsfarbe, Lieblingsfilm, Schuhgröße ...).		
	PA	2. Die TN befragen sich paarweise und ergänzen ihren Fragebogen mit den Angaben der Partnerin / des Partners.		
4		**Die Partnerin / Den Partner vorstellen**		
	PL	1. Die TN berichten, was sie über ihre Partnerin / ihren Partner erfahren haben. Die Fragebögen werden dann im Kursraum aufgehängt.		
Situation 2		Ein neuer Kurs beginnt und einige TN kennen *Schritte plus Neu* bereits.		
1		**Kurzvorstellung**		
	PL	1. Machen Sie eine kurze Vorstellungsrunde: Die TN sagen ihren Namen, woher sie kommen und wie lange sie in Deutschland sind. Bitten Sie die TN, ganze Sätze zu machen. Bitten Sie die TN auch, ein Namensschild zu schreiben.	Kartons für Namensschilder	
2		**Wer sind Tim und Lara?**		
	PA/GA	1. Zeigen Sie die Fotos von Lara und Tim. Bilden Sie Paare oder Kleingruppen mit TN, die neu sind, und mit TN die bereits mit *Schritte plus Neu* gearbeitet haben. Die „alten" TN erzählen den „neuen" TN, was sie über Lara und Tim wissen. Geben Sie dazu einige Fragen vor, damit die Erzählungen nicht ausufern: „Woher kennen die beiden sich?", „Woher kommen sie?" etc.	Folie/IWB	
	PL	2. Die „neuen" TN berichten, was sie erfahren haben. Notieren Sie Stichwörter.		

Die erste Stunde im Kurs

	EA	3. Die TN lesen die Texte über Tim und Lara und verbinden die Aussagen. Abschlusskontrolle im Plenum und Vergleich mit den Notizen an der Tafel. *Lösung: Lara: ist Polin/Pole. Tim: ist Kanadierin/Kanadier., hat eine neue Arbeit in einem Hotel., zieht in eine neue Stadt um.*		
	PL	4. *fakultativ:* Die TN spekulieren, wie es mit Tim und Lara weitergeht. Stellen Sie, wenn nötig, einige Motivationsfragen: „Sehen sie sich wieder?", „Werden sie ein Paar?".		
3		**Partnerinterview**		
	PL ⟷	1. Erstellen Sie vorab für jeden TN einen Fragebogen. Wenn Sie viele ungeübte TN in Ihrem Kurs haben, können Sie die Interviewfragen vorab mit den TN gemeinsam formulieren und an der Tafel notieren. Bitten Sie geübtere TN, sich weitere Fragen auszudenken (z. B. Lieblingsfarbe, Lieblingsfilm, Schuhgröße ...).		
	PA	2. Die TN befragen sich paarweise und ergänzen ihren Fragebogen mit den Angaben der Partnerin / des Partners.		
4		**Die Partnerin / Den Partner vorstellen**		
	PL	1. Die TN berichten, was sie über ihre Partnerin / ihren Partner erfahren haben. Die Fragebögen werden dann im Kursraum aufgehängt.		
TiPP		Wenn alle TN vorgestellt sind, stellen auch Sie sich mit einigen persönlichen Informationen vor. Die TN sind im Allgemeinen sehr interessiert, auch etwas über die Kursleiterin / den Kursleiter zu erfahren. Besonders für die neuen TN lockert das die Atmosphäre weiter auf und vermittelt das Gefühl, dass der Abstand zu den „alten" TN geringer wird, da alle TN Sie auf diese Weise näher kennengelernt haben, auch wenn die Informationen für die „alten" TN vielleicht nicht neu waren.		
Situation 3		Ihr Kurs beginnt neu und die TN kennen *Schritte plus Neu* alle noch nicht.		
1		**Kurzvorstellung**		
	PL	1. Machen Sie eine kurze Vorstellungsrunde: Die TN sagen ihre Namen, woher sie kommen und wie lange sie in Deutschland sind. Bitten Sie die TN, ganze Sätze zu machen. Bitten Sie die TN auch, ein Namensschild zu schreiben.	Kartons für Namensschilder	
2		**Wer sind Tim und Lara?**		
	PL/EA	1. Erzählen Sie den TN, dass Tim und Lara sie durch das Buch begleiten werden. Jede Lektion beginnt mit einer Geschichte aus dem Leben von Tim. Tim und Lara halten Kontakt über Skype und Telefon. Die TN lesen die Texte und verbinden die Aussagen. Abschlusskontrolle im Plenum. *Lösung: Lara: ist Polin/Pole. Tim: ist Kanadierin/Kanadier., hat eine neue Arbeit in einem Hotel., zieht in eine neue Stadt um.*	Folie/IWB	
	PL	2. *fakultativ:* Die TN spekulieren, wie es mit Tim und Lara weitergeht. Stellen Sie, wenn nötig, einige Motivationsfragen: „Sehen sie sich wieder?", „Werden sie ein Paar?".		
3		**Partnerinterview**		
	PL ⟷	1. Erstellen Sie vorab für jeden TN einen Fragebogen wie im Buch. Wenn Sie viele ungeübte TN in Ihrem Kurs haben, können Sie die Interviewfragen vorab mit den TN gemeinsam formulieren und an der Tafel notieren. Bitten Sie geübtere TN, sich weitere Fragen auszudenken (z. B. Lieblingsfarbe, Lieblingsfilm, Schuhgröße ...).		
	PA	2. Die TN befragen sich paarweise und ergänzen ihren Fragebogen mit den Angaben der Partnerin / des Partners.		
4		**Die Partnerin / Den Partner vorstellen**		
	PL	1. Die TN berichten, was sie über ihre Partnerin / ihren Partner erfahren haben. Die Fragebögen werden dann im Kursraum aufgehängt.		

ANKOMMEN

Folge 1: Aller Anfang ist schwer.

Einstieg in das Thema „Sich kennenlernen"

	Form	Ablauf	Material	Zeit
1		**Vor dem ersten Hören: Vermutungen äußern**		
a	PL	1. Die Bücher sind geschlossen. Die TN, die auch mit *Schritte plus Neu 1* und *2* gelernt haben, kennen Tim schon. Die „neuen" TN haben ihn auf der Seite „Die erste Stunde im Kurs" (Kursbuch, S. 9) kennengelernt. Um nun alle TN noch einmal auf denselben Stand zu bringen, fragen Sie, was die TN über Tim und Lara wissen. Notieren Sie ggf. einige Stichpunkte an der Tafel.		
	PA	2. Die TN öffnen die Bücher und decken die Aufgaben unter den Fotos mit dem Heft ab. Sie sehen sich die Fotos an und überlegen zu zweit, was in der Geschichte wohl passiert. Geben Sie einige Fragen an der Tafel vor, wenn die Gespräche nur schleppend in Gang kommen: „Was macht Tim?", „Wo ist er?", „Wer sind die Leute auf Foto 2?", „Wie geht es ihm?", „Was kauft Tim ein?", „Wie geht es ihm auf Foto 7?".	Folie/IWB	
	TiPP	Wenn Sie viele neue TN im Kurs haben, bilden Sie jeweils Paare aus einem „alten" und einem „neuen" TN. So erhalten auch die „neuen" TN Informationen aus den vergangenen Foto-Hörgeschichten.		
	PL	3. Die TN decken die Aufgaben auf und lösen Aufgabe 1a. Machen Sie für alle deutlich, dass es hier darum geht, Vermutungen zu äußern. Die TN kennen diese Aufgabenstellung schon aus *Schritte plus Neu 2*.		
b	PL/EA	4. Die TN hören nun die ganze Geschichte einmal und vergleichen. Machen Sie durch Zeigen auf die Fotos deutlich, dass zu jedem Klick ein Foto gehört. Anschließend Kontrolle im Plenum. *Lösung: 1 in eine andere Stadt gezogen. 2 traurig. 3 hässlich. 4 skypt mit Lara. 5 Nachbarn von Tim. 6 besser.*	CD 1/1–8, Folie/IWB	
2		**Beim zweiten Hören: Wesentliche Inhalte verstehen**		
	EA	1. Die TN lesen die Aussagen, hören die Geschichte noch einmal und kreuzen an. Anschließend Kontrolle im Plenum. *Lösung: b, c, d*	CD 1/1–8	
	EA/PA	2. *fakultativ:* Die TN korrigieren die falschen Sätze und schreiben sie richtig ins Heft. Geübtere TN arbeiten allein, ungeübtere TN arbeiten zu zweit. *Lösungsvorschlag: a Es hat nicht geklappt: Tim hat im Hotel kein Zimmer für Mitarbeiter bekommen. e Betty und Paul haben nur noch zwölf Euro. f Die Nachbarn mögen Musik.*		
	PL	3. Sprechen Sie mit den TN über die Adresse von Tims Wohnung: Düsterstraße. Klären Sie die Bedeutung von „düster" (dunkel und traurig). Fragen Sie die TN: „Passt die Adresse zur Wohnung? Warum (nicht)?".		
3		**Nach dem Hören: Erweiterungsaufgabe: Ein Haus beschreiben**		
	EA	1. Die TN sehen sich die Zeichnung an und hören noch einmal. Sie achten besonders darauf, wo im Haus Tim bzw. Betty und Paul wohnen und ordnen zu. Anschließend Kontrolle im Plenum. *Lösung: (1. Stock) Betty und Paul*	CD 1/6	

PL	2. Malen Sie ein Haus mit vier Stockwerken an die Tafel. Schreiben Sie jeweils neben das betreffende Stockwerk: „im Erdgeschoss", „im ersten Stock", „im zweiten Stock", „im dritten Stock", „im vierten Stock". Fragen Sie die TN, wo der Kursraum liegt, die Toiletten, die Information etc. Die TN orientieren sich an der Zeichnung und antworten entsprechend. Die Ordinalzahlen kennen die TN bereits aus *Schritte plus Neu 2 / Lektion 14*.	
WPA	3. *fakultativ:* Die TN gehen herum und fragen sich gegenseitig, wo und in welchem Stock sie wohnen. Dabei notieren sie alle Namen der TN, die im gleichen Stock wohnen.	

4	**Nach dem Hören: Anwendungsaufgabe: Über eigene Erfahrungen berichten**	
PL	1. Schreiben Sie die Redensart „Aller Anfang ist schwer." an die Tafel. Fragen Sie die TN, was die Redensart mit Tims Geschichte zu tun hat.	
GA	2. Die TN erzählen von ihren eigenen Erfahrungen. Gehen Sie herum und helfen Sie bei Schwierigkeiten.	

TiPP	Wenn Sie viele neue TN in Kurs haben, kann es hilfreich sein, die ersten persönlicheren Gesprächsanlässe im Plenum zu führen. So lernen sich alle besser kennen. Auch fällt es manchen TN leichter, zuerst den KL anzusprechen, als in einer Gruppe mit anderen TN, die sie/er nicht kennt, zu erzählen.

GA	3. *fakultativ:* Jede Gruppe erhält die Kärtchen der Kopiervorlage mit Redewendungen (weiß) und Erklärungen (grau). Die TN versuchen zunächst, die Redewendungen den Erklärungen zuzuordnen. Wenn die TN damit Schwierigkeiten haben, können Sie eine Plenumsrunde einlegen und die Bedeutungen noch einmal besprechen. Im zweiten Schritt werden die Redewendungskarten gemischt und verdeckt in die Mitte der Gruppen gelegt. Danach deckt ein TN eine Redewendungskarte auf und versucht, die Redewendung auf Tims Geschichte zu beziehen. Dann deckt ein TN die nächste Karte auf etc. In einer zweiten Runde können die TN über eigene Erfahrungen zur jeweiligen Redewendung sprechen. Zum Abschluss fragen Sie im Plenum, ob es ähnliche Wendungen in den Heimatländern der TN gibt.	KV L1/FHG
Tims Film	In „Tims Film" erzählt Tim die Geschichte seiner neuen Wohnung. Er berichtet, warum er kein Zimmer in dem Hotel bekommen hat, in dem er auch arbeitet. Im Weiteren erzählt er von der Wohnung und zeigt, warum er sie so hässlich findet. Sie können den Film nach der Foto-Hörgeschichte zur Wortschatzerweiterung, nach A3 zur Festigung der Nebensätze mit „weil" oder zum Abschluss nach B2 und C3 einsetzen.	„Tims Film" Lektion 1

A ICH BIN TRAURIG, WEIL ICH …

Nebensätze mit *weil*

Lernziel: Die TN können Gründe nennen.

	Form	Ablauf	Material	Zeit
A1		**Präsentation der Konjunktion *weil* und der Wortstellung im Nebensatz**		
	PL	1. Die TN lesen die Beispiele und verbinden mit den passenden Nebensätzen. Anschließend Kontrolle im Plenum. Die TN lesen die Lösungen laut vor, damit sich die neue Struktur durch das Lesen und Hören besser festsetzen kann. *Lösung: a Weil dort im Moment kein Zimmer frei ist. b Weil die Mieten im Zentrum so teuer sind.*	Folie/IWB	

	PL	2. Schreiben Sie Satz c an die Tafel und markieren Sie die Verben.		
		Ich bin traurig, weil ich hier keinen Menschen kenne. Warum hast du kein Zimmer im Hotel bekommen? Weil dort im Moment kein Zimmer frei ist.		
		Erläutern Sie den TN, dass „weil" hier das Kennzeichen für einen sogenannten Nebensatz ist, und zeigen Sie, dass das Verb hier am Ende des Satzes steht. Mit „weil" gibt man Gründe an. Wenn man Gründe wissen will, stellt man Fragen mit „warum". Weisen Sie die TN auch auf das Komma hin, das zwingend vor „weil" stehen muss. Die TN kennen bereits die Konjunktion „denn" aus *Schritte plus Neu 2 / Lektion 14*. Verweisen Sie auch auf den Grammatik-Kasten und die Grammatikübersicht 1 (Kursbuch, S. 18).		
	PL	3. Erweitern Sie das Tafelbild um Beispiel a aus der Aufgabe.		
TiPP		Neuer Lernstoff setzt sich besonders gut fest, wenn Sie einen Bezug zur Lebenswelt der TN herstellen. Fragen Sie sie z. B. „Warum lernen Sie Deutsch?". Schreiben Sie auf Zuruf einige komplette Antwortsätze an die Tafel und markieren Sie „weil" und das Verb am Ende. Überlegen Sie sich weitere Fragen, z. B. „Warum ist Lydia heute so spät gekommen?" oder „Erhan, warum hast du heute den dicken Pullover an?". Ermuntern Sie die TN, wo es geht, eigene Beispiele zu machen. Besonders für ungeübte TN sind Beispiele aus dem eigenen Umfeld leichter zu verstehen. Da der Inhalt bekannt ist, können sie sich ganz auf die neue Struktur konzentrieren.		
	EA/HA	Arbeitsbuch 1		

A2		**Erweiterung der Nebensätze mit *weil*: Trennbare Verben, Modalverben und Verben im Perfekt im Nebensatz**		
	EA	1. *fakultativ:* Verteilen Sie vorab die Kopiervorlage. Bitten Sie die TN, die Kopie so zu knicken, dass die Übung 2 zunächst nicht zu sehen ist. Die TN suchen die Partizipien. Wer zuerst die zwölf Verben gefunden hat, ruft „Stopp" und beendet die Übung. Sammeln Sie mit den TN die Partizipien an der Tafel. Fragen Sie nach dem Infinitiv und notieren Sie diesen in Klammern. *Hinweis:* Das Perfekt ist den TN schon aus Schritte *plus Neu 1 / Lektion 7* bekannt. Die Übung hat also nur den Status einer Wiederholung, die hier wichtig ist, weil in A2 die Satzstellung der Perfektform im Nebensatz systematisiert wird.	KV L1/A2	
	EA	2. *fakultativ:* Die TN lösen Übung 2 der Kopiervorlage. Abschlusskontrolle im Plenum.		
	EA	3. Die TN schlagen die Bücher auf, lesen den Text und markieren die Verben in Stillarbeit.		
	PA	4. Die TN ergänzen die Tabelle.		
	PA	5. Die TN vergleichen ihre Lösungen. Anschließend Kontrolle im Plenum. *Lösung: Weil ich … wohnen kann. Weil ich … gefunden habe. Weil … nicht anrufen.*		
	PL	6. Lenken Sie die Aufmerksamkeit der TN auf den Grammatik-Kasten. Erklären Sie den TN, dass es sich bei dem ersten Satz „Ich bin allein." um einen ganz normalen Satz handelt. Wenn man daraus einen Nebensatz macht, wandert das Verb ans Ende. Verdeutlichen Sie das auch an der Tafel. Das gilt auch für Sätze mit Modalverb oder Sätze im Perfekt. Gehen Sie auch auf den Beispielsatz mit dem trennbaren Verb ein. Erläutern Sie den TN, dass das trennbare Verb im Nebensatz mit seiner Vorsilbe als Ganzes am Ende steht. Erweitern Sie das Tafelbild entsprechend.		

> Ich **bin** allein.   <u>Weil ich allein</u> **bin**.
>
> Ich **kann** nicht im Hotel wohnen.   <u>Weil ich nicht im Hotel wohnen</u> **kann**.
>
> Ich **habe** keine Freunde gefunden.   <u>Weil ich keine Freunde gefunden</u> **habe**.
>
> Meine Eltern **rufen** nicht **an**.   <u>Weil meine Eltern nicht</u> **anrufen**.

	Weisen Sie die TN auch auf die Grammatikübersicht 1 (Seite 18) hin. Die kleine spielerische Aufgabe am rechten Rand eignet sich auch als Hausaufgabe oder als Wettspiel. *Musterlösung: 2 Weil ich keine Zeit hatte. 3 Weil ich einen Termin hatte. 4 Weil der Zug nicht gefahren ist. 5 Weil ich meinen Hausschlüssel verloren habe.* *Hinweis:* Besonders in Kursen mit vielen neuen TN ist hier der „Fokus Alltag: Lerntipps" (Arbeitsbuch, S. 21) gut geeignet. Die TN sprechen über Tipps zum Deutschlernen.		
EA/PA/HA Grammatik entdecken ⬌	**Arbeitsbuch 2:** im Kurs: Geübtere TN arbeiten in Stillarbeit, ungeübtere TN arbeiten paarweise zusammen. Verdeutlichen Sie den TN in der Abschlusskontrolle noch einmal die Satzstellung.		
EA/HA	**Arbeitsbuch 3**		

A3	**Hörverstehen: Gründe für einen Umzug verstehen**		
EA/PA ⬌	1. Klären Sie anhand der kleinen Zeichnung vorab das Verb „umziehen". Fragen Sie die TN, nach der Bedeutung von „Arbeitgeber". Weisen Sie dabei auf die beiden Teile „Arbeit" und „Geber" von „geben" hin. Die TN hören die Gespräche so oft wie nötig und ordnen die Gründe den Personen zu. Dann schreiben sie die Sätze mit „weil" neu. Ungeübtere TN schreiben die Sätze in Partnerarbeit. Anschließend Kontrolle im Plenum. *Lösung: B Weil mein Arbeitgeber umzieht. C Weil meine Familie und meine Freunde in Köln leben. D Weil ich in Marburg studieren möchte. E Weil ich eine Stuttgarterin geheiratet habe* *Hinweis:* Klären Sie mit den TN, dass eine Stuttgarterin eine Frau aus Stuttgart ist, der Stuttgarter entsprechend die maskuline Form. *Hinweis:* Hier können Sie auch „Tims Film" einflechten, in dem er filmisch zeigt, warum er die Wohnung so hässlich findet. Die TN können diese Gründe versprachlichen und dabei die neue Struktur anwenden, z.B. „Die Wohnung ist so hässlich, weil es keine Lampen gibt.".	CD 1/9–13	
GA	2. *fakultativ:* Um die Endstellung des Verbs einzuschleifen, bietet sich folgende Übung an: In Kleingruppen sammeln die TN weitere Gründe, warum man umzieht, und notieren diese auf Plakaten. Signalisieren Sie den TN, dass es auch lustige Gründe sein dürfen. Geben Sie dazu eine Zeit vor, z.B. fünf Minuten. Dann stellen die TN sich im Kreis auf, die Plakate werden in die Mitte gelegt. Sie werfen sich einen Ball zu und fragen: „Warum ziehst du um?". Der Fänger antwortet: „Ich ziehe um, weil meine Wohnung zu klein ist.". Dazu kann er sich einen Grund von den Plakaten aussuchen oder einen eigenen nennen. Dann wirft er den Ball und fragt. Wenn die TN einige Sicherheit gewonnen haben, erhöhen Sie das Tempo.	Plakate, Ball o. Ä.	
EA/HA	**Arbeitsbuch 4**		
EA/PA/HA ⬌	**Arbeitsbuch 5–6:** Wenn Sie die beiden Übungen im Kurs durchführen, lösen alle TN Übung 5. Geübtere TN ergänzen außerdem auch Übung 6. Wenn Sie die Übungen als Hausaufgabe aufgeben, sollten sie von allen bearbeitet werden.		

A4		**Anwendungsaufgabe: Nach Gründen fragen und antworten**		
	GA	1. Die TN lesen die Aufgabe und die Beispiele. Zu dritt schreiben die TN zwei Fragen mit „warum".	KV L1/A4 im Lehrwerk-service	
		fakultativ: Wenn Sie überwiegend ungeübtere TN im Kurs haben, können Sie auch auf die Kopiervorlage im Lehrwerkservice unter www. hueber.de/schritte-plus-neu zurückgreifen.		
	EA/GA	2. Die TN schreiben in drei Minuten möglichst viele Antworten mit „weil". Anschlie-ßend vergleichen die TN ihre Antworten. Für jede Antwort, die kein anderer aus der Gruppe hat, gibt es einen Punkt. Der TN mit den meisten Punkten gewinnt.		
	PL/PA	Arbeitsbuch 7–8: im Kurs: Die TN haben in *Schritte plus Neu 1* und *2* schon mehr-fach die Satzmelodie in Fragen und Aussagen sowie den Satzakzent geübt. Die Übungen sollten ihnen daher keine Schwierigkeiten bereiten. Spielen Sie Übung 7 vor und fragen Sie die TN, nach welcher Information in der Frage gesucht wird und welche die wichtige Information in der Antwort ist. Zeigen Sie den TN, dass der Satzakzent auf der Information liegt, nach der gefragt wird, bzw. auf der wesent-lichen Information in der Antwort. Die TN sprechen das Gespräch in Partnerarbeit. Sie hören die Mini-Gespräche von Übung 8 und markieren den Satzakzent. Spie-len Sie die Gespräche so oft wie nötig vor. Die TN sprechen diese wiederum in Partnerarbeit.	AB-Track 1/01–03	
	PA Prüfung	Arbeitsbuch 9: im Kurs: In dieser Übung sollen die TN sich vorstellen. Sie ist eine Vorbereitung auf den Prüfungsteil Sprechen, Teil 1 der Prüfungen *Deutsch-Test für Zuwanderer* und *Goethe-Zertifikat A2*. Verweisen Sie auch auf den Lerntipp.		

B ICH HABE SCHON … KENNENGELERNT.

Perfekt der trennbaren Verben

Lernziel: Die TN können von Alltagserlebnissen berichten.

	Form	Ablauf	Material	Zeit
B1		**Präsentation des Perfekts der trennbaren Verben: Ein Gespräch ergänzen**		
	PL	1. Bevor Sie mit Lernschritt B beginnen, sollten Sie das Perfekt wiederholen. *fakultativ:* Die TN sehen sich noch einmal die Verben der Kopiervorlage L1/A2 an.	KV L1/A2	
		Variante: Wenn Sie die Kopiervorlage nicht mehr aufgreifen wollen, lassen Sie jeden TN ein Verb im Infinitiv nennen und notieren Sie es an der Tafel. Achten Sie darauf, dass die TN nur einfache Verben nennen, keine trennbaren oder solche mit nicht-trennbarer Vorsilbe. Zeigen Sie dann auf ein Verb und fragen Sie einen TN nach dem Partizip. Löschen Sie den Infinitiv und notieren Sie an seiner Stelle das Partizip. Weisen Sie auf „ge-" und „-t" oder „-en" hin. Dazu können Sie die TN die Verben in einer Tabelle sortieren lassen. Die TN können noch weitere Verben nen-nen, die sie kennen. Lassen Sie die TN die Verben in solche, die mit „sein", und sol-che, die mit „haben" benutzt werden, sortieren. Den TN sollte klar werden, dass alle Verben, die eine Ortsveränderung anzeigen, das Perfekt mit „sein" bilden. Da diese Regel nicht immer greift, sollten die TN die Verben, die das Perfekt mit „sein" bilden, gesondert lernen.		
	EA/PA Wieder-holung	Arbeitsbuch 10–11: im Kurs: Die TN wiederholen das Perfekt, das sie bereits aus *Schritte plus Neu 1* / Lektion 7 kennen.		

EA/PA	2. Die TN lesen das Gespräch, das sie aus der Foto-Hörgeschichte bereits kennen, und ordnen die passenden Verben zu.			
EA	3. Dann hören die TN und vergleichen. Anschließend Kontrolle im Plenum, indem zwei TN das Gespräch vorlesen. *Lösung: eingekauft, gesagt*	CD 1/14	
PL	4. Verweisen Sie auf den Grammatik-Kasten und erklären Sie den TN, dass bei trennbaren Verben das „ge-" zwischen die Vorsilbe und den Verbstamm rutscht. Trennbare Verben kennen die TN bereits aus *Schritte plus Neu 1* / Lektion 5 und *Schritte plus Neu 2* / Lektion 12. Eine weitere Visualisierung finden die TN auch in der Grammatikübericht 2 (Kursbuch, S. 18).		
WPA/ PL	5. *fakultativ:* Kopieren Sie die Kopiervorlage einmal für jeden TN. Die TN gehen herum, suchen einen TN, auf den diese Information zutrifft, und notieren den Namen. So können die TN sich auch gegenseitig besser kennenlernen. Achten Sie darauf, dass die TN die Sätze als Fragen formulieren: „Hast du gestern im Supermarkt eingekauft?". Sie können das „unauffällig" tun, wenn Sie mitspielen. Um die Ergebnisse vorzustellen, bilden die TN einen Kreis. Ein TN tritt in die Mitte. Die anderen TN berichten, was sie über diesen TN erfahren und notiert haben. Dann geht ein anderer TN in die Mitte. Bei dieser Übung müssen immer wieder dieselben Perfektformen angewendet werden, die sich so gut einprägen.	KV L1/B1	

(TiPP)	Übungen zum Perfekt kann man nicht genug machen. Hier eine ganz schnelle: Die TN stellen sich in einem Kreis auf. Ein TN wirft einem anderen einen weichen Ball zu, dabei sagt sie/er ein beliebiges Verb. Die Fängerin oder der Fänger sagt die Perfektform, z.B. „Ich habe gespielt". Dann wirft sie/er den Ball weiter und nennt ein Verb. Achten Sie auf ein schnelles Tempo, damit keine Langeweile aufkommt. Diese Übung können Sie auch später zur Wiederholung nutzen, z.B. regelmäßig vier Minuten, bevor Sie mit dem Unterricht beginnen, oder wenn Sie am Ende noch ein paar Minuten Zeit haben.

B2	**Anwendungsaufgabe zu trennbaren Verben im Perfekt: Ein Online-Tagebuch lesen**			
a EA/PA	1. Die TN lesen den Online-Tagebuch-Eintrag und ordnen die Bilder in der richtigen Reihenfolge. In Kursen mit ungeübteren TN zeigen Sie die Bilder bei geschlossenen Büchern zunächst auf Folie / am IWB. Die TN beschreiben, was die Personen machen. Helfen Sie bei Wortschatzfragen. Erst dann lesen die TN und ordnen die Bilder zu. Anschließend Kontrolle im Plenum. Klären Sie dabei unbekannten Wortschatz. *Lösung: 3, 2, 1, 4*	Folie/IWB	
b EA/PA	2. Die TN lesen den Eintrag noch einmal und markieren die trennbaren Verben wie im Beispiel.		
c EA	3. Die TN ergänzen die Tabelle mit den markierten Verben. Schnellere TN notieren in der Rubrik „Schon fertig?" noch weitere trennbare Verben und überlegen, wie die Perfektform heißt. Anschließend Kontrolle im Plenum mit Besprechung der von den TN noch gefundenen Verben. *Lösung: angerufen, angefangen, eingestiegen, eingeschlafen, aufgestanden, angekommen* *Variante:* Die schnelleren TN können auch ein Plakat mit den neuen Verben erstellen, das dann für alle im Plenum aufgehängt wird.		
c PL	4. Wiederholen Sie mit den TN kurz die Wörter zum Gliedern einer Aussage im Info-Kasten, die die TN bereits aus *Schritte plus Neu 2* / Lektion 9 kennen. Weisen Sie insbesondere auf die Satzstellung hin. Eine Übersicht finden die TN auch auf der Kommunikationsseite (Kursbuch, S. 19), „Eine Aussage gliedern: Zuerst hat Tim …". *Hinweis:* In Kursen mit vorwiegend ungeübten TN lassen Sie die Gliederungswörter zunächst weg. Die TN bilden dann nur einfache Sätze über Tims Tag. Erst in einem zweiten Schritt nehmen Sie die Gliederungswörter dazu. Halten Sie beide Varianten jeweils an der Tafel fest.		

PL/PA	5. Ein TN liest den Beispielsatz vor. Machen Sie ein weiteres Beispiel im Plenum. Dann arbeiten die TN zu zweit weiter wie im Buch angegeben. Sie können geübtere TN auch drauf hinweisen, dass die Gliederungswörter auch auf Position 3 stehen können: „Tim hat zuerst den Wecker nicht gehört.". Das bringt eine zusätzliche Abwechslung in der Satzstellung in den Text. Anschließend Kontrolle im Plenum. *Hinweis:* Schreiben Sie den Text nach den Vorgaben der TN an die Tafel. Alle TN sollten den Text in ihr Heft übertragen. Das ist eine gute Vorbereitung für B3.		
PA	6. Die TN decken den Tagebuch-Eintrag mit dem Heft ab, sodass nur noch die Zeichnungen zu sehen sind. Die TN erzählen nun anhand der Zeichnungen, was passiert ist. Bitten Sie die TN auch zu erzählen, warum Tim zu spät aufgestanden ist, warum er fast zu spät zur Arbeit gekommen ist, um auch die Nebensatzkonstruktion weiter zu üben. Jeder der Partner erzählt die Geschichte einmal. Während die geübteren TN frei sprechen, können Sie für die ungeübten TN eine Kopie vorbereiten, auf der Sie die Zeichnungen mit Stichwörtern versehen. *Hinweis:* Hier können Sie auch auf „Tims Film" zurückgreifen. Tim erzählt, warum er in der Wohnung am Stadtrand wohnt und nicht im Hotel in der Stadt. Die TN hören ein Beispiel im Kontext für eine gegliederte Aussage.		
HA/EA	Arbeitsbuch 12–15		
EA/HA	Arbeitsbuch 16–17: im Kurs: Wenn Sie die beiden Übungen im Kurs durchführen, lösen alle TN Übung 16 in Einzelarbeit. Geübtere TN bearbeiten außerdem auch Übung 17 allein, während die ungeübteren zu zweit arbeiten. Wenn Sie die Übungen als Hausaufgabe aufgeben, sollten sie von allen bearbeitet werden. *Hinweis:* Da die TN in Übung 17 einen Text nach Vorgaben schreiben sollen, eignet er sich gut zum Einsammeln und Korrigieren. Wenn Sie viele neue TN im Kurs haben, können Sie sich auf diese Weise einen Überblick über den Lernstand der neuen TN verschaffen. Dann sollten auch die ungeübten TN die Übung allein bearbeiten.		

B3		Aktivität im Kurs: Einen eigenen Tagebuch-Eintrag schreiben		
a	EA	1. Die TN lesen das Beispiel. Nach dem Muster schreiben sie einen eigenen Tagebuch-Eintrag über den gestrigen Tag. Hilfe finden sie auch in Tims Eintrag in B2a.		
	PA	2. Mit einer Partnerin / einem Partner besprechen die TN zunächst ihren Eintrag und korrigieren Fehler. Gehen Sie herum und helfen Sie.		
	EA	3. Die TN hängen ihren Tagebuch-Eintrag im Kursraum auf.		
b	EA/PA	4. Die TN gehen herum und lesen die Einträge der anderen. Jeder schreibt zu drei Einträgen einen Kommentar. Ungeübtere TN arbeiten zu zweit.		

TiPP	Bei Aufgaben, in denen TN auf Einträge, Briefe etc. anderer TN antworten sollen, können Sie verschiedene Vorgehensweisen anwenden. Wenn Sie die Einträge, Briefe etc. aushängen, können die TN die Antworten auf Klebezettel schreiben, die sie dann zu den Einträgen kleben. Die TN können ihre Antworten auch auf bunte Zettel schreiben und sie mit Klebeband, Magneten oder Pinnwandnadeln zu den Einträgen heften. Sind die TN mit Computern ausgerüstet, wäre es auch denkbar, dass die TN ihre Einträge, Briefe etc. als Mails schreiben und die anderen per Mail antworten. Das können Sie dann ausdrucken und aushängen oder in Moodle einstellen.		
EA/HA Schreib training	Arbeitsbuch 18: Für geübtere TN können Sie eine Kopie erstellen, auf der Sie den vorgegebenen Antwortbrief ab „Aber weißt Du, warum?" tilgen, sodass die geübteren TN einen weitgehend freien Brief schreiben. Die Bilder geben ihnen eine Hilfe.		

C SO WAS HAST DU NOCH NICHT ERLEBT!

Perfekt der nicht trennbaren Verben und der Verben auf -ieren

Lernziel: Die TN können von Pannen im Alltag erzählen.

	Form	Ablauf	Material	Zeit
C1		**Präsentation des Perfekts der nicht-trennbaren Verben und der Verben auf -ieren**		
	EA	1. Die TN hören die Gespräche und ordnen zu. Anschließend Kontrolle im Plenum. *Lösung: A passiert, B erlebt, C verstanden*	CD 1/15–17	
	PL	2. Weisen Sie die TN auf den Grammatik-Kasten hin. Erklären Sie, dass bei Verben mit der Vorsilbe „ver-", „be-", „er-", und „ent-" im Perfekt kein „ge-" vorangestellt wird. Die Verben auf „-ieren" haben im Perfekt lediglich ein „-t". Machen Sie die TN darauf aufmerksam, dass das Perfekt von „passieren" mit „sein" gebildet wird. Die TN sollten diese Form als Ausnahme auswendig lernen. Verweisen Sie die TN auch auf die Grammatikübersicht 3 und 4 (Kursbuch, S. 18) und insbesondere auf den Tipp zum Lernen der Verben. Erstellen Sie dazu mit den TN evtl. weitere Karten zu den Verben aus der Lektion, damit die TN das Prinzip verstehen und die Wichtigkeit erkennen.		
	HA/EA	Arbeitsbuch 19		
C2		**Leseverstehen: Erweiterung des Perfekts der nicht-trennbaren Verben und der Verben auf -ieren**		
a	EA	1. Die TN lesen die Nachrichten und ordnen die passenden Antworten zu.		
	PA	2. Die TN vergleichen mit ihrer Partnerin / ihrem Partner, indem einer die Nachrichten und der andere die Antworten liest. Die TN lesen mit Flüsterstimme. Anschließend Kontrolle im Plenum. *Lösung: 2 C, 3 D, 4 A*		
b	EA/PA	3. Die TN lesen die Nachrichten in a noch einmal und markieren wie im Beispiel die Partizipien. Dann ergänzen sie die Tabelle. Ungeübtere TN arbeiten zu zweit. Anschließend Kontrolle im Plenum. *Lösung: vergessen, bemerkt, erfahren, verloren, telefoniert*		
	PL	4. Markieren Sie mit den TN gemeinsam die Vorsilben, um sie ihnen noch einmal bewusst zu machen.	Folie/IWB	
	PL	5. *fakultativ:* Sammeln Sie mit den TN gemeinsam weitere Verben an der Tafel zu den Vorsilben „ver-", „be-" und „er-". Schreiben Sie sie mit der Perfektform an die Tafel, z.B. „versuchen – hat versucht", „bezahlen – hat bezahlt", „erlauben – hat erlaubt".		
	PL	6. Weisen Sie auch noch einmal auf das Verb „telefonieren" hin und markieren Sie „-ieren".	Folie/IWB	
	PL	7. *fakultativ:* Sammeln Sie mit den TN weitere Verben auf „-ieren" und halten Sie sie an der Tafel fest, z.B. „reservieren – hat reserviert". In Kursen mit überwiegend geübten TN können Sie die TN auch in Kleingruppen weitere Verben zu den Vorsilben bzw. auf „-ieren" suchen lassen. Geben Sie dazu eine Zeit vor, z.B. fünf Minuten. Anschließend Vergleich im Plenum. *Hinweis:* Hierzu passt „Fokus Beruf: Ein schriftlicher Arbeitsauftrag" (Arbeitsbuch, S. 22). Ähnlich wie in a erstellen die TN hier kleine Nachrichten und antworten darauf.		

EA/HA Grammatik entdecken ⟷	Arbeitsbuch 20: im Kurs: Übertragen Sie die Tabelle aus dem Arbeitsbuch auf eine Folie. Sortieren Sie gemeinsam mit den TN einige Beispiele in die jeweils richtige Spalte. Erklären Sie den TN, dass das Sortieren hilft, unterschiedliche Formen zu strukturieren. So erinnert man sich leichter und kann die Formen besser lernen. Danach arbeiten die TN selbstständig weiter. Wenn sie eine Perfektform nicht kennen, schlagen sie im Wörterbuch nach. Gehen Sie herum und zeigen Sie den TN, wo sie die entsprechenden Formen im Wörterbuch finden.		
PL 👄	Arbeitsbuch 21: im Kurs: Üben Sie mit den TN die Aussprache von „e" und „er" in Vorsilben (vgl. auch *Schritte plus Neu 2 / Lektion 8*).	AB-Track 1/04	

C3	**Aktivität im Kurs: Von Pannen im Alltag erzählen**		
PL	1. Zwei TN lesen das Beispielgespräch laut vor. Sagen Sie den TN dann, dass sie das Gespräch spielen sollen, also auf die Betonung und auch auf Mimik und Gestik achten sollen. Zwei andere TN lesen/spielen das Gespräch noch einmal. Wenn Die TN nicht wissen, wie sie das Gespräch spielen sollen, geben Sie die Frage ins Plenum. Wenn die TN keine Ideen haben, dann lesen Sie den Satz „Oje! Und was hast du dann gemacht?" mit verschiedenen Betonungen und Gesten vor, z. B. lachend oder traurig und mit einer Hand an der Wange. Fragen Sie die TN, was besser passt. *Hinweis:* Hier können Sie auch das Lied „Na? Singen wir was?" aus „Zwischendurch mal ..." (Kursbuch, S. 20) einflechten. Es ist eine gute Vorbereitung auf das eigene Erzählen von Pannen im Alltag. Die TN werden hier spielerisch auf Ideen gebracht. Gleichzeitig setzen sich die TN noch einmal mit Verben auf „ieren" und mit trennbaren Verben im Perfekt auseinander.	⌐ZDM⌐	
PL	2. Lesen Sie mit den TN auch die anderen Redemittel und klären Sie ggf. die Bedeutung.		
PL	3. Schreiben Sie dann mit den TN das Beispielgespräch an der Tafel weiter. Ermuntern Sie die TN, weitere Redemittel zu benutzen.		
EA	4. Die TN überlegen für sich, was sie schon an Alltagspannen erlebt haben, und machen sich Notizen wie im Beispiel. *fakultativ:* Wenn die TN sich mit eigenen Ideen schwertun, können Sie auch auf die Kärtchen von der Kopiervorlage im Lehrwerkservice www.hueber.de/schritte-plus-neu zurückgreifen.	KV L1/C3 im Lehrwerk-service	
GA	5. In Kleingruppen erzählen die TN von ihren Pannen, die anderen reagieren darauf. Weisen Sie die TN auch auf die Rubrik „Von Alltagspannen erzählen: Wie peinlich!" (Kursbuch, S. 19) hin. Die kleine Übung rechts eignet sich auch als Hausaufgabe. *Hinweis:* Hierzu passt auch „Tims Film". Dabei können die TN die Bilder aus Tims Wohnung entsprechend kommentieren bzw. seine Erzählung von dem Zimmer, das noch nicht frei ist.		
EA/HA	Arbeitsbuch 22		
EA/PA/HA ⟷	Arbeitsbuch 23: im Kurs: Ungeübtere TN bearbeiten Situation A und geübtere TN Situation B. Da es sich um einen freien Text handelt, sammeln Sie die Texte zur Korrektur ein. Schreiben Sie eine Musterlösung, in die Sie Fehler einbauen, die von den TN häufig gemacht worden sind. Lassen Sie den Mustertext von allen TN (auch den ungeübteren) zunächst in Partnerarbeit korrigieren. Besprechen Sie anschließend die Fehler im Plenum.		

D FAMILIE UND VERWANDTE

Lernziel: Die TN können über ihre Familie berichten.

	Form	Ablauf	Material	Zeit
D1		**Hörverstehen 1: Wiederholung und Erweiterung des Wortfelds „Familienmitglieder"**		
a	PL/WPA	1. Die Bücher sind geschlossen. Schreiben Sie „Meine Familie" an die Tafel und fragen Sie die TN, welche Bezeichnungen für Familienmitglieder sie schon kennen. Aus *Schritte plus Neu 1 / Lektion 2* sind den TN bereits einige bekannt. Schreiben Sie die Bezeichnungen an die Tafel. Danach gehen die TN herum und erzählen, wie viele Geschwister sie haben und ggf. wo die Eltern wohnen. *Hinweis:* Nicht jeder TN kann oder will über die eigene Familie sprechen. In Kursen mit vielen Geflüchteten sollten Sie mit Fragen nach der eigenen Familie sehr vorsichtig umgehen.		
	EA	2. Die TN schlagen die Bücher auf und sehen sich den Stammbaum an. Erklären Sie, dass man ein solches Schema „Stammbaum" nennt. Fragen Sie die TN auch, wie das in ihren Herkunftsländern heißt, und ob auch dort der Baum das Symbol für Familie ist. Gehen Sie mit den TN die Bezeichnungen, die zugeordnet werden sollen, durch. Dann hören die TN das Gespräch so oft wie nötig und ordnen die Familienbezeichnungen zu. Sagen Sie den TN, dass sie sich zunächst nur auf die Familienbezeichnungen konzentrieren sollen. Wenn die TN damit Probleme haben, können Sie auch nach jeder Bezeichnung das Gespräch stoppen, um den TN Zeit zum Schreiben zu geben.	CD 1/18	
	PA	3. Die TN vergleichen ihre Lösungen in Partnerarbeit, in der Zwischenzeit überträgt ein TN seine Lösungen auf eine Folie/am IWB.	Folie/IWB	
	PL/PA	4. Der TN erläutert seine Lösung im Plenum. Die Paare vergleichen und korrigieren ggf. *Lösung: Stefan: Onkel; Daniela: Tante; Maria: Cousine; Martin: Vater; Alexander: Bruder; Julia: Schwägerin; Esther: Nichte; Luca: Neffe*		
	PL	5. Geben Sie in einem weiteren Schritt Artikel und Pluralformen an. Geben Sie auch das männliche Pendant zu „Cousine" an: „Cousin".		
b	PL	6. Weisen Sie auf den Stammbaum und erklären Sie, dass das Annas Familie ist. Schreiben Sie an die Tafel: „Annas Familie = die Familie von Anna". Markieren Sie das „-s" und „von" und erklären Sie den TN, dass die Bedeutung der zwei Wendungen identisch ist. Weisen Sie auch auf den Grammatik-Kasten im Buch hin und auf die Grammatikübersicht 5 (Kursbuch, S. 18).		
	PA	7. Die TN sehen sich das Beispiel im Buch an und befragen sich dann gegenseitig.		
	PA	8. *fakultativ:* Jeder TN erhält eine Kopiervorlage und trägt die Namen seiner Familienmitglieder in den Stammbaum ein. Anschließend befragen sich die TN zu zweit über ihre Familienmitglieder. Geben Sie dabei die Frage vor: „Wer ist Mahmud?" – „Mahmud ist mein Schwager.". Gehen Sie herum und helfen Sie ggf.	KV L1/D1	
	EA/HA	Arbeitsbuch 24		
D2		**Hörverstehen 2: Detaillierte Informationen über ein Familienmitglied verstehen**		
	PL	1. Erinnern Sie die TN an das Gespräch aus D1 und fragen Sie die TN, wer hier miteinander spricht. Fragen Sie: „Wer ist Leon?", „Was möchte er von Anna?". Ggf. hören die TN dazu das Gespräch aus D1 noch einmal. Weisen Sie auch auf das Foto. Für das Hörverstehen ist es wichtig, dass die TN die Gesprächssituation verstehen. *Lösungsvorschlag: Leon und Anna sind Nachbarn. Leon möchte Milch.*	CD 1/18	

	Form	Ablauf	Material	Zeit
	EA	2. Die TN lesen die Aussagen und hören dann das Gespräch weiter. Sie kreuzen an, was richtig ist. Anschließend Kontrolle im Plenum. *Lösung: richtig: a, b*	CD 1/19	
	PL	3. Stellen Sie weitere Verständnisfragen: „Treffen Maria und Anna sich oft?", „Warum braucht Leon Milch?", „Warum will Leon so viel über Maria wissen?". *Hinweis:* Hierzu passt der Film „Das ist meine Familie" aus „Zwischendurch mal ..." (Kursbuch, S. 21). Die TN befassen sich noch einmal mit dem neuen Wortschatz.	ZDM	

D3	Aktivität im Kurs: Über ein Familienmitglied erzählen		
PL ⟷	1. Die TN sehen sich die Fragen an. Die TN überlegen, welche Fragen man noch stellen kann, z. B. „Ist sie/er verheiratet?", „Hat er/sie Kinder?", „Wo lebt sie/er?" etc. Halten Sie sie an der Tafel fest. In Kursen mit ungeübten TN beantworten die TN die Fragen zunächst für Anna. Halten Sie die Antworten dazu stichwortartig an der Tafel fest. Bitten Sie dann einen TN, anhand der Stichwörter noch einmal über Anna zu erzählen.		
EA	2. Die TN machen sich Notizen zu den Fragen im Buch. Gehen Sie herum und achten Sie darauf, dass die TN nicht ausformulieren.		
WPA	3. Die TN gehen herum, erzählen über ihre Familienmitglieder und zeigen dazu auch Fotos, wenn sie möchten.		
EA/HA ⟷	Arbeitsbuch 25: im Kurs: Ungeübtere TN machen Übung a in Stillarbeit oder als Hausaufgabe. Machen Sie Übung b gemeinsam mit den TN, da es ungeübteren TN oft schwerfällt, Tabellen zu Artikeln zu erstellen.		
EA/PA/HA ⟷	Arbeitsbuch 26–27: im Kurs: Geübtere TN lösen die Übungen in Stillarbeit. Ungeübtere TN arbeiten paarweise zusammen.		

E WOHN- UND LEBENSFORMEN

Lernziel: Die TN können von Wohn- und Lebensformen erzählen.

	Form	Ablauf	Material	Zeit
E1		**Hörverstehen: Präsentation des Wortfelds „Wohn- und Lebensformen"**		
a	PL	1. Die Bücher sind geschlossen. Fragen Sie die TN, wie Menschen heute zusammenleben. Machen Sie einen Wortigel an der Tafel. Schreiben Sie an den ersten Strich „Familie = Mutter, Vater, Kinder". Fragen Sie die TN, welche Formen des Zusammenlebens sie noch kennen. Ergänzen Sie den Wortigel.		
	PL	2. Zeigen Sie das Wohnhaus und das Klingelschild. Klären Sie anhand der Zeichnung noch einmal die Begriffe „Erdgeschoss", „Stock" und „Dachwohnung". Die TN sollten die Ortsbezeichnungen mit „im ..." und „in der ..." zunächst als feste Wendungen lernen. *Hinweis:* In einigen Sprachen ist der erste Stock gleichbedeutend mit dem Erdgeschoss. Weisen Sie auch auf den Info-Kasten hin.	Folie/IWB	
TIPP		Damit den TN die Wendungen geläufiger werden, können Sie ein kurzes Kreisspiel einschieben. Schreiben Sie die Wendungen gut lesbar auf ein Plakat und legen es in die Mitte des Kreises. Dann müssen die TN nicht immer zur Tafel blicken, sondern können konzentriert mit dem Blick „im Kreis" bleiben. Die TN werfen sich einen Ball zu und fragen: „Wo wohnst du?". Der fangende TN antwortet: „Ich wohne im dritten Stock." und fragt weiter. Ziel ist es, nach und nach das Tempo zu erhöhen und mehrere Runden zu spielen, sodass sich die Wendungen festsetzen.		

	PA	3. Die TN sehen sich die Zeichnung an und lesen die Aufgabe. Auch wenn den TN nicht alle Lebensformen bekannt sind, können sie trotzdem zunächst darüber sprechen, wer wo wohnt. Die meisten Begriffe sind ihnen bekannt und unbekannte Wörter lassen sich auch anhand der Zeichnungen erschließen bzw. werden im nächsten Schritt im Hörverstehen erklärt.		
	EA	4. Die TN hören die Gespräche und ordnen zu. Lassen Sie zwischen den Gesprächen genügend Pausen zum Schreiben. Anschließend Kontrolle im Plenum. *Lösungen: von oben nach unten: 5 die Wohngemeinschaft, 2 die Familie, 3 die alleinerziehende Mutter, 4 das Ehepaar*	CD 1/20–24	
	PL ⟷	5. Sprechen Sie noch einmal über die im Buch genannten Lebensformen. Die TN sollten in eigenen Worten erklären können, was jeweils gemeint ist. In Kursen mit ungeübten TN reicht es auch, wenn die TN Beispiele anhand von Personenbezeichnungen nennen.		
b	EA/PL	6. Die TN lesen die Aufgabe und die Aussagen. Klären Sie, wenn nötig, unbekannten Wortschatz. Dann hören die TN die Gespräche noch einmal und kreuzen an. Wenn nötig, spielen Sie die Gespräche mehrmals vor. Anschließend Kontrolle im Plenum. *Lösung: 2 drei Zimmer., 3 einem halben Jahr, 4 schon, 5 verschiedenen Ländern.*	CD 1/20–24	

E2 Leseverstehen: Wesentliche Aussagen über Lebensformen verstehen

a	EA/PL ⟷	1. Die TN lesen die Texte und ordnen die Personen den Familienständen in E1a zu, z.B. „Hristo Radev ist Single.". Ungeübtere TN lesen nur zwei oder drei Texte und ordnen zu. Anschließend Kontrolle im Plenum. Klären Sie dann auch unbekannten Wortschatz. *Lösung: Sylwia Wasilewski – die Familie, Katrin Hauser – die alleinerziehende Mutter, Yusuf Dirim – das Ehepaar, Luisa Bach – die WG*		
b	EA/PA ⟷	2. Die TN lesen die Texte noch einmal und kreuzen an, was richtig ist. Ungeübtere TN beschränken sich wieder auf zwei oder drei Texte. Anschließend Kontrolle im Plenum. Schnellere TN bearbeiten die Rubrik „Schon fertig?" und suchen in den Texten und im Wörterbuch weitere Wörter zum Thema „Wohnen". *Lösung: richtig: 5*		
	PA ⟷	3. *fakultativ:* Die Bücher werden geschlossen. Verteilen Sie je eine Kopiervorlage an zwei TN. Die TN schreiben nun mit der Partnerin / dem Partner auf, was sie an Informationen über die Personen behalten haben. Geübtere TN schreiben ganze Sätze in der dritten Person, ungeübtere TN notieren zunächst nur Stichpunkte und formulieren sie in einem zweiten Schritt in der ersten Person aus. Sie beschränken sich auf „ihre" Texte.	KV L1/E2	

TiPP	Streichen Sie die Texte, die die ungeübteren TN nicht bearbeiten sollen, mit einem dicken Filzstift durch. Oft sind es solche optischen Kleinigkeiten, die die Konzentration der ungeübteren TN stören oder sie irritieren, was dann zu Minderleistungen führt, die Sie dadurch leicht verhindern können.

	EA	4. Zur Vorbereitung auf E3 suchen sich die TN den Text aus, der ihrer eigenen Lebensform entspricht. Die TN lesen den Text mehrfach mit Flüsterstimme.		
	PA	5. Nun werden die Texte gemeinsam von den TN laut gelesen, die den jeweiligen Text trainiert haben. Geben Sie dazu den Namen und den Beginn eines Textes vor und fordern Sie die TN auf, mitzusprechen. *Hinweis:* Hier können Sie die Landeskunde „Familie? Wer ist denn das?" aus „Zwischendurch mal ..." (Kursbuch, S. 21) einflechten. In dem Text erfahren die TN etwas über Lebensformen in Deutschland früher und heute.	ZDM	

TiPP		Fordern Sie ungeübtere TN auf, ein oder zwei Texte zu Hause mehrfach (mindestens viermal) laut zu lesen. So prägen sich Satzmuster und Formulierungen ein, die die TN dann in realen Sprech- situationen abrufen können. Das sollte auch über mehrere Tage wiederholt werden. Dazu eignen sich besonders Texte, in denen Personen von sich erzählen und die nicht zu lang sind.		
	EA/HA	Arbeitsbuch 28	AB-Track 1/05–08	

E3		**Aktivität im Kurs: Über die Lebensformen von Freunden, Bekannten und Ver- wandten erzählen**		
	GA	1. Die TN lesen die Aufgabe und das Beispiel. Anschließend sprechen sie frei über ihre Freunde, Bekannten und Verwandten. Regen Sie die TN auch dazu an, nach- zufragen. Hilfe finden die TN auch bei den Redemitteln oder unter „Von Wohn- und Lebensformen erzählen: Ich lebe seit … allein." (Kursbuch, S. 19). *Variante:* Wenn Sie diese Übung spielerischer gestalten wollen, können Sie diese Übung auch als „Kugellager" durchführen. Geben Sie nach jeder Runde einen Verwandten vor, z. B. Onkel, Cousine etc., über den die TN mit der jeweiligen Part- nerin / dem jeweiligen Partner sprechen sollen. Weil der Wortschatz für die unge- übteren TN schwierig sein könnte, zeigen Sie die Redemittel auf Folie/IWB oder schreiben Sie sie an die Tafel.	Folie/IWB	

TiPP		Diese Übungsform nennt sich „Kugellager": Stellen Sie die Stühle so zusammen, dass sie einen Außen- und einen Innenkreis bilden. Je ein TN vom Innenkreis sitzt einem TN vom Außenkreis gegenüber. Die TN stehen zunächst vor ihren Stühlen und laufen im Kreis. Die TN des Außenkreises laufen links herum, die des Innenkreises rechts herum. Wenn Sie „Stopp" rufen, setzen die TN sich auf den Stuhl, vor dem sie gerade stehen. Jeder TN hat nun eine Partnerin / einen Partner. Sie bearbeiten nun die jeweilige Aufgabenstellung. Auf Ihr Zeichen nehmen die TN ihre Wanderung wieder auf. Wieder rufen Sie „Stopp" und nennen ein Thema etc. Da die Partner ständig wechseln, können Sie die Themen auch mehrmals nennen, das schult vor allem ungeübte TN.		

	EA/HA	Arbeitsbuch 29		
	GA	*fakultativ:* Wenn Sie noch Zeit haben, können Sie hier die Wiederholung zu Lektion 1 anschließen.	KV L1/Wieder- holung	
Lektions- tests		Einen Test zu Lektion 1 finden Sie hier im LHB auf den Seiten 172 –173. Weisen Sie die TN auf den Selbsttest im Arbeitsbuch auf Seite 20 hin.	KV L1/Test	

AUDIO- UND VIDEOTRAINING

Form	Ablauf	Material	Zeit
Audiotraining 1: Glücklich oder traurig?			
EA/HA	Die TN antworten auf die Frage „Warum bist du glücklich/traurig?" mit einem „weil"-Satz nach einer Vorgabe in Stichworten („Miete nicht teuer"). Nach den Sprechpausen, in der die TN antworten, hören sie die korrekte Antwort („Weil die Miete nicht teuer ist.").	CD 1/25	

Audiotraining 2: So ein Pech!			
EA/HA	Die TN trainieren nach einer Aussage des Sprechers („Ich habe den Zug verpasst."), mit einer Echo-Frage ihr Bedauern über das Pech des Sprechers auszudrücken („Du hast den Zug verpasst? So ein Pech!"). Nach den Sprechpausen hören die TN die korrekte Antwort.	CD 1/26	
Audiotraining 3: Antworten Sie mit „Ja" auf die Fragen.			
EA/HA	Der Sprecher stellt eine Frage („Ist Tina berufstätig?"), die TN antworten mit „Ja" und wiederholen die Aussage zur Bekräftigung („Ja, Tina ist berufstätig."). Nach den Sprechpausen hören die TN die korrekte Antwort.	CD 1/27	
Videotraining: Weil es gleich regnet.			
EA/HA	Die TN sehen in dem Film Tim und Lara in der Sonne sitzen. Zuerst erklärt Tim noch einmal, wie man aus zwei Sätzen einen Satz mit „weil" macht. Er erklärt auch, wo im Nebensatz das Verb steht. Gleichzeitig sehen die TN den Satz unten eingeblendet. Nach diesem Beispiel nennen Lara und Tim weitere Sätze, die die TN mit „weil" verbinden sollen. Nach einer Zeit nennen sie den korrekten Satz, der auch eingeblendet wird.	Film „Weil es gleich regnet."	
	fakultativ: Wenn Sie das Videotraining im Kurs machen wollen, können geübtere TN weitere Sätze schreiben und sie im Kurs vorspielen. Ungeübteren TN können Sie auch einfache Sätze vorgeben.		

ZWISCHENDURCH MAL ...

Form	Ablauf	Material	Zeit
Lied	**Na? Singen wir was? (passt z. B. zu C3)**		
PL	1. Die TN sehen sich die erste Zeichnung an und lesen die erste Strophe im Präsens. Weisen Sie auf die Strophe darunter hin und auf die Transformation vom Präsens ins Perfekt. Fragen Sie, wie die zweite Zeile des Liedes in der Vergangenheit heißt. Machen Sie den TN bewusst, dass sich die Formen „funktioniert" und „repariert" reimen, und dass Reime in Liedern oft vorkommen.	Folie/IWB	
PA	2. Die TN ergänzen den Liedtext. Dabei sollte ihnen die Information helfen, dass sich jeweils zwei Zeilen am Ende reimen. Gehen Sie herum und helfen Sie ungeübten TN, falls diese das Prinzip nicht durchschauen.		
PL	3. Spielen Sie das Lied nun vor, die TN vergleichen und korrigieren, wenn nötig. *Lösung: Strophe 1: hat ... repariert, hat ... angemacht, haben ... gelacht; Strophe 2: hat ... gesessen, hat ... gegessen, ist ... passiert, hat ... fotografiert; Strophe 3: ist ... umgezogen, ist ... geflogen, hat ... genommen, ist ... angekommen; Refrain: haben ... trainiert, haben ... studiert, haben ... angefangen, ist ... gegangen*	CD 1/28	
PL/EA/ PA	4. *fakultativ:* Zeigen Sie den Liedtext auf Folie / am IWB. Spielen Sie den Liedanfang vor. Markieren Sie dann im Text den Wortakzent der ersten zwei oder drei Partizipien mit den TN zusammen. Dann hören die TN das Lied noch einmal und markieren allein oder zu zweit im Liedtext den Wortakzent bei den Partizipien. Machen Sie danach den TN noch einmal bewusst, dass Partizipien auf „-iert" auf der letzten Silbe betont werden, trennbare Verben auf der ersten Silbe (der trennbaren Vorsilbe) und die anderen Verben auf der zweiten Silbe.	CD 1/28, Folie/IWB	
PL	5. Die TN hören das Lied noch einmal und singen mit. Wer keine Lust hat zu singen, klatscht oder stampft den Rhythmus mit.	CD 1/28	

TiPP

Lieder eignen sich häufig zum Training der Aussprache, insbesondere zum Üben von Wort- und Satzakzent. Melodie und Rhythmus werden sehr deutlich und prägen sich gut ein. Falsche Pausen sind nicht möglich. Allerdings muss man bei der Auswahl von Liedern für den Unterricht darauf achten, dass im Lied keine Akzentverschiebungen auftreten (vgl. z. B. Schnee<u>flöck</u>chen, Weiß<u>röck</u>chen statt <u>Schnee</u>flöckchen, <u>Weiß</u>röckchen). Lassen Sie vor dem Singen die phonetischen Besonderheiten, die Sie üben möchten, markieren und lassen Sie den Text auch mehrmals vorlesen, damit die TN ein Gefühl für Betonungen und schwierigere Laute bekommen. Gehen Sie melodiöse Lieder in einem Arbeitsschritt als Sprechgesang durch: Die TN sprechen den Liedtext und klatschen jede Silbe mit. Bei betonten Silben/Beim Satzakzent wird etwas lauter geklatscht. Erst dann wird das Lied gesungen. Das Lied in diesem Zwischenspiel eignet sich überdies für eine Verknüpfung mit Pantomime: Ein TN spielt Onkel Willi, ein TN Tante Hanne. Die beiden stellen pantomimisch die Aktivitäten von Onkel Willi und Tante Hanne dar und erzählen so eine Geschichte.

Das ist meine Familie. (passt z. B. zu D2)

EA/PL	1. Die TN sehen sich die Personen im Buch an und lesen die Namen. Dann sehen sie den Film und achten nur auf die Verwandtschaftsbezeichnungen und ergänzen sie im Buch. Sie vergleichen mit einem anderen TN.	KV L1/ZDM
	Variante: Jeder TN erhält eine Kopiervorlage. Sie sehen den Film und kreuzen an, welche Verwandten Marie vorstellt. Dann schlagen die TN die Bücher auf und ergänzen die Verwandtschaftsbezeichnungen im Buch. Anschließend Kontrolle im Plenum. Danach sehen die TN den Film noch einmal und ergänzen die Namen in Übung 2. Dann Kontrolle im Plenum. Die TN lesen danach die Rätselfrage und äußern Vermutungen. Wer ist der Lösung am nächsten?	
EA/PL ⟷	2. Die TN sehen den Film noch einmal. Stoppen Sie nach jeder Person. Die TN notieren zu jeder Person, was sie noch erfahren haben. Ungeübtere TN arbeiten zu zweit. Anschließend Kontrolle im Plenum *Lösung: Max: Bruder, 25, IT-Spezialist; Paula: Schwägerin, 25; Jan: Cousin, 16, Schüler, Computerfreak; Helga: Tante, alleinerziehend; Magda: Mutter, 54, Event-Managerin; Manfred: Vater, 56, Krankenpfleger; Richard: Opa, 78, Rentner, hat früher bei einer Bank gearbeitet; Elisabeth: Oma, lebt nicht mehr*	

Familie? Wer ist denn das? (passt z. B. zu E2)

PL	1. Die Bücher sind geschlossen. Wiederholen Sie mit den TN ggf. noch einmal die Formen, in denen Menschen heute zusammenleben. Halten Sie sie an der Tafel fest, schreiben Sie dabei die Lebensformen mit Kindern untereinander.	
PL	2. Fragen Sie die TN, was sie schätzen: „Wie viele Familien mit Kindern leben in Deutschland? Was meinen Sie?". Die TN sollten ihre Angaben in Prozent machen. Halten Sie die Vermutungen an der Tafel fest. Die Lösung hierzu wird in Aufgabe 2 erarbeitet.	
EA/PL	3. Die TN schlagen die Bücher auf, lesen den Text und ergänzen zunächst nur die Familienformen in Aufgabe 1. Anschließend Kontrolle. Klären Sie dann auch unbekannten Wortschatz. *Lösung: A verheiratete Paare mit Kindern, C Alleinerziehende mit Kindern*	
EA/PA ⟷	4. Die TN lesen noch einmal und ergänzen in Aufgabe 1 die Zahlen für heute. Anschließend Kontrolle im Plenum. In Kursen mit überwiegend ungeübten TN sollten Sie die Zahlen in einem Kuchendiagramm an der Tafel verdeutlichen. Das ist gerade für ungeübtere TN anschaulicher. *Lösung: A 69%, B 10%, C 20%*	
PL	5. Vergleichen Sie mit den TN die realen Zahlen aus dem Text mit den Vermutungen an der Tafel. Regen Sie die TN zu einer kleinen Diskussion über die Ursachen für die steigenden Zahlen von alternativen Lebensformen an, soweit sprachlich möglich. Fragen Sie die TN auch nach der Situation in den Heimatländern.	

FOKUS ALLTAG: LERNTIPPS

Lernziel: Die TN können individuelle Sprachlernbedürfnisse und Ziele äußern, z. B. Verbesserung des schriftlichen Ausdrucks. Sie können Wünsche für den Unterricht und eine Meinung über den Unterricht äußern.

	Form	Ablauf	Material	Zeit
1		**Hörverstehen 1: Probleme verstehen**		
	PL	1. Die TN lesen die Aufgabenstellung. Sagen Sie den TN, dass sie ein Gespräch zwischen Oscar, Rebecca und dem Deutschlehrer Markus hören	AB-Track 1/09	
	EA	2. Die TN hören das Gespräch so oft wie nötig und kreuzen ihre Lösungen an. Abschlusskontrolle im Plenum. *Lösung: Oscar: Hören; Rebecca: Sprechen*		
2		**Hörverstehen 2: Lerntipps verstehen**		
	EA/PL	1. Die TN lesen die Lerntipps. Geben Sie Gelegenheit zu Wortschatzfragen.		
	PL	2. Die TN hören das Gespräch zwischen dem Lehrer und den Kursteilnehmern noch einmal und kreuzen an, welche Tipps der Lehrer gibt. Weisen Sie ggf. darauf hin, dass die Tipps nicht wortwörtlich im Hörtext vorkommen. Abschlusskontrolle im Plenum.. *Lösung: im Internet surfen; in der Freizeit mehr Deutsch sprechen; einen Konversationskurs besuchen; Radio hören; die Arbeitsbuch-Audios hören*	AB-Track 1/09	
3		**Über Schwierigkeiten beim Deutschlernen sprechen und um Hilfe bitten**		
	PL	1. Fragen Sie die TN, womit sie am meisten Schwierigkeiten haben, und verweisen Sie auf das Beispiel von Sylvia.		
	EA ⟷	2. Die TN füllen den „Notizzettel" mit einem eigenen Problem und Lernbedürfnis aus. Machen Sie ein Beispiel mit einem geübteren TN, indem Sie ihn fragen, was sein Problem ist und was er tun will. Geben Sie dem TN ein paar Tipps.		
	GA ⟷	3. Die TN finden sich in Kleingruppen von vier TN zusammen. Sie nennen sich gegenseitig ihr Problemfeld beim Deutschlernen und ihr Lernbedürfnis. Die anderen TN der Gruppe geben Tipps. Gehen Sie herum und helfen Sie insbesondere ungeübteren TN bei der Formulierung von Tipps.		
	HA	4. *fakultativ:* Die TN schreiben einen kurzen Text über ihr Lernproblem, ihren Lernwunsch und die Tipps, die sie bekommen haben. Indem sie sich schreibend mit der Thematik auseinandersetzen, reflektieren sie noch einmal in Ruhe und können ggf. weitere Aspekte ergänzen. Am Ende des Kurses lesen sie ihren Text noch einmal und überlegen, ob sich ihr Lernwunsch erfüllt hat und ob sie Fortschritte bei ihrem Lernproblem erzielt haben		

FOKUS BERUF: EIN SCHRIFTLICHER ARBEITSAUFTRAG

Lernziel: Die TN können einfache schriftliche Arbeitsaufträge erteilen. Sie können in schriftlicher Form mitteilen, dass sie einen Auftrag verstanden haben, aber dass sie ihn nicht erledigen können.

	Form	Ablauf	Material	Zeit
		Da dieser Fokus ggf. nur für einen Teil der TN interessant ist, kann er auch als Hausaufgabe gegeben werden.		
1		**Das Vorwissen aktivieren: Auftrag und Vertretung**		
	EA/PL	1. Die TN lesen die Begriffe a bis c. Fragen Sie, ob jemand die Begriffe kennt und sie in eigenen Worten erklären kann. Erst dann lesen die TN die Erklärungen rechts und verbinden. Anschließend Kontrolle im Plenum. *Lösung: b 1, c 2*		
2		**Leseverstehen: Ein schriftlicher Arbeitsauftrag**		
a	PL	1. Die TN sehen sich das Foto an und überlegen, wo die Frau arbeitet und was sie machen muss.		
	EA/PA	2. Die TN lesen den Arbeitsauftrag und ergänzen die Vorgaben aus dem Kasten. Ungeübtere TN arbeiten zu zweit. Anschließend Kontrolle im Plenum. *Lösung: Geht das? … Geben Sie mir bitte*		
b	EA	3. Die TN lesen den Auftrag noch einmal und kreuzen an. Anschließend Kontrolle im Plenum. Geübtere TN korrigieren zusätzlich die falschen Aussagen. *Lösung: richtig: Frau Nokic soll Frau Wilabi vertreten.*		
3		**Schreibtraining: Einen Arbeitsauftrag schriftlich ablehnen**		
	PL	1. Ein TN wiederholt noch einmal in eigenen Worten den Arbeitsauftrag von Frau Nokic.		
	PL	2. Ein zweiter TN liest den blau unterlegten Zwischensatz. Fragen Sie die TN: „Kann Frau Nokic Frau Wilabi vertreten?".		
a	EA/PL	3. Die TN lesen die Übung und markieren, welche Sätze passen. Anschließend führen sie ein Kursgespräch darüber, welche Sätze passen und welche nicht. Fragen Sie auch, warum ein Satz nicht passt. *Lösung: Leider muss ich … Also kann ich nicht …; Tut mir leid, aber …; Heute und morgen … leider nicht, weil …*		
b	EA	4. Die TN schreiben die Nachricht von Frau Nokic an Frau Bruzzone mithilfe der markierten Sätze aus a.		
	GA	5. In Kleingruppen tauschen die TN ihre Nachrichten untereinander aus und korrigieren sich gegenseitig. Gehen Sie herum und helfen Sie bei Korrekturfragen.		
	PL	6. Zum Abschluss schreiben Sie mit den TN zusammen eine Musternachricht an der Tafel. Die TN sollten diese ins Heft übertragen.		
4		**Schreibtraining: Eine Nachricht an eine Kollegin / einen Kollegen schreiben**		
a	PL	1. Klären Sie mit den TN zunächst die Situation.		
	EA	2. Die TN schreiben eine Nachricht an eine Kollegin / einen Kollegen mit der Bitte um Vertretung. Gehen Sie herum und helfen Sie bei Schwierigkeiten.		
b	PA	3. Die TN tauschen ihre Nachricht mit ihrer Partnerin / ihrem Partner und schreiben eine Antwort. Gehen Sie herum und helfen Sie bei Schwierigkeiten. Sammeln Sie die Nachrichten zum Schluss zur Korrektur ein.		
	PL	4. *fakultativ:* Wer Lust hat, kann seine Nachricht bzw. die Antwort vorlesen.		

ZU HAUSE

Folge 2: Was man hat, das hat man.

Einstieg in das Thema „Nachbarschaft"

	Form	Ablauf	Material	Zeit
1		**Vor dem ersten Hören**		
	PL	1. Die Bücher sind geschlossen. Decken Sie die Foto-Hörgeschichte ab und zeigen Sie nur Aufgabe 1. Fragen Sie: „Was ist richtig?". Abschlusskontrolle im Plenum. *Lösung: A kann man in der Europäischen Union nicht mehr kaufen.; B brauchen wenig Energie., muss man heute benutzen.* *Variante:* Die Bücher sind geschlossen. Kopieren Sie die Foto-Hörgeschichte mehrfach und schneiden Sie sie ohne die Bildnummern aus. Jedes Paar erhält ein Kartenset. Die TN bringen die Fotos in eine sinnvolle Reihenfolge. Dann öffnen die TN die Bücher und vergleichen mit ihrer eigenen Bildreihenfolge.	Folie/IWB	
2		**Vor dem ersten Hören: Vermutungen anstellen**		
	PA	1. Die TN sehen sich die Fotos im Buch an und lesen die Fragen. Dann stellen sie mit ihrer Partnerin / ihrem Partner Vermutungen an. Gehen Sie herum und helfen Sie ggf. bei Wortschatzfragen.		
	PA	2. Die TN hören die Foto-Hörgeschichte und vergleichen mit ihren Antworten. Abschlusskontrolle im Plenum. *Lösung: Die Frau ist Tims Nachbarin. Sie muss eine Glühbirne wechseln und braucht Hilfe. Tim kann helfen. Sie hat so viele Glühbirnen, weil sie keine Energiesparlampen mag und man Glühbirnen nicht mehr kaufen kann.*	CD 1/29–36	
3		**Beim zweiten Hören: Details der Geschichte verstehen**		
	PL/ EA/PA	1. Fragen Sie: „Warum kann Frau Sicinski die Glühbirne nicht selbst wechseln?". Die TN lesen die beiden Lösungsmöglichkeiten und nennen die richtige Lösung. Die TN lesen die übrigen Fragen und hören dann die Foto-Hörgeschichte noch einmal. Geübtere TN lösen die Aufgabe in Stillarbeit, ungeübtere TN arbeiten paarweise zusammen. Abschlusskontrolle im Plenum. *Lösung: a Weil sie an der Decke hängt – zu weit oben für Frau Sicinski. b Weil Glühbirnen verboten sind. c Ohrenstöpsel, weil Betty und Paul so laut Musik hören.*	CD 1/29–36	
4		**Beim dritten Hören: Selektives Hören**		
	PA	1. Deuten Sie auf das Bild und fragen Sie: „Wer wohnt wo?". Die TN ordnen die Personen den Wohnungen zu. Bei Bedarf spielen Sie das Audio noch einmal vor. Abschlusskontrolle im Plenum. *Lösung: 1. Stock links: Frau Sicinski; 1. Stock rechts: Betty und Paul*	CD 1/36	
5		**Nach dem Hören: Sich über Sammelgewohnheiten austauschen**		
	PL	1. Deuten Sie auf Foto 5 und fragen Sie: „Was sagt Frau Sicinski? Was bedeutet das?". Klären Sie mit den TN die Bedeutung der Redensart „Was man hat, das hat man.". Fragen Sie dann: „Was sammeln Sie? Was haben Sie in großer Menge? Warum?".		

	Form	Ablauf	Material	Zeit
	WPA	2. Die TN lesen die Beispiele und überlegen, was sie selbst sammeln. Bei Bedarf schlagen sie im Wörterbuch nach. Anschließend bewegen sie sich im Kursraum umher und fragen wechselnde Partner: „Was sammeln Sie und warum?".	KV L2/FHG	
		fakultativ: Wenn Sie nicht so viel Zeit haben oder Ihre TN keine Sammler sind, können Sie mit der Kopiervorlage arbeiten, um Sätze mit der Konjunktion „denn" (bekannt aus *Schritte plus Neu 2* / Lektion 14) zu wiederholen. Bei Bedarf können Sie den Beispielsatz „Ich habe ganz viel Seife zu Hause, denn ich kaufe jedes Sonderangebot." an die Tafel schreiben und die Wortstellung im „denn"-Satz noch einmal bewusst machen. Kopieren Sie die Kopiervorlage so oft, dass jeder TN eine Satzkarte erhält. Schreiben Sie „Was sammeln Sie und warum?" sowie „Ich habe viel/e… / Ich sammle …" an die Tafel. Die TN verteilen sich im Kursraum, finden sich paarweise zusammen und befragen sich gegenseitig. Anschließend tauschen sie die Kärtchen und wechseln zur/zum nächsten freien Partnerin/Partner.		
	Tims Film	In „Tims Film" berichtet Tim von einem seltsamen Traum. Sie können den Film z. B. nach B3 zur Übung der Wechselpräpositionen einsetzen. Fragen Sie die TN vor dem Sehen: „Wo hat Tim seinen Schlüssel hingelegt?" und „Wo ist er dann?". Die TN sehen sich „Tims Film" an und machen Notizen. Zeigen Sie den Film bei Bedarf mehrmals. Sammeln Sie anschließend alle Informationen an der Tafel.	„Tims Film" Lektion 2	

A DIE LAMPE HÄNGT AN DER DECKE.

Positionsverben *liegen, stehen, stecken, hängen;* Wiederholung der Wechselpräpositionen mit Dativ

Lernziel: Die TN können Ortsangaben machen: *Wo …?*

	Form	Ablauf	Material	Zeit
A1		**Präsentation der Verben *liegen, stehen, stecken* und *hängen;* Wiederholung der Wechselpräpositionen mit Dativ**		
	PL	1. Die TN sehen sich die Fotos an. Fragen Sie „Wo ist die Lampe?" und deuten Sie dabei auf Foto C. Ein TN liest das Beispiel vor.	Folie/IWB	
	EA	2. Die TN sehen sich die anderen Fotos an und ordnen zu. Klären Sie bei Bedarf die Wörter „das Schloss" und „die Leiter". Abschlusskontrolle im Plenum. *Lösung: A Der Schlüssel steckt im Schloss. B Tim steht auf der Leiter. D Tims Sachen liegen auf dem Tisch.*	Folie/IWB	
	PL	3. Verdeutlichen Sie die Bedeutung der Verben „stecken", „stehen", „hängen" und „liegen", indem Sie z. B. ein Buch hochkant auf den Tisch stellen, hinlegen oder in Ihre Tasche stecken und fragen: „Wo steht das Buch?", „Wo liegt das Buch?" etc. Verweisen Sie auch auf den linken Grammatik-Kasten. *Hinweis:* Die Unterscheidung der Positionsverben kann für die TN zunächst ungewohnt sein, da es in vielen Sprachen nicht für jedes dieser Verben eine Entsprechung gibt, sondern z. B. das Verb „sein" in viel stärkerem Ausmaß verwendet wird als im Deutschen. Es ist deshalb wichtig, die Bedeutungsunterschiede anhand eines konkreten Beispiels zu verdeutlichen.		
	PL	4. Weisen Sie die TN daraufhin, dass diese Verben oft in Verbindung mit den lokalen Präpositionen vorkommen, die sie bereits aus *Schritte plus Neu 2* / Lektion 11 kennen. Wenn Sie viele Quereinsteiger im Kurs haben, sollten Sie diese Wechselpräpositionen mit Dativ allerdings noch einmal gründlich üben. Verweisen Sie auch auf den rechten Grammatik-Kasten.		

PL/GA	5. *fakultativ:* Fordern Sie die TN auf, sich im Raum umzusehen und sich ein paar Fragen nach dem Muster „Wo steht/liegt/hängt/steckt der/die/das ...?" zu stellen. Ein geübterer TN wirft einem anderen den Ball zu und stellt ihm eine Frage. Dieser beantwortet sie und setzt die Fragerunde fort. Korrigieren Sie sanft, wenn die Verben oder Präpositionen nicht richtig verwendet werden. *Variante:* Die TN formulieren ein Rätsel nach dem Muster: „Es steht/hängt/liegt/steckt in/an auf ... . Was ist das?". Die anderen raten.	Ball	
EA/PA Grammatik entdecken	**Arbeitsbuch 1–2:** im Kurs: Die TN machen zuerst Übung 1 und ergänzen dann die Tabelle in Übung 2.		
EA/PA Wiederholung	**Arbeitsbuch 3:** Die TN üben hier noch einmal die Wechselpräpositionen mit Dativ, die sie bereits als aus *Schritte plus Neu 1*, Lektion 11 kennen.		

A2	**Aktivität im Kurs: Bildvergleich: Anwendungsaufgabe zu den Positionsverben**		
PL	1. Deuten Sie auf die beiden Bilder und fragen Sie: „Was ist in Zimmer B anders als in Zimmer A?". Die TN betrachten die beiden Bilder. Zwei TN lesen das Beispiel vor. Bitten Sie ggf. zwei weitere TN, einen Unterschied zu benennen.	Folie/IWB	
PA	2. Die TN suchen die weiteren Unterschiede und benennen diese mündlich. Wenn Ihre TN noch nicht so sicher in der Verwendung der Verben mit Wechselpräpositionen mit Dativ sind, können sie die Unterschiede auch zuerst notieren. Sie können diese Aufgabe auch als Hausaufgabe aufgeben und zur Korrektur einsammeln. Es ist wichtig, dass die TN die Verben mit Wechselpräpositionen mit Dativ beherrschen, da in Lernschritt B die Wechselpräpositionen mit Akkusativ eingeführt werden. *Lösung: 2 In Zimmer A steht ein Laptop auf dem Sofa. In Zimmer B steht der Laptop auf dem Boden. 3 In Zimmer A hängen zwei Bilder an der Wand. In Zimmer B hängen drei Bilder an der Wand. 4 In Zimmer A stehen keine Gläser auf dem Tisch. In Zimmer B stehen drei Gläser auf dem Tisch. 5 In Zimmer A stehen zwei Stühle am Tisch. In Zimmer B steht ein Stuhl am Tisch. 6 In Zimmer A hängt ein Bild links an der Wand. In Zimmer B hängt kein Bild links an der Wand. 7 In Zimmer A liegt ein Teppich auf dem Boden. In Zimmer B liegt kein Teppich auf dem Boden.*	Folie/IWB	
EA/HA	**Arbeitsbuch 4**		
EA/HA ⟷	**Arbeitsbuch 5–6:** im Kurs: Alle TN ergänzen die Lücken in Übung 5. Geübtere TN schreiben außerdem die Sätze in Übung 6. Wenn Sie die Übungen als Hausaufgabe aufgeben, bearbeiten alle TN beide Übungen.		

A3	**Aktivität im Kurs: Beschreibung des Kursraums**		
GA ⟷	1. Machen Sie eine ausladende Armbewegung und fragen Sie: „Was liegt/steht/hängt oder steckt wo in unserem Kursraum?". Deuten Sie dann auf die Bücher der TN und sagen Sie: „Die Bücher liegen auf den Tischen." und benennen Sie die Position Ihres Handys, Ihrer Schlüssel oder ähnlicher Gegenstände. Fordern Sie die TN dann auf, innerhalb von fünf Minuten so viele Sätze mit Lokalangaben wie möglich zu notieren. Die Gruppe mit den meisten richtigen Sätzen hat gewonnen. Wenn Sie viele ungeübte TN im Kurs haben, können Sie die Sätze an der Tafel sammeln, um den TN so viele korrekte Beispiele wie möglich an die Hand zu geben.		
PA	2. *fakultativ:* Kopieren Sie die Kopiervorlage mehrfach und zerschneiden Sie sie. Die TN finden sich paarweise zusammen. Ein TN erhält Zeichnung A, der andere Zeichnung B. Die TN setzen sich Rücken an Rücken, sodass sie die Zeichnung des anderen nicht sehen können. Ein TN beginnt und beschreibt der Partnerin / dem Partner seine Zeichnung. Dieser versucht, die Gegenstände und Personen in seine leere Vorlage einzuzeichnen. Rückfragen sind erlaubt, spicken nicht! Anschließend tauschen die TN die Rollen. Zum Abschluss vergleichen die Paare ihre Zeichnungen mit dem jeweiligen Original.	KV L2/A3	

B KANN ICH DAS AUF DEN TISCH LEGEN?

Richtungsverben *legen, stellen, stecken, hängen;* Wechselpräpositionen mit Akkusativ
Lernziel: Die TN können Ortsangaben machen: *Wohin ...?*

	Form	Ablauf	Material	Zeit
B1		**Gegenüberstellung der Verben *legen* und *liegen*; Präsentation der Wechselpräpositionen mit Akkusativ**		
	PL/EA	1. Deuten Sie auf die beiden Fotos im Buch und fragen Sie: „Wer sagt was?". Die TN sehen sich die Fotos an, lesen die Sätze und ordnen zu. Abschlusskontrolle im Plenum. *Lösung: A Kann ich meine Sachen auf den Tisch legen? B Ihre Sachen liegen noch auf dem Tisch.*	Folie/IWB	
	PL	2. Stellen Sie die Verben mit Wechselpräpositionen einander gegenüber. Schreiben Sie dazu Folgendes an die Tafel: Tim **legt** die Sachen **auf** <u>den</u> Tisch. – Tims Sachen **liegen** auf <u>dem</u> Tisch. Tim **legt** die Sachen **unter** <u>die</u> Leiter. – Tims Sachen **liegen** unter <u>der</u> Leiter. Verdeutlichen Sie anhand der Beispiele, dass das Verb „legen" und die Wechselpräposition eine Richtung angeben und den Akkusativ erfordern, das Verb „liegen" und die Wechselpräposition eine Position angeben und den Dativ erfordern. Machen Sie ggf. weitere konkrete Beispiele im Kursraum und verweisen Sie dann auf den Grammatik-Kasten.		
	EA/PL/HA Grammatik entdecken	Arbeitsbuch 7–8: im Kurs: Die TN lösen zunächst Übung 7 in Stillarbeit. Abschlusskontrolle im Plenum. Anschließend tragen die TN die Sätze aus 7 in die Tabelle in Übung 8 ein. Dabei machen Sie sich bewusst, dass das Verb „legen" mit den Wechselpräpositionen und Akkusativ und das Verb „liegen" mit den Wechselpräpositionen und Dativ verwendet wird.		
B2		**Anwendungsaufgabe: Kettenübung zum Richtungsverb *legen* und zu den Wechselpräpositionen im Akkusativ**		
	PL	1. Die TN nehmen ihre Schlüssel aus der Tasche und setzen sich in einen Stuhlkreis. Beginnen Sie, indem Sie Ihren Schlüssel unter den Stuhl legen und sagen: „Ich lege meinen Schlüssel unter den Stuhl.". Der TN links neben Ihnen wiederholt Ihre Ortsangabe wie im Beispiel vorgegeben, legt seinen eigenen Schlüssel an einen anderen Ort und macht weiter: „Ich lege meinen Schlüssel ... .". Der nächste TN im Uhrzeigersinn setzt die Kettenübung fort. Die gut sichtbar abgelegten Schlüssel helfen den TN bei der Wiederholung der genannten Ortsangaben. Helfen Sie, wenn nötig und korrigieren Sie ggf. sanft, indem Sie den Satz noch einmal korrekt wiederholen.		
TiPP		Bei Kettenübungen bietet es sich oft an, die Gruppe in zwei oder drei Gruppen zu teilen, damit die Kette nicht zu lang wird, und die TN sich nicht zu viele Informationen merken müssen.		
B3		**Präsentation der Richtungsverben**		
a	PL	1. Die TN lesen die drei Tipps. Deuten Sie auf die Passage „Stellen Sie den Schreibtisch am besten ans Fenster..." und markieren Sie „stellen" und „ans Fenster". Lesen Sie dann den Satz in der Sprechblase vor und markieren Sie „steht" und „am Fenster". Fragen Sie dann einen geübteren TN: „Was machen Sie auch?". Dieser nennt ein Beispiel.	Folie/IWB	
	PA	2. Die TN finden sich paarweise zusammen und formulieren analog zu den Beispielen ähnliche Sätze.		

b EA/PA	3.	Die TN sehen sich das Beispiel an, markieren die Richtungsverben im Text und ergänzen die Tabelle. Geübtere TN lösen die Aufgabe in Stillarbeit, ungeübtere TN arbeiten paarweise zusammen. Abschlusskontrolle im Plenum. Weisen Sie dabei explizit darauf hin, dass die Verben „hängen" und „stecken" sowohl Wechselprä-positionen im Dativ als auch im Akkusativ nach sich ziehen können, die Verben „liegen" und „stehen" aber nur Wechselpräpositionen mit Dativ, und die Verben „legen" und „stellen" nur Wechselpräpositionen mit Akkusativ. *Lösung: stellen, stecken, hängen*		
		Verweisen Sie an dieser Stelle auch auf die Grammatikübersicht 1 und 2 (Kursbuch, S. 30) und die beiden kleinen Schreibaufgaben, in denen die TN zur Festigung der Wechselpräpositionen mit Dativ ihren Lernplatz beschreiben und zur Festigung der Wechselpräpositionen mit Akkusativ erklären, wo sie ihre Einkäufe hinräumen. *Musterlösung zu 1: Neben der Lampe liegen viele Bücher. Vor dem Laptop liegt mein Text. Auf dem Text liegt ein Stift. Meine Brille liegt hinter dem Laptop oder manchmal auch zwischen den Büchern.* *Musterlösung zu 2: Die Seife lege ich auf das Waschbecken. Die Pizza lege ich in den Tiefkühlschrank und die Dosen stelle ich ins Küchenregal.*		
		Hinweis: Wenn Sie Ihren TN noch weitere Übungsmöglichkeiten anbieten wollen, können Sie hier mit dem Spiel aus „Zwischendurch mal …" (Kursbuch, S. 32) arbeiten.	**ZDM**	
		Hinweis: Zur Veranschaulichung der Verben mit Wechselpräpositionen, können Sie hier „Tims Film" einsetzen. Fragen Sie die TN dann vor dem ersten Sehen: „Wohin legt Tim seinen Schlüssel?" und „Wo liegt/steckt/hängt … Tims Schlüssel?". Die TN sehen den Film und machen sich Notizen. Schreiben Sie die Sätze dann auf Zuruf an die Tafel.		
EA/HA		Arbeitsbuch 9		
EA/HA		Arbeitsbuch 10–11: im Kurs: Alle TN ergänzen die Lücken in Übung 10. Geübtere TN schreiben außerdem in Übung 11 anhand der Stichwörter Sätze mit Richtungs-angaben. Wenn Sie die Übungen als Hausaufgabe aufgeben, bearbeiten alle TN beide Übungen.		
EA/HA		Arbeitsbuch 12		
EA/HA		Arbeitsbuch 13: im Kurs: Die TN hören und korrigieren die Sätze.	AB-Track 1/10	
B4		**Aktivität im Kurs: Bilder bauen und beschreiben**		
GA/PL	1.	Die TN sehen sich das Beispiel an und bauen mit Gegenständen ihrer Wahl schritt-weise selbst ein Bild, das sie zum Abschluss fotografieren. Bei der Erstellung versprach-lichen sie analog zum Beispiel im Buch, was sie wohin legen/stellen/hängen etc.		
		Variante 1: Die TN erstellen mit ihrem Körper ein Standbild. Verteilen Sie einigen TN dazu Klebezettel, auf denen Sie in großen Buchstaben zusammenpassende Gegenstände wie „Baum", „Blume", „Vogel", „Sonne" etc. notiert haben. Machen Sie ein Beispiel, indem Sie z. B. Ihre Arme ausbreiten und sagen: „Ich bin ein Baum. Ich stehe auf dem Boden.". Befestigen Sie den Klebezettel mit „Baum" so an sich, dass man ihn auf dem Foto später gut sehen kann. Ein TN mit der Karte „Blume" könnte z. B. neben Ihnen in die Hocke gehen und sagen: „Ich bin eine Blume. Ich stehe neben dem Baum." etc. Ein TN fotografiert das fertige Standbild. Anschlie-ßend stellen die TN in Gruppen von 4–6 TN selbst Standbilder. Die Gegenstände wählen sie selbst. Gehen Sie herum und fotografieren Sie alle Standbilder. Achten Sie dabei darauf, dass alle Klebezettel gut sichtbar sind. Die TN beschreiben die Standbilder der anderen Gruppen.		
		Variante 2 (ohne Foto): Die Gruppen stellen ein Standbild im Plenum und ver-sprachlichen, was sie darstellen und ihre Position. Die anderen schauen zu.		

GA	2. *fakultativ:* Ratespiel: Bilden Sie zwei Gruppen. Fragen Sie Gruppe 1: „Was verstecken wir?". Die TN wählen fünf beliebige Gegenstände aus. Halten Sie diese der Reihe nach hoch und fragen sie jeweils: „Wohin legen/stellen wir ...?". Legen Sie die Gegenstände an die genannten Orte. Fragen Sie dann Gruppe 2: „Wo liegt ...?" etc. Bitten Sie Gruppe 1, vor die Tür zu gehen. Gruppe 2 wählt fünf Gegenstände aus, die sie verstecken will, und macht Notizen zu den Verstecken. Gruppe 1 kommt herein und rät, wo sich die Gegenstände jetzt befinden. Wenn alle Positionen erraten sind, wird gewechselt und Gruppe 2 verlässt das Zimmer. Geben Sie ein Zeitlimit vor. Die Gruppe, die die meisten Gegenstände innerhalb des Zeitlimits lokalisiert hat, hat gewonnen.		

C STELLEN SIE DIE LEITER DAHIN.

Direktionaladverbien *hierhin, dahin, dorthin, rein, raus, rauf, runter, rüber*

Lernziel: Die TN können Richtungen angeben.

	Form	Ablauf	Material	Zeit
C1		**Präsentation der Direktionaladverbien *hierhin, dahin, dorthin***		
a	PL/EA	1. Fragen Sie: „Was sagt Frau Sicinski?" und spielen Sie dann die kurze Sequenz aus der Foto-Hörgeschichte noch einmal vor, wenn nötig mehrfach. Die TN kreuzen an. Abschlusskontrolle im Plenum. *Lösung: 1 dahin. 2 Da*	CD 1/37	
	PL	2. Lesen Sie die beiden Sätze noch einmal vor und verdeutlichen Sie die Bedeutung der beiden Adverbien mit einer entsprechenden Handbewegung. Machen Sie deutlich, dass man auf die Frage „Wo?" mit „hier", „da" oder „dort" (siehe *Schritte plus Neu 1* / Lektion 4) antworten kann, auf die Frage „Wohin?" dagegen die Direktionaladverbien „hierhin", „dahin" und „dorthin" gebraucht. Verweisen Sie auch auf den Grammatik-Kasten.		
b	PL	3. Deuten Sie auf das Bild und fragen Sie: „Wohin soll er die Pflanze stellen?". Bitten Sie dann zwei TN, den Minidialog vorzulesen. Markieren Sie dabei das Direktionaladverb „dorthin" auf der Folie / am IWB wie im Grammatik-Kasten mit einem Pfeil und das Lokaladverb „dort" mit einem Punkt, um noch einmal den Unterschied zwischen den beiden Adverbien zu veranschaulichen.	Folie/IWB	
	PA	4. Die TN spielen anhand der Stichpunkte mit ihrer Partnerin / ihrem Partner weitere Minidialoge. Gehen Sie herum und helfen Sie bei Schwierigkeiten.		
	EA/PA	Arbeitsbuch 14–15		
C2		**Präsentation der Direktionaladverbien *rein, raus, rauf, runter* und *rüber***		
	PL	1. Deuten Sie auf die Bilder und fragen Sie: „Was sagt Frau Sicinski?". Ein TN liest das Beispiel vor. Schreiben Sie zur Verdeutlichung Folgendes an die Tafel und machen Sie deutlich, dass das Direktionaladverb „rauf" hier für „auf die Leiter" steht: Steigen Sie doch bitte ~~auf die Leiter~~. rauf		
	EA/PA	2. Die TN lesen die übrigen Sätze und ergänzen die passenden Direktionaladverbien aus dem Info-Kasten rechts. Die Visualisierungen helfen den TN bei der Erschließung der Bedeutung. Geübtere TN lösen die Aufgabe in Stillarbeit, ungeübtere arbeiten paarweise zusammen. Abschlusskontrolle im Plenum. *Lösung: b runter, c rein*		

	PL	3. Sehen Sie sich dann mit den TN Satz b und den Grammatik-Kasten noch einmal genauer an und erklären Sie, dass es sich bei „runterfallen" um ein trennbares Verb handelt. Erinnern Sie die TN an dieser Stelle noch einmal an die Syntax bei trennbaren Verben, die die TN bereits aus *Schritte plus Neu 1* / Lektion 5 kennen. Generell kann man sagen, dass die Direktionaladverbien „rein", „raus", „rauf", „runter" und „rüber" feste Verbindungen mit Verben eingehen können. Beispiele hierfür sind „rausgehen", „reinkommen", „raufgehen" etc. Verweisen Sie auch auf die Grammatikübersicht 3 (Kursbuch, S. 30) und die kleine Übung rechts. *Musterlösung: Bitte komm runter!*		
	EA/HA	Arbeitsbuch 16		
	EA/HA ⟷	Arbeitsbuch 17–18: im Kurs: Alle TN bearbeiten Übung 17. Geübtere TN ergänzen in Übung 18 außerdem die Verben in der richtigen Form. Wenn Sie die Übungen als Hausaufgabe aufgeben, bearbeiten alle TN beide Übungen.		
C3		**Anwendungsaufgabe: Trennbare Verben mit Direktionaladverbien**		
a	PL	1. Deuten Sie auf den Schüttelkasten und lesen Sie die Verben vor. Fragen Sie dann: „Welches Verb passt zu welchem Bild?". Ein TN liest das Beispiel vor.		
	EA	2. Die TN sehen sich die Bilder an und ordnen zu. Abschlusskontrolle im Plenum. *Lösung: A den Müll rausbringen, B den Stift rübergeben, D rauskommen*		
b	PL	3. Deuten Sie auf Bild C und fragen Sie: „Was sagen die Personen?". Zwei TN lesen das Gespräch vor.		
	PA ⟷	4. Geübtere TN schreiben mit ihrer Partnerin / ihrem Partner ähnliche Gespräche zu den übrigen Situationen. Ungeübtere TN schreiben nur ein Gespräch. Wer möchte, kann „sein" Gespräch dann vorspielen. *Hinweis:* An dieser Stelle können Sie mit dem Comic „Der kleine Mann: Wo ist hier das Bad?" (Kursbuch, S. 33) arbeiten, um die Direktionaladverbien auf humorvolle Weise einzuüben.	ZDM	
	GA	5. *fakultativ:* Wenn Sie Ihren TN noch mehr Möglichkeiten anbieten wollen, die Direktionaladverbien zu üben, können Sie die Kopiervorlage einsetzen. Die TN finden sich in Kleingruppen zusammen. Jede Gruppe erhält ein Spielbrett, Spielfiguren und einen Würfel. Alle Figuren stehen auf dem Start-/Zielfeld. Wer die höchste Zahl würfelt, beginnt. Spieler A würfelt und zieht seine Figur entsprechend viele Felder vorwärts. Erreicht der TN ein weißes Feld, liest er die Stichwörter laut vor und bildet anschließend einen vollständigen Satz, z. B. „Er steigt die Leiter rauf.". Die anderen TN beurteilen, ob der Satz richtig ist. Wenn ja, darf Spieler A auf dem Spielfeld stehen bleiben, wenn nicht, muss er zwei Felder zurück. Dann ist Spieler B an der Reihe etc. Landet ein Spieler auf einem grauen Ereignisfeld, liest er die Anweisung laut vor und folgt dieser. Um zu gewinnen, brauchen die Spieler die genaue Augenzahl, um ins Ziel zu kommen. Würfeln sie eine höhere Zahl, müssen sie am Start-/Zielfeld vorbeiziehen und eine weitere Runde gehen. Das Spiel ist beendet, wenn der erste Spieler genau ins Ziel kommt. *Variante:* Wenn Sie nicht so viel Zeit haben, hat der Spieler gewonnen, der als erstes das Start-/Zielfeld erreicht oder überschreitet.	KV L2/C3, Spielfiguren, Würfel	
	PL//PA 👄	Arbeitsbuch 19: im Kurs: Diese Übung brauchen Sie nur zu machen, wenn es im Kurs TN gibt, in deren Muttersprache die Laute „ü" und „ö" nicht vorhanden sind. Spielen Sie Übung 19a vor. Die TN kreuzen an. Spielen Sie Übung 19b vor. Die TN hören und sprechen im Chor nach. Geben Sie ihnen auch Gelegenheit, in Partnerarbeit zu sprechen und zu üben.	AB-Track 1/11–12	

D MITTEILUNGEN IM MIETSHAUS

Lernziel: Die TN können Mitteilungen und Regeln in Mietshäusern verstehen.

	Form	Ablauf	Material	Zeit
D1		**Leseverstehen 1: Schriftliche Mitteilungen**		
a	PL	1. Deuten Sie auf die Bilder in Text 1 und fragen Sie: „Worum geht es im Text?". Die TN sehen sich die Bilder an und stellen Vermutungen an. Führen Sie – falls noch nicht bekannt – den Begriff „Mülltrennung" ein. Anhand der Bilder können Sie zusammen mit den TN die Bedeutung erschließen. Fragen Sie weiter: „Welchen Müll sortieren Sie hier in Deutschland?" und „Wie ist das in Ihrem Heimatland?". Die TN tauschen sich über die unterschiedlichen Regeln und Gepflogenheiten aus.	Folie/IWB	
		Mülltrennung ist in Deutschland ein wichtiges Thema: Sie reduziert die Anzahl der Deponien, spart Rohstoffe und führt dazu, dass weniger Müll verbrannt wird. Kurz: Mülltrennung und Recycling schonen die Umwelt. Altes Papier, Kunststoff, Glas, Küchenabfälle oder Restmüll werden in getrennten Behältern gesammelt, die meistens mit unterschiedlichen Farben gekennzeichnet sind. Und wer sich nicht daran hält, kann bei den Nachbarn unter Umständen negativ auffallen oder Probleme mit der Hausverwaltung bekommen. Mülltrennung wirkt sich auch finanziell aus. In manchen Gegenden wird der Restmüll gewogen. Je schwerer der Müll, desto teurer ist die Entsorgung. Papier und Verpackungen werden dagegen kostenlos abgeholt. Im deutschsprachigen Raum unterscheiden sich die Mülltrennungskonzepte von Bundesland zu Bundesland, manchmal von Gemeinde zu Gemeinde oder sogar zwischen Stadt und Land erheblich. Es ist daher wichtig, dass die TN für das Thema sensibilisiert werden, und sich anschließend selbst erkundigen können, wie die Regeln an ihrem Wohnort sind.		
	PL	2. Kommen Sie dann zurück zu Text 1 und fragen Sie: „Wer hat die Mitteilung geschrieben?" und „An wen?". Deuten Sie ggf. auf die Anrede sowie die Unterschrift, um deutlich zu machen, dass die TN zur Beantwortung der Frage noch nicht den ganzen Text lesen müssen. Die TN nennen die Adressaten sowie den Verfasser der Mitteilung. Abschlusskontrolle im Plenum. *Adressaten: alle Hausbewohner; Verfasser: der Hausmeister Herr Besic*	Folie/IWB	
	EA	3. Zeigen Sie dann auf die anderen schriftlichen Mitteilungen und fragen Sie: „Welche der anderen Mitteilungen sind an alle Hausbewohner gerichtet und hängen in einem Mietshaus z.B. am Schwarzen Brett aus?". Die TN sehen sich jeweils die Anrede sowie die Unterschrift an und notieren die Textnummern. Abschlusskontrolle im Plenum. *Lösung: 1, 2, 4, 6*	Folie/IWB	
	TiPP	Die TN neigen im Allgemeinen dazu, jeden Text in der Fremdsprache Wort für Wort verstehen zu wollen. Daher sollten Sie die TN möglichst früh an authentische Texte heranführen und ihnen zeigen, dass sie zwar nicht jedes Detail verstehen, dies aber oft auch gar nicht nötig ist. Bringen Sie z.B. eine Hausordnung o. Ä. mit. Bitten Sie die TN, den Text zu lesen, ohne das Wörterbuch zu benutzen. Fragen Sie anschließend, was die TN verstanden haben. Die TN sind oft selbst ganz erstaunt, was sie alles verstanden haben. Natürlich können Sie vor dem Lesen auch konkrete Fragen stellen, um den Leseprozess zu steuern, z.B. die W-Fragen: „Wer?", „Wo?", „Wohin?" etc. Bei den Leseaufgaben in *Schritte plus Neu* üben die TN, auf das Wesentliche zu achten und andere Informationen erst einmal beiseite zu lassen. Geben Sie den TN beim Lesen möglichst ein Zeitlimit, damit sie gar nicht in Versuchung kommen, den Text Wort für Wort zu lesen.		

b	EA/PA ⟷	4. Ein TN liest Aussage 1 vor. Fragen Sie: „Ist das richtig?". Die TN lesen Text 1 nun noch einmal und beantworten die Frage. Fragen Sie dann: „Welche Aussagen sind richtig?". Die TN lesen jeweils zuerst die Aussagen und dann die Texte und kreuzen an. Geübtere TN lösen die Aufgabe in Stillarbeit, ungeübtere TN arbeiten paarweise zusammen. Wer schneller fertig ist, löst die kleine Zusatzaufgabe „Schon fertig?" und schreibt eine Mitteilung für sein Mietshaus oder den Kursraum. Geben Sie den TN, die einen eigenen Text verfasst haben, die Möglichkeit, ihren Text zu präsentieren oder sammeln Sie ihn zur Korrektur ein. *Lösung: richtig: 2, 4, 5*	Folie/IWB	

TiPP	Die TN können ihren Wortschatz selbstständig erweitern. Bitten Sie die TN, z. B. als Hausaufgabe, die für sie interessanten neuen Wörter aus den Texten auf ein Kärtchen zu schreiben und die Bedeutung im Wörterbuch nachzuschlagen. Die TN stellen am nächsten Kurstag ihr neues Wort / ihre neuen Wörter vor. Vielleicht können die TN ja sogar begründen, warum sie gerade diese Wörter lernen möchten. Die Kärtchen bilden zusammen den Grundstock für die Wortschatzkartei, mit der in Zukunft in Phasen, in denen einige früher fertig sind als andere, der neue Wortschatz wiederholt werden kann. Wenn einige Ihrer TN schneller arbeiten als die anderen, können sie die Wortschatzkartei weiterführen, indem sie die neuen Wörter der Lektion ebenfalls auf Kärtchen schreiben.	

Projekt	5. *fakultativ:* Wenn sich Ihre TN für das Thema Mülltrennung interessieren, können Sie mit ihnen ein Projekt zu diesem Thema durchführen. Notieren Sie zunächst einige Fragen, wie „Was muss man an Ihrem Wohnort trennen?", „Welche Mülltonnen stehen vor dem Haus?", Welche Sammelcontainer gibt es in Ihrem Stadtteil?", „Gibt es einen Wertstoffhof?" etc. an der Tafel und ergänzen Sie diese gemeinsam mit den TN. Dann finden sich die TN in Kleingruppen zusammen. Diejenigen, die im gleichen Ort oder Stadtteil wohnen, sollten hier nach Möglichkeit zusammenarbeiten. Andernfalls einigen sich die TN, auf welchen Stadtteil sie sich bei der Recherche konzentrieren wollen. Helfen Sie den Projektgruppen mit Hinweisen, wo sie Informationsmaterial dazu finden oder wen sie ggf. wie kontaktieren können. Was die Zeitplanung betrifft, sollten Sie den TN für die Recherche einige Tage Zeit geben, damit sie sich auch möglichst umfassend informieren und Informationsmaterial besorgen können. Für die Vorbereitung der Präsentation im Kurs sollten die TN so viel Zeit haben, dass sie Plakate oder ähnliches ansprechend gestalten und ihre Informationen gut strukturieren können. Für die Präsentationen sollten Sie ein Zeitlimit von fünf bis maximal zehn Minuten pro Gruppe festlegen, damit alle Gruppen ihre Ergebnisse vorstellen und die anderen Verständnisfragen stellen können.		

D2	Aktivität im Kurs: Über Regeln in Mietshäusern sprechen		
	PA/ WPA	1. Die TN lesen die Beispiele. Fragen Sie dann: „Was ist verboten?" und „Was ist erlaubt?" oder „Was muss man tun?". Die TN tauschen sich mit ihrer Partnerin / ihrem Partner aus.	Zettel
		Variante: Die TN schreiben analog zu den Beispielen ein Verbot und ein Gebot auf einen Zettel und finden sich mit einem anderen TN im Raum zusammen. Die TN befragen sich gegenseitig: „Was ist erlaubt?", „Was muss man tun?" und „Was ist verboten?". Dann tauschen sie ihre Zettel und wechseln die Partner.	
		Hinweis: Wenn sich Ihre TN sehr für Rechte und Pflichten als Mieter interessieren, können Sie an dieser Stelle mit „Fokus Alltag: Einen Mietvertrag verstehen" (Arbeitsbuch, S. 35) arbeiten. Mit dem Thema „Wohnung" haben sich die TN bereits in *Schritte plus Neu1* / Lektion 4 beschäftigt, sodass ihnen ein Teil des Wortschatzes, wie „Miete", „Nebenkosten" etc. bereits bekannt ist. Wiederholen Sie bei der Gelegenheit die Wörter des Wortfeldes „Wohnen" und erklären Sie den neuen Wortschatz.	
	EA/HA	Arbeitsbuch 20–22	

	Form		Material	
	PL/EA/HA	Arbeitsbuch 23: im Kurs: Die TN hören die Wörter und achten dabei auf den Wortakzent. Machen Sie anhand des Beispiels deutlich, dass der Hauptakzent bei einem Kompositum auf dem Wortakzent des ersten Bestandteils liegt. Die TN hören die anderen Beispiele und markieren, wo die Betonung liegt. Abschlusskontrolle im Plenum. Die TN hören die Beispiele noch einmal und sprechen nach.	AB-Track 1/13–14	
	EA/HA	Arbeitsbuch 24		
	EA/HA — Schreibtraining	Arbeitsbuch 25–26: im Kurs: Alle TN ordnen die Sätze in Übung 25 und schreiben eine Mitteilung. Geübtere TN bearbeiten auch Übung 26 und schreiben anhand der Stichpunkte im Schüttelkasten einen eigenen Text. Wenn Sie die Übungen als Hausaufgabe aufgeben, bearbeiten alle TN beide Übungen. Sammeln Sie die Texte zur Korrektur ein. Weisen Sie die TN auf den Lerntipp in Übung 26 hin. Die TN sollten sich angewöhnen, selbst verfasste Texte generell noch einmal durchzulesen und z. B. die Verbendungen und die Groß- und Kleinschreibung zu kontrollieren, bevor sie den Text aufhängen, abschicken oder im Falle einer Prüfung abgeben.		

E ZUSAMMEN LEBEN

Lernziel: Die TN können Gespräche mit Nachbarn führen, Nachrichten an Nachbarn schreiben und diese um Hilfe bitten.

	Form	Ablauf	Material	Zeit
E1		**Hörverstehen: Gespräche im Mietshaus verstehen**		
a	PL	1. Deuten Sie auf die Fotos und fragen Sie: „Was sehen Sie?", „Was ist passiert?" und „Worüber sprechen die Personen?". Die TN stellen Vermutungen an. Schreiben Sie neuen Wortschatz mit Artikel an die Tafel.	Folie/IWB	
	EA	2. Zeigen Sie auf die Tabelle und sagen Sie: „Foto C passt zu Gespräch 1. Wozu passen die anderen Fotos?". Die TN hören die Gespräche einmal und ordnen zu. Abschlusskontrolle im Plenum. *Lösung: 2 A, 3 D, 4 B*	Folie/IWB, CD 1/38–41	
b	EA/PA	3. Fragen Sie: „Wer hat welches Problem?". Die TN lesen die Aussagen und hören die Gespräche dann noch einmal. Geübtere TN lösen die Aufgabe in Stillarbeit, ungeübtere TN arbeiten paarweise zusammen. Abschlusskontrolle im Plenum. *Lösung: Herr Basso: Die Heizung funktioniert nicht. Herr Dolezal: Der Briefkasten ist kaputt. Frau Weiß: ... hat den Schlüssel vergessen. Frau Budanov: Der Aufzug kommt nicht.*	Folie/IWB, CD 1/38–41	
E2		**Probleme im Mietshaus benennen**		
	PL	1. Fragen Sie: „Welche anderen Probleme im Mietshaus kennen Sie?". Notieren Sie die Probleme auf Zuruf an der Tafel und gehen Sie ggf. auf neuen Wortschatz ein.		

E3	Aktivität im Kurs: Rollenspiel: Probleme im Mietshaus lösen		
PL	1. Zwei TN lesen das Beispiel vor. Gehen Sie mit den TN die Liste der Redemittel durch und beantworten Sie ggf. Wortschatzfragen. Sehen Sie sich mit den TN auch die Redemittel „Jemanden um Hilfe bitten: Ich habe ein Problem.", „Nachbarn um Hilfe bitten: Könnten Sie bitte …", „Auf eine Bitte reagieren: Natürlich.", „Dank: Vielen Dank für Ihre Hilfe." Und „Sich entschuldigen: Oh, Entschuldigung." (Kursbuch, S. 30–31) an. Als Hausaufgaben können die TN die kleine Schreibaufgabe daneben lösen. *Musterlösung: Liebe Frau Abele, nächste Woche besuche ich meine Eltern in Bulgarien. Könnten Sie bitte meinen Briefkasten leeren und die Pflanzen gießen? Ich bringe Ihnen den Schlüssel am Abend vorbei. Vielen Dank und viele Grüße Elisaweta Beltschewa.*		
PA/PL	2. Die TN wählen mit ihrer Partnerin / ihrem Partner ein Problem aus E1 oder E2 aus und erfinden dazu ein Gespräch, in dem sie am Ende eine Lösung des Problems finden. Gehen Sie herum und helfen Sie bei Schwierigkeiten. Wer will, kann sein Gespräch anschließend im Plenum präsentieren und/oder ein kleines Video des Gesprächs aufnehmen. *Hinweis: Wenn Sie mit Ihren TN das Thema „Probleme im Mietshaus" vertiefen wollen, können Sie an dieser Stelle mit dem Hörtext „Gestern im Treppenhaus" aus der Rubrik „Zwischendurch mal …" (Kursbuch, S. 32) weiterarbeiten.*	ZDM	
EA/HA	Arbeitsbuch 27		
EA/HA ⟷	Arbeitsbuch 28–29: im Kurs: Alle TN ergänzen die Sätze in Übung 28. Geübtere TN bearbeiten auch Übung 29. Wenn Sie die Übungen als Hausaufgabe aufgeben, bearbeiten alle TN beide Übungen.		
E4	Leseverstehen: Wesentliche Inhalte verstehen		
PL	1. Zeigen Sie auf Text A und fragen Sie: „Warum braucht Rasha Sabia Hilfe?", „Was ist ihre Bitte an ihre Nachbarin?" und „Wie bekommt die Nachbarin den Schlüssel für die Wohnung?". Verweisen Sie ggf. auf die bereits vorgegebenen Markierungen im Text. Die TN lesen den Text und beantworten die Fragen.	Folie/IWB	
EA/PA ⟷	2. Die TN lesen die beiden anderen Texte und markieren die Hauptinformationen wie im Beispiel. Geübtere TN lösen die Aufgabe in Stillarbeit, ungeübtere TN arbeiten paarweise zusammen. Abschlusskontrolle im Plenum. Markieren Sie dabei die entsprechenden Textpassagen ebenfalls farbig. *Lösung: Warum brauchen die Personen Hilfe? B ich fahre am Wochenende zu meiner Schwester. Sie ist krank und ich soll auf die Kinder aufpassen. C ich muss am Wochenende arbeiten / Was ist die Bitte an die Nachbarn? B Kannst du bitte meinen Briefkasten leeren und die Pflanzen gießen? C Würden Sie wieder mit meinem Hund spazieren gehen? / Wie bekommen die Nachbarn die Schlüssel für die Wohnung? B Dann komme ich vorbei und bringe meinen Schlüssel mit. C Ich klingle heute Abend bei Ihnen, ja? Dann können wir gleich alles besprechen und Sie bekommen gleich meinen Schlüssel.*	Folie/IWB	
PA Prüfung	Arbeitsbuch 30: Diese Übung entspricht dem Prüfungsteil Lesen, Teil 3 des *Deutsch-Tests für Zuwanderer*. Sie können die TN damit aber auch auf die Prüfung *Start Deutsch 2* vorbereiten. Dort kommen ebenfalls Richtig-/Falsch-Aufgaben beim Leseverstehen vor.		
EA/HA Schreib- training	Arbeitsbuch 31: Hier sollen die TN Teile einer Nachricht in die richtige Reihenfolge bringen und anschließend die Nachricht noch einmal korrekt schreiben. Die Übung dient als Vorübung für Übung 32.		

E5		Aktivität im Kurs: Eine kurze Nachricht schreiben		
a	PL	1. Die TN lesen die Stichpunkte im Schüttelkasten zu Situation 1 und den Text zu Situation 2. Erklären Sie ggf. neuen Wortschatz, wie „füttern" oder „Handwerker".		
	EA	2. Die TN wählen eine der Situationen oder erfinden selbst eine Situation und schreiben eine Nachricht. Die Nachrichten in E4 dienen ihnen dabei als Vorlage. Verweisen Sie die TN auch auf die Redemittel „Grußformeln im Brief: Liebe Frau ..." (Kursbuch, S. 31). Gehen Sie herum und helfen Sie bei Schwierigkeiten. *Musterlösung: Situation 1: Liebe Frau Haas, ich muss am Montag geschäftlich nach Moskau fliegen. Können Sie bitte meine Katze füttern? Sie können den Schlüssel heute Abend bei mir abholen. Danke und viele Grüße Samira Ayed*	KV L2/E5 im Lehrwerkservice	
		Situation 2: Lieber Herr Meier, morgen kommt ein Handwerker zu mir, aber ich muss leider arbeiten. Könnten Sie bitte den Handwerker in die Wohnung lassen? Ich bringe Ihnen den Schlüssel am Abend vorbei. Danke und viele Grüße Tomasz Kowalski		
		fakultativ: Zur Unterstützung und Erweiterung der Aktivität können Sie auch auf die Kopiervorlage im Lehrwerkservice unter www.hueber.de/schritte-plus-neu zurückgreifen, mit der Sie die TN schrittweise ans freie Schreiben eines Briefes heranführen können.		
b	EA	3. Die TN tauschen ihre Nachricht mit ihrem Partner / ihrer Partnerin und schreiben eine Antwort. Verweisen Sie die TN auf die Redemittel „Auf eine Bitte reagieren: Natürlich." (Kursbuch, S. 31). Wer möchte, kann abschließend seine Nachricht und die entsprechende Antwort im Plenum präsentieren. Sammeln Sie die Texte zur Korrektur ein. Achten Sie insbesondere auf Anrede, Grußformel und die neuen Redemittel aus dieser Lektion.		
		Hinweis: Wenn Sie Ihren TN weitere Übungsmöglichkeiten zur Textproduktion geben möchten, können Sie an dieser Stelle mit „Fokus Beruf: Gewerberäume suchen" (Arbeitsbuch, S. 34) weiterarbeiten, wo die TN eine Kontaktanfrage ergänzen sollen.		
	EA/HA Prüfung	**Arbeitsbuch 32:** Einen kurzen (halb-)formellen Brief zu schreiben, ist Aufgabe im Prüfungsteil Schreiben des *Deutsch-Tests für Zuwanderer*. Auch im Prüfungsteil Schreiben, Teil 2 der Prüfung *Goethe-Zertifikat A2* geht es um das Schreiben eines kurzen (Antwort-)Briefes.		
	GA	*fakultativ:* Wenn Sie noch Zeit haben, können Sie hier die Wiederholung zu Lektion 2 anschließen.	KV L2/Wiederholung	
Lektionstests		Einen Test zu Lektion 2 finden Sie hier im LHB auf den Seiten 174 – 175. Weisen Sie die TN auf den Selbsttest im Arbeitsbuch auf Seite 33 hin.	KV L2/Test	

AUDIO- UND VIDEOTRAINING

	Form	Ablauf	Material	Zeit
Audiotraining 1: Wo oder wohin?				
	EA/HA	Die TN hören eine Frage „Wohin (legst) du (das Buch)?" und antworten in den Sprechpausen mit dem vorgegebenen Gegenstand, z. B. „Tisch": „Ich lege das Buch auf den Tisch". Dann hören sie die Frage „Wo (liegt) (das Buch) jetzt?" und antworten mit „Das Buch liegt jetzt auf dem Tisch." Nach der Sprechpause hören die TN die korrekte Antwort.	CD 1/42	

Audiotraining 2: Tut mir leid, das geht nicht, weil ...

EA/HA	Die TN hören eine Bitte und ein Stichwort, warum das nicht geht, z. B. „wegfahren". Sie antworten mit „Tut mir leid, das geht nicht, weil (ich wegfahre)". Nach der Sprechpause hören die TN die korrekte Antwort. Hier kommt es besonders auf die Betonung und auf die Satzstellung an.	CD 1/43	

Audiotraining 3: Seien Sie bitte so nett ...!

EA/HA	Die TN hören eine Aufforderung im Imperativ, z. B. „Stellen Sie die Pflanze dorthin!" und sollen die Bitte höflicher formulieren mit „Seien Sie bitte so nett (und stellen Sie die Pflanze dorthin.". Nach der Sprechpause hören die TN die korrekte Formulierung. Hier kommt es besonders auf die Betonung an.	CD 1/44	

Videotraining: So steht er richtig.

EA/HA	Die TN sehen Lara und Tim, die sich darüber unterhalten, wohin der Tisch gestellt werden soll. Der Fokus liegt dabei auf den Direktionaladverbien („Hey, was machst du denn da? – Ich möchte den Tisch da rüberstellen.") und den Verben mit Wechselpräpositionen. Nach dem ersten Durchgang ergänzen die TN das Gespräch. Im Anschluss wird der Wortlaut des Gesprächs zur Kontrolle eingeblendet.	Film „So steht er richtig."	

ZWISCHENDURCH MAL ...

	Form	Ablauf	Material	Zeit
	Spiel	**Kennen Sie schon SHLS? (passt z. B. zu B3)**		
1	PL	1. Deuten Sie auf das Bild und fragen Sie: „Wo ist steht/hängt/liegt oder steckt das Bild?". Notieren Sie die Position auf Zuruf an der Tafel.	Folie/IWB	
	PL	2. Die TN lesen den Text und ergänzen die Verben. Die Tafelanschrift hilft ihnen dabei. Abschlusskontrolle im Plenum. *Lösung: liegt, hängt, steckt*	Folie/IWB	
2	PL	1. Zeichnen Sie eine Tabelle mit vier Zeilen an die Tafel und notieren Sie zunächst die Kopfzeile und die erste Zeile mit „stecken".	Folie/IWB	

	Er hat ein Blatt Papier ...	Das Papier ...
stecken / stecken	... in den Schuh gesteckt	... steckt im Schuh.

		Deuten Sie auf die Zeichnung und die Sprechblase und fragen Sie: „Was hat er mit dem Blatt Papier gemacht? Wo ist es jetzt?". Die TN sehen das Bild an, lesen das Beispiel und antworten. Ergänzen Sie die Tabelle auf Zuruf.		
	PL	2. Fragen Sie weiter: „Was glauben Sie, hat er noch mit dem Papier gemacht?". Die TN überlegen sich weitere Beispiele mit den übrigen Positions- und Richtungsverben „legen / liegen, hängen / hängen, stellen / stehen". Ergänzen Sie dabei die Tabelle auf Zuruf.		
	PL	3. Fragen Sie: „Wie heißt das Perfekt von ‚stecken'?" Markieren Sie die Perfektformen in der Tabelle auf Zuruf. Das Tafelbild dient den TN dann als „Spickzettel" für das Spiel.		
	GA	4. Die TN finden sich in Kleingruppen zusammen und erfinden Beispiele mit anderen Gegenständen, die sie an verschiedenen (ungewöhnlichen) Orten deponieren. Gehen Sie herum und korrigieren Sie sanft.		

Hören		Gestern im Treppenhaus (passt z. B. zu E3)		
1a	PL	1. Deuten Sie auf die Bilder und fragen Sie: „Was wissen wir über die Bewohner dieses Mietshauses?". Die TN sehen sich die drei Bilder an und antworten z. B. „Frau Müller wohnt im 1. Stock." oder „Jemand hat einen Kinderwagen neben die Treppe gestellt." etc.		
	EA	2. Fragen Sie: „Welches Bild passt zu den Gesprächen A, B und C?". Die TN hören die Gespräche und ergänzen die Tabelle. Abschlusskontrolle im Plenum. *Lösung: A3, B1, C2*	CD 1/45–47	
1b ⟷	EA/PA	3. Fragen Sie: „Wer macht was?". Die TN lesen die Stichpunkte und verbinden sie aufgrund des Gehörten. Geübtere TN lösen die Aufgabe in Stillarbeit, ungeübtere TN arbeiten paarweise zusammen. Abschlusskontrolle im Plenum. *Lösung: Frau Knesebeck holt den Hausmeister. Herr Bogdanović hilft Frau Müller und trägt den Kinderwagen hoch. Frau Müller kann den Kinderwagen nicht allein hochtragen. Herr Winter ist der Hausmeister. Herr Winter will mit der Hausverwaltung sprechen.*		
2	EA	1. Deuten Sie auf die Personen und fragen Sie: „Wen finden Sie sympathisch, wen nicht?" und fordern Sie die TN auf, das Beispiel zu lesen und den Personen Sympathie-Noten von 1–6 zu geben. Die TN notieren die Noten und überlegen sich eine Begründung. *Hinweis: Wenn Ihre TN nicht so viele Adjektive zur Charakterisierung von Personen kennen, können Sie der Übung ein Assoziogramm vorschalten und gemeinsam passende Adjektive sammeln.*		
	GA	2. Fragen Sie: „Welche Note haben Sie Frau Knesebeck gegeben?". Ein TN nennt seine Bewertung und begründet sie wie im Beispiel. Dann finden sich die TN in Kleingruppen zusammen und sprechen über ihre Bewertungen. *Variante: Wenn Sie mit den TN die „weil"-Sätze (bekannt aus Lektion 1) wiederholen möchten, schreiben Sie als Beispielsatz Folgendes an die Tafel: „Frau Knesebeck habe ich eine 5 gegeben, weil ich sie nicht sehr nett finde.". Fordern Sie die TN auf, ihre Begründung analog zu formulieren. Gehen Sie herum und korrigieren Sie ggf.*		

Comic		Der kleine Mann: Wo ist hier das Bad? (passt z. B. zu C3)		
	PL	1. Deuten Sie auf das Bild mit dem Schloss und sagen Sie: „Der kleine Mann ist zu Besuch beim König und sucht das Bad. Wie kommt er da hin?".	Folie/IWB	
	EA	2. Die TN lesen den Comic und zeichnen auf dem Bild den Weg nach.		
	PA/PL	3. Die TN vergleichen ihre Zeichnung mit ihrer Partnerin / ihrem Partner und beschreiben abwechselnd, wie der kleine Mann geht. *Variante: Wenn Sie sicher sein wollen, dass die Direktionaladverbien richtig angewendet werden, können Sie den Weg auch abschließend im Plenum beschreiben lassen. Zeichnen Sie dann auf der Folie / am IWB mit.*	Folie/IWB	

FOKUS BERUF: GEWERBERÄUME SUCHEN

Die TN wissen, wie man Gewerberäume sucht und können eine Kontaktanfrage schreiben.

	Form	Ablauf	Material	Zeit
1		**Leseverstehen 1: Wesentliche Informationen verstehen**		
	PL	1. Fragen Sie: „Was sucht Alba?". Ein TN liest den Text in der Sprechblase vor. Wiederholen Sie ggf. die Frage noch einmal, warten Sie die Antwort der TN ab und kreuzen Sie dann die richtige Lösung. Klären Sie bei Bedarf unbekannten Wortschatz wie „nähen" oder „Teeküche". *Lösung: c Einen Laden.*	Folie/IWB	
2		**Leseverstehen 2: Wesentliche Inhalte verstehen**		
a	PL	1. Deuten Sie auf die beiden Anzeigen und fragen Sie: „Alba sucht im Internet. Welche Anzeige klickt sie an?".	Folie/IWB	
	EA	2. Die TN lesen die Anzeigen und kreuzen an. Abschlusskontrolle im Plenum. *Lösung: 1*	Folie/IWB	
b	PL	3. Erklären Sie, dass Alba Anzeige 1 angeklickt hat und nun mehr Informationen lesen kann.		
	GA/PL	4. *fakultativ:* Wenn Sie „Fokus Beruf" vor „Fokus Alltag" einsetzen, können Sie den Wortschatz zum Thema „Wohnen", wie bei „Fokus Alltag" unter 1 beschrieben, wiederholen.		
	EA/PA ⟷	5. Die TN lesen die Informationen im Anzeigentext und ergänzen die Sätze. Geübtere TN lösen die Übung in Stillarbeit, ungeübtere TN arbeiten paarweise zusammen. Abschlusskontrolle im Plenum. *Lösung: 2 Miete, 3 Kaution, 4 2,38, 5 sofort*	Folie/IWB	
c	PL/EA	6. Fragen Sie: „Alba hat noch Fragen zum Angebot. Was muss sie anklicken?". Die TN nennen die richtige Lösung. Abschlusskontrolle im Plenum. *Lösung: 1 Anbieter kontaktieren*	Folie/IWB	
3		**Eine Kontaktanfrage schreiben**		
	PL/EA/PA ⟷	1. Fragen Sie: „Was macht Alba?". Die TN lesen die Aufgabe und die Stichpunkte und ordnen zu. Geübtere TN lösen die Übung in Stillarbeit, ungeübtere TN arbeiten paarweise zusammen. Abschlusskontrolle im Plenum. *Lösung: von oben nach unten: gültig, ansehen, liegt, erreichen, Grüßen*	Folie/IWB	
	PL	2. Klären Sie mit den TN abschließend Fragen zum Wortschatz.		

FOKUS ALLTAG: EINEN MIETVERTRAG VERSTEHEN

Die TN können die wichtigsten Informationen in einem Mietvertrag verstehen.

	Form	Ablauf	Material	Zeit
1		**Leseverstehen 1: Überschriften zuordnen**		
	GA	1. Wiederholen Sie als Einstieg den Wortschatz zum Thema „Wohnen", den die TN bereits aus *Schritte plus Neu 1* / Lektion 4 kennen. Die TN finden sich dazu in Kleingruppen zusammen und erstellen ein Assoziogramm mit allen Wörtern, die ihnen zum Thema „Wohnen" einfallen. Fordern Sie die TN auf, bei Nomen auch den bestimmten Artikel zu notieren. Bei Bedarf können die TN diesen auch im Wörterbuch nachschlagen.		
	PL	2. Sammeln Sie nun den gesamten Wortschatz aus den Gruppen an der Tafel. Korrigieren Sie dabei ggf. die bestimmten Artikel und ergänzen Sie gemeinsam die Pluralendungen.		
	PL	3. Deuten Sie auf den Mietvertrag und das Foto. Sagen Sie: „Das ist ein Mietvertrag. Wissen Sie, was das ist? Was steht da drin? Wer sind die Personen auf dem Foto?" etc. Die TN nennen Stichwörter wie „der Mieter", die Miete", „die Adresse" etc. Markieren Sie die Wörter entweder im Assoziogramm oder ergänzen Sie sie.	Folie/IWB	
	PL ⚠	4. Ein TN liest die Wörter im Schüttelkasten und Paragraf 5 vor. Gehen Sie hier noch nicht auf die Wortbedeutungen ein. Diese können die TN anhand der Textabschnitte selbst erschließen.	Folie/IWB	
	PL	5. Deuten Sie dann auf die Paragraphen 1–4 im Mietvertrag und fragen Sie: „Worum geht es in diesen Abschnitten?". Die TN lesen die Textabschnitte und ergänzen die Überschriften. Abschlusskontrolle im Plenum. Klären Sie ggf. Fragen zum Wortschatz. *Lösung: 1 Mieträume, 2 Mietdauer, 3 Miete und Nebenkosten, 4 Zahlung*	Folie/IWB	
2		**Leseverstehen 2: Wesentliche Details verstehen**		
	PL	1. Deuten Sie auf den Mietvertrag und fragen Sie: „Möchte Herr Alqarni eine Wohnung mieten oder vermieten?". Ein TN liest Satz a vor.	Folie/IWB	
	EA/PA ⟷	2. Die TN lesen den Mietvertrag noch einmal und kreuzen an. Geübtere TN lösen die Übung allein, ungeübtere TN arbeiten paarweise zusammen. Abschlusskontrolle im Plenum. *Lösung: b ersten, c ab 1. Februar, d nicht befristet. e 570 €, f Der Mieter*	Folie/IWB	

ESSEN UND TRINKEN

Folge 3: Eine Hand wäscht die andere.

Einstieg in das Thema „Ess- und Trinkgewohnheiten"

	Form	Ablauf	Material	Zeit
1		**Vor dem Hören: Vermutungen äußern und wesentliche Inhalte verstehen**		
a	PL	1. Die Bücher sind geschlossen. Zeigen Sie nur Foto1. Fragen Sie: „Wo ist Tim?", „Wer ist der andere Mann?", „Was macht er gerade?". Die TN stellen Vermutungen an.	Folie/IWB	
	GA ⟷	2. *fakultativ:* Die Bücher bleiben geschlossen. Kopieren Sie die Foto-Hörgeschichte und schneiden Sie die Fotos ohne die Nummerierung aus. Jede Kleingruppe erhält ein Foto-Set und legt die Fotos in eine mögliche Reihenfolge. Regen Sie die TN dazu an, sich beim Legen über die mögliche Handlung zu unterhalten. Geben Sie TN, die sich mit dem Erzählen schwertun, Fragen an die Hand: „Wo ist Tim?", „Wer sind die Leute?", „Warum isst Tim mit ihnen?" etc. Die TN hören die Foto-Hörgeschichte und vergleichen. Abschlusskontrolle im Plenum.	CD 1/48–55	
	PL	3. Die TN lesen die Aussagen und kreuzen an. Abschlusskontrolle im Plenum. *Lösung: 1 Tim lernt die Nachbarsfamilie kennen. 2 Tims Nachbarn laden ihn zum Essen ein.*		
b	PL	4. Die TN hören den ersten Teil der Foto-Hörgeschichte ggf. noch einmal und vergleichen.	CD 1/48	
2		**Beim zweiten Hören: Eine Detailinformation verstehen**		
	PL	1. Aus den Foto-Hörgeschichten in Lektion 1 und 2 wissen die TN schon, wo Betty und Paul und Frau Sicinski wohnen. Die TN ordnen aus dem Gedächtnis zu. Ggf. hören die TN vor der Zuordnung die relevanten Teile noch einmal.	CD 1/6, 30, 36	
	EA/PA	2. Die TN hören den aktuellen Teil noch einmal und tragen ein. Anschließend Abschlusskontrolle im Plenum. Achten Sie darauf, dass die TN die Stockwerke korrekt bezeichnen (bekannt aus Lektion 1, E1). *Lösung: Erdgeschoss links: Familie Kaiopoulos 1. Stock links: Frau Sicinski 1. Stock rechts: Betty und Paul*	CD 1/48	
3		**Nach dem zweiten Hören: Detailinformationen über den Ablauf des Essens verstehen**		
	PL	1. Klären Sie mit den TN das Wort „Nachspeise".		
	EA/PA	2. Die TN lesen die Sätze und sehen sich noch einmal die Fotos an. Dann hören Sie noch einmal und verbinden die Sätze. Abschlusskontrolle im Plenum. *Lösung: a Zuerst gibt es Moussaka, einen griechischen Auflauf, mit und ohne Fleisch. b Als Nachspeise gibt es Joghurt mit Honig und Nüssen. c Zum Schluss trinken Dimi, Eva und Tim noch einen Espresso.*	CD 1/48–55	
	PL	3. *fakultativ:* Fragen Sie die TN, ob sie manchmal auch mehrere Gänge essen. Einige TN können anhand des Musters in der Aufgabe davon erzählen.		
4		**Nach dem dritten Hören: Detailinformationen über die Familie verstehen**		
	EA/PA ⟷	1. Die TN lesen die Fragen und versuchen zunächst, die Fragen aus dem Gedächtnis zu beantworten. Ungeübtere TN arbeiten zu zweit.		
	PL	2. Die TN hören noch einmal und vergleichen bzw. ergänzen die Antworten. Abschlusskontrolle im Plenum. *Lösung: a Dimi, b Eva, c Niki, e kochen, f Englisch*	CD 1/48–55	

TiPP		Nutzen Sie die Foto-Hörgeschichte gezielt zur Wiederholung. In Partnerarbeit stellen sich die TN weitere Fragen zu den Fotos mit „wo" und „wohin". Geben Sie ggf. einige Fragen vor: „Foto 4: Wo hat Niki das Handy?", „Foto 3: Wohin legt Dimi die Portion Moussaka?".		

5		Nach dem Hören: Die Redensart des Titels verstehen		
	PL	1. Lenken Sie die Aufmerksamkeit der TN auf den Titel der Foto-Hörgeschichte. Die TN lesen die Aussagen dazu und kreuzen die richtige Bedeutung an. Kontrolle im Plenum. *Lösung: Tim hilft Niki. Dimi hilft Tim.*		
	PL	2. Fragen Sie: „Gibt es diese oder eine ähnliche Redensart auch in Ihrem Heimatland?". Regen Sie die TN an, von eigenen Erlebnissen zu erzählen, die zu dieser Redensart passen.		
	EA ⟷	3. *fakultativ:* Verteilen Sie die Kopiervorlage. Die TN schneiden die Sätze aus und legen sie in eine passende Reihenfolge. Anschließend Kontrolle im Plenum. Ungeübtere TN können zu zweit arbeiten und die Sätze zuerst zu den passenden Fotos legen. Sehr geübte TN bringen die Sätze in die passende Reihenfolge, ohne sie auszuschneiden, und nummerieren die Sätze.	KV L3/FHG	

6		Nach dem Hören: Anwendungsaufgabe		
	GA	1. Die TN erzählen, ob sie kochen können, was sie gerne kochen, wo, wann und von wem sie es gelernt haben etc.		
	🎬 Tims Film	Betty filmt Tim, der gerade vom Einkaufen kommt. Tim packt seine Tasche aus und erzählt, was er eingekauft hat. Es handelt sich um Gegenstände für die Küche. Zur Festigung der neuen Grammatik können Sie den Film nach B1 und/oder B2 zeigen und die TN fragen, was Tim nicht hatte und jetzt hat, so wie es Betty im Film macht: „Tim hatte keine Pfanne. Jetzt hat er eine.". Sie können den Film auch als Einführung des neuen Wortschatzes in B3 nutzen.	„Tims Film" Lektion 3	

A ICH ESSE NIE FLEISCH.

Lernziel: Die TN können Häufigkeitsangaben machen.

	Form	Ablauf	Material	Zeit
A1		**Präsentation der Häufigkeitsangaben**		
a	PL	1. Die Bücher sind geschlossen. Zeigen Sie die Tabelle. Decken Sie zunächst nur die Häufigkeitsangaben auf und fragen Sie: „Wie oft isst Eva Kaiopoulus Fleisch? Immer, meistens, oft, manchmal, selten oder nie?". Die TN hören den ersten Hörtext. Decken Sie dann die bereits vorgegebene Lösung in der Tabelle auf. Erklären Sie, wenn nötig, „Vegetarier".	Folie/IWB, CD 1/56	
	EA	2. Die TN öffnen die Bücher. Decken Sie nun die Tabelle komplett auf und fragen Sie weiter: „Wie oft essen Dimi, Niki und Tim Fleisch?". Die TN hören die Aussagen der übrigen Personen und kreuzen an. Anschließend Kontrolle im Plenum. *Lösung: 2 Dimi: manchmal, 3 Niki: oft, 4 Tim: selten*	CD 1/57–59	

	PL	3. Verdeutlichen Sie, dass die Häufigkeitsangaben außer „immer" und „nie" einen gewissen Spielraum lassen und nicht wirklich genau einzuordnen sind. So können „meistens" und „oft" auch bedeutungsgleich sein, wie auch „manchmal" und „selten". Weisen Sie die TN auch auf die Rubrik „Häufigkeit: Wie oft ...?" (Kursbuch, S. 42) hin. Die kleine Übung rechts bietet sich zur Festigung als Kettenübung im Unterricht an. *Musterlösung: Ich mache jeden Morgen Sport. Ich lese jeden Tag meine E-Mails. Ich sehe oft auf mein Handy. Süßigkeiten esse ich selten.*	Folie/IWB	
b	PL	4. Die TN befragen sich in einer Kettenübung gegenseitig.		
	WPA	5. *fakultativ:* Jeder TN notiert sich die Häufigkeitswörter untereinander auf einem Zettel und schreibt zu jedem ein Lebensmittel, das er in der Häufigkeit isst oder trinkt. Anschließend gehen die TN herum und suchen andere TN, mit denen sie möglichst viele Gemeinsamkeiten haben.		
	EA/HA	Arbeitsbuch 1		

A2		**Leseverstehen: Kernaussagen verstehen und Notizen machen**		
	PL	1. Fragen Sie: „Was glauben Sie, essen und trinken die Deutschen häufig?". Notieren Sie an der Tafel stichpunktartig mit.		
	PL	2. Die TN lesen nur den Vortext von Valeria. Die TN vergleichen mit ihren Vermutungen an der Tafel.		
	PL	3. Zeigen Sie auf den Text von Jan und auf die Tabelle. Die TN lesen Jans Text. Ergänzen Sie mit den TN die Angaben in der Tabelle für Jan. Wiederholen Sie die Bedeutung von „morgens", „mittags" und „abends", die die TN aus *Schritte plus Neu 2 / Lektion 8* kennen.		
	EA/PA	4. Bitten Sie die TN, eine Tabelle für Sören und Arzu in ihrem Heft anzulegen. Dann lesen die TN die Texte und tragen ihre Ergebnisse in die Tabelle ein. Anschließend vergleichen die TN zu zweit. Abschlusskontrolle im Plenum. *Hinweis:* Ggf. können Sie während der Stillarbeit die Tabelle an die Tafel zeichnen. Schnellere TN können ihre Ergebnisse an der Tafel ergänzen oder auf Valerias Frage einen kleinen Antworttext schreiben. *Lösung: Jan: Wie oft? immer, Wann? morgens, mittags, abends; Sören: Was? Obst oder Joghurt, Wie oft? meistens, Wann? zum Frühstück, Was? vegetarisches Gericht, Wie oft? fast immer, Wann? zum Mittagessen, Was? Salat, Wie oft? oft, Wann? am Abend, Was? Fisch mit Kartoffeln, Wie oft? manchmal, Wann? am Abend; Arzu: Was? Marmeladenbrot, Wie oft? fast immer, Wann? zum Frühstück, Was? deutsche Fleischgerichte, Wie oft? manchmal*		
	PL	5. Verweisen Sie die TN auf den Info-Kasten. Die Angaben „zum Frühstück", „zum Mittagessen" und „zum Abendessen" sollten die TN als feste Formeln lernen. Zur Festigung werfen sich die TN einen Ball zu und fragen sich gegenseitig: „Was isst/trinkst du zum Mittagessen?". Oder auch im Perfekt: „Was hast du gestern zum Mittagessen gegessen?".		
b	PL	6. Notieren Sie die folgende Aussage aus Sörens Text an der Tafel: „Ich nehme fast immer das vegetarische Gericht.". Verweisen Sie auf den Info-Kasten, um die abschwächende Wirkung von „fast" zu verdeutlichen. Weisen Sie auch auf die Rubrik „Häufigkeit: Wie oft ...?" (Kursbuch, S. 42) hin. *Hinweis:* Hier können Sie thematisch auch den „Fokus Beruf: Gesunde Ernährung am Arbeitsplatz" einflechten. Die TN können ihre Erkenntnisse aus dem Fokus anwenden und überlegen, welche der Personen aus A2 sich gesund ernähren.		
	EA/HA	Arbeitsbuch 2–4		

A3	Aktivität im Kurs: Partnerinterview		
PL	1. Weisen Sie die TN zunächst auf den Info-Kasten hin. Machen Sie zu den neuen Häufigkeitsangaben einige Beispiele aus dem Kurs, z. B. „Wir haben viermal in der Woche Deutschkurs." etc. Verweisen Sie auch auf die Rubrik „Häufigkeit: Wie oft ...?" (Kursbuch, S. 42), wo die TN eine Übersicht über alle eingeführten Häufigkeitswörter finden.		
EA	2. Die TN sehen sich den Fragenkatalog im Buch an und machen sich für sich selbst Notizen.		
PA	3. Die TN finden sich paarweise zusammen und befragen sich gegenseitig zu ihren Essgewohnheiten. Gehen Sie herum und helfen Sie bei Schwierigkeiten.		
PL/GA ⟷	4. Die TN erzählen, je nach Kursgröße im Plenum oder in zwei Gruppen, über ihre Partnerin / ihren Partner. Geübtere TN schreiben einen kurzen Steckbrief über die Essgewohnheiten ihrer Partnerin / ihres Partners, der dann im Kursraum aufgehängt wird. In den Pausen können die TN die Texte lesen und etwas über andere TN erfahren. Das macht Spaß und fördert den Zusammenhalt im Kurs.		

B DU MÖCHTEST DOCH AUCH EINEN, ODER?

Indefinitpronomen *(k)einer, (k)einen, (k)eins, (k)eine, welche* im Nominativ und Akkusativ

Lernziel: Die TN können Dinge im Haushalt benennen.

	Form	Ablauf	Material	Zeit
B1		**Präsentation der Indefinitpronomen im Nominativ und Akkusativ**		
	PL	1. Zeigen Sie Geschirr und Besteck aus B2. Besprechen Sie mit den TN die Bezeichnungen und schreiben Sie sie mit Artikel und Plural an die Tafel. Achten Sie darauf, dass die TN alles richtig übertragen, da das für die neue Grammatik wichtig ist.	Folie/IWB	
	PL/PA ⟷	2. Die TN decken die Gespräche unter den Bildern mit dem Heft ab. Fragen Sie die TN, was Dimi auf Bild A macht und wo er ist. In Kursen mit überwiegend ungeübteren TN verfahren Sie mit den Bildern B–D ebenso. In Kursen mit geübteren TN können die TN die Bilder auch in Partnerarbeit beschreiben. Gehen Sie herum und helfen Sie bei Schwierigkeiten.	Folie/IWB	
	EA/PA	3. Die TN lesen die Gespräche und ordnen zu.		
	EA/PL	4. Die TN hören die Gespräche, vergleichen und korrigieren, wenn nötig. Abschlusskontrolle im Plenum. *Lösung: B keine, welche, C eins, D eine*	CD 1/60–63	
	PL	5. Notieren Sie an der Tafel zunächst die Beispiele im Akkusativ:		

Ich mache noch schnell <u>einen Espresso</u>. Möchtest du auch ~~einen Espresso~~?

<u>einen</u>

<u>Mein Messer</u> ist runtergefallen. – Moment, ich hole gleich ~~ein Messer~~.

<u>eins</u>

Wer möchte noch <u>eine Portion</u>? – Ich nehme noch ~~eine Portion~~.

<u>eine</u>

Wir brauchen <u>Espressotassen</u>. Ich hole schnell ~~Espressotassen~~.

<u>welche</u>

PL	6. Machen Sie anhand des Tafelbilds deutlich, dass die Indefinitpronomen anstelle von einem bereits genannten Nomen stehen können, und die Pronomen teilweise mit den unbestimmten Artikeln identisch sind. Zeigen Sie, dass man durch die Verwendung von Indefinitpronomen Wiederholungen vermeiden kann.		
⚠	Die TN haben bereits in *Schritte plus Neu 1* / Lektion 3 gelernt, dass es keinen unbestimmten Artikel im Plural gibt. Weisen Sie die TN nun darauf hin, dass man zwar sagt: „Ich hole schnell Espressotassen.", aber „Espressotassen" auch ersetzen kann, indem man sagt: „Ich hole schnell welche.", sofern aufgrund des Kontexts klar ist, worauf sich „welche" bezieht. „Welche" muss als Form neu gelernt werden.		
PL	7. Machen Sie anhand eines Beispiels deutlich, dass auch die Negativartikel als Indefinitpronomen verwendet werden können. Ich möchte einen Espresso. Aber ich habe ~~keinen Espresso~~ mehr. keinen Weisen Sie die TN auch auf den Grammatik-Kasten und die Grammatikübersicht 1 (Kursbuch, S. 42) und auf die kleine Zeichnung rechts hin.		

TiPP	Damit die TN die neue grammatische Form internalisieren können, ist es sinnvoll, die Genera hintereinander einzuführen und zu jedem eine kleine Übung zu machen.

	8. *fakultativ:* Die TN stehen im Kreis und werfen sich einen Ball zu. Der erste TN beginnt: „Ich brauche eine Gabel." und wirft den Ball. Der fangende TN antwortet: „Tut mir leid, ich habe keine." oder „Hier hast du eine.". In Kursen mit ungeübteren TN können Sie sich zunächst auch nur auf die positive Antwort beschränken und erst im zweiten Durchgang die negative Antwort üben.	Ball	
PL	9. Verfahren Sie nun mit den Indefinitpronomen im Nominativ ebenso. Weisen Sie die TN auf die Antwort in Beispiel B hin und entwickeln Sie daraus ein Tafelbild. Verfahren Sie genauso mit „das Glas", „die Gabel" und „die Löffel". Wo ist denn der Teller? – In der Spülmaschine ist ~~der Teller~~. einer Eine Übersicht finden die TN auch im Grammatik-Kasten und in der die Grammatikübersicht 1 (Kursbuch, S. 42).		
PL	10. *fakultativ:* Wiederholen Sie das Spiel wie in Punkt 8. mit der Frage „Wo ist denn der Löffel?" und der Antwort „Hier ist doch einer.". Damit es nicht zu langweilig wird, können die TN auch auf andere Gegenstände übergehen, z. B. Handy, Bleistift, Radiergummi etc. *Hinweis:* Hier können Sie „Tims Film" einsetzen. Der Film präsentiert einen weiteren Kontext, in dem die Indefinitpronomen gebraucht werden. Daran anknüpfend können die TN in ähnlicher Weise in Kleingruppen ihren Tascheninhalt präsentieren.		
EA/HA	**Arbeitsbuch 5–6:** im Kurs: Korrigieren Sie die Übungen, bevor Sie zu Übung 7 übergehen, denn die TN sollen in Übung 7 die Indefinitpronomen aus den Übungen 5 und 6 ergänzen.		
EA/PA Grammatik entdecken	**Arbeitsbuch 7:** im Kurs: Die TN machen sich anhand von Beispielen aus den Übungen 5 und 6 die Indefinitpronomen im Nominativ und Akkusativ noch einmal bewusst. Ungeübtere TN arbeiten zu zweit.		

B2	Anwendungsaufgabe zum Indefinitpronomen im Nominativ und Akkusativ		
PL	1. Zwei TN lesen das Beispielgespräch vor. Notieren Sie es an der Tafel und machen Sie den TN deutlich, an welcher Stelle das Indefinitpronomen im Nominativ und an welcher Stelle es im Akkusativ benutzt werden muss. Zwei weitere TN machen ein neues Beispiel.		
PA	2. Die TN spielen weitere Gespräche. Hilfe finden die TN in der Übersicht im Grammatik-Kasten. *Hinweis:* Hier können Sie auch Tims Film einsetzen und nach dem Muster des Films „Ich hatte keine Pfanne. Jetzt habe ich eine." weitere Beispiele mit den TN üben.		
EA/HA	Arbeitsbuch 8		
EA/HA ⟷	Arbeitsbuch 9–10: Wenn Sie die beiden Übungen im Kurs durchführen, lösen alle TN Aufgabe 9. Geübtere TN ergänzen außerdem auch Übung 10. Wenn Sie die Übungen als Hausaufgabe aufgeben, sollten sie von allen bearbeitet werden.		

B3	Aktivität im Kurs: Das Küchenquartett		
a PL	1. Die TN sehen sich die Beispielkarten an. Besprechen Sie, wenn nötig, die neuen Wörter. *Hinweis:* Zur Einführung des neuen Wortschatzes können Sie auch „Tims Film" zeigen, in dem die neuen Wörter in die neue Struktur eingebunden gezeigt werden.		
GA	2. Die TN finden sich zu dritt zusammen und basteln aus festem Papier selbst Karten zu den 16 Gegenständen. Achten Sie darauf, dass immer nur vier Karten zusammenpassen. *fakultativ:* Wenn Sie nicht viel Zeit haben, können Sie auch auf die Kopiervorlage im Lehrwerkservice unter www.hueber.de/schritte-plus-neu zurückgreifen.	KV L3/B3 im Lehrwerk-service, festes Papier	
b GA	3. Die TN mischen die Karten und verteilen sie untereinander. Erklären Sie das Quartettspiel anhand des Beispiels im Buch: Ziel ist, so viele passende Quartette wie möglich zu ergattern. Die TN spielen so lange, bis alle Quartette gefunden sind. Die Spielerin / Der Spieler mit den meisten Quartetten hat gewonnen.		

| TiPP | Nutzen Sie solche Spiele ruhig nach einiger Zeit ein weiteres Mal zur Wiederholung. Um die Spiele haltbarer zu machen, können Sie sie laminieren. Sie können auch z. B. einmal oder zweimal im Monat alle Spiele anbieten und die TN suchen sich selbst aus, was sie wiederholen möchten. Sie können die Wiederholung auch lenken, indem Sie den TN bestimmte Spiele zuweisen. Mit den Wiederholungsspielen aus den ersten beiden *Schritte plus Neu*-Bänden können Sie auch gezielt Lücken von TN schließen. | | |

| EA/HA | Arbeitsbuch 11 | | |

C GUTEN APPETIT!

Lernziel: Die TN können Gespräche bei einer Einladung führen und eine Radiosendung zum Thema „Einladung" verstehen.

	Form	Ablauf	Material	Zeit
C1		**Präsentation der Redemittel bei einer privaten Einladung zum Essen**		
	PL	1. Die Bücher sind geschlossen. Zeigen Sie Foto A (= Foto 2 aus der Foto-Hörgeschichte). Fragen Sie die TN, ob sie sich erinnern, was Eva und Tim gesagt haben. Wenn nicht, überlegen die TN, was Eva und Tim in dieser Situation sagen könnten. Halten Sie das Gespräch an der Tafel fest.	Folie/IWB	
	PA	2. Die TN schreiben zu Foto B und C (= Fotos 3 und 8 aus der Foto-Hörgeschichte) ebenfalls kleine Gespräche. Die Erinnerung an die Foto-Hörgeschichte hilft den TN dabei. Damit die TN die Gespräche nicht ablesen, schlagen sie die Seite KB 35 auf.		
	PL	3. Einige Paare lesen ihre Gespräche vor. Machen Sie dabei deutlich, dass Foto A/2 „bei der Ankunft", Foto B/3 „beim Essen" und Foto C/8 „beim Abschied" gemacht sind.		
	EA	4. Die TN lesen nun die Gespräche (Kursbuch, Seite 38) und ordnen die Sätze zu.		
	PL	5. Die TN hören die Gespräche und vergleichen bzw. korrigieren. Abschlusskontrolle im Plenum. *Lösung: B Mit Fleisch, bitte., Guten Appetit., Und danke fürs Kochen, Darf ich dir noch was geben?; C Vielen Dank für den schönen Abend., Komm bald mal wieder.*	Folie/IWB, CD 1/64–66	
	PA	6. Die TN lesen die Gespräche mehrmals und tauschen die Rollen. *Hinweis:* Achten Sie darauf, dass die TN die Gespräche nicht einfach „runterlesen", sondern dass sie die Gespräche „spielen", also auf die Betonung und die Satzmelodie achten. Dabei hilft es, wenn die TN aufstehen und passende Gesten machen. Wenn nötig, hören die TN die Gespräche noch einmal.	CD 1/64–66	
	TIPP	Vor allem für ungeübte TN ist es hilfreich, solche kleinen Alltagsgespräche auswendig zu lernen. Dann können sie in entsprechenden Situationen leichter abgerufen werden. Halten Sie die TN dazu an und geben Sie dann auch Gelegenheit, die Gespräche frei vorzuspielen.		
	PL	7. Sprechen Sie mit den TN über kulturelle Unterschiede. Fragen Sie: „Was kann man in den Heimatländern der TN nicht sagen?", „Wie läuft eine Einladung normalerweise ab?", „Muss man etwas mitbringen?" etc.		
C2		**Präsentation weiterer Redemittel bei einer privaten Einladung zum Essen**		
	PL	1. Weisen Sie nochmals auf die Fotos in C1 und ordnen Sie zu: „bei der Ankunft", „beim Essen" und „beim Abschied".		
	PA	2. Die TN lesen die kleinen Gespräche und ergänzen. Dabei überlegen und üben die TN mit Flüsterstimme passende Betonungen und Gesten. Anschließend Kontrolle im Plenum, wobei einige Paare die Gespräche vortragen. *Lösung: 2 bei der Ankunft, 3 beim Abschied, 4 beim Essen, 5 bei der Ankunft* Weisen Sie die TN auch auf die Gesamtübersicht der Redemittel „Private Einladung zum Essen: Guten Appetit." (Kursbuch, S. 42) hin und sprechen Sie mit den TN über die kleine Übung rechts. *Hinweis:* An dieser Stelle passt auch das Gedicht „Was für ein Fest" aus „Zwischendurch mal …" (Kursbuch, S. 44). Hier werden den TN in spielerischer Weise weitere Redemittel in Gedichtform präsentiert, die sich ebenfalls zum Auswendiglernen anbieten.	ZDM	
	PL	3. Sprechen Sie auch hier über kulturelle Unterschiede (siehe unter C1, Punkt 7.).		

EA/PA	Arbeitsbuch 12: im Kurs: Die Übung ist eine gute Vorbereitung auf C3, in der die TN eigene Gespräche spielen sollen. Bei der Abschlusskontrolle im Plenum können die TN, wenn sie möchten, ihre Gespräche mit einem Partner vorspielen.		
EA/HA	Arbeitsbuch 13–14: im Kurs: Alle TN lösen Übung 13. Geübtere TN können außerdem Übung 14 bearbeiten. Bei der Abschlusskontrolle im Plenum können die TN, wenn sie möchten, ihre Gespräche mit einem Partner ebenfalls vorspielen.		

C3 Aktivität im Kurs: Ein Gespräch bei einer Einladung zum Essen führen

PA	1. Zu zweit schreiben die TN ein Gespräch wie in C1. Dabei ist es hilfreich, den TN ein Szenario vorzugeben. Bitten Sie die TN sich vorzustellen, sie wären bei ihrer Partnerin / ihrem Partner zum Essen eingeladen. Was sagen die beiden dann? Gehen Sie herum und helfen Sie bei Schwierigkeiten. *fakultativ:* Ungeübtere TN erhalten pro Paar die Kärtchen der zerschnittenen Kopiervorlage. Die TN sehen sich die Kärtchen an und ordnen den Bildern zunächst die passenden Gesprächsteile zu. In einem zweiten Schritt legen die TN die Zeichnungen und Gespräche in eine sinnvolle Reihenfolge. Gehen Sie herum und helfen Sie bei Schwierigkeiten. Anschließend schreiben die TN das Gespräch ins Heft.	KV L3/C3
PA	2. Geben Sie den TN etwas Zeit, die Gespräche zu üben. *fakultativ:* Ungeübtere TN, die mit der Kopiervorlage gearbeitet haben, üben dieses Gespräch.	
PL	3. Einige Paare spielen ihr Gespräch vor. Dabei kann die Kursraumtür als Wohnungstür dienen, das Lehrerpult als Esstisch etc. *fakultativ:* Wenn die TN möchten, können sie ihre Gespräche zur Selbstkontrolle oder zum Einprägen mit dem Handy aufnehmen.	

C4 Hörverstehen: Eine Radiosendung zum Thema „Einladung" verstehen

a	EA/PA	1. Die TN lesen die Fragen und notieren ihre Antworten wie im Beispiel. Ungeübtere TN arbeiten zu zweit.	
	PA	2. Die TN vergleichen ihre Antworten.	
b	EA	3. Die TN hören die Radiosendung einmal komplett und dann abschnittsweise. Sie kreuzen an. Abschlusskontrolle im Plenum. *Lösung: 3, 4, 6*	CD 1/67
c	EA	4. Die TN lesen die Aussagen. Danach hören sie die Radiosendung noch einmal und so oft wie nötig. Sie kreuzen an. Abschlusskontrolle im Plenum. *Lösung: richtig: 2, 3, 5*	CD 1/67
d	PL	5. Ein TN liest die Sprechblase vor. Weisen Sie die TN auf die Redemittel rechts hin und klären Sie ggf. die Bedeutung. Eine Übersicht finden die TN unter „Vergleich mit dem eigenen Land: Das überrascht mich." (Kursbuch, S. 43).	
	GA	6. Jede Kleingruppe erhält kleine Zettel, auf die die TN je eins der Redemittel aus dem Buch schreiben. Jede Gruppe sollte jedes Redemittel in zweifacher Ausfertigung haben. Die Zettel werden offen in die Tischmitte gelegt.	Zettel
	GA	7. Die TN sprechen über die Regeln bei Einladungen in Deutschland. Sie vergleichen, was sie aus der Radiosendung erfahren haben mit ihren Notizen aus a. Dabei benutzen sie die Redemittel auf den Zetteln. Hat jemand eins benutzt, wird der entsprechende Zettel umgedreht.	
	PL	8. Die TN sprechen auch über Unterschiede und Ähnlichkeiten zu den Regeln in ihrem Land.	

	EA/HA	Arbeitsbuch 15: Geübtere TN können ihre Meinung zusätzlich in ähnlicher Weise verschriftlichen.		

C5		**Aktivität im Kurs: Über die eigenen Kochgewohnheiten sprechen**		
	PL	1. Klären Sie mit den TN anhand der Fotos die neuen Wörter: „süß", „scharf", „salzig", „fett", „sauer". *fakultativ:* Zur Erweiterung und Unterstützung der Aktivität können Sie auf die Kopiervorlage im Lehrwerkservice unter www.hueber.de/schritte-plus-neu zurückgreifen.	KV L3/C5 im Lehrwerkservice	
	PL	2. Die TN lesen die Aufgabe im Kursbuch und die Redemittel rechts. Machen Sie ein Beispiel, indem Sie über Ihre Kochgewohnheiten sprechen und dabei einige der Redemittel benutzen. Weisen Sie auch auf die Rubrik „Über Kochgewohnheiten reden: Ich koche gern Fleisch." (Kursbuch, S. 43) hin.		
	GA	3. Die TN sprechen über ihre Kochgewohnheiten. *fakultativ:* Wer möchte, kann als Hausaufgabe einen kleinen Text über seine Kochgewohnheiten schreiben. Korrigieren Sie die Texte, wenn die TN dies möchten.		
	EA/HA	Arbeitsbuch 16		
	PL/PA	Arbeitsbuch 17–20: im Kurs: Das Hochdeutsche kennt zwei „s"-Laute: stimmlos und stimmhaft. Sensibilisieren Sie die TN für diesen Unterschied, indem Sie Übung 17 vorspielen. Die TN sprechen nach. Sagen Sie „süße Sahne". Die TN sprechen mehrfach nach und versuchen dabei, immer schneller zu sprechen. Die TN hören in Übung 18 jeweils zwei Wörter und kreuzen an, ob die zwei Wörter den gleichen „s"-Laut haben. Die TN hören die Sätze von Übung 19 und sprechen nach. Sie schreiben selbst Sätze mit möglichst vielen „s"-Lauten und lassen diese von der Partnerin / vom Partner lesen. Mit Übung 20 können Sie den TN die verschiedenen Schreibweisen des stimmlosen „s" bewusst machen: Lassen Sie die TN die Sätze zunächst ohne Hören ergänzen, spielen Sie dann das Audio vor. Die TN achten auf die Aussprache von „s". *Hinweis:* in vielen Regionen des deutschsprachigen Raums (z. B. Österreich, Bayern) wird ausschließlich das stimmlose „s" realisiert. Wie intensiv Sie den Unterschied stimmhaft-stimmlos üben, kann daher auch je nach Kursort individuell bestimmt werden.	AB-Track 1/15–18	

D IN DER KANTINE

Lernziel: Die TN können ein schriftliches Interview verstehen.

	Form	Ablauf	Material	Zeit
D1		**Leseverstehen: Fragen und Antworten in einem Interview verstehen**		
a	PL	1. Die Bücher sind geschlossen. Notieren Sie den Begriff „Kantine" an der Tafel und fragen Sie: „Was ist eine Kantine?". Wenn der Begriff unbekannt ist, zeigen Sie auf den Vortext, Zeile 1–4. Die TN lesen und versuchen dann die Frage zu beantworten. Stellen Sie ggf. Zusatzfragen: „Was macht ein Koch in einer Bank?" etc.	Folie/IWB	

PA ⟷	2. *fakultativ:* Zu zweit schreiben die TN bei geschlossenen Büchern eigene Antworten zu den Interviewfragen. Dabei sollen die TN überlegen, was ein Koch in einer Kantine einer großen Bank wohl antworten könnte. Ungeübtere TN beantworten nicht alle Fragen. Zerschneiden Sie dann die Fragen und teilen den Paaren jeweils nur eine oder zwei Fragen aus. Zum Abschluss lesen einige Paare ihre Antworten vor. *Hinweis:* Die TN können ein Wörterbuch benutzen. Legen Sie aber vorher fest, dass die Paare nicht mehr als drei oder vier Wörter nachschlagen dürfen.	KV L3/D1	
TiPP	Die TN schreiben zu dem Thema eines Texts einen eigenen kleinen Text. Dazu können Sie Fragen, wie hier die Interviewfragen oder allgemeine Fragen zum Textinhalt, vorgeben. So formulieren die TN ihre Vorerwartungen, ihr Vorwissen und aktivieren im Vorfeld passenden Wortschatz. Das erleichtert später das Verstehen des eigentlichen Lesetextes.		
EA/PA ⟷	3. Die TN schlagen die Bücher auf, lesen den Text und ordnen die Fragen zu. Ungeübtere TN arbeiten zu zweit. Abschlusskontrolle im Plenum. Klären Sie dabei, wenn nötig, unbekannten Wortschatz. *Lösung: Was genau bieten Sie an? Und was mögen die Gäste besonders gern? Wo kaufen Sie Ihre Lebensmittel? Was ist Ihnen beim Kochen wichtig? Wie sieht denn Ihr Arbeitstag aus?* *Variante:* Zur ersten Selbstkontrolle lesen die Paare das Gespräch mit verteilten Rollen und mit Flüsterstimme. Oft können sie dann schon hören, dass eine Frage ggf. nicht passt.		
b EA/PA	4. Die TN lesen den Text bis Zeile 28 noch einmal und ergänzen die Aussagen. Abschlusskontrolle im Plenum. *Lösung: 1 500; 3 Nachspeisen, Salat; 4 Gemüse* *Hinweis:* Weisen Sie die TN explizit darauf hin, dass sie nicht alles Wort für Wort lesen und verstehen müssen. Fordern Sie die TN auf, die Zeilen zu markieren, in denen sie die gesuchten Informationen finden (1: Zeile 7, 2: Zeile 13–14, 3: Zeile 19–20, 4: Zeile 27–28). Stellen Sie die Formulierungen aus dem Interview und aus den Aussagen aus b an der Tafel einander gegenüber. Machen Sie den TN deutlich, dass die verschiedenen Formulierungen trotzdem dasselbe aussagen.		
c EA/PA ⟷	5. Die TN lesen den Text bis zum Ende und korrigieren die Aussagen. Anschließend Kontrolle im Plenum. *Lösung: 2 ~~Geflügel~~ Schweinefleisch, 3 ~~sechs~~ neun, 4 ~~kocht~~ plant* *Hinweis:* Auch hier markieren die TN die Zeilen, in denen sie die Antworten finden. *fakultativ:* Schnellere TN notieren zusätzlich, wo und was sie bei der Arbeit essen. *Hinweis:* Hierzu passt der Lesetext „Mustafas Gemüse Kebab" aus „Zwischendurch mal ..." (Kursbuch, S. 45).	ZDM	
TiPP	Es ist für die TN eine gute Übung, noch einmal in eigenen Worten zu formulieren, was sie gelesen und verstanden haben. Dazu schließen die TN die Bücher und erzählen einer Partnerin / einem Partner, was sie gerade gelesen haben. Anschließend wechseln die TN einmal ihre Partnerin / ihren Partner und erzählen noch einmal. Dabei können Sie die Paare so zusammenstellen, dass beim ersten Mal ein TN erzählt und der andere zuhört, beim zweiten Mal erzählt dann der Zuhörer dem neuen TN, der vorher Erzähler war. Ungeübtere TN sollten beim ersten Mal Zuhörer sein.		
EA/HA	Arbeitsbuch 21		
PL Prüfung	Arbeitsbuch 22: im Kurs: Diese Übung entspricht dem Prüfungsteil Hören, Teil 1 des *Deutsch-Tests für Zuwanderer.* Die TN hören die Aussagen nur einmal.	AB-Track 1/19–21	

E ESSEN GEHEN

Lernziel: Die TN können können Gespräche im Restaurant führen.

	Form	Ablauf	Material	Zeit
	EA/PA	Arbeitsbuch 23 im Kurs: Wortschatzwiederholung zum gedeckten Tisch.		
E1		**Hörverstehen: Präsentation der Redemittel für einen Restaurantbesuch**		
a	PL	1. Die Bücher sind geschlossen. Zeigen Sie das Foto. Die TN äußern Vermutungen über die Situation und darüber, was die Personen sagen könnten. Halten Sie die Sätze, die die TN nennen, an der Tafel fest. Evtl. entsteht dabei schon ein komplettes Gespräch. In Kursen mit überwiegend geübten TN können die TN zu zweit ein Gespräch schreiben. Einige Paare lesen vor.	Folie/IWB	
	PL/EA	2. Die TN öffnen die Bücher und lesen die Aussagen. Die TN hören die Gespräche einmal und ordnen die Aussagen zu. Abschlusskontrolle im Plenum. *Lösung: 1 D, 3 B, 4 C*	CD 1/68–71	
b	EA/PA	3. Die TN ordnen die Gespräche. Bitten Sie die ungeübteren TN, die Gespräche zur ersten Kontrolle mit einer Partnerin / einem Partner mit Flüsterstimme zu lesen. Oft hört man dann schon, wenn etwas nicht passt. Dann hören sie zur Kontrolle noch einmal und korrigieren ggf.	CD 1/68–71	
	PA	4. Die TN lesen die Gespräche mit verteilten Rollen in der richtigen Reihenfolge (D, A, B, C) und tauschen auch die Rollen. In Kursen mit ungeübteren TN können Sie die Gespräche vor dem Lesen auch noch einmal in der Reihenfolge (Tracks 71, 68, 69, 70) vorspielen. *fakultativ:* Ungeübtere TN schreiben die Gespräche einmal in der richtigen Reihenfolge der Äußerungen und des Gesprächsablaufs ab.	CD 1/71, 68–70	
	PL	5. Zur Vorbereitung auf E2 fragen Sie die TN, welches Gespräch aus b zum Stichwort „einen Sitzplatz suchen" passt (Gespräch D). Verfahren Sie mit „bestellen", „reklamieren", und „bezahlen" ebenso (Gespräche A, B, C). Wenn nötig, zeigen Sie die Gespräche auf Folie / am IWB und schreiben die Stichwörter über die Gespräche. Das ist eine wichtige Vorentlastung für E2. *Hinweis:* Hierzu passt der Lesetext „Mustafas Gemüse Kebab" aus „Zwischendurch mal ..." (Kursbuch, S. 45). Daran anschließen können Sie das Projekt „Mein Lieblingsimbiss" aus „Zwischendurch mal ..." (Kursbuch, S. 45).	Folie/IWB ZDM	
E2		**Systematisierung der Redemittel für einen Restaurantbesuch**		
	EA/PL	1. Die TN sehen sich die vier Rubriken der Tabelle an und übertragen sie ins Heft.		
	EA/PL	2. Die TN sehen sich das eingetragene Beispiel an. Machen Sie ggf. ein weiteres Beispiel im Plenum.		
	PA	3. Die TN ordnen die übrigen Redemittel zu, dabei sollten aber beide Partner die Beispiele in ihrem Heft ergänzen. Gehen Sie herum und helfen Sie bei Schwierigkeiten.		
	PL	4. Übertragen Sie die Tabelle an die Tafel sowie die bereits besprochenen Beispiele. Abschlusskontrolle im Plenum, indem die TN die Tabelle an der Tafel ergänzen. *einen Sitzplatz suchen: Ist hier noch frei?, Nein, tut mir leid. Der Platz ist besetzt., Natürlich. Nehmen Sie doch Platz.; bestellen: Kann ich bitte die Karte haben?, Kann ich bitte bestellen?, Ich nehme/möchte den Rinderbraten., Was darf ich Ihnen bringen?; reklamieren: Das Messer ist nicht sauber., Oh, das tut mir leid. Ich bringe sofort ein anderes., Entschuldigung, ich warte jetzt schon 40 Minuten auf das Essen.; bezahlen: Die Rechnung, bitte., Ich möchte bitte bezahlen., Zusammen oder getrennt?, Das macht 19,20 Euro., Zusammen., Getrennt, bitte., (Machen Sie) 20, bitte.* Weisen Sie die TN auch auf die Rubrik „Im Restaurant: Ist hier noch frei?" (Kursbuch, S. 43) hin. Besprechen Sie auch den kleinen Witz am rechten Rand.	Folie/IWB	

PL	5. Fragen Sie die TN, ob sie schon einmal etwas reklamiert haben. Die TN erzählen.		
EA/HA	Arbeitsbuch 24		

E3	**Aktivität im Kurs: Ein Rollenspiel**		
PA ⟵⟶	1. Die TN finden sich paarweise zusammen und wählen eine der Situationen aus. Die TN formulieren ihr Gespräch zunächst schriftlich. Dabei können Sie auf die Muster in E1 zurückgreifen und diese mithilfe der angegebenen Redemittel variieren. Geübtere TN formulieren ihre Gespräche frei. Gehen Sie herum und helfen Sie bei Schwierigkeiten.		
PL	2. Die TN spielen ihr Gespräch, wenn möglich, mit den passenden Requisiten vor.	Requisiten	
GA	3. *fakultativ:* Spielen Sie gemeinsam mit den TN Restaurant. Dazu stellen Sie die Tische zu Tischinseln zusammen. An jeder Tischinsel finden sich 4–6 TN zusammen. Jede Gruppe überlegt sich zunächst einen Namen für ihr Restaurant und erstellt eine Speisekarte. Gehen Sie herum und helfen Sie bei Schwierigkeiten. Die Gruppe wählt einen TN als Kellnerin/Kellner, die andern sind die Gäste. Jede Gruppe spielt frei für sich verschiedene Situationen im Restaurant. Die TN wählen selbst aus, welche Rollen sie übernehmen wollen.	Requisiten	
EA/HA	Arbeitsbuch 25: im Kurs: Weisen Sie die TN auf den Lerntipp hin.		
PL/EA Schreib-training	Arbeitsbuch 26: im Kurs: Sammeln Sie mit den TN an der Tafel in einem Wortigel Orte, an denen man essen kann. Stellen Sie zuerst wie im Beispiel allgemein Begriffe zusammen. In einem zweiten Schritt können die TN die Namen von Restaurants etc. am Kursort ergänzen. Anschließend schreibt jeder TN an eine Person aus dem Kurs und beschreibt seinen Lieblingsimbiss. Die „Empfänger" korrigieren die Briefe. Danach sammeln Sie sie zur Korrektur ein. Wenn die TN die Briefe zurückbekommen, schreibt jeder seinen Brief noch einmal ab. Geben Sie den TN dafür ausreichend Zeit, um die Wichtigkeit einer solchen Abschreibübung zu betonen. Gehen Sie herum und achten Sie darauf, dass die TN die alten Fehler nicht wiederholen oder neue machen.		
GA	*fakultativ:* Wenn Sie noch Zeit haben, können Sie hier die Wiederholung zu Lektion 3 anschließen.	KV L3/Wieder-holung	
Lektions-tests	Einen Test zu Lektion 3 finden Sie hier im LHB auf den Seiten 176–177. Weisen Sie die TN auf den Selbsttest im Arbeitsbuch auf Seite 44 hin.	KV L3/Test	

AUDIO- UND VIDEOTRAINING

Form	Ablauf	Material	Zeit
Audiotraining 1: Wie oft …?			
EA/HA	Die TN werden gefragt: „Wie oft kochen Sie selbst?" und erhalten für ihre Antwort ein Stichwort zur Häufigkeit („selten"). Die TN antworten in den Sprechpausen mit „Ich koche selten selbst." Nach der Sprechpause hören die TN die korrekte Antwort. Am Ende werden die Fragen noch einmal gestellt und die TN antworten darauf frei.	CD 1/72	
Audiotraining 2: Möchtest du …?			
EA/HA	Die TN hören die Aussage „Ich mache mir (einen Espresso)." Danach sollen sie die Frage „Möchtest du auch (einen)?" formulieren und dabei das richtige Indefinitpronomen verwenden. Nach der Sprechpause hören die TN die korrekte Frage.	CD 1/73	

Audiotraining 3: Im Restaurant!

EA/HA	Die TN hören eine typische Aussage bei einem Restaurantbesuch: „Entschuldigung, ist der Platz noch frei?". In einer Echoübung wiederholen die TN die Aussage und achten auf Aussprache und Betonung. Nach der Sprechpause hören die TN die Aussage zur Kontrolle noch einmal.	GD 1/74	

Videotraining: Sie hat schon einen.

EA/HA	Die TN sehen in dem Film Tim bzw. Lara beim Essen. Die TN werden nach verschiedenen Gegenständen oder Lebensmitteln gefragt und sollen mit Indefinitpronomen antworten: „Braucht Lara eine Serviette?" – „Nein, sie braucht keine. Sie hat schon eine." Nach der Sprechpause hören die TN die korrekte Antwort, die auch eingeblendet wird. Besonders ungeübtere TN sollten den Film mehrmals in zeitlichen Abständen wiederholen, um die Struktur zu festigen und zu automatisieren.	Film „Sie hat schon einen."	
	fakultativ: Geübtere TN können zu zweit nach dem Muster eigene Videos mit dem Smartphone machen. Denkbar wären dann auch andere Situationen, um die Übung auf andere Wortfelder auszuweiten, z. B. ein TN sitzt am Schreibtisch bei den Hausaufgaben und es wird nach Bleistift, Buch etc. gefragt. Diese Videos können dann im Unterricht als Wiederholung zeitlich über mehrere Tage verteilt gezeigt werden.		

ZWISCHENDURCH MAL …

	Form	Ablauf	Material	Zeit
Gedicht		**Was für ein Fest! (passt z. B. zu C2)**		
1	PL	1. *fakultativ:* Kopieren Sie das Gedicht und schneiden Sie jede Frage und jede Antwort aus. Mischen Sie die Schnipsel und verteilen Sie sie so, dass jeder TN einen bekommt. Wenn Sie mehr TN haben, teilen Sie einige doppelt aus. Die TN gehen herum und versuchen, einen TN mit einer passenden Antwort bzw. Frage zu finden. Die Paare stellen sich dann zusammen.		
	PL	2. Die Paare lesen Frage und Antwort laut vor, die anderen überlegen, ob sie jeweils zusammenpassen. Dabei kann zunächst nur nach grammatischen Aspekten entschieden werden.		
	PL	3. Die TN stehen immer noch zu zweit zusammen. Sie hören nun das Gedicht und überprüfen, ob Frage und Antwort wie im Gedicht zusammenstehen, da auch teilweise andere Kombinationen denkbar wären. Wenn nicht, stellen sie sich zum „richtigen" TN. Gleichzeitig sortieren sich die Paare in der Reihenfolge, in der ihre Frage und Antwort im Gedicht vorkommt. Die TN hören dabei das Gedicht so oft wie nötig.	CD 1/75	
	PL	4. Wenn die TN „richtig" stehen, lesen die TN ihre Schnipsel vor.		
	PL	5. Die TN schlagen die Bücher auf. Sie hören das Gedicht noch einmal und lesen mit.	CD 1/75	
2	PL/GA	1. Teilen Sie den Kurs in zwei Gruppen, eine Gäste- und eine Gastgebergruppe. Die TN hören das Gedicht noch einmal und sprechen, je nach ihrer Gruppe, die Rolle mit.	CD 1/75	
	PA	2. *fakultativ:* Die TN suchen sich eine Frage und eine Antwort aus und schreiben kleine Gespräche dazu, in die sie diese einbauen. Einige Paare lesen vor.		

Lesen		Mustafas Gemüse Kebap* (passt z. B. zu D1 und E1) *Das ist ein Eigenname.		
	PL	1. Fragen Sie die TN, ob sie schon einmal Kebab oder Döner gegessen haben.		
	EA/PA	2. Die TN lesen den Text. Sie markieren, was richtig ist, und korrigieren die falschen Sätze. Ungeübte TN arbeiten zu zweit. In Kursen mit überwiegend ungeübten TN können Sie auch nach dem Markieren zunächst eine Kontrolle machen, bevor die TN die falschen Sätze dann korrigieren. Abschlusskontrolle im Plenum. Klären Sie dabei auch unbekannten Wortschatz. *Lösung: c mit der U3 U6, U7, d am Wochenende … geschlossen Mustafa hat jeden Tag ab 10:30 Uhr geöffnet., e richtig* *Hinweis*: Die Internetseite von Mustafa ist sehr innovativ und abwechslungsreich, z. B. hat er eine Livekamera und viele andere bewegte Features zum Anklicken. Animieren Sie die TN, die Internetseite zu besuchen, und weisen Sie sie darauf hin, dass es dort viele Wendungen gibt, die man in Deutschland auf der Straße hören kann, und die selbstironisch gedacht sind.		

Projekt		Mein Lieblingsimbiss (passt z. B. zu E1 und nach „Lesen")		
1	EA/PA	1. Die TN lesen den Text. Sie machen sich zu den Fragen im Text Notizen. *Hinweis*: Wenn Sie das Projekt als Hausaufgabe aufgeben, können die TN auch Fotos von ihrem Lieblingsimbiss und evtl. auch von ihrem Lieblingsessen machen. Weisen Sie die TN darauf hin, dass man nicht einfach fremde Personen fotografieren darf. Entweder müssen sie warten, bis niemand vor dem Laden steht, oder sie müssen die Person(en) um Erlaubnis bitten.		
2	GA	1. Die TN erzählen von ihrem Lieblingsimbiss und zeigen ggf. Fotos. Geübtere TN schreiben einen Text analog zu „Mustafas Gemüse Kebap" über ihren Imbiss. Sammeln Sie die Texte zur Korrektur ein. Wenn die TN Lust haben, können sie danach aus den Texten mit Fotos einen kleinen Imbissführer herstellen. Dann gehören auch die Adresse, der Weg dorthin und die Öffnungszeiten dazu.		

FOKUS ALLTAG: WERBUNG HÖREN UND VERSTEHEN

Lernziel: Die TN kennen wichtigen Wortschatz zum Thema „Werbung" und können der Radioiowerbung relevante Informationen entnehmen.

	Form	Ablauf	Material	Zeit
1		**Präsentation des Wortschatzes zum Thema „Werbung"**		
	PL	1. Die TN sehen sich die Anzeige im Buch an. Sprechen Sie mit den TN darüber, was auf dem Bild zu sehen ist. Welche Gefühle und Gedanken haben die TN, wenn sie das Bild betrachten?	Folie/IWB	
	EA	2. Die TN ordnen die Begriffe zu. Abschlusskontrolle im Plenum. *Lösung: B die Marke, C der Werbespruch, D das Produkt*		
	GA	3. *fakultativ*: Bringen Sie weitere Werbeanzeigen mit. Verteilen Sie diese an Kleingruppen. Die TN versuchen die Marke, den Werbespruch und das Produkt zu identifizieren.	Werbeanzeigen aus Zeitschriften	

2		Hörverstehen: Einer Radiowerbung relevante Informationen entnehmen		
a	PL	1. Die TN sehen sich die Fotos an. Zwei TN beschreiben, was auf Foto 2 und 3 zu sehen ist.		
	EA	2. Die TN hören die Radiowerbung und ordnen zu. Abschlusskontrolle im Plenum. *Lösung: A 3, B 2, C 1*	AB-Track 1/22–24	
b	EA	3. Die TN lesen die Aussagen, hören die Radiowerbung noch einmal so oft wie nötig und kreuzen an. Geübtere TN korrigieren zusätzlich die falschen Aussagen. Abschlusskontrolle im Plenum. *Lösung: richtig: 4, 5 (2 ~~das ganze Jahr über~~ im Oktober, 3 ~~An der Käsetheke im Supermarkt~~ Bei „Europa-Käse" 6 ~~Limetta-Erdbeere~~ Limetta-Kiwi)*	AB-Track 1/22–24	
	PL	4. Sprechen Sie mit den TN darüber, woran die Musik der jeweiligen Werbung sie erinnert bzw. woran sie denken müssen.		

3		Über eigene Erfahrungen sprechen		
	GA	1. Die TN sprechen über ihre Lieblingswerbung und Werbesprüche, die sie kennen. Hier kann es auch Werbung aus der Heimat sein, die sie den anderen TN beschreiben oder, wenn möglich, auf dem Smartphone zeigen.		

FOKUS BERUF: GESUNDE ERNÄHRUNG AM ARBEITSPLATZ

Lernziel: Die TN können einer Broschüre von der Krankenkasse Informationen zum Thema „Gesunde Ernährung am Arbeitsplatz" entnehmen.

	Form	Ablauf	Material	Zeit
		Da dieser Fokus möglicherweise nur für einen Teil der TN interessant ist, kann er auch als Hausaufgabe gegeben werden.		
1		Über die eigenen Essgewohnheiten sprechen		
	PA	1. Die TN lesen die Sprechblase und erzählen ihrerseits, was sie an einem ganz normalen Tag zum Frühstück, zum Mittagessen und zwischendurch essen und trinken. Hilfe finden die TN in der Beispielliste.		
2		Leseverstehen: Eine Broschüre der Krankenkasse verstehen		
	PL	1. Die TN decken den Text mit dem Heft so ab, dass sie nur die Überschrift sehen können, und äußern Vermutungen, was die Krankenkasse wohl für Tipps gibt. Halten Sie Stichwörter an der Tafel fest.	Folie/IWB	
	EA/PA	2. Die TN lesen den Text und ordnen die Überschriften zu. Abschlusskontrolle im Plenum. *Lösung: B Gesund frühstücken ist ganz einfach., C Tipps für eine gesunde Mittagspause., D Lecker und gesund essen – das geht auch zwischendurch!*		
	PL	3. Die TN vergleichen die Informationen aus dem Text mit ihren Vermutungen an der Tafel. Was war gleich?		
3		Über gesundes Essen sprechen		
a	EA	1. Die TN lesen den Text aus 2 noch einmal und notieren, wie sie sich besser ernähren können.		
b	PL	2. Die TN erzählen, was sie ausprobieren möchten. Dabei nehmen sie ihre Notizen aus a zuhilfe.		

ARBEITSWELT

Folge 4: Glück muss der Mensch haben!

Einstieg in das Thema „Arbeitswelt"

	Form	Ablauf	Material	Zeit
1		**Vor dem Hören: Vermutungen äußern**		
	PL	1. Zeigen Sie auf die Fotos und fragen Sie: „Wo ist Tim?", „Wer sind die anderen Personen?" und „Worüber sprechen sie?". Die TN betrachten die Fotos und stellen Vermutung an.		
	PL	2. Erstellen Sie an der Tafel zusammen mit den TN einen Wortigel zum Wortfeld „im Hotel". Achten Sie darauf, dass „Reservierung", „Rezeption", „Bestätigung", „Anreise/Abreise" und „Ankunft" vorkommen.		
	EA/PA ⟷	3. Deuten Sie auf Aufgabe 1 und fragen Sie: „Wie reserviert man ein Zimmer?". Die TN lesen die Sätze und ordnen sie. Geübtere TN lösen die Aufgabe in Stillarbeit, ungeübtere TN arbeiten paarweise zusammen. Abschlusskontrolle im Plenum. *Lösung: 3, 4, 2, 1*		
2		**Beim ersten Hören: Vermutungen überprüfen**		
a	PA	1. Deuten Sie auf Sandras Foto und fragen Sie: „Wer ist Sandra?". Die TN sehen sich noch einmal die Fotos der Foto-Hörgeschichte an, lesen die Sätze und ordnen den Sätzen die Namen zu. Die TN ergänzen auch die anderen Namen.		
b	PA	2. Die TN hören und vergleichen ihre Lösungen. Abschlusskontrolle im Plenum. *Lösung: 1 Karla 2 Sandra 3 Frau Bronkhorst 4 Herr Krassnick*	CD 2/1–8	
3		**Beim zweiten Hören: Wesentliche Inhalte verstehen**		
	EA/PA ⟷	1. Die TN lesen die Aussagen. Fragen Sie: „Was ist richtig?". Die TN hören, wenn nötig mehrmals, und kreuzen an. Geübtere TN lösen die Aufgabe in Stillarbeit, ungeübtere TN arbeiten paarweise zusammen. Abschlusskontrolle im Plenum. *Lösung: kein, kein, eine Chefin, von der Rezeption*	CD 2/1–8	
	GA	2. *fakultativ:* Wenn Sie mit Ihren TN Wendungen üben möchten, die man als Gast im Hotel braucht, können Sie die Kopiervorlage einsetzen. Kopieren und zerschneiden Sie die Vorlage so, dass jede Gruppe die Satzkarten zu einem der Fotos bekommt. Die TN lesen die Satzkarten und versuchen herauszufinden, zu welchem Foto sie passen und legen sie dann in eine sinnvolle Reihenfolge. Dann hören sie die Foto-Hörgeschichte noch einmal und vergleichen. Zum Abschluss können die TN die Gespräche mit verteilten Rollen vorlesen. Gehen Sie bei Bedarf auf Wortschatzfragen ein, aber erklären Sie noch keine Grammatik. Diese wird in den Lernschritten A und B systematisch eingeführt.	KV L4/FHG, CD 2/1–8	
	Tims Film	In „Tims Film" ruft Tim beim Kundenservice der *Deutschen TeleTask* an, weil sein WLAN nicht funktioniert. Sie können den Film z. B. nach A3 zur Übung der Konjunktion „wenn" einsetzen. Schreiben Sie dazu vor dem ersten Sehen folgende Fragen an die Tafel: „Was ist das Problem?", „Wo ruft Tim an?" und „Was macht er, wenn er keine Hilfe bekommt?". Die TN sehen sich „Tims Film" an und machen Notizen. Zeigen Sie den Film bei Bedarf mehrmals. Abschlusskontrolle im Plenum.	„Tims Film" Lektion 4	

A WENN SIE EINEN FEHLER GEMACHT HABEN, DANN …

Nebensätze mit *wenn*

Lernziel: Die TN können Bedingungen ausdrücken.

	Form	Ablauf	Material	Zeit
A1		**Präsentation der Nebensätze mit *wenn …, dann …* und der Inversion im Hauptsatz bei vorangestelltem Nebensatz**		
a	EA	1. Sehen Sie sich zusammen mit den TN das erste Beispiel an. Deuten Sie dann auf die Sätze 2–4 und fragen Sie: „Wer sagt was?". Die TN kreuzen an. Abschlusskontrolle im Plenum. *Lösung: Tim: 2; Herr Krassnick: 3, 4*	Folie/IWB	
b ⬅➡	EA/PA	2. Die TN markieren in den Sätzen 2–4 wie im Beispiel „wenn" sowie das Verb. Dann ergänzen sie die Sätze im Grammatik-Kasten. Abschlusskontrolle im Plenum. Geübtere TN lösen die Aufgabe in Stillarbeit. Ungeübtere arbeiten paarweise zusammen. *Lösung: online reserviert haben, wenn … haben*	Folie/IWB	
	PL	3. Erklären Sie anhand des zweiten Satzes im Grammatik-Kasten, dass das Verb im „wenn"-Satz immer am Ende steht. Das kennen die TN bereits von den „weil"-Sätzen in Lektion 1. Weisen Sie dann anhand des ersten Satzes auf die Inversion im Hauptsatz hin. Machen Sie deutlich, dass sich die Wortstellung im Hauptsatz ändert, wenn der „wenn"-Satz vorangestellt wird. Erklären Sie, dass in diesem Fall oft die Konjunktion „dann" zur Verdeutlichung genutzt wird, diese aber auch entfallen kann. Verweisen Sie die TN auch auf die Grammatikübersicht 1 (Kursbuch, S. 54) und fordern Sie sie auf, als Hausaufgabe die kleine Schreibaufgabe zu lösen. Sie können die Beispielsätze am nächsten Kurstag zum Einstieg und zur Wiederholung vorlesen lassen oder zur Korrektur einsammeln. *Musterlösung: Ich mache oft Ausflüge, wenn ich freihabe. Wenn ich freihabe, gehe ich gern ins Museum oder ins Theater. Ich treffe auch oft meine Freunde, wenn ich freihabe.* *Variante:* Alternativ können Sie zur Verdeutlichung der Satzstellung in Haupt- und Nebensatz auch die Kopiervorlage nutzen. Schneiden Sie die Wortkarten aus und verteilen Sie sie. Behalten Sie vorerst die Karten „Wenn" und „dann". Die TN mit den Wortkarten stehen auf und versuchen, mit den Karten <u>zwei</u> korrekte Sätze zu stellen. Sie halten die Karten dabei so, dass alle anderen TN den „lebenden Satz" gut sehen können. Die TN lesen die beiden Sätze einmal laut vor. Sagen Sie: „Wir wollen jetzt <u>einen</u> Satz machen. Hier haben wir noch ‚wenn' und ‚dann'. Wie ist der neue Satz richtig?". Zwei neue TN erhalten die Wortkarten „Wenn" und „dann". Nun stellen die TN ohne Wortkarte den Satz um und bauen dabei die beiden neuen Karten mit ein. Abschließend liest ein TN den vollständigen Satz vor. Fragen Sie: „Was hat sich geändert?". Ggf. können Sie die TN bitten, sich noch einmal an die vorherige Position zu stellen. Mithilfe des „lebenden Satzes" sollte deutlich werden, dass in Sätzen mit „wenn" das Verb ebenso am Ende stehen muss wie bei Sätzen mit „weil", die die TN bereits aus Lektion 1 kennen. Außerdem sollte klar werden, dass Nomen und Verb im Hauptsatz die Position tauschen, wenn der „wenn"-Satz vorangestellt wird.	Folie/IWB, KV L4/A1	
		TiPP „Lebende Sätze" eignen sich hervorragend, um Wortpositionen bzw. Positionswechsel im Satz zu veranschaulichen, z. B. um die Endposition der Verben in Nebensätzen der Verbposition im Hauptsatz gegenüberzustellen.		
	EA/HA	Arbeitsbuch 1		

A2		Anwendungsaufgabe: Bedingungssätze formulieren		
	PL	1. Deuten Sie auf das Foto und sagen Sie: „Sandra ist wie Tim neu im Hotel. Das ist ihr erster Arbeitstag.". Fragen Sie: „Was sagen die Personen?". Zwei TN lesen die Beispiele in den Sprechblasen vor.		
	PA	2. Die TN sehen sich die Stichpunkte in der Tabelle an und spielen zu zweit ähnliche Minidialoge. Gehen Sie herum und helfen Sie bei Schwierigkeiten. Achten Sie dabei besonders auf die richtige Wortstellung. Wer früher fertig ist, schreibt analoge Sätze zur Frage: „Was müssen neue Kursteilnehmer wissen?". Abschlusskontrolle im Plenum.		
	EA/HA	Arbeitsbuch 2		
	EA/HA Grammatik entdecken	Arbeitsbuch 3: im Kurs: Die Aufgabe dient der Bewusstmachung der Wortstellung in Haupt- und Nebensatz. Die TN ergänzen in a die „wenn"-Sätze mit nachgestelltem Nebensatz aus Übung 2 und schreiben sie dann in b noch einmal mit vorangestelltem „wenn"-Satz.		
	EA/HA	Arbeitsbuch 4		
	EA/HA	Arbeitsbuch 5–6: im Kurs: Alle TN ergänzen Übung 5. Geübtere TN schreiben zu den Bildern in Übung 6 passende „wenn"-Sätze. Wenn Sie die Übungen als Hausaufgabe aufgeben, bearbeiten alle TN beide Übungen.		

A3		Aktivität im Kurs: Kettenspiel		
	GA	1. Die TN sehen sich das Beispiel an und schreiben dann in Gruppen so viele Kettensätze wie möglich. Begrenzen Sie die Zeit auf fünf Minuten.		
	PL/GA	2. Wer möchte, kann seine Kette im Kurs präsentieren. Korrigieren Sie ggf. sanft oder sammeln Sie die Gruppenarbeiten zur Korrektur ein.		
		Variante: In Gruppen von 4–5 erstellen die TN ein Satzpuzzle. Sie schreiben zehn Bedingungssätze zum Thema „Arbeit und Beruf" auf große Papierstreifen. Gehen Sie herum und helfen Sie bei Schwierigkeiten. Die Gruppen schneiden ihre Sätze in zwei Teile und geben sie einer anderen Gruppe. Diese muss die Sätze wieder zusammensetzen. Die TN gehen herum und lesen die zusammengesetzten Sätze der anderen Gruppen. Wenn sie einen Fehler entdecken, korrigieren sie ihn selbstständig.		
		Hinweis: An dieser Stelle können Sie auch „Tims Film" einsetzen, um die Bedeutung der „wenn"-Sätze noch einmal eingebettet in einer Kommunikationssituation zu verdeutlichen.		

B DU SOLLTEST DETEKTIV WERDEN.

Konjunktiv II von *sollen*

Lernziel: Die TN können Ratschläge geben.

	Form	Ablauf	Material	Zeit
B1		**Präsentation von *sollen* im Konjunktiv II**		
a	PL/EA	1. Deuten Sie auf die beiden Fotos sowie die Sätze und fragen Sie: „Wer sagt was?". Die TN lesen das Beispiel und ordnen die Aussagen zu. Abschlusskontrolle im Plenum. *Lösung: A, A*	Folie/IWB	

b	PL	2. Die TN markieren die Formen von „sollen" wie im Beispiel und ergänzen die Tabelle im Grammatik-Kasten. Abschlusskontrolle im Plenum. Schreiben Sie dann die Konjugation von „sollen" im Indikativ an die Tafel, die die TN bereits aus *Schritte plus Neu 2* / Lektion 10 kennen. Verdeutlichen Sie dann, dass die Endungen der Modalverben in der 1. und 3. Person sowohl im Indikativ als auch im Konjunktiv II identisch sind und weisen Sie anhand der Beispielsätze noch einmal auf die Wortstellung bei Modalverben hin. *Lösung: wir sollen, du solltest*	Folie/IWB	

Der Arzt hat gesagt, ich soll Schmerztabletten nehmen.

Du solltest Detektiv werden.

		Machen Sie anhand der beiden Beispiele deutlich, dass man mit „sollen" im Indikativ Anweisungen in indirekter Rede wiedergibt, mit dem Konjunktiv II aber Ratschläge erteilt.		
		Verweisen Sie abschließend auf die Grammatikübersicht 2 (Kursbuch, S. 54) und fordern Sie die TN auf, die kleine Schreibübung zu lösen. *Musterlösung: Bild 1: Sie sollten früh ins Bett gehen. Sie sollten abends nicht fernsehen. Sie sollten morgens Yoga machen und einen starken Kaffee trinken. / Bild 2: Sie sollten nach Hause gehen. Sie sollten Ihre Arbeit besser organisieren. Sie sollten Aufgaben delegieren. Sie sollten abends Sport treiben und sich entspannen.*		

B2		**Anwendungsaufgabe zum Konjunktiv II: Ratschläge mit *sollte* geben**		
	PL	1. Notieren Sie an der Tafel den Begriff „Jobsuche" und sagen Sie: „Sie suchen einen Job. Was machen Sie?". Die TN nennen Beispiele. Notieren Sie ggf. neuen Wortschatz mit Artikel an der Tafel.		
	EA	2. Die TN lesen die Tipps für die Jobsuche. Klären Sie, wenn nötig, Fragen zum Wortschatz.		
	PL	3. Fragen Sie einen TN: „Ich suche Arbeit. Was sollte ich tun?". Der TN liest den Ratschlag aus der Sprechblase.		
	PA ⟷	4. Die TN finden sich paarweise zusammen und geben sich abwechselnd Tipps. Ungeübtere TN konzentrieren sich darauf, Sätze mit „Du solltest …" zu bilden. Geübtere TN bilden auch passende „wenn"-Sätze analog zum Beispiel in der Sprachblase. Wer fertig ist, kann noch weitere Tipps finden. *Hinweis:* An dieser Stelle können Sie den Comic „Der kleine Mann: Schluckauf" aus der Rubrik „Zwischendurch mal …" (Kursbuch. S. 57) einsetzen, um mit den TN das Thema „Ratschläge erteilen" noch einmal auf humorvolle Weise zu betrachten.	ZDM	
	EA/HA	Arbeitsbuch 7–9		

B3		**Aktivität im Kurs: Tipps geben**		
a	GA	1. Die TN finden sich in Gruppen von 3–4 TN zusammen und entscheiden sich für eines der drei Themen. Dazu sammeln sie Tipps und schreiben diese, wie im Beispiel angegeben, im Imperativ auf ein Plakat.	Plakate	
b	PL ⟷	2. Die Gruppen präsentieren ihre Ratschläge im Plenum. Dazu formulieren Sie ihre Imperativsätze um und präsentieren ihre Tipps mit „sollte" wie im Beispiel vorgegeben. Ungeübtere TN können ihre Ratschläge auch direkt im Konjunktiv II auf das Plakat schreiben und diese bei der Präsentation vorlesen. Achten Sie darauf, dass bei der Präsentation alle Gruppenmitglieder aktiv sind. *fakultativ:* Wenn Sie mit Ihren TN den Konjunktiv II weiter üben wollen, können Sie dazu die Kopiervorlage nutzen, anhand derer die TN noch einmal Ratschläge zu einzelnen Situationen formulieren sollen.	KV L4/B3	

C MITTEILUNGEN AM ARBEITSPLATZ

Lernziel: Die TN können schriftliche Mitteilungen am Arbeitsplatz verstehen.

	Form	Ablauf	Material	Zeit
C1		**Leseverstehen 1: Ein Thema anhand von Schlüsselwörtern erkennen**		
	EA/PL	1. Die TN lesen die Themen. Klären Sie neuen Wortschatz, wie z. B. „Gewerkschaft" und „Betriebsversammlung".		
	EA/PL	2. Lesen Sie gemeinsam mit den TN Text 5 und fragen Sie: „Was ist hier das Thema?" und „Welche Wörter sind ein Signal dafür?". Die TN nennen z. B. „Gewerkschaft".		
	⚠	Gehen Sie an dieser Stelle noch nicht auf alle Wortschatzfragen ein. Ziel der Übung ist es, mit den TN Lesestrategien einzuüben. In diesem konkreten Fall geht es darum, die Texte zu überfliegen und anhand von Schlüsselwörtern zunächst das Thema der Texte zu erfassen.		
	EA/PA ⟷	3. Die TN lesen die übrigen Texte und ordnen sie den Themen zu. Geübtere TN lösen die Aufgabe in Stillarbeit, ungeübtere arbeiten paarweise zusammen. Abschlusskontrolle im Plenum. Markieren Sie die Schlüsselwörter, anhand derer die TN das richtige Thema erkannt haben. *Lösung: b 3, c 2, d 4, e 1, f 6*	Folie/IWB	
	EA/HA	Arbeitsbuch 10		
	EA/HA ⟷	Arbeitsbuch 11–12: im Kurs: Alle TN verbinden die Wörter in Übung 11. Geübtere TN, die schneller fertig sind, bearbeiten auch Übung 12. Wenn Sie die Übungen als Hausaufgabe aufgeben, bearbeiten alle TN beide Übungen.		
C2		**Leseverstehen 2: Details verstehen**		
	PL	1. Deuten Sie auf Text 1 in C1 und fragen Sie: „Ist der Kurs ‚Wie spreche ich mit schwierigen Kunden?' schon voll oder kann man sich noch anmelden?". Die TN lesen den Text noch einmal genau und beantworten die Frage. Anschließend vergleichen sie mit dem Beispiel.		
	EA/PA ⟷	2. Die TN lesen jeweils zuerst die Aussage in C2 und dann noch einmal den zugehörigen Text in C1 und korrigieren die Aussagen wie im Beispiel vorgegeben. Geübtere TN lösen die Aufgabe in Stillarbeit, ungeübtere arbeiten paarweise zusammen. Abschlusskontrolle im Plenum. Wer früher fertig ist, antwortet auf Herrn Sauters Einladung (Text 2). Die Antworten können abschließend im Plenum vorgelesen werden. *Lösung: 2 ~~Kunden~~ Kolleginnen und Kollegen 3 ~~im~~ ab 4 ~~Kantine~~ Arbeitszeiten 5 ~~entlässt~~ berät* *fakultativ:* Zur Festigung des neuen Wortschatzes können Sie anhand der Kopiervorlage eine Gruppenarbeit anleiten. Kopieren Sie die Vorlage für jede Gruppe einmal und zerschneiden Sie sie. Die TN ordnen die Begriffe den Definitionen zu. Gehen Sie herum und stellen Sie sicher, dass die Zuordnungen stimmen. Sprechen Sie anschließend im Kurs darüber, ob es in den Heimatländern der TN etwas Ähnliches gibt. *Hinweis:* Wenn Sie viele TN im Kurs haben, die in Deutschland arbeiten möchten, können Sie an dieser Stelle auf den „Fokus Beruf: Ein Bewerbungsschreiben" (Arbeitsbuch, S. 57) und auf den „Fokus Beruf: Einen Arbeitsvertrag verstehen" (Arbeitsbuch, S. 58) eingehen. Wenn dies nicht der Fall ist, können interessierte TN die beiden Fokus-Seiten zu Hause bearbeiten und ihre Lösungen zur Korrektur abgeben bzw. Wortschatzfragen nach der Stunde oder in der Pause stellen.	KV L4/C2	

EA/PA/HA Schreibtraining ⟵⟶	**Arbeitsbuch 13:** im Kurs: Die TN lesen zunächst das Beispiel A. Weisen Sie noch einmal auf die Anrede und die Grußformel hin. Anschließend formulieren die TN anhand der Stichpunkte in B und C zusammen mit ihrer Partnerin / ihrem Partner jeweils eine kurze Mitteilung. Geübtere TN schreiben beide Mitteilungen, ungeübtere konzentrieren sich auf eine Mitteilung. Wenn die TN die Übung zu Hause bearbeiten, schreiben alle beide Mitteilungen.		
EA/HA Prüfung	**Arbeitsbuch 14:** im Kurs: Die TN lesen die Aufgabenstellung sowie die Antwortmöglichkeiten. Dann hören sie drei kurze Texte und kreuzen die richtige Lösung an. Die TN hören die Texte zweimal. Diese Übung entspricht dem Prüfungsteil Hören, Teil 1 des *Goethe-Zertifikats A2*. Dort kommen ebenfalls Multiple-Choice-Aufgaben beim Hörverstehen vor, die TN hören die Audios aber nur einmal.	AB-Track 1/25–27	

D TELEFONGESPRÄCHE AM ARBEITSPLATZ

Lernziel: Die TN können Telefongespräche am Arbeitsplatz führen.

	Form	Ablauf	Material	Zeit
D1		**Hörverstehen 1: Gesprächsthemen identifizieren**		
	PL	1. Fragen Sie: „Welcher Text aus C1 passt zu dem Gespräch?" und spielen Sie das erste Gespräch vor. Besprechen Sie mit den TN, an welchen Schlüsselwörtern sie erkannt haben, dass die beiden Texte zusammenpassen. *Hinweis:* Diese Übung setzt voraus, dass die TN die Texte aus Lernschritt C bereits kennen.	CD 2/9	
	EA	2. Die TN hören dann die beiden anderen Gespräche und ordnen ebenfalls zu. Abschlusskontrolle im Plenum. *Lösung: A 2, B 1, C 3*	CD 2/10–11	
D2		**Hörverstehen 2: Telefongespräche verstehen**		
	PA ⟵⟶	1. Die TN lesen die Sätze aus den Gesprächen A–C und bringen die Sätze in die richtige Reihenfolge. Geübtere TN ordnen alle drei Gespräche, ungeübtere nur ein bis zwei. Verweisen Sie die TN auch auf den Info-Kasten.		
	PA/PL	2. Die TN hören die Gespräche noch einmal und vergleichen mit ihrer Reihenfolge. Abschlusskontrolle im Plenum. Abschließend lesen die TN die Gespräche mit ihrer Partnerin / ihrem Partner vor. Verweisen Sie die TN an dieser Stelle auch auf die Redemittel „Am Telefon: Können Sie mich mit … verbinden?" (Kursbuch, S. 55) und fordern Sie sie auf, als Hausaufgabe ein eigenes Telefongespräch zu schreiben. Wer möchte, kann sein Gespräch am nächsten Kurstag präsentieren. Alternativ können Sie die Gespräche zur Korrektur einsammeln. *Lösung: A 3, 1, 2, 5, 4; B 2, 1, 4, 3; C 5, 1, 4, 2, 3, 7, 6* *Musterlösung Schreibübung „Am Telefon":* ● *Guten Tag, hier ist Ela Akbas. Können Sie mich bitte mit Herrn Meier verbinden?* ▲ *Tut mir leid, der ist leider nicht mehr im Haus.* ● *Ist denn sonst jemand aus der Abteilung da?* ▲ *Da ist im Moment niemand da. Können Sie vielleicht morgen früh noch einmal anrufen?* ● *Ja, gut. Geben Sie mir doch bitte die Durchwahl von Herrn Meier.* ▲ *Ja, gern, das ist die 278.* ● *Vielen Dank. Auf Wiederhören.*	CD 2/9–11, Folie/IWB	

EA/HA	Arbeitsbuch 15 – 16			
EA/PA/HA ⟷	Arbeitsbuch 17: im Kurs: Alle TN bearbeiten a und b. Geübtere TN, die schneller fertig sind, schreiben außerdem anhand der vorgegebenen Stichwörter in c analog zum Beispiel in a ein eigenes Telefongespräch. Wenn Sie die Übung als Hausaufgabe aufgeben, bearbeiten alle TN alle drei Teile.			

TiPP	Bitten Sie die TN, eines der Mustertelefonate in D2 auswendig zu lernen und dann mit ihrer Partnerin / ihrem Partner vorzutragen. Dadurch prägen sich die Redemittel für Telefongespräche besser ein und die TN haben sie bei ihrem nächsten „echten" Telefonat parat (siehe auch den Lerntipp im Arbeitsbuch, S. 53).

D3	**Aktivität im Kurs: Rollenspiel**			
a PA ⟷	1. Die TN finden sich paarweise zusammen. Jedes Paar entscheidet sich für eine der Gesprächssituationen und entwickelt anhand der Vorgaben ein Telefongespräch. Die Telefonate in D2 dienen ihnen dabei als Vorlage. Geübtere TN lösen die Aufgabe mündlich, ungeübtere notieren ihr Gespräch. Wer schneller fertig ist, entwickelt auch Gespräche zu den anderen beiden Situationen. Gehen Sie herum und helfen Sie bei Schwierigkeiten. *fakultativ:* Zur Unterstützung und Erweiterung der Aktivität können Sie auch auf die Kopiervorlage im Lehrwerkservice unter www.hueber.de/schritte-plus-neu zurückgreifen.	KV L4/D3 im Lehrwerkservice		
b PL	2. Wer möchte, präsentiert sein/e Gespräch/e im Plenum. Sammeln Sie die Texte der ungeübteren TN zur Korrektur ein.			
EA/HA	Arbeitsbuch 18			
EA/PA 👄	Arbeitsbuch 19–21: im Kurs: Übung 19 ist eine Vertiefung zum Satzakzent, der in *Schritte plus Neu 1* und *2* bereits behandelt wurde. Hier soll den TN bewusst gemacht werden, dass normalerweise die neue oder wichtigste Information im Satz betont ist. Bei neutralen Aussagen ist das meist das letzte Wort im Satz. Spielen Sie das Audio vor. Die TN markieren die Betonung und sprechen die Gespräche in Partnerarbeit. Lesen Sie sie zur Verdeutlichung auch mit anderer Betonung vor, z. B. in Gespräch 2 statt Betonung auf „Nadja" mit Betonung auf „Morgen". Im Deutschen gibt es zwei „ch"-Laute. TN mit einer Muttersprache, die diese Laute nicht unterscheidet, nehmen dies nicht wahr. Spielen Sie Übung 20 mehrmals vor und bitten Sie die TN, genau auf die „ch"-Laute zu achten. Hören sie einen Unterschied? Nach einer Weile können die TN dazu übergehen, die „ch"-Laute mit zwei verschiedenen Farben zu markieren, um so herauszufinden, nach welchen Vokalen „ch" wie in „ich" (nach e, i, ä, ö, ü) bzw. wie in „ach" (nach a, o, u, au) gesprochen wird. Für „ich" sollten sich die TN vorstellen, „i" zu sagen, „i" aber nicht zu artikulieren, sondern nur die Luft aus dem Mund zu stoßen. Die Zunge stößt dabei an den Gaumen. Bei „ach" ist die Zunge vom Gaumen gelöst. Der Laut wird hinten im Rachen gesprochen. Die TN üben in Partnerarbeit kurze Sätze wie: „Ich liebe dich.", „Ich dich auch.", „Ach nein.", „Ach doch.". Abschließend ergänzen die TN die Wörter aus Übung 20 in Übung 21 nach „ch"-Lauten getrennt.	AB-Track 1/28–30		

E ARBEIT UND FREIZEIT

Informationen zum Arbeitsalltag in Deutschland

Lernziel: Die TN können einen Sachtext verstehen und über Arbeit und Freizeit sprechen.

	Form	Ablauf	Material	Zeit
E1		**Vorwissen aktivieren: Arbeitszeit, Urlaubs- und Feiertagsregelungen in Deutschland**		
a	GA	1. Fragen Sie: „Was glauben Sie? Wie viele Stunden arbeitet man in Deutschland durchschnittlich? Wie viele Urlaubstage hat man? Und wie viele Feiertage gibt es durchschnittlich?". Verweisen Sie auf die Redemittel rechts zu „Etwas vermuten: Ich denke, es gibt ..." (siehe auch Kursbuch, S. 54). Die TN finden sich in Kleingruppen zusammen und stellen Vermutungen an. *Hinweis:* Sammeln Sie die Vermutungen an der Tafel, ohne sie zu korrigieren. Nach dem Lesen des Textes in E2 können Sie dann noch einmal darauf zurückkommen und die TN können selbst korrigieren.		
b	PL	2. Die TN lesen die Sprechblasen und nennen weitere Beispiele für Feiertage in Deutschland, die sie kennen oder von denen sie gehört haben. Korrigieren oder ergänzen Sie die Informationen, wenn nötig.		
E2		**Leseverstehen: Wesentliche Inhalte und Details verstehen**		
a	PL	1. Schreiben Sie „Überstunden machen" an die Tafel und fragen Sie: „Was bedeutet das?". Die TN stellen Vermutungen an, ohne ins Buch zu schauen. Fordern Sie dann einen TN auf, das Beispiel im Buch vorzulesen.		
	EA/PA ⟷	2. Die TN lesen die anderen Begriffe und ordnen sie den Definitionen zu. Geübtere TN lösen die Aufgabe in Stillarbeit, ungeübtere arbeiten paarweise zusammen. Abschlusskontrolle im Plenum. *Lösung: 2 Er ist in einer Firma angestellt. 3 Das ist eine Firma / eine Person. Sie bietet Arbeit. 4 Man arbeitet nicht, aber man bekommt Lohn.*		
b	EA	3. Die TN lesen den Text und vergleichen dann mit ihren Vermutungen in E1a. *Lösung: 1 41,5 Stunden; 2 30 Tage; 3 9–12 Tage*		
c	PL	4. Die TN sehen sich zunächst die Schaubilder genauer an. Fragen Sie: „Wo arbeiten die Menschen durchschnittlich 43 Stunden pro Woche?". Die TN lesen das Beispiel vor. Stellen Sie einige weitere Fragen, die die TN mithilfe der Schaubilder beantworten können.	Folie/IWB	
	EA/PA ⟷	5. Fragen Sie dann weiter: „Wie ist das in den anderen Ländern?". Die TN lesen den Text auf S. 52 noch einmal und ergänzen die Schaubilder. Geübtere TN lösen die Aufgabe in Stillarbeit, ungeübtere arbeiten paarweise zusammen. Abschlusskontrolle im Plenum. *Lösung: durchschnittliche Arbeitszeit (pro Woche): 45,0: Island; 44,0: Marokko; 43,0: Österreich / Urlaubstage (pro Jahr): 30: Deutschland, Finnland, Brasilien; 20: Belgien, Schweiz; 10: Kanada / Feiertage (pro Jahr): 16: Japan; 15: Südkorea, Slowenien; 9–12: Deutschland*	Folie/IWB	
	EA/HA	Arbeitsbuch 22–24	AB-Track 1/31	
E3		**Erweiterungsaufgabe: Vergleiche mit dem Heimatland**		
	PL/HA	1. Fragen Sie: „Wie viele Tage Urlaub hat man durchschnittlich in Ihrem Land?", „Gibt es in Ihrem Land viele Feiertage?", „Welche?". Fordern Sie die TN auf, im Internet zu recherchieren. Wenn Sie im Kurs nicht so viel Zeit haben oder kein Internetzugang vorhanden ist, fordern Sie die TN auf, die Recherche zu Hause durchzuführen oder die Fragen ggf. aus dem Gedächtnis zu beantworten.		

PL	2. Klären Sie gemeinsam mit den TN die Redemittel und weisen Sie auch auf „Etwas vergleichen: Es gibt … in meinem Land" (Kursbuch, S. 54) hin.		
GA	3. Fragen Sie: „Wie viele Tage Urlaub hat man durchschnittlich in Ihrem Land?". Ein TN liest die erste Sprechblase vor und beantwortet die Frage für sein Land. Die TN finden sich in Kleingruppen zusammen und stellen Vergleiche zwischen ihren Ländern an. Gehen Sie herum und achten Sie darauf, dass die TN die neuen Redemittel verwenden. Gruppen, die schneller fertig sind, können sich z. B. auch über Kündigungsfristen, Elternzeit etc. austauschen.		

E4	**Aktivität im Kurs: Partnerinterview**			
a PL	1. Deuten Sie auf die Fragen in b und fragen Sie: „Was ist viel Arbeit? Was meinen Sie?". Sammeln Sie dazu Meinungen im Kurs.		
EA	2. Die TN lesen die anderen Fragen und machen sich individuell Notizen.		
b PA	3. Zwei TN lesen das Minigespräch unten vor. Die TN befragen sich gegenseitig und notieren stichpunktartig die Antworten ihrer Partnerin / ihres Partners.		
PL	4. Fragen Sie: „Wo waren Sie sich einig?" und „Wo haben Sie eine andere Meinung als Ihre Partnerin / Ihr Partner?". Die TN präsentieren Gemeinsamkeiten und Unterschiede sowie die Vorlieben ihrer Partnerin / ihres Partners im Plenum und verwenden dabei die neuen Redemittel. Schreiben Sie Folgendes an die Tafel: „Metin denkt/findet, …. Das finde ich auch/nicht. Ich denke, …" „Wir denken beide, …" „Am liebsten …" *Hinweis:* An dieser Stelle bietet es sich an, den Film „Die Arbeit macht ihr Spaß." und/oder das Spiel „Beruferaten: Was bin ich von Beruf?" aus „Zwischendurch mal …" (Kursbuch, S. 56) einzuschieben, um den Wortschatz zum Thema „Arbeit und Beruf" zu erweitern.	ZDM
EA Prüfung	Arbeitsbuch 25: Diese Übung kann zur Vorbereitung auf Lesen, Teil 4 der Prüfung *Deutsch-Test für Zuwanderer* genutzt werden.		
GA	Wenn Sie noch Zeit haben, können Sie hier die Wiederholung zu Lektion 4 anschließen.	KV L4/Wiederholung
Lektionstests	Einen Test zu Lektion 4 finden Sie hier im LHB auf den Seiten 178 – 179. Weisen Sie die TN auf den Selbsttest im Arbeitsbuch auf Seite 56 hin.	KV L4/Test

AUDIO- UND VIDEOTRAINING

	Form	Ablauf	Material	Zeit
Audiotraining 1: Der erste Arbeitstag				
	EA/HA	Die TN hören die Frage „Was ist am ersten Arbeitstag wichtig?" und Stichwörter, z. B. „nicht zu spät kommen". Sie antworten mit „Du solltest (nicht zu spät kommen).". Nach der Sprechpause hören die TN die korrekte Antwort.	CD 2/12	
Audiotraining 2: Vermutungen				
	EA/HA	Die TN hören eine Aussage, z. B. „Die Deutschen arbeiten zu viel." und antworten mit „Ja, wahrscheinlich (arbeiten die Deutschen zu viel).". Nach der Sprechpause hören die TN die korrekte Antwort.	CD 2/13	

	Audiotraining 3: Am Telefon		
EA/HA	Die TN hören sukzessive ein Telefonat. Sie hören zuerst einen Satz, wie z. B. „Guten Tag. Können Sie mich bitte mit Frau Schmidt verbinden?" und wiederholen ihn im Wortlaut. Dabei achten Sie besonders auf die Satzmelodie. Nach der Sprechpause hören die TN den Satz noch einmal zum Vergleich.	CD 2/14	

	Videotraining: Das „wenn"-Spiel		
EA/HA	Die TN sehen Lara und Tim, die das „wenn"-Spiel spielen. Der Fokus liegt dabei auf der Übung von Sätzen mit vorangestelltem „wenn"-Satz: „Ich erkläre dir das Spiel, wenn du möchtest. – Wenn du möchtest, erkläre ich dir das Spiel.". Nach der Präsentation einiger Beispiele sollen die TN selbst Sätze mit vorangestelltem „wenn"-Satz formulieren. Im Anschluss hören die TN den korrekten Satz, der zur Kontrolle auch eingeblendet wird.	Film „Das ‚wenn'-Spiel"	

ZWISCHENDURCH MAL …

	Form	Ablauf	Material	Zeit
		Die Arbeit macht ihr Spaß. (passt z. B. zu E4)		
1		**Vor dem Sehen: Vorwissen aktivieren**		
	EA	1. Stellen Sie sicher, dass die TN verstehen, was eine Illustratorin macht. Deuten Sie dann auf die Gegenstände und sagen Sie: „Gisela Specht ist Illustratorin. Was braucht sie für ihre Arbeit?". Die TN betrachten die Gegenstände und kreuzen an.	Folie/IWB	
	PA	2. Die TN tauschen sich mit ihrer Partnerin / ihrem Partner über ihre Vermutungen aus und begründen, warum sie den Gegenstand angekreuzt haben. Verweisen Sie an dieser Stelle auf die Redemittel „Etwas vermuten: Ich denke, es gibt …" (Kursbuch, S. 54) und erinnern Sie die TN an die „weil"-Sätze, die sie bereits aus Lektion 1 kennen.		
2		**Beim Sehen: Gegenstände identifizieren und Vermutungen verifizieren oder revidieren**		
	EA/PA	1. Die TN sehen den Film und vergleichen ihre Liste mit den Gegenständen, die Gisela Specht tatsächlich benötigt. Abschlusskontrolle im Plenum. *Lösung: die Federn, die Farben, die Pinsel, die Radiergummis, der Computer mit Scanner und Drucker, das Internet, der Arbeitstisch, die Ruhe, das Papier*	Folie/IWB	
Spiel		**Beruferaten: Was bin ich von Beruf? (passt z. B. zu E4)**		
	PL	1. Fragen Sie: „Was ist typisch für eine Friseurin? Was macht sie?". Sammeln Sie zusammen mit den TN Ideen an der Tafel. Lesen Sie dann gemeinsam das Beispiel im Buch.		
	EA	2. Die TN lesen die Liste von Berufen, wählen einen aus und schreiben ein Rätsel analog zum Beispiel. Gehen Sie herum und helfen Sie diskret, ohne den anderen die Berufe zu verraten.		

GA	3. Die TN lesen die Anleitung im Buch und spielen „Beruferaten". Verweisen Sie vor Spielbeginn auf die Redemittel „Etwas vermuten: Ich denke, es gibt …" (Kursbuch, S. 54). *Variante:* Teilen Sie die Klasse in zwei Gruppen. Jede Gruppe stellt der anderen Gruppe ihre Rätsel. Errät die Gruppe den Beruf, bekommt sie die Karte. Die Gruppe mit den meisten Karten gewinnt.		
Comic	**Der kleine Mann: Schluckauf (passt z.B. zu B2)**		
PL/EA/PA ⟷	1. Sagen Sie: „Der kleine Mann hat Schluckauf. Was kann man dagegen tun? Wer gibt die besten Ratschläge?". Die TN lesen den Comic und beantworten die Fragen. Gehen Sie bei Bedarf auf Wortschatzfragen ein. *Variante:* Kopieren Sie den Comic und löschen Sie die Ratschläge in den Sprechblasen. Fordern Sie die TN auf, passende Tipps zu formulieren. Geübtere TN lösen die Aufgabe in Stillarbeit, ungeübtere TN arbeiten paarweise zusammen. Wer möchte, kann seinen Comic abschließend im Kurs präsentieren. Im Anschluss werden die Geschichten mit dem Original verglichen.		
PL	2. Fragen Sie: „Haben Sie andere Tipps gegen Schluckauf?". Sammeln Sie die Tipps zusammen mit den TN stichpunktartig an der Tafel.		
EA/HA	3. Die TN notieren die Stichpunkte von der Tafel und schreiben als Hausaufgabe vollständige Sätze wie im Beispiel: „Du solltest einen Kaugummi kauen.". Sammeln Sie die Sätze zur Korrektur ein.		

FOKUS BERUF: EIN BEWERBUNGSSCHREIBEN

Die TN können eine einfache Bewerbung schreiben und eine Einladung zum Vorstellungsgespräch annehmen.

	Form	Ablauf	Material	Zeit
1		**Leseverstehen 1: Ein Bewerbungsschreiben verstehen**		
	PL/EA	1. Fragen Sie: „Was sucht das Hotel? Wie sind die Arbeitszeiten?". Die TN sehen sich die Anzeige an und antworten.	Folie/IWB	
	PL	2. Die TN lesen nun auch die E-Mail. Fragen Sie: „Wie alt ist Hicran?" und „Wo steht das?". Ein TN nennt die Antwort und zeigt auf die Textstelle in der E-Mail.	Folie/IWB	
	EA/PA ⟷	3. Die TN lesen die Stichwörter b–d und suchen in der E-Mail nach den passenden Informationen. Geübtere TN lösen die Aufgabe in Stillarbeit, ungeübtere TN arbeiten paarweise zusammen. Abschlusskontrolle im Plenum. Gehen Sie bei Bedarf auf Wortschatzfragen ein. *Lösung: b seit vier Jahren; c seit zwei Jahren Deutschkurs, Zertifikat B1 mit Note „gut"; d drei Jahre im Restaurant vom Onkel*	Folie/IWB	
	🌍	Informieren Sie die TN darüber, dass man nicht nur auf Stellenanzeigen antworten kann, sondern auch eine Initiativbewerbung an eine interessante Firma schicken kann. Das heißt, man schreibt eine Bewerbung, obwohl offiziell gerade keine Stelle ausgeschrieben ist.		

2		**Leseverstehen 2: Eine Einladung verstehen und darauf reagieren**		
	PL/PA	1. Stellen Sie einige Fragen, z. B. „Möchte das Hotel Hicran kennenlernen?", „Wann soll sie zum Vorstellungsgespräch kommen?". Die TN lesen Frau Bauers E-Mail und beantworten die Fragen.	Folie/IWB	
		Variante: Die TN lesen die E-Mail in Stillarbeit und formulieren dann zwei bis drei Fragen an den Text, wie z. B. „Wer schreibt an Hicran?" etc. Die TN finden sich paarweise zusammen und befragen sich gegenseitig. Gehen Sie herum und helfen Sie bei Schwierigkeiten.		
	EA/PA ⬅➡	2. Die TN lesen die Stichpunkte und schreiben eine Antwort an Frau Bauer. Geübtere TN lösen die Aufgabe in Stillarbeit. Ungeübtere TN arbeiten paarweise zusammen. Gehen Sie herum und helfen Sie bei Schwierigkeiten. Abschlusskontrolle im Plenum. Wer möchte, kann seine E-Mail vorlesen. *Musterlösung:* *Sehr geehrte Frau Bauer,* *vielen Dank für Ihre E-Mail. Sehr gern komme ich am 28.2. um 17 Uhr zu dem Gespräch. Besten Dank für die Einladung! Ich freue mich auf unser Gespräch.* *Mit freundlichen Grüßen* *Hicran Selçuk*		
	Projekt	*fakultativ:* Sammeln Sie mit den TN zur Wiederholung Möglichkeiten, Stellen zu finden (Zeitung, Internet etc.). Bitten Sie die TN, Zeitungen und Stellenanzeigen mitzubringen. Besonders gut eignen sich Lokalblätter mit Stellenanzeigen für einfachere Tätigkeiten. Die TN lesen einige Stellenanzeigen und schneiden die aus, die für ihre Qualifikation und ihre Interessen infrage kommen. Sie schreiben in kleinen Gruppen ein Bewerbungsschreiben nach dem Muster in Übung 1. Dabei sollen sie ganz eng an der Vorlage bleiben und nur ihre persönlichen Angaben ersetzten. Gehen Sie herum und helfen Sie bei der Formulierung von Berufserfahrungen.		
		Variante: Gibt es TN, die tatsächlich gerade auf Jobsuche sind? Dann können sie Stellenanzeigen, auf die sie sich bewerben wollen, mitbringen. Schreiben Sie mit dem Kurs zusammen eine Bewerbung an die Tafel, die für einen dieser TN passt. Alle helfen mit!		

FOKUS BERUF: EINEN ARBEITSVERTRAG VERSTEHEN

Die TN können einen Arbeitsvertrag verstehen.

	Form	Ablauf	Material	Zeit
1		**Hörverstehen: Wesentliche Inhalte verstehen**		
	PL	1. Deuten Sie auf die erste Aussage und fragen Sie: „Bekommt Ilija Popov eine Stelle als Altenpfleger oder als Krankenpfleger?". Ein TN liest das Beispiel vor.	Folie/IWB	
	EA/PA ⬅➡	2. Deuten Sie auf die anderen Aussagen und fragen Sie: „Was ist richtig?". Die TN lesen Satz für Satz, hören, wenn nötig, mehrmals und kreuzen an. Geübtere TN lösen die Aufgabe in Stillarbeit, ungeübtere TN arbeiten paarweise zusammen. Abschlusskontrolle im Plenum. *Lösung: b 1. März c ist eine Zeit zum Kennenlernen. d Vollzeit. e 2.330 Euro,* *f 20 Tage, g die Kündigung mindestens vier Wochen vor Monatsende bringen.*	AB-Track 1/32, Folie/IWB	

2	Leseverstehen: Einen Arbeitsvertrag verstehen		
PL/PA	1. Sagen Sie: „Ilja Popov bekommt die Stelle als Krankenpfleger. Wer ist sein Arbeitgeber?". Die TN lesen den Kopf des Arbeitsvertrags und beantworten die Frage.	Folie/IWB	
EA/PA ⟷	2. Ein TN liest das Beispiel vor. Deuten Sie dann auf die Stichwörter und fragen Sie: „Was passt wo?". Die TN lesen die Überschriften und ordnen zu. Geübtere TN lösen die Aufgabe in Stillarbeit, ungeübtere TN arbeiten paarweise zusammen. Abschlusskontrolle im Plenum. Gehen Sie bei Bedarf auf Wortschatzfragen ein *Lösung: Probezeit, Beruf, Verdienst, Arbeitszeiten, Urlaub, Kündigung*	Folie/IWB	
GA	3. *fakultativ:* Schreiben Sie folgende Fragen an die Tafel: Wie viele Stunden ist die normale Arbeitszeit in Ihrem Land? Hat man eine Probezeit, wenn man in einer Firma neu anfängt? Wie lang ist sie? Wie ist die Kündigungsfrist? Die TN finden sich in Kleingruppen zusammen und tauschen sich über vertragliche Regelungen in ihrem Heimatland aus. Gehen Sie herum und helfen Sie bei Schwierigkeiten.		

SPORT UND FITNESS

Folge 5: Übung macht den Meister!

Einstieg in das Thema „Sport machen" und „fit bleiben".

	Form	Ablauf	Material	Zeit
1		**Vor dem / Beim ersten Hören: Vermutungen äußern und vergleichen**		
a	PA ⟷	1. Die TN öffnen die Bücher und sehen sich nur die ersten vier Fotos an. Der untere Teil wird abgedeckt. Die TN sprechen darüber, worum es in der Geschichte gehen könnte. Geben Sie dafür an der Tafel noch einmal die wichtigsten Wendungen vor: „Ich denke/meine/glaube, …", „Vielleicht …" etc. Geben Sie ungeübteren TN Fragen vor: „Wo ist Tim?", „Wer sind die anderen Personen?", „Was für ein Problem hat Tim?", „Was machen die Personen?".	Folie/IWB	
	PA	2. Die TN lesen die Aufgabe und sehen sich jetzt alle Fotos an. Zu zweit sprechen sie darüber, wer wohl was sagt und kreuzen an.		
b	PA ⟷	3. Die TN hören so oft wie nötig, und vergleichen mit ihren Vermutungen in a. Zusätzlich können geübtere TN notieren, zu welchem Foto der jeweilige Satz passt. Abschlusskontrolle im Plenum. *Lösung: Sandra: 2, 5; Tim: 1, 4; Herr Schramm: 3*	CD 2/15–22	
2		**Nach dem Hören: Schlüsselinformationen verstehen**		
	EA/PA ⟷	1. Die TN lesen die Zusammenfassung der Foto-Hörgeschichte und korrigieren zunächst aus dem Gedächtnis. Ungeübtere TN arbeiten zu zweit.		
	EA/PA	2. Die TN hören die Foto-Hörgeschichte, wenn nötig auch mehrmals, und korrigieren. Abschlusskontrolle im Plenum. *Lösung: ~~Basketball~~ Tanzen, ~~große~~ keine, ~~Nachmittag~~ Abend, ~~Herrn und Frau Schramm~~ Sandra*	CD 2/15–22	
	EA	3. Die TN lesen den korrigierten Text mehrmals mit Flüsterstimme für sich allein. Gehen Sie herum und achten Sie darauf, dass die TN auf die Betonung im Satz achten. Wenn nötig, lesen Sie den Text vor dem „Flüsterlesen" zweimal mit guter Betonung vor.		
	PA ⟷	4. Der Text wird abgedeckt. Zu zweit erzählen die TN die Geschichte nun nach, indem sie sich Bild für Bild abwechseln. Die TN sollen zu jedem Foto mindestens zwei Sätze formulieren, d. h. also mehr, als in dem kurzen Text unten steht. Geübtere TN schreiben die Geschichte auf. Sammeln Sie sie zur Korrektur ein. *fakultativ:* Als Hilfestellung können Sie auf die Kopiervorlage zurückgreifen. Die TN bilden in Partnerarbeit aus den Stichwörtern ganze Sätze. Bitten Sie die TN auch, nicht immer nur die Namen, sondern auch Personalpronomen zu verwenden. In Kursen mit ungeübten TN geben Sie ein oder zwei Sätze im Plenum vor. In Kursen mit sehr vielen ungeübten TN bearbeiten Sie die Kopiervorlage im Plenum, dann wiederholen die TN die Geschichte in Partnerarbeit mündlich und als Hausaufgabe schreiben alle die Geschichte mithilfe der Kopiervorlage.	Folie/IWB, KV L5/FHG	
	TIPP	Eigene Texte der geübteren TN können Sie auch als Lückentexte für alle aufbereiten. Je nach Text können Sie Verben oder Nomen einsetzen lassen, die Sie in einem Schüttelkasten vorgeben. Oder Sie ändern die Reihenfolge der Sätze und die TN ordnen sie.		
3		**Nach dem Hören: Über eigene Erfahrungen sprechen**		
	PL	1. Schreiben Sie den Titel der Foto-Hörgeschichte „Übung macht den Meister!" an die Tafel. Fragen Sie die TN, was er bedeuten könnte. Wenn die TN keine passenden Ideen haben, erklären Sie, dass diese Redensart sich auf Tim und seine Tanzversuche bezieht. Nur wer übt, kann etwas besonders gut, wird also Meister.		

WPA	2. Die TN gehen herum und sprechen mit mehreren TN darüber, welche Sportart(en) sie mögen, besonders gut können, wo und wann sie das machen oder gemacht haben. Regen Sie die TN an, kleine Gespräche zu führen und Fragen zu stellen. Als Hilfestellung können Sie Leitfragen an der Tafel vorgeben.		
Tims Film ⚠	Tim fragt verschiedene Personen, wofür sie sich interessieren. Sie können den Film als Wiederholung und Festigung nach B1 nutzen. Als Nachbereitung können die TN eigene kleine Filme mit ihrem Smartphone aufnehmen, in denen sie Nachbarn oder Freunde befragen. Die Filme können im Unterricht gezeigt werden. Weisen Sie Ihre TN darauf hin, dass solche Filme auf gar keinen Fall ohne Erlaubnis der gefilmten Personen gezeigt oder ins Internet gestellt werden dürfen!	„Tims Film" Lektion 5	

A ICH BEWEGE MICH ZURZEIT NICHT GENUG.

Reflexive Verben

Lernziel: Die TN können Gesundheitstipps verstehen.

	Form	Ablauf	Material	Zeit
A1		**Präsentation der reflexiven Verben**		
	EA/PA	1. Die TN lesen das Gespräch aus der Foto-Hörgeschichte und ergänzen. Hilfe finden TN im Grammatik-Kasten.		
	EA/PA	2. Die TN hören das Gespräch und vergleichen, korrigieren und ergänzen ggf. Abschlusskontrolle im Plenum. *Lösung: mich, dich*	CD 2/23	
	PL	3. Notieren Sie den letzten Satz an der Tafel. Erklären Sie den TN, dass „Ich" etwas mit sich selbst macht, was im Deutschen durch das Reflexivpronomen ausgedrückt wird. Deuten Sie auf sich und sagen Sie: „Ich bewege mich nicht genug.". Notieren Sie den Satz an der Tafel. Fragen Sie einen Teilnehmer: „Und Sie? Bewegen Sie sich auch nicht genug?". Der TN sollte mit der bereits an der Tafel stehenden Struktur antworten. Zeigen Sie auf den TN: „ Er bewegt sich nicht genug.". Dann fragen Sie nach dem gleichen Muster eine Teilnehmerin. Vervollständigen Sie so das Tafelbild.	Folie/IWB	
⚠		Ich bewege mich nicht genug. Wir bewegen uns nicht genug. Du bewegst dich nicht genug. Ihr bewegt euch nicht genug. Er bewegt sich nicht genug. Sie bewegen sich nicht genug. Es bewegt sich nicht genug. Sie bewegt sich nicht genug. Gehen Sie hier noch nicht auf den Unterschied „sich bewegen" und „etwas bewegen" ein. Zur Unterscheidung von reflexiven und transitiven Verben können Sie mit den TN zu einem späteren Zeitpunkt im Arbeitsbuch die Übung 4 (s. u.) machen. Weisen Sie die TN auch auf den Grammatik-Kasten und die Grammatikübersicht 1 (Kursbuch, S. 66) hin. Gehen Sie aber noch nicht auf die Zeichnungen rechts ein.		
	EA/HA	Arbeitsbuch 1		

EA/PA Grammatik entdecken ⟷		Arbeitsbuch 2: im Kurs: Die TN machen sich die reflexiven Verben bewusst. Geübtere TN lösen die Übung in Stillarbeit, ungeübtere TN arbeiten paarweise zusammen.		
	EA/HA	Arbeitsbuch 3		
EA/PA Grammatik entdecken ⟷		Arbeitsbuch 4: im Kurs: Die TN machen sich den Unterschied von reflexiven und transitiven Verben bewusst. Die Übung kann von geübteren TN in Stillarbeit gelöst werden. Ungeübtere TN arbeiten paarweise zusammen. Schreiben Sie die Sätze aus der Übung auf eine Folie und schneiden Sie sie aus. Bereiten Sie eine zweite Folie vor mit zwei Spalten: „jemand/etwas" und „sich". Verteilen Sie die ausgeschnittenen Sätze an die TN und lassen Sie sie auf der zweiten Folie zuordnen. Hier wird den TN noch einmal kontrastiv bewusst gemacht, dass Reflexivpronomen sich auf ein und dieselbe Person beziehen, während das gleiche Verb mit dem Akkusativ eine zweite Person, eine Gruppe oder Sache meint.		
	PL	4. Besprechen Sie nun auch die zwei kleinen Zeichnungen rechts neben der Grammatikübersicht 1 (Kursbuch, S. 66), die den Unterschied zwischen der reflexiven und der transitiven Verwendung eines Verbs verdeutlichen. Gehen Sie mit den TN auch die anderen Verben durch und lassen Sie die TN, wenn möglich, reflexive und transitive Beispielsätze machen. Nicht alle Verben lassen sich transitiv benutzen! *fakultativ:* Bereiten Sie zu den Verben Beispielsätze vor. Lesen Sie einen Satz vor, die TN spielen die jeweilige Bedeutung und wiederholen dabei Ihren Satz, z. B. „Ich wasche mich.", „Ich wasche meine Tochter.". Durch die Verknüpfung von Laut und Bewegung können sich die TN die neue Struktur besser merken.		
A2		**Vertiefung der reflexiven Verben: Satzstellung**		
a	EA/PA	1. Die TN lesen den Text und ordnen die Oberbegriffe zu. Abschlusskontrolle im Plenum. *Lösung: 2 Entspannung, 3 Ernährung*		
b	EA/PA ⟷	2. Die TN lesen den Text noch einmal und markieren alle reflexiven Verben wie im Beispiel. Die TN erstellen mit den markierten Verben eine Liste. Schnellere TN schreiben zusätzlich eigene Tipps gegen Müdigkeit. Abschlusskontrolle im Plenum. Lassen Sie auch einige TN ihre eigenen Tipps vorlesen. *Variante:* In Kursen mit überwiegend ungeübten TN zeigen Sie den Text auf Folie/IWB. Während die TN markieren, beginnen Sie, auf der Folie zu markieren. Achten Sie auf eine kleine Zeitverzögerung, damit die TN nicht einfach abschreiben. Bevor die TN dann die Liste machen, vergleichen sie zuerst mit der Folie / dem IWB. *Lösung: sich verabreden, sich ausruhen, sich entspannen, sich (in die Badewanne) legen, sich (gesund) ernähren, sich (besser) fühlen*	Folie/IWB	
	PL	3. Schreiben Sie die Beispiele aus dem Grammatik-Kasten an die Tafel und wiederholen Sie, dass der Imperativ und das Modalverb „sollen" im Konjunktiv II auch für Ratschläge benutzt werden. Das Modalverb „sollen" im Konjunktiv kennen die TN aus Lektion 4. Der Imperativ ist aus *Schritte plus Neu 2* / Lektion 9 bekannt. Zeigen Sie die Position von „mich", „dich" etc. in Sätzen mit Modalverb und im Imperativ auf. Weisen Sie die TN auch auf die Grammatikübersicht 1 (Kursbuch, S. 66) und die Liste der reflexiven Verben hin.		
	EA/HA	Arbeitsbuch 5		
EA/PA/HA Grammatik entdecken ⟷		Arbeitsbuch 6: im Kurs: Die TN machen sich die Stellung des Reflexivpronomens im Satz noch einmal bewusst. Die Übung kann von geübteren TN in Stillarbeit gelöst werden. Ungeübtere TN arbeiten paarweise zusammen.		

TiPP	Machen Sie lebende Sätze. Schreiben Sie die Sätze auf Karten, für jedes Wort eine Karte. Verteilen Sie die Karten an die TN. Die TN mit Karte stellen sich in der richtigen Reihenfolge auf, die anderen beobachten und korrigieren ggf. Verändern Sie nun die Position der zeitlichen Angabe. So wird den TN die Stellung des Reflexivpronomens besonders deutlich.	
EA/HA	Arbeitsbuch 7	
EA/PA/HA Grammatik entdecken ⬌	Arbeitsbuch 8: Die TN machen sich die Stellung des Reflexivpronomens in Sätzen mit Modalverb noch einmal bewusst. Die Übung kann von geübteren TN in Stillarbeit gelöst werden. Ungeübtere TN arbeiten paarweise zusammen. Auch hier können Sie den Tipp von oben anwenden.	
EA/PA/HA Grammatik entdecken ⬌	Arbeitsbuch 9: Die TN machen sich die Stellung des Reflexivpronomens im Nebensatz bewusst. Die Übung kann von geübteren TN in Stillarbeit gelöst werden. Ungeübtere TN arbeiten paarweise zusammen.	

A3	**Anwendungsaufgabe: Nach dem Befinden fragen und Tipps geben**	
PL/WPA ⬌	1. Zwei TN lesen das Beispielgespräch vor. Die TN gehen herum und spielen weitere Gespräche nach dem Muster. Geübtere TN können sich auch eigene Beispiele überlegen. *Hinweis:* Zur Auflockerung können Sie hier die Höraufgabe „Der Hampelmann" aus „Zwischendurch mal ..." (Kursbuch, S. 69) einfließen lassen. Die TN haben so Gelegenheit, ein Bewegungsspiel zu machen. *Hinweis:* Hier passt thematisch der „Fokus Beruf: Ein Gespräch mit dem Betriebsarzt" (Arbeitsbuch, S. 71). Es geht um Gesundheitsschutz am Arbeitsplatz.	Folie/IWB **ZDM**

A4	**Aktivität im Kurs: Verben pantomimisch darstellen**	
GA ⬌	1. Die TN sehen sich das Beispiel an. In Kleingruppen stellen sie reflexive Verben pantomimisch dar. Ein TN spielt, die anderen raten. *Variante:* Schreiben Sie die Verben für jede Gruppe auf Kärtchen, mischen Sie auch einige andere Verben, die sich gut spielen lassen, z.B. „schreiben", „laufen", „essen" etc. darunter. Gruppen mit ungeübteren TN erhalten zunächst nur reflexive Verben zum Spielen. Ein TN zieht dann jeweils ein Kärtchen und spielt dieses Verb vor. Die anderen raten.	
EA/HA ⬌	2. *fakultativ:* Im Kurs oder als Hausaufgabe bearbeiten die TN die Kopiervorlage. Die TN sollen anhand von Stichwörtern ihren Tagesablauf beschreiben. Zusätzlich zu den reflexiven Verben wird auch das Perfekt noch einmal geübt. Weisen Sie darauf hin, dass die Satzstellung im Perfekt dieselbe ist wie bei reflexiven Verben mit Modalverb. Bei geübteren TN kann der Schüttelkasten mit den Perfektformen auch weggelassen werden. Bereiten Sie beide Varianten vor und lassen Sie jeden TN zwischen der „schwereren" oder „leichteren" Variante wählen. Weisen Sie die TN darauf hin, dass sie auch tauschen können, wenn sie merken, dass diese Variante zu leicht oder zu schwer ist. Gehen Sie herum und helfen Sie bei Schwierigkeiten. Sammeln Sie die Texte zur Korrektur ein.	KV L5/A4
EA/HA	Arbeitsbuch 10–11	

B ICH INTERESSIERE MICH SEHR FÜR DEN TANZSPORT.

Verben mit Präpositionen

Lernziel: Die TN können Interesse ausdrücken.

Form	Ablauf	Material	Zeit
B1	**Präsentation eines Verbs mit fester Präposition:** *sich interessieren für*		
PL	1. Weisen Sie auf das Foto von Herrn Schramm hin. Sagen Sie: „Wissen Sie, ich interessiere mich sehr für den Tanzsport.". Fragen Sie einen TN: „Interessieren Sie sich für den Tanzsport?". Notieren Sie die Antwort an der Tafel: „… interessiert sich (nicht) für den Tanzsport.". Erklären Sie den TN, dass „sich interessieren" immer mit der Präposition „für" verwendet wird. Aus *Schritte plus Neu 2* / Lektion 8 und Lektion 14 kennen die TN die Präposition und wissen, dass sie mit dem Akkusativ verwendet wird. Verweisen Sie auf den Grammatik-Kasten. Erweitern Sie dann das Tafelbild mit weiteren Beispielen. der Tanzsport Maria _interessiert sich für_ den Tanzsport. die Modezeitschriften Sandra _interessiert sich für_ Modezeitschriften.		
PL	2. Zwei TN lesen das Minigespräch vor und fragen mit einem der angebotenen Wörter weiter. Notieren Sie die verschiedenen Antwortmöglichkeiten an der Tafel und erläutern Sie, dass sie einen abnehmenden Grad des Interesses darstellen. ☺☺ ☺ ☹ ☹☹ Ja, sehr. Ja, eigentlich schon. Nein, eigentlich nicht. Nein, überhaupt nicht. Die Antwortmöglichkeiten finden die TN auch in der Aufgabe oder in der Rubrik „Antworten abstufen: Ja, sehr." (Kursbuch, S. 67).		
PA	3. Die TN befragen sich gegenseitig. Ermuntern Sie die TN, auch nach eigenen Themen zu fragen. *Hinweis:* Hier bietet sich der Einsatz von „Tims Film" zur Festigung der neuen Struktur an. Die TN sehen hierzu authentische Anwendungsbeispiele.		
EA/HA	Arbeitsbuch 12–13	AB-Track 1/33–37	
B2	**Erweiterung: Präsentation weiterer Verben mit Präposition**		
a EA/PA ⟷	1. Die TN lesen die E-Mail und markieren, was Tim gut gefällt. Ungeübtere TN arbeiten zu zweit. Geben Sie Gelegenheit zu Wortschatz- und Verständnisfragen. Abschlusskontrolle im Plenum. *Lösung: Job im Hotel / die Arbeit, Basketball*		
b EA/PA ⟷	2. Die TN lesen noch einmal, suchen die fehlenden Präpositionen in a und ergänzen die Tabelle. Ungeübtere TN arbeiten zu zweit. Abschlusskontrolle im Plenum. *Lösung: zufrieden sein mit, sich freuen auf, sich ärgern über, erzählen von, sich treffen mit*		
PL	3. Sammeln Sie die Verben noch einmal an der Tafel. Machen Sie zwei Spalten: eine für Verben mit Präposition und Akkusativ und eine für Verben mit Präposition und Dativ. Ergänzen Sie auch „sich interessieren für" aus B1. Erklären Sie den TN, dass sie bei diesen Verben das dazugehörende Wort (= die Präposition) und den Kasus (= Akkusativ oder Dativ) mitlernen sollten. Sie sind Teil des Verbs. Weisen Sie die TN auch auf die Grammatikübersicht 2 und den Tipp (Kursbuch, S. 66) hin. Die kleine Übung rechts können die TN als Hausaufgabe bearbeiten. *Lösung: sich interessieren für, denken an, Lust haben auf, sich erinnern an, sich ärgern über, sich verabreden mit, träumen von*		

TiPP	Die Verben mit Präpositionen lernen sich leichter, wenn man sie als feste Wendungen und mit einem Beispielsatz lernt. Sammeln Sie mit den TN alle bekannten Verben mit Präpositionen an der Tafel. Die TN finden zu jedem Verb einen Beispielsatz und notieren in ihrem Heft zuerst das Verb mit Präposition, darunter den Beispielsatz. Daneben schreiben sie das Verb mit der Präposition und dem Beispiel in ihrer Muttersprache. Indem die TN die Verben mit Präpositionen in ihre Muttersprache übertragen, können sie sehen, dass es dieses Phänomen durchaus auch in ihrer Sprache gibt, auch wenn die Präposition nicht unbedingt der Präposition im Deutschen entspricht. Aber: Bei agglutinierenden Sprachen wie dem Türkischen oder Ungarischen werden statt Präpositionen im Allgemeinen Kasus verwendet.	
EA/HA	Arbeitsbuch 14	
EA/HA Grammatik entdecken	Arbeitsbuch 15: im Kurs: Hier können sich die TN noch einmal die Verben mit Präposition erarbeiten. Zusammen mit Übung 14 eignet sich diese Übung auch gut als Hausaufgabe.	
EA/HA	Arbeitsbuch 16	
EA/PA ⟵⟶ Grammatik entdecken	Arbeitsbuch 17: im Kurs: Geübtere TN lösen die Übungen in Stillarbeit. Ungeübtere TN arbeiten paarweise zusammen. In Kursen mit überwiegend ungeübten TN sollten Sie b zusammen mit den TN im Plenum bearbeiten. *Hinweis:* Zeigen Sie die Tabelle aus Übung 15 noch einmal auf Folie/IWB. Lassen Sie die TN bei der Besprechung zu jedem Verb ein eigenes Beispiel suchen und schreiben Sie es an die Tafel. Anschließend erarbeiten Sie anhand dieser Sätze und der Fragen aus Übung 17b, ob der Präposition der Dativ oder Akkusativ folgt. Notieren Sie dies in der Tabelle oben in der Kopfzeile, sodass die TN es in ihr Buch übertragen können. Markieren Sie auch grün für Akkusativ und rot für Dativ.	Folie/IWB
EA/HA	Arbeitsbuch 18–19	
EA/HA ⟵⟶	Arbeitsbuch 20–21 Wenn Sie die beiden Übungen im Kurs durchführen, lösen alle TN Übung 20. Geübtere TN ergänzen außerdem auch Übung 21. Wenn Sie die Übungen als Hausaufgabe aufgeben, sollten sie von allen bearbeitet werden.	

B3	**Aktivität im Kurs: Sätze über sich schreiben**	
EA/PA	1. Die TN sehen sich die Beispiele im Buch an. Erklären Sie den TN das Spiel: Die TN sollen in Stillarbeit oder zu zweit in fünf Minuten möglichst viele Sätze über sich schreiben. Sie sollen dabei Verben mit Präposition benutzen. Hilfe finden die TN in der Grammatikübersicht 2 (Kursbuch, S. 66). Gehen Sie herum und helfen Sie bei Schwierigkeiten.	
PL	2. Fragen Sie, wie viele Sätze die TN gefunden haben. Wer die meisten Sätze gefunden hat, darf sie vorlesen. Die anderen hängen ihre Zettel im Kursraum auf. Die Sätze können dann in den Pausen gelesen werden. Nutzen Sie auch die Pausen, um Fehler bei den Verben mit Präposition auf den Zetteln der TN zu korrigieren.	
TiPP	Die TN lernen viel, wenn sie selbst korrigieren. Nutzen Sie Sätze und Texte, die im Kursraum aufgehängt werden, dazu, den TN die Korrektur zu übertragen: Die TN gehen mit einem Farbstift umher und lesen die Sätze und Texte der anderen. Wenn sie einen Fehler entdecken, korrigieren sie ihn. Die TN können diesen Korrekturrundgang auch in Partnerarbeit machen und so über vermeintliche und echte Fehler diskutieren. Ermuntern Sie die TN, auch Sätze und Texte zu lesen, die andere schon korrigiert haben. Es werden sicher noch Fehler entdeckt oder es können falsche Korrekturen rückgängig gemacht werden.	

	Form	Ablauf	Material	Zeit
	GA	3. *fakultativ:* Jede Kleingruppe erhält eine zerschnittene Kopiervorlage und spielt das Verb-mit-Präposition-Domino. *Variante:* Um den TN die Verben mit ihren Präpositionen präsent zu halten, können Sie das Domino später noch einmal spielen lassen. Oder Sie machen eine Aufwärmübung zu Beginn der nächsten Kurstage daraus: Jeder TN erhält einen „Dominostein". Die TN stellen sich im Kreis auf. Ein TN beginnt und liest seinen Satzanfang vor. Wer das passende Ende hat, liest weiter. Dieser TN liest dann seinen Satzanfang etc. In den folgenden Kurstagen wird das Tempo gesteigert.	KV L5/B3	
	PL	Arbeitsbuch 22–24: im Kurs: Üben Sie mit den TN die Aussprache von „r", wenn nötig. Im Allgemeinen wird das hinten am Zäpfchen gesprochene „r" als das korrekte „r" im Deutschen betrachtet. In vielen Regionen wir das „r" aber gerollt oder als Reibelaut am Gaumen gesprochen. Lassen Sie alle drei Varianten gelten, wenn Sie mit den TN die Übungen durchgehen. Nur für Lernende aus asiatischen Ländern, die „r" und „l" nicht unterscheiden können, ist es wichtig, den Laut „r" möglichst am Zäpfchen – also hinten – zu realisieren, damit er möglichst weit weg von „l" ist, das vorne artikuliert wird. Die Verwechslungsgefahr wird geringer, wenn die Laute im Mund als weit auseinanderliegend empfunden werden.	AB-Track 1/38–41	

C DARAUF HABE ICH KEINE LUST.

Fragewörter und Präpositionaladverbien

Lernziel: Die TN können nach Interessen fragen.

	Form	Ablauf	Material	Zeit
C1		**Präsentation der Fragewörter und Präpositionaladverbien**		
	GA	1. *fakultativ:* Um die Präpositionaladverbien im Folgenden korrekt bilden zu können, ist die Kenntnis der richtigen Präposition zum jeweiligen Verb sehr wichtig. Es empfiehlt sich deshalb, diese mit den TN vorab noch einmal kurz zu wiederholen. Teilen Sie die TN in Dreiergruppen. Jede Gruppe erhält eine Kopie der Kopiervorlage, einen Würfel und drei Spielfiguren. Das Spiel ist ein Rundlauf ohne Gewinner und Verlierer. Die TN stellen ihre Figur auf irgendein Feld. Achten Sie darauf, dass jeder Spieler auf einem anderen Feld beginnt. So wiederholen sich die Verben in größeren Abständen. Der erste TN würfelt, zieht seine Spielfigur um die Würfelpunkte vor und nennt das Verb mit der richtigen Präposition. Ist die Antwort falsch, muss er auf sein letztes Feld zurück. Dann würfelt der nächste TN. Achten Sie auf einen zügigen Spielverlauf, da es hier nur um eine kurze Wiederholung geht.	KV L5/C1, Würfel, Spielfiguren	
	EA/PA	2. Die TN lesen das Gespräch jeder für sich und sehen sich zur Erinnerung das Foto aus der Foto-Hörgeschichte an. Dann ordnen sie zu. Abschlusskontrolle im Plenum. *Lösung: Worauf, Auf*		
	PL	3. Entwickeln Sie ein Tafelbild: *Ich habe keine Lust **auf** Tanzen.* *__Darauf__ habe ich keine Lust.* *__Worauf__ hast du dann Lust?* Markieren Sie die Präposition und die Präpositionaladverbien. Die TN werden erkennen, dass diese aus der Präposition des Ausdrucks „Lust haben auf" gebildet werden. Weisen Sie die TN auch auf den Grammatik-Kasten hin.		

C2	Hörverstehen: Ein Gespräch verstehen; Erweiterung der Fragen und Präpositionaladverbien		
a PL	1. Bitten Sie die TN, sich auf die Frage zu konzentrieren: „Worum geht es in dem Gespräch?". Die TN lesen die drei Themen. Das Verstehen von Einzelheiten ist hier nicht nötig, denn die Aufgabe dient der Vorentlastung von b. Spielen Sie dann das erste Mini-Gespräch vor. Die TN ordnen das Thema zu bzw. sehen sich das Beispiel an.	CD 2/24	
EA	2. Die TN hören die anderen Gespräche, wenn nötig mehrmals, und ordnen zu. Abschlusskontrolle im Plenum. *Lösung: 3, 2*	CD 2/25–26	
b EA	3. Die TN hören die Gespräche noch einmal und ergänzen die Lücken. Spielen Sie zuerst jedes Gespräch komplett vor. Beim zweiten Hören machen Sie kleine Pausen, damit die TN Zeit zum Schreiben haben.	CD 2/24–26	
PA	4. Die TN vergleichen ihre Ergebnisse. Abschlusskontrolle im Plenum. *Lösung: 1 Weltmeisterschaft; 2 beginnt, Woche, finde; 3 Goldmedaille*		
c PL	5. Die TN sehen sich die Gespräche aus b noch einmal an. Zeigen Sie auf die erste Markierung „Interessierst" in Gespräch 1 und fragen Sie: „Wie heißt die dazugehörige Präposition?". Zeigen Sie auf „für". Verfahren Sie mit dem Fragewort und dem Präpositionaladverb genauso. Verweisen Sie die TN auch auf den Grammatik-Kasten.	Folie/IWB	

TiPP	Für ungeübtere TN stellen Fachausdrücke wie z.B. „Präpositionaladverb" eine große Hürde dar, die auch mit Ängsten verbunden sein kann, denn diese TN sind es nicht gewohnt, über Sprache zu sprechen. In Kursen mit überwiegend ungeübten TN sollten Sie daher das Wort „Präpositionaladverb" vermeiden. Sie können stattdessen z.B. „Antwortwort" sagen. Der Ausdruck „Antwortwort" zielt auf den Gebrauch ab, da man es meistens, wie hier im Beispiel, in der Antwort benutzt. Wenn die TN ein griffiges Pendant brauchen, können Sie auch auf ähnliche „Platzhalter" wie „hier" oder „da" für Orte oder „dann" für die Zeit verweisen.

EA/PA ⟷	6. Die TN markieren in Gespräch 2 und 3 in Stillarbeit und ergänzen die Tabelle. Ungeübtere TN arbeiten zu zweit. Wer schneller fertig ist, ergänzt die Tabelle mit weiteren Wörtern.		
PA	7. Die TN vergleichen zunächst mit einer Partnerin / einem Partner. Abschlusskontrolle im Plenum. *Lösung: darauf, daran*	Folie/IWB	
PL	8. Ergänzen Sie das Tafelbild aus C1 um Gespräch 1 und markieren Sie jeweils die Präposition und die Präpositionaladverbien:		

Ich habe keine Lust <u>auf</u> Tanzen.

<u>Darauf</u> habe ich keine Lust.
<u>Worauf</u> hast du dann Lust?

Interessierst du dich jetzt auch <u>für</u> Frauenhandball?

<u>Wofür</u> interessierst du dich eigentlich nicht?
<u>Dafür</u> interessiere ich mich schon.

PL	9. Deuten Sie auf die Präpositionen und Adverbien und fragen Sie: „Wo gibt es solche Wörter in Gespräch 2?". Ergänzen Sie das Tafelbild. Fragen Sie die TN auch nach Beispielen für das passende Fragewort und die allgemeine Aussage. Nehmen Sie diese ebenfalls in das Tafelbild auf. Verfahren Sie ebenso mit Gespräch 3.		

PL	10. Die TN betrachten das komplette Tafelbild und erkennen, dass die Präpositional-adverbien aus „da" + Präposition und „wo" + Präposition gebildet werden. Erläutern Sie, dass die Adverbien zusätzliche ein „r" bekommen, wenn die Präposition mit einem Vokal beginnt: „worauf, darauf, woran, daran" etc. Machen Sie die TN auf die Funktion der Präpositionaladverbien aufmerksam. Sie ersetzen bereits Bekanntes. Dieses Prinzip ist den TN von den Demonstrativpronomen aus *Schritte plus Neu 2* / Lektion 13 bekannt. Weisen Sie die TN auch auf die Grammatikübersicht 3 (Kursbuch, S. 66) hin. Besprechen Sie dabei auch die Visualisierung der Bildungsregel. Die kleine Übung rechts können die TN auch als Hausaufgabe bearbeiten. *Musterlösung: Worüber ärgerst du dich dann? – Über laute Musik von den Nachbarn. / Hast du Lust auf Kino? – Nein, darauf habe ich keine Lust. / Worauf hast du dann Lust? – Auf einen Spaziergang.* *Hinweis:* Hierzu passt thematisch der Lesetext „Frau Özer bleibt am Ball" aus „Zwischendurch mal ..." (Kursbuch, S. 68). Hier lesen die TN ein Interview, in dem Präpositionaladverbien in einem längeren Zusammenhang vorkommen.	ZDM	
EA/HA	Arbeitsbuch 25		
EA/PA Grammatik entdecken ⟷	Arbeitsbuch 26: im Kurs: Die TN machen sich noch einmal die Bildung der Fragewörter und der Präpositionaladverbien klar. Die Übung kann von geübteren TN in Stillarbeit gelöst werden. Ungeübtere TN arbeiten paarweise zusammen.		
EA/PA ⟷	Arbeitsbuch 27–28: im Kurs: Geübtere TN lösen die Übung in Stillarbeit. Ungeübtere TN arbeiten paarweise zusammen.		
C3	**Aktivität im Kurs: Gemeinsamkeiten erfragen**		
PL	1. Die TN sehen sich den Notizzettel im Buch an und übertragen die Tabelle ohne die Beispiele ins Heft.		
EA ⟷	2. Die TN notieren fünf Fragen und die Antworten für sich. Gehen Sie herum und helfen Sie besonders ungeübteren TN dabei. Wenn nötig, bereiten Sie Zettel mit Fragen vor, sodass ungeübtere TN nur ihre Antworten ergänzen müssen. Bei etwas geübteren TN können Sie auch die Fragewörter in den Fragen weglassen, sodass die TN sie zuerst ergänzen müssen.		
WPA	3. Die TN lesen das Beispielgespräch. Dann gehen sie herum und fragen andere TN nach Gemeinsamkeiten. Sie notieren die Namen in der Tabelle. Weisen Sie die TN auch auf die Rubrik „Jemanden nach seinen Interessen fragen: Du interessierst dich ...?" (Kursbuch, S. 67) hin. Hier finden die TN Hilfe, wenn nötig. Die kleine Schreibübung rechts können die TN als Hausaufgabe bearbeiten. *Musterlösung: Ich interessiere mich für Fotografie und für Kunst. Ich denke gern an meinen Urlaub im Sommer und an meinen Freund. Ich habe oft Lust auf ein Eis und auf eine Tasse Kaffee.* *fakultativ:* Zum Abschluss können Sie fragen, wer die meisten Gemeinsamkeiten mit den anderen hat. Dazu zählen die TN die Namen, die sie notiert haben.		
GA	4. *fakultativ:* Wenn Sie diese Struktur noch weiter üben möchten, verteilen Sie noch einmal den Spielplan der Kopiervorlage, die Würfel und die Spielfiguren. Sie können auch die Präpositionen auf dem Spielplan ergänzen, damit die ungeübteren TN sich ganz auf die neue Struktur konzentrieren können. Erst nach einigen Runden erhalten sie einen Spielplan ohne Präpositionen. Geübtere TN machen kleine Gespräche: „Wofür interessierst du dich?" – „Ich interessiere mich für Actionfilme." – „Dafür interessiere ich mich auch.". Geben Sie den TN genug Freiraum, eigene Gespräche zu entwickeln. Gehen Sie herum und helfen Sie bei Schwierigkeiten.	KV L5/C1, Würfel, Spielfiguren	

D ANMELDUNG BEIM SPORTVEREIN

Lernziel: Die TN können sich beim Sportverein anmelden und nach Informationen fragen.

	Form	Ablauf	Material	Zeit
D1		**Vorwissen aktivieren: Das Wortfeld „Sportarten"**		
	PA	1. Die Bücher sind geschlossen. Schreiben Sie „Sport" an die Tafel. Zu zweit notieren die TN in fünf Minuten möglichst viele Sportarten.		
	PL	2. Nun stellen sich alle TN im Kreis auf. Ein TN spielt eine Sportart pantomimisch vor, die anderen raten, um welche Sportart es sich handelt. Dann spielt ein anderer TN vor etc. *Hinweis:* Wenn Sie mehr Bewegung im Kurs wollen, nennt ein TN eine Sportart, die anderen stellen diese pantomimisch dar etc.		
TiPP		Besonders in Kursen, die sich über drei und mehr Unterrichtseinheiten erstrecken, ist es wichtig, dass die TN auch einmal von ihren Stühlen aufstehen können. Nutzen Sie deshalb, wo immer es sich anbietet, die Möglichkeit, Bewegung in den Unterricht zu bringen. Das lockert nicht nur das Unterrichtsgeschehen auf, die Bewegung fördert auch die Konzentration.		
	EA/PA	3. Die TN sehen sich die Fotos im Buch an und ordnen die Sportarten zu. Abschlusskontrolle im Plenum. *Lösung: A Handball, B Tischtennis, C Gymnastik, D Yoga, E Tennis, F Volleyball*		
	WPA	4. *fakultativ:* Die TN sprechen darüber, welche Sportart sie schon einmal gemacht haben, welche sie ausprobieren möchten und warum. Schreiben Sie dazu Fragen als Hilfestellung an die Tafel.		
D2		**Hörverstehen: Detailinformationen in Telefongesprächen erfassen**		
	PL	1. Sagen Sie den TN, dass sie drei Telefongespräche hören und daraus Informationen zuordnen sollen (1 = Gespräch 1, 2 = Gespräch 2, 3 = Gespräch 3). Die TN lesen die Aussagen. Klären Sie neuen Wortschatz.		
	EA	2. Die TN hören das erste Gespräch und notieren die Ziffer 1 entsprechend. Wenn nötig, hören die TN das Gespräch mehrmals. In Kursen mit ungeübten TN sollten Sie nach dem ersten Gespräch eine Abschlusskontrolle im Plenum machen, bevor die TN dann die beiden weiteren Gespräche hören.	CD 2/27	
	EA	3. Die TN hören die beiden anderen Gespräche hintereinander. Wenn nötig, hören die TN jedes Gespräch mehrmals. Abschlusskontrolle im Plenum. *Lösung: Gespräch 1: montags oder donnerstags, 5 Euro; Gespräch 2: mittwochs, 6 Euro; Gespräch 3: Tennis, freitags, 23 Euro*	CD 2/28–29	
TiPP		Damit auch die TN, die eine Lösung nicht richtig gehört haben, noch einmal die richtige Lösung hören, können Sie nach der Abschlusskontrolle noch einmal alle Gespräche hintereinander vorspielen.		
D3		**Aktivität im Kurs: Rollenspiel**		
	PL	1. Schreiben Sie mit den TN zur ersten Rollenkarte (Anmeldung des Sohnes beim Fußball) ein Mustergespräch an die Tafel, indem Sie das Gerüst für das Gespräch anschreiben und mit den TN durch die passenden Informationen zur Situation ergänzen.		
	PA	2. Die TN lesen das Gespräch und tauschen auch die Rollen, um Sprechsicherheit zu erlangen.		

	Form	Ablauf	Material	
	PA ⬅➡	3. Die TN spielen zu den beiden anderen Situationen Gespräche. Weisen Sie die TN auf die Rubrik „Sich anmelden / Informationen erfragen: Wann findet das statt?" (Kursbuch, S. 67) hin. Die kleine Übung rechts können die TN als Partnerarbeit machen. Schnelle TN erstellen zusätzlich analog zum Beispiel im Buch ein Angebotsblatt für einen eigenen fiktiven Sportverein. *fakultativ:* Wenn Sie den TN weitere Situationen zum Üben zur Verfügung stellen möchten, können Sie auch auf die Kopiervorlage im Lehrwerkservice unter www.hueber.de/schritte-plus-neu zurückgreifen. *Hinweis:* Hierzu passt thematisch das Projekt „Sportangebote" aus „Zwischendurch mal ..." (Kursbuch, S. 69). Die TN befassen sich mit Kleinanzeigen zu Sportangeboten.	KV L5/D3 im Lehrwerkservice ZDM	
	EA/HA Prüfung	Arbeitsbuch 29: im Kurs: Erklären Sie den TN, dass sie zu den vier Situationen eine passende Anzeige suchen sollen. Für eine Situation gibt es keine passende Anzeige. Hilfreich ist es dabei, sich wie in Situation 1 die wichtigsten Informationen zu markieren, um die passende Anzeige leichter zu finden. Besprechen Sie mit den TN, was entsprechend in den Situationen 2–4 zu markieren ist. Dann lesen die TN und ordnen zu. *Hinweis:* Mit dieser Übung können sich die TN auf den Prüfungsteil Lesen, Teil 2 des *Deutsch-Tests für Zuwanderer* vorbereiten. Geben Sie den TN eine bestimmte Zeit vor, z. B. fünf bis sieben Minuten.		
	EA/HA	Arbeitsbuch 30	AB-Track 1/42–43	

E AKTIV BLEIBEN

Lernziel: Die TN können eine Informationsbroschüre verstehen und ihre Meinung sagen.

	Form	Ablauf	Material	Zeit
E1		**Leseverstehen: Eine Informationsbroschüre zum Thema „Gesundheit" verstehen**		
a	GA ⬅➡	1. Die TN lesen Aufgabe E1a zusammen mit dem Beispiel und sehen sich die Fotos an. Die TN sprechen anhand der Fotos darüber, wie sie sich gesund und fit halten. In Kursen mit überwiegend ungeübten TN können Sie vor dem Gespräch in Gruppen zunächst im Plenum klären, was die Leute auf den Fotos machen. Besprechen Sie dann auch allgemein, wo man diese Bewegungsarten im Alltag macht oder machen kann, z. B. Treppensteigen: im Kaufhaus, in der Schule, auf dem Weg zur U-Bahn etc. So arbeiten Sie schon einmal Wortschatz auf, den die TN im Gespräch aufgreifen können. Je nach Lernstand können Sie auch Stichwörter an der Tafel festhalten.	Folie/IWB	
	TiPP	Manche TN tun sich schwer, eigene Beiträge in ein Gespräch einzubringen. Um diesen TN einen spielerischen Anreiz zu geben, verteilen Sie an jeden TN sechs Streichhölzer. Für jeden Redebeitrag in der Gruppe darf der TN ein Streichholz abgeben. Ziel ist es, am Ende möglichst alle Streichhölzer los zu sein. Es gelten auch Nachfragen an andere TN als Redebeitrag, nur „Ja" oder „Nein" gelten nicht.		
b	EA/PA	2. Die TN überfliegen den Text und ordnen die Fotos zu. Sagen Sie den TN, dass es zunächst nur darum geht, den Text so weit zu lesen, dass sie die Fotos zuordnen können. Abschlusskontrolle im Plenum. *Lösung: 4, 1, 3*		

c	EA/PA	3. Die TN lesen den Text noch einmal und verbinden die Aussagen. Dabei können Sie im Text unterstreichen, wo sie Informationen zu den Aussagen finden. Ungeübtere TN arbeiten zu zweit. Fragen Sie die TN bei der Abschlusskontrolle im Plenum nach den Referenzstellen im Text. Machen Sie die TN darauf aufmerksam, dass sich die Formulierungen im Text und in den Aussagen in c zwar unterscheiden, aber dasselbe bedeuten. Schnellere TN sammeln zusätzlich weitere Fitness-Tipps. *Lösung: 2 g, 3 f, 4 a, 5 e, 6 b, 7 c, 8 d* *Hinweis:* Thematisch passt hierzu „Fokus Alltag: Ein Brief von der Krankenkasse" (Arbeitsbuch, S. 70).	Folie/IWB	
	EA/HA Schreib- training	Arbeitsbuch 31: im Kurs: Zeigen Sie den Brief und besprechen Sie mit den TN die Formalia. Dann schreiben die TN einen Antwortbrief. Sammeln Sie die Briefe zur Korrektur ein. Achten Sie dabei auch auf die Formalia.	Folie/IWB	
TiPP		In Texten, die die TN selbst schreiben, kommen immer wieder dieselben Fehler vor. Stellen Sie aus den Briefen der TN einen Brief zusammen, in den Sie die häufigsten Fehler einbauen. Je zwei TN erhalten eine Kopie. Sagen Sie den TN ausdrücklich, dass dieser Brief Fehler enthält. Bitten Sie die TN, die Fehler zu korrigieren. Besonders motivierend ist es, wenn die genaue Zahl der Fehler bekannt ist und so ein Wettkampf entsteht, alle zu finden. Anschließend besprechen Sie die Fehler im Brief. Zugleich erhalten die TN eine Rückmeldung über ihre Fehler, ohne dass Sie jeden Text einzeln besprechen müssen. Auch führen Sie die TN an die Korrektur eigener Texte heran, was bei Prüfungen wichtig ist.		
	EA/HA	Arbeitsbuch 32		

E2	**Aktivität im Kurs: Die eigene Meinung sagen**		
PL	1. Die TN sehen sich zunächst die Fotos an und lesen die Situationen. Dann lesen sie die Beispiele in den Sprechblasen. Zu welcher Situation passt das Beispiel? Danach sehen sich die TN die Redemittel an. Erklären Sie den TN, dass diese Wendungen oft verwendet werden, um die eigene Meinung auszudrücken.		
EA	2. *fakultativ:* Jeder TN erhält fünf Kärtchen. Auf jedes Kärtchen notiert jeder TN eines der Redemittel. Fragen Sie dann, welches der Redemittel Zustimmung signalisiert, welches Ablehnung und welches eine neutrale Einleitung ist. Die TN können ihre Kärtchen entsprechend markieren: „+" für Zustimmung, „-" für Ablehnung, die neutrale Einleitung wird nicht markiert. Weisen Sie die TN auch auf die Rubrik „Die eigene Meinung ausdrücken: Ehrlich gesagt ..." (Kursbuch, S. 67) hin.	Kärtchen	
TiPP	Die TN können die Kärtchen aufbewahren und später bei anderen Diskussionen wieder benutzen.		
GA	3. Die TN sprechen über die Fragen im Buch. *fakultativ:* Jeder TN hat seine Kärtchen vor sich liegen. Bei seinem Redebeitrag sollte er eines davon benutzen. Das jeweilige Kärtchen wird dann umgedreht. Bei einem weiteren Beitrag des TN legt er alle Kärtchen wieder lesbar vor sich hin. Da es um die eigene Meinung geht, dürfen die Redemittel natürlich mehrfach benutzt werden. Die Kärtchen sollten die TN lediglich daran erinnern, die Redemittel auch zu benutzen.	Kärtchen	
EA/HA	Arbeitsbuch 33, 35		
PL Prüfung	Arbeitsbuch 34: im Kurs: Diese Übung bereitet Ihre TN auf den Prüfungsteil Hören, Teil 4 des *Deutsch-Tests für Zuwanderer* vor. In der Prüfung werden die Aussagen nur einmal gehört.	AB-Track 1/44–47	
GA	Wenn Sie noch Zeit haben, können Sie hier die Wiederholung zu Lektion 5 anschließen.	KV L5/Wieder- holung	
Lektions- tests	Einen Test zu Lektion 5 finden Sie hier im LHB auf den Seiten 180–181. Weisen Sie die TN auf den Selbsttest im Arbeitsbuch auf Seite 69 hin.	KV L5/Test	

Lektion 5, Zwischendurch mal ...

AUDIO- UND VIDEOTRAINING

	Form	Ablauf	Material	Zeit
Audiotraining 1: Interessierst du dich für Frauenhandball?				
	EA/HA	Die TN hören eine Frage, die sie mit „Nein" beantworten und dabei das passende Präpositionaladverb benutzen sollen: „Interessierst du dich für Frauenhandball?" – „Nein, dafür interessiere ich mich nicht.". Nach den Sprechpausen hören die TN die korrekte Antwort.	CD 2/30	
Audiotraining 2: Fit und gesund!				
	EA/HA	Die TN hören Aussagen, die sie mit „auch" wiederholen sollen: „Ich fühle mich fit und gesund." – „Ich fühle mich auch fit und gesund.". Nach den Sprechpausen hören die TN die korrekte Antwort.	CD 2/31	
Audiotraining 3: Wovon träumst du?				
	EA/HA	Der Sprecher gibt ein Verb vor „Ich träume ...". Die TN fragen nach, indem sie das passende Fragewort benutzen: „Wovon träumst du?". Nach den Sprechpausen hören die TN die korrekte Antwort.	CD 2/32	
Videotraining: Worüber ärgert sich Lara?				
	EA/HA	Die TN sehen in dem Film zunächst Lara und Tim, die sich gegenseitig etwas fragen und dabei Verben mit festen Präpositionen benutzen. Im Anschluss daran werden den TN Fragen gestellt, auf die sie mit der richtigen Präposition und dem richtigen Kasus antworten müssen. Dabei werden die Sätze mit entsprechenden Lücken unten eingeblendet und nach der Sprechpause vervollständigt. Die TN wiederholen und festigen die Verben mit Präpositionen, die Fragewörter und die Präpositionaladverbien. *Hinweis:* Vor allem ungeübtere TN sollten dieses Video im Abstand von einem oder zwei Tagen zu Hause anschauen und damit die Strukturen präsent halten.	Film „Worüber ärgert sich Lara?"	

ZWISCHENDURCH MAL ...

	Form	Ablauf	Material	Zeit
Lesen		**Frau Özer bleibt am Ball (passt z. B. zu C2)**		
1	PA	1. Weisen Sie auf das Foto von Deniz Özer hin. Ein TN liest die Aussagen a–e vor. Die TN äußern Vermutungen, welche Aussagen richtig sein könnten, und begründen diese. Durch dieses Vorgehen wird eine Leseerwartung aufgebaut und es kann ggf. schon Wortschatz vorentlastet werden.		
	EA/PA	2. Die TN lesen das Interview und den Steckbrief und kreuzen an. Abschlusskontrolle im Plenum. Lassen Sie ggf. die Textpassagen vorlesen, die die Lösungen anzeigen, um sicherzustellen, dass die TN wirklich verstanden haben. *Lösung: richtig: d, e*	Folie/IWB	
	EA/PA/HA	3. *fakultativ:* Zur Vertiefung können die TN auch mit der Kopiervorlage arbeiten, die noch weitere Aufgaben zum Lesetext anbietet.	KV L5/ZDM	

2	PL	1. Die TN sprechen über Fußball. Machen Sie eine Strichliste mit Fußballfreunden und Fußballhassern: Wie ist das Verhältnis im Kurs? Lenken Sie das Gespräch auch mit gezielten Nachfragen wie: „Und wer ist dein Lieblingsspieler?", „Auf welchem Tabellenplatz steht dein Verein zurzeit?" etc.		
Projekt		**Sportangebote (passt z. B. zu D3)**		
1	GA	1. Die TN lesen die Anzeigen und überlegen, was sie gern machen würden. In Kleingruppen sprechen sie darüber und begründen ihre Wahl. *Variante:* In Kursen mit überwiegend geübten TN können sich die TN auch auf ein gemeinsames Angebot einigen. Dabei diskutieren die TN über die Angebote und finden Argumente für oder gegen etwas.		
	GA	2. *fakultativ:* Innerhalb der Kleingruppen spielen die TN dann zu zweit Telefongespräche zur Anmeldung für den entsprechenden Kurs. Hilfe finden die TN in der Rubrik „Sich anmelden / Informationen erhalten: Wann findet das statt?" (Kursbuch, S. 67).		
2	GA	1. Die TN suchen im Internet Sportangebote in der Umgebung ihres Wohnorts und erstellen ein Plakat. Helfen Sie dabei mit Fragen: „Was kann man machen? Wo? Wann? Preis? Anmeldung?". Damit die TN zügig und zielorientiert arbeiten, geben Sie eine Zeit vor, z. B. 20 Minuten.	Plakate	
	GA	2. Die Gruppen hängen ihre Plakate im Kursraum aus. Die Gruppen gehen herum und sehen sich die Angebote an.	Plakate	
	GA	3. Die TN sprechen mit den anderen TN in der Gruppe darüber, was sie interessant finden.		
TIPP		Ermuntern Sie die TN, die Initiative zu ergreifen und interessante Angebote auch auszuprobieren. Wenn ein TN sich allein nicht traut, können auch mehrere TN gemeinsam gehen. Sportangebote sind gute Gelegenheiten, Kontakte zu knüpfen und Deutsch zu sprechen.		
Hören		**Der Hampelmann (passt z. B. zu A3)**		
1	PL	1. Besprechen Sie mit den TN zunächst die Bilder. Fragen Sie: „Was macht die Person?". Lassen Sie dabei als Vorentlastung für den Hörtext die Wörter „auseinander", „hoch", „oben", „unten" und „springen" einfließen.		
	EA/PA	2. Die TN hören die Anleitung und bringen die Bilder in die richtige Reihenfolge. Abschlusskontrolle im Plenum. *Lösung: 2, 4, 3*	CD 2/33	
2	PL	1. Die TN hören noch einmal und machen mit. Achten Sie darauf, dass die TN nicht zu eng zusammen stehen.		
	PL	2. Nun haben die TN einen Eindruck von der Übung. Fragen Sie nun: „Was ist ein Hampelmann?". Die TN äußern Vermutungen. Bringen Sie, wenn möglich, einen Hampelmann mit.		

FOKUS ALLTAG: EIN BRIEF VON DER KRANKENKASSE

Die TN können Briefen von der Krankenkasse wesentliche Informationen entnehmen, z. B. Angebote zu Zusatzversicherungen.

	Form	Ablauf	Material	Zeit
	PL	1. Fragen Sie die TN zur Einstimmung, ob sie schon einmal einen Informationsbrief von ihrer Krankenkasse erhalten haben, und lassen Sie kurz und soweit sprachlich möglich berichten, worum es in den Briefen ging. Vielleicht tauchen in diesem Zusammenhang Wörter wie „Zusatzversicherung" oder „Zusatzkosten" auf, die Sie dann gleich für alle erklären können.		
	PL	2. Die TN lesen die Fragen zum Brief. Klären Sie Wortschatzfragen.	Folie/IWB	
	EA/PA	3. Da ein realitätsnaher Brief von einer Krankenkasse nicht ganz einfach zu verstehen ist, machen Sie deutlich, dass die TN sich beim Lesen ausschließlich darauf konzentrieren sollen, die Antworten zu den Fragen zu finden. Die TN lesen den Brief und beantworten die Fragen.		
	🌍	Weisen Sie die TN darauf hin, dass sie bei einem Anruf bei der Krankenkasse ihre Versicherungsnummer bereithalten sollten, damit der Kundenberater alle nötigen Informationen schnell finden kann. Sie sollten wissen, dass viele Krankenkassen Zusatzversicherungen anbieten, die manchmal sehr teuer sein können. Und: Nicht jede Versicherung lohnt sich für jeden. Die TN sollten genau vergleichen oder deutsche Bekannte bei Verständnisfragen um Unterstützung bitten.		

FOKUS BERUF: EIN GESPRÄCH MIT DEM BETRIEBSARZT

Die TN können im Gespräch mit dem Betriebsarzt gesundheitliche Probleme am Arbeitsplatz in einfachen Worten beschreiben und relevante Informationen zum Gesundheitsschutz verstehen.

	Form	Ablauf	Material	Zeit
		Da dieser Fokus möglicherweise nur für einen Teil der TN von Interesse ist, können die Übungen auch als Hausaufgabe gegeben werden.		
1		**Leseverstehen: Informationen zum Gesundheitsschutz am Arbeitsplatz verstehen**		
	PL	1. Die Bücher sind geschlossen. Schreiben Sie „Betriebsarzt" an die Tafel. Fragen Sie die TN, was das ist. Einige TN arbeiten vielleicht oder haben gearbeitet und können dazu etwas sagen. Wenn nicht, können die TN versuchen, aus den beiden Wörtern „Betrieb" und „Arzt" die Bedeutung zu erschließen.		
	🌍	Betriebsärzte sind Ärzte, die eine fünfjährige Weiterbildung zum Arbeitsmediziner gemacht haben.		
	EA/PA	2. Die TN lesen den Text und kreuzen an, was richtig ist. Abschlusskontrolle im Plenum. *Lösung: a Arbeitgeber, b Arbeitnehmern*		
	PL	3. Fragen Sie die TN, ob es in ihren Heimatländern auch Betriebsärzte gibt.		
2		**Hörverstehen 1: Ein Gespräch beim Betriebsarzt verstehen**		
a	PL	1. Die TN sehen sich das Foto an und beschreiben kurz die Situation.		

	EA ⟷	2. Die TN hören den ersten Teil des Gesprächs und notieren, welche Probleme Frau Nowak hat. Geübtere TN achten zusätzlich darauf, wie Frau Nowaks Arbeitsplatz ist (Frau Nowak arbeitet fünf Stunden am Tag am Computer. Der Schreibtisch steht neben dem Fenster. Das Licht kommt von der Seite. Sie trägt die Brille auch bei der Arbeit.). In Kursen mit überwiegend ungeübten TN erfragen Sie diese Informationen: „Wo steht der Schreibtisch?" „Trägt Frau Nowak eine Brille?" etc. Ggf. hören die TN das Gespräch mehrmals. Abschlusskontrolle im Plenum. *Lösung: Kopfschmerzen, Rückenschmerzen*	AB-Track 1/48	
b	EA/PA	3. Die TN lesen die Beispiele und hören dann den zweiten Teil des Gesprächs. Sie kreuzen an, was Frau Nowak machen soll. Abschlusskontrolle im Plenum. *Lösung: regelmäßig Bildschirmpausen machen, Augenübungen machen, sich gesund ernähren*	AB-Track 1/49	
	PL	4. *fakultativ:* Stellen Sie Zusatzfragen zu dem Gespräch: „Ist Frau Nowaks Brille noch in Ordnung?", „Wie oft soll sie Bildschirmpausen machen?", „Was ist besonders gesund für die Augen?" etc.		
3		**Hörverstehen 2: Weitere Details des Gesprächs verstehen**		
a	EA/PA	1. Die TN lesen die Beispielsätze und verbinden, was der Arzt noch gesagt hat. Die TN lesen „ihre" Sätze mit Flüsterstimme und „hören", ob die Teile zusammen passen. Oft merken die TN dabei, dass Sätze nicht „richtig" klingen und vergleichen mit einer Partnerin / einem Partner.		
b	PL	2. Die TN hören das Gespräch noch einmal und vergleichen mit ihrer Lösung. Abschlusskontrolle im Plenum. *Lösung: 2 e, 3 b, 4 g, 5 a, 6 c, 7 d*	AB-Track 1/49	
	WPA	3. *fakultativ:* Die TN stellen sich vor, Frau Nowak spricht mit ihrer Kollegin / ihrem Kollegen über ihren Besuch beim Betriebsarzt. Sie erzählt, was der Arzt gesagt hat / was sie tun soll. Die TN spielen mit wechselnden Rollen kleine Gespräche. Zum Abschluss können einige Paare ihre Gespräche im Plenum vorspielen.		

TiPP	Dazu eignet sich auch das „Kugellager". Die TN stehen sich in einem Außen- und einem Innenkreis gegenüber. Zunächst spielen die TN des Außenkreises die Rolle von Frau Nowak, die TN des Innenkreises sind die Kollegen. Allerdings sind diese Kollegen nicht passiv, sie stellen Fragen und kommentieren. Dann bewegt sich der Außenkreis um eine Person nach rechts. Nun übernehmen die TN des Innenkreises die Rolle von Frau Nowak und der Außenkreis die der Kollegen. Lassen Sie die TN ruhig drei- bis viermal wechseln, sodass jeder TN jede Rolle mindestens zweimal gespielt hat.

SCHULE UND AUSBILDUNG

Folge 6: Von nichts kommt nichts.

Einstieg in das Thema „Schule und Ausbildung"

	Form	Ablauf	Material	Zeit
1		**Vor dem Hören: Das Wortfeld „Schule, Studium und Ausbildung"**		
a	EA/GA	1. Die Bücher sind geschlossen. Bitten Sie die TN, eine Minute lang alles zu notieren, was ihnen zum Thema „Schule" einfällt. Anschließend vergleichen die TN in Kleingruppen ihre Notizen und einigen sich auf fünf Punkte, die für sie am wichtigsten sind.		
	PL	2. Tragen Sie die Gruppenergebnisse im Plenum zusammen und notieren Sie die Stichpunkte der TN an der Tafel. Klären Sie in diesem Zusammenhang den Unterschied zwischen Schule, Studium und Ausbildung. *Hinweis:* Häufig verwechseln die TN „studieren" und „lernen". Weisen Sie darauf hin, dass das Verb „studieren" nur für die Universität benutzt wird. In der Schule oder in Einrichtungen der Erwachsenenbildung, wie z.B. der Volkshochschule oder dem Goethe-Institut, wird gelernt.		
	EA	3. Die TN öffnen die Bücher, sehen sich im Buch die Aufgabe 1a an und ordnen zu. Abschlusskontrolle im Plenum. Wenn viele TN im Kurs schulpflichtige Kinder haben, sollten Sie in diesem Zusammenhang kurz auf die deutsche Notenskala eingehen. *Lösung: A, D, B*		
	🌍	In Deutschland bekommen die meisten Schülerinnen und Schüler im Jahreszeugnis der zweiten Klasse zum ersten Mal Ziffernoten. Die Notenskala geht von 1–6. Dabei ist die Eins die beste und die Sechs die schlechteste Note. Es gibt zweimal pro Jahr ein Zeugnis: ein Zwischenzeugnis nach dem ersten Halbjahr und ein Jahreszeugnis vor den Sommerferien. Mit einer Sechs oder zwei Fünfen im Jahreszeugnis bleibt man „sitzen", d.h. man muss die Klasse wiederholen. Vielleicht haben Sie ja sogar ein altes Schulzeugnis, das Sie herzeigen könnten?		
b	EA/PA ⟷	4 Die TN sehen sich das Beispiel an und verbinden. Geübtere TN lösen die Aufgabe in Stillarbeit, ungeübtere arbeiten paarweise zusammen. Abschlusskontrolle im Plenum. Gehen Sie ggf. auf Wortschatzfragen ein. *Lösung: 2 a, 3 b, 4 c*		
c	EA	5. Fragen Sie: „Wie heißt das Gegenteil von ‚intelligent'?". Die TN lesen die Lösung vor und lösen die anderen Aufgaben. Abschlusskontrolle im Plenum. *Lösung: 1 faul, 3 schrecklich*		
2		**Vor dem / Beim ersten Hören: Vermutungen anstellen und überprüfen**		
	PL	1. Deuten Sie auf Foto 2 und fragen Sie: „Warum streiten Eva und Niki?". Die TN stellen Vermutungen an.		
	GA	2. Die TN lesen auch die anderen Fragen in der Aufgabe und tauschen sich aus.		
	PA	3. *fakultativ:* Wenn Sie genug Zeit haben, können die TN vor dem Hören zu zweit Gespräche zu einzelnen Fotos schreiben. Besonders geeignet sind dafür die Fotos 2, 3, 4, 5 oder 8. Gehen Sie herum und helfen Sie bei Wortschatzfragen. Präsentation der Gespräche im Plenum.		

PL	4. Die TN hören die Foto-Hörgeschichte, wenn nötig mehrmals, und vergleichen mit ihren Vermutungen. Fragen Sie: „Was ist tatsächlich passiert?". Abschlusskontrolle im Plenum. *Lösung: Eva und Niki streiten, weil Niki eine Fünf in Erdkunde bekommen hat. Tim und Niki lernen zusammen. Niki macht ein Referat im Fach Erdkunde. Tim und die Familie feiern, dass Niki das Schuljahr nun doch schafft.*	CD 3/1–8	

3 Beim zweiten Hören: Wesentliche Inhalte verstehen

EA/PA ⟷	1. Die TN lesen die Aussagen und kreuzen aus dem Gedächtnis an. Geübtere TN lösen die Aufgabe in Stillarbeit, ungeübtere arbeiten paarweise zusammen. Dann hören Sie die Foto-Hörgeschichte noch einmal und vergleichen ihre Lösungen. Abschlusskontrolle im Plenum. *Lösung: richtig: d, e, f, g*	CD 3/1–8	
EA/PA ⟷	2. *fakultativ:* Wenn Sie mit Ihren TN weiter mit der Foto-Hörgeschichte arbeiten wollen, können Sie die Kopiervorlage einsetzen. Die TN ergänzen hier ausgewählte Gespräche mithilfe der Wörter im Schüttelkasten. Der Schwerpunkt liegt dabei auf der Wortschatzarbeit, nicht auf der Grammatikvermittlung. Ungeübtere TN arbeiten zu zweit und/oder bearbeiten nur ein bis zwei Gespräche. Abschlusskontrolle im Plenum.	KV L6/FHG, CD 3/1–8	

4 Nach dem Hören: Die eigene Meinung äußern

PL/GA	1. Fragen Sie: „Wie finden Sie Tims Verhalten?". Die TN lesen die Sprechblase vor und äußern ggf. andere Meinungen. Fordern Sie die TN auf, sich in Kleingruppen auch über das Verhalten von Eva und Niki auszutauschen. Geben Sie hierfür an der Tafel folgende Redemittel vor: „Ich finde, …", „Ich meine, …", „Eva hat recht, weil …", „Eva hat unrecht, weil …" und „Das ist wichtig, weil …". *Hinweis:* Gehen Sie an dieser Stelle noch nicht weiter auf die Redemittel zur Meinungsäußerung ein. Diese werden in Schritt B systematisch eingeführt. Hier geht es darum, die eigene Meinung zu äußern. Die grammatische Korrektheit sollte hier nicht im Vordergrund stehen.		
Tims Film	In „Tims Film" erzählt Frau Sicinski von ihrem Wunschberuf. Sie können den Film vor A2 einsetzen, um das Thema „Wünsche und Pläne" vorzuentlasten. Schreiben Sie vor dem Sehen folgende Fragen an die Tafel: „Was wollte Frau Sicinski werden?", „Wer wollte das nicht?", „Was wollte Frau Sicinski nicht?", „Was durfte sie werden?", „Wer hat das vorgeschlagen?" und „Wie hat Frau Sicinski ihr Beruf gefallen?". Die TN sehen sich „Tims Film" an und machen Notizen. Zeigen Sie den Film bei Bedarf mehrmals. Abschlusskontrolle im Plenum.	„Tims Film" Lektion 6	

A ICH WOLLTE AUF MEINER SCHULE BLEIBEN.

Präteritum der Modalverben

Lernziel: Die TN können über Wünsche und Pläne aus der Kindheit/Jugend sprechen.

	Form	Ablauf	Material	Zeit
A1		**Präsentation der Modalverben im Präteritum**		
	EA	1. Die TN ordnen die Modalverben zu und hören dann das Gespräch aus der Foto-Hörgeschichte noch einmal. Abschlusskontrolle im Plenum. *Lösung: durfte, musste*	Folie/IWB, CD 3/9	

PL	2. Notieren Sie das Tafelbild und fordern Sie die TN auf, die Sätze zu vergleichen:		

früher	**heute**
Ich wollte auf meiner Schule bleiben.	Ich will auf meiner Schule bleiben.
Ich durfte nicht.	Ich darf nicht.
Ich musste aufs Gymnasium gehen.	Ich muss aufs Gymnasium gehen.

Warten Sie die Antworten der TN ab und markieren Sie dann die Endungen „-te". Sie sind das Kennzeichen für das Präteritum. Fordern Sie die TN auf, sich den Verbstamm im Präsens und im Präteritum anzusehen und erarbeiten Sie gemeinsam, dass sich der Stammvokal der Modalverben „wollen", „dürfen" und „müssen" im Präteritum im Vergleich zum Präsens ändert. Verweisen Sie auf den Grammatik-Kasten, der auch noch die Verben „können" und „sollen" aufgreift. Hier wird deutlich, dass der Stamm bei „wollen" und „sollen" gleich bleibt, und bei „können", „dürfen" und „müssen" lediglich der Umlaut wegfällt. Einige TN werden bei „sollte" die Formengleichheit mit dem Konjunktiv II erkennen. Gehen Sie darauf aber nicht näher ein.

EA/HA Wieder-holung	Arbeitsbuch 1: Hier werden die Modalverben im Präsens wiederholt. Diese sind den TN bereits aus *Schritte plus Neu 1* / Lektion 7 und *Schritte plus Neu 2* / Lektion 9 und 10 bekannt.		
EA/HA	Arbeitsbuch 2		

A2	**Anwendungsaufgabe zu den Modalverben im Präteritum**		
PL	1. Die TN sehen sich die Aufgabe im Buch an. Besprechen Sie das Beispiel im Plenum: „Frau Sicinski wollte Friseurin werden, aber sie sollte …". Die TN vervollständigen den Satz. Wenn nötig, notieren Sie das Beispiel an der Tafel und weisen noch einmal auf die Endstellung des Infinitivs hin.		
	Hinweis: Zur Vorentlastung bietet sich hier die Arbeit mit „Tims Film" an.		
PA ⟷	2. Die TN sprechen zu zweit über die anderen Angaben. Geübtere TN denken sich ein weiteres Beispiel zu einer fiktiven Person aus. Vielleicht können sie ja über ihre (Groß-)Mutter oder ihren (Groß-)Vater berichten. Abschlusskontrolle im Plenum. Klären Sie ggf. neuen Wortschatz. *Lösung: Frau Sicinski: … aber sie sollte eine Ausbildung zur Sekretärin machen. Sie wollte nicht in einem Büro arbeiten. Sie konnte dann eine Ausbildung als Schneiderin machen. Dimi: Er wollte Architekt werden, aber er durfte nicht studieren. Er musste eine Ausbildung in einer Spedition machen. Später konnte er Logistikmanagement studieren.* Greifen Sie dann noch einmal auf das Tafelbild in A1 zurück und erweitern Sie es um Sätze in der 3. Person Singular, um zu veranschaulichen, dass die Verb-Endungen hier identisch sind. Dies gilt sowohl für das Präsens als auch für das Präteritum.		

früher	**heute**
Er/Sie wollte auf seiner/ihrer Schule bleiben.	Er/Sie will auf seiner/ihrer Schule bleiben.
Er/Sie durfte nicht.	Er/sie darf nicht.
Er/Sie musste aufs Gymnasium gehen.	Er/Sie muss aufs Gymnasium gehen.

Verweisen Sie dann auch auf den Grammatik-Kasten und die Grammatikübersicht 1 (Kursbuch, S. 78). Fordern Sie die TN auf, die kleine Schreibaufgabe zu Hause zu machen und sammeln Sie sie zur Korrektur ein.
Musterlösung: Am Samstag musste ich früh aufstehen. Ich wollte joggen gehen. Aber dann habe ich das Chaos in der Wohnung gesehen und musste zuerst aufräumen und putzen. Dann war es schon Mittag und ich wollte etwas kochen. Aber der Kühlschrank war leer. Also musste ich einkaufen gehen. Am Nachmittag bin ich dann spazieren gegangen. Am Abend hatte ich Zeit und konnte spontan mit einer Freundin ins Theater gehen. Das Theaterstück war sehr lustig.

	EA/HA	Arbeitsbuch 3–4		
	EA/PA Grammatik entdecken	Arbeitsbuch 5: im Kurs: Die TN ergänzen die Formen im Präteritum aus Übung 4 und notieren abschließend die Endungen des Präteritums. Weisen Sie die TN darauf hin, dass es für „möchten" kein Präteritum gibt, sondern stattdessen das Präteritum von „wollen" benutzt wird. Im Info-Kasten ist dies noch einmal hervorgehoben.		
A3		**Aktivität im Kurs: Über Berufswünsche in der Jugend sprechen**		
a	EA	1. Fragen Sie einen geübteren TN: „Was wollten Sie als Kind / mit ... Jahren werden?" und „Was wollten Sie als Jugendlicher werden?". Warten Sie die Antworten ab und geben Sie den TN dann Gelegenheit, Berufe und andere wichtige Wörter, die sie für das Thema brauchen, im Wörterbuch nachzuschlagen. Gehen Sie herum und helfen Sie bei Schwierigkeiten.		
b	EA	2. Die TN lesen das Beispiel und schreiben jeder für sich auf ein extra Papier einen Text über ihre eigenen Wunschberufe und ihren tatsächlichen Beruf. Verweisen Sie hier auch auf den Info-Kasten und erinnern Sie die TN anhand des Beispiels an die Inversion, die die TN bereits aus Lektion 4 kennen. Gehen Sie herum und helfen Sie bei Schwierigkeiten. Verweisen Sie die TN auch auf die Redemittel „Über den Berufsweg sprechen: Als Kind wollte ich ..." (Kursbuch, S. 78). Als Hausaufgabe können die TN die kleine Übung rechts machen. *Hinweis:* Bitten Sie die TN deutlich zu schreiben, sodass die anderen im nächsten Schritt die Schrift gut lesen können.		
	PL	3. Gehen Sie zusammen mit den TN das Beispiel im Buch durch. Alle TN setzen sich in einen Stuhlkreis. Sammeln Sie die Texte ein und verteilen Sie sie neu, sodass jeder den Text eines anderen TN erhält. Jeweils ein TN liest den fremden Text vor, die anderen raten, wer das geschrieben haben könnte. Dabei können sie sich an dem Beispielgespräch im Buch orientieren. *Hinweis:* An dieser Stelle eignet sich die Schreibaufgabe aus „Zwischendurch mal ..." (Kursbuch, S. 81).	Folie/IWB ZDM	
	GA	4. *fakultativ:* Wenn Sie mit Ihren TN das Thema „Kindheit" spielerisch weiter vertiefen und dabei die Modalverben im Präteritum üben wollen, können Sie an dieser Stelle die Kopiervorlage einsetzen. Die TN stellen ihre Spielfigur auf ein beliebiges Feld. Sie würfeln und ziehen ihre Spielfigur um die gewürfelte Augenzahl vor. Die TN machen aus den Stichwörtern eine Frage und stellen sie einer Mitspielerin / einem Mitspieler. Anschließend würfelt der nächste TN (im Uhrzeigersinn).	KV L6/A3, Spielfiguren, Würfel	
	EA/HA	Arbeitsbuch 6		
	EA/HA ⟷	Arbeitsbuch 7–8: im Kurs: Alle TN bearbeiten Übung 7. TN, die schneller fertig sind, bearbeiten außerdem Übung 8 und schreiben anhand der Vorgaben Sätze mit „Als ..." und „Mit ... Jahren ...". Abschlusskontrolle im Plenum. Wenn Sie die Übungen als Hausaufgabe aufgeben, bearbeiten alle TN beide Übungen.		
	EA/HA	Arbeitsbuch 9		

B ES IST WICHTIG, DASS ...

Nebensätze mit *dass*

Lernziel: Die TN können ihre Meinung äußern.

	Form	Ablauf	Material	Zeit
B1		**Präsentation der Konjunktion *dass* und der Wortstellung im Nebensatz**		
	EA/PA	1. Fragen Sie: „Wer sagt was?". Die TN sehen sich bei Bedarf noch einmal die Fotos 5 und 8 aus der Foto-Hörgeschichte an und lösen die Aufgabe wie im Buch angegeben. Falls nötig, spielen Sie den Ausschnitt der Foto-Hörgeschichte noch einmal vor. Geübtere TN lösen die Aufgabe in Stillarbeit, ungeübte arbeiten paarweise zusammen. Abschlusskontrolle im Plenum. *Lösung: Eva: c, d; Niki: b, e*	Folie/IWB, CD 3/5+8	
	PL	2. Schreiben Sie Satz a an die Tafel und markieren Sie die Konjunktion „dass" und das Verb. Erinnern Sie die TN daran, dass das Verb im Nebensatz immer am Ende steht. Das ist den TN bereits aus Lektion 1 und Lektion 4 bekannt.		
	PL	3. Lenken Sie die Aufmerksamkeit der TN dann auf die Formulierung „Es ist wichtig," im Hauptsatz und schreiben Sie sie zusätzlich an die Tafel. Verdeutlichen Sie, dass nach dieser Wendung immer ein „dass"-Satz folgt. Die TN finden in der Aufgabe weitere solche Wendungen. Notieren Sie diese auf Zuruf ebenfalls an der Tafel. Verweisen Sie dann auf den Grammatik-Kasten und die Grammatikübersicht 2 (Kursbuch, S. 78) und fordern Sie die TN auf, wie dort im Tipp vorgeschlagen, die Liste der Ausdrücke, nach denen ein „dass"-Satz folgt, laufend selbstständig zu ergänzen und diese festen Wendungen auswendig zu lernen.		
	EA/HA	Arbeitsbuch 10		
B2		**Hörverstehen: Wesentliche Inhalte und Meinungen verstehen**		
a	EA/PA	1. Deuten Sie auf die drei Fotos und sagen Sie den TN, dass Sie eine Radiosendung hören werden, in der Felix, Mika und Nurhan zum Thema „Schulstress" befragt werden. Deuten Sie auf die Tabelle und fragen Sie: „Wer hat keinen/ein bisschen/viel Stress?" und „Wer hat gute/mittlere/schlechte Noten?". Die TN sehen sich die Tabelle im Buch an, hören die Radiosendung und kreuzen an. Geübtere TN lösen die Aufgabe in Stillarbeit, ungeübte arbeiten paarweise zusammen. Abschlusskontrolle im Plenum. Fordern Sie die TN hierbei auf, ihre Lösungen in vollständigen Sätzen nach dem Muster „Felix hat (viel) Stress. Er hat (gute) Noten." zu nennen. Schreiben Sie bei Bedarf das erste Beispiel an die Tafel. *Lösung: Felix: gute Noten; Mika: keinen Stress, schlechte Noten; Nurhan: ein bisschen Stress, mittlere Noten*	CD 3/10, Folie/IWB	
b	EA	2. Die TN lesen die Aufgabenstellung und die Aussagen zu Felix. Spielen Sie den ersten Teil der Radiosendung vor. Die TN hören zu und kreuzen an. Fordern Sie die TN dann auf, die Aussagen zu Mika zu lesen, bevor Sie diese vorspielen. Gehen Sie mit Nurhans Kommentar ebenso vor. Spielen Sie bei Bedarf die Radiosendung noch einmal komplett vor. *Lösung: Felix: studieren, zu wenig; Mika: sehr wichtig, den richtigen Beruf; Nurhan: Pausen, krank*	CD 3/10, Folie/IWB	

c PL	3. Fragen Sie: „Was meint Felix? Was sagt er?". Zwei TN lesen das Beispiel vor. Weisen Sie dann auf den Grammatik-Kasten hin. Erklären Sie den TN, dass man diese Ausdrücke benutzt, wenn man die eigene Meinung oder die eines anderen wiedergibt. Erklären Sie den TN, dass die Wendung „Er/Sie ist sicher, dass ..." auf eine sehr feste Meinung deutet. Verweisen Sie in diesem Zusammenhang auch auf die Redemittel „Seine Meinung sagen: Ich finde, dass ..." und „Gefühle/Verständnis ausdrücken: Es tut mir leid, dass ..." (Kursbuch, S. 79) hin. Die beiden kleinen Schreibaufgaben können die TN als Hausaufgabe machen. *Musterlösung (seine Meinung sagen): Ich finde, dass man viel sprechen muss. Ich denke, dass Spiele auch wichtig sind. Ich bin sicher, dass man mit Liedern besser lernt.* *Musterlösung (Gefühle/Verständnis ausdrücken): Es tut mir leid, dass du krank bist. Es ist schön, dass es dir schon besser geht. – Es ist schön, dass du mich besuchst.*	
PA	4. Die TN sprechen über Mika und Nurhan. Dabei beziehen sie sich auf ihre Lösungen in b und verwenden die neuen Strukturen.	
EA Grammatik entdecken	**Arbeitsbuch 11:** im Kurs: Die TN lesen das Beispiel und schreiben die Sätze aus den Sprechblasen neu. Sehen Sie sich die Sätze anschließend noch einmal gemeinsam an und bitten Sie die TN, die Struktur in „dass"-Sätzen zu beschreiben.	
EA/HA	**Arbeitsbuch 12**	

B3	**Aktivität im Kurs: Meinungen äußern / über das Thema Schule diskutieren**	
EA	1. Die TN lesen die vier Themen, wählen diejenigen aus, zu denen sie eine Meinung haben und machen sich individuell Notizen.	
PL/GA	2. Lesen Sie gemeinsam mit den TN das Gespräch. Weisen Sie anschließend auf die Redemittel rechts sowie auf die Redemittel „Jemanden nach seiner Meinung fragen: Findest du (auch), dass ..." und „Zustimmen: Gute Idee!" (Kursbuch, S. 79) hin. Bei Bedarf können die TN die Liste mit Ausdrücken, nach denen ein „dass"-Satz steht, weiter ergänzen. Die TN finden sich in Kleingruppen zusammen und diskutieren über die ausgewählten Themen. *fakultativ:* Zur Erweiterung der Aktivität können Sie die Kopiervorlage im Lehrwerkservice unter www.hueber.de/schritte-plus-neu einsetzen. Die TN finden sich in Kleingruppen von drei bis vier TN zusammen und erhalten die Kärtchen der Kopiervorlage. Die Kärtchen liegen verdeckt auf dem Tisch. Ein TN dreht das erste Kärtchen um und fragt einen anderen TN aus der Gruppe. Alle dürfen sich am Gespräch beteiligen, Nachfragen stellen oder ihre eigene Meinung zur Frage sagen. Erst wenn es nichts mehr zu sagen gibt, zieht ein anderer TN aus der Gruppe ein neues Kärtchen. Gruppen, die die Aufgabe beendet haben, halten ihre Meinung zu einem der Themen schriftlich fest. *Hinweis:* An dieser Stelle bietet sich das Lied aus der Rubrik „Zwischendurch mal ..." (Kursbuch, S. 80) an, in dem es um das Thema „Schulstress" geht.	KV L6/B3 im Lehrwerkservice ⸢ZDM⸥
EA/PA Wiederholung	**Arbeitsbuch 13:** im Kurs: Tragen Sie mit den TN gemeinsam die bereits bekannten Konjunktionen, die Nebensätze einleiten („weil", „wenn" und „dass") an der Tafel zusammen. Fordern Sie die TN auf, jeweils einen Beispielsatz zu nennen. Notieren Sie diesen an der Tafel und verdeutlichen Sie daran noch einmal die Verb-Endstellung im Nebensatz. Die TN lösen die Übung selbstständig in Stillarbeit. Bitten Sie die TN, die Sätze im Buch noch einmal auf einen Zettel zu schreiben. Sammeln Sie diesen zur Korrektur ein.	

			AB-Track
PL	Arbeitsbuch 14–17: im Kurs: In der deutschen Hochsprache bzw. in der sogenannten Bühnensprache, die Schauspieler und professionelle Sprecher lernen, wird „-ig" am Wort- oder Silbenende wie „-ich" gesprochen. Zeigen Sie den TN dieses Phänomen anhand von Übung 14 auf. Sollten Sie in Süddeutschland, Österreich oder der Schweiz unterrichten, machen Sie die TN darauf aufmerksam, dass dort „-ig" auch „-ig" bleibt. Die Übungen 15–17 brauchen Sie nur mit TN zu machen, die aufgrund ihrer Muttersprache Schwierigkeiten mit der Unterscheidung von „b" und „w" (spanischsprachige TN) oder mit der korrekten Artikulation von „w" (englischsprachige TN) haben. Insbesondere bei „w" kommt es vor, dass TN mit Englischkenntnissen den englischen „w-"Laut auch für das Deutsche übernehmen, auch wenn in ihrer eigenen Sprache der Laut wie im Deutschen artikuliert wird.	AB-Track 1/50–57	

C SCHULE

Lernziel: Die TN können über das Schulsystem und die Schulzeit sprechen. Sie können nach Unterschieden im Ausbildungssystem im Vergleich zu ihrem Heimatland fragen.

	Form	Ablauf	Material	Zeit
C1		**Präsentation des deutschen Schulsystems**		
	GA	1. Die TN finden sich in Kleingruppen von sechs TN zusammen. Jede Gruppe erhält ein DIN A3-Papier und einen Filzstift. Bitten Sie die Gruppen, in ganzen Sätzen zu notieren, was sie über die Schule in Deutschland wissen. Helfen Sie bei Formulierungen, Grammatik oder Vokabeln. Beantworten Sie aber keine Fragen nach dem Schulsystem!	DIN A3-Papier/ Tapete, Filzstifte	
	PL	2. Präsentieren Sie das Schema von C1 auf Folie. Gruppe 1 liest ihren ersten Satz vor. Zeigen Sie auf das Schema und fragen Sie: „Ist das richtig oder falsch?". Ein TN kommt nach vorn und zeigt, wo die Antwort zu sehen ist. Verfahren Sie mit den anderen Sätzen der Gruppen genauso. Diskutieren Sie Antworten, die sich nicht auf dem Schema zeigen lassen, gemeinsam. *Hinweis:* Das Überprüfen bereits bekannter Informationen anhand des Schemas erleichtert den TN das Verstehen des Schaubilds. Denn besonders ungeübteren TN sind solche schematischen Darstellungen oft fremd.	Folie/IWB	
	GA	3. Die TN notieren weitere Informationen, die sie dem Schema entnehmen können. Geben Sie eine Zeit vor, z. B. fünf Minuten. Achten Sie auf vollständige Sätze.		
	GA	4. Die Gruppen tauschen ihre Notizen aus und überprüfen die Aussagen der anderen mithilfe des Schemas. Abschlusskontrolle im Plenum: Die TN tragen die richtigen Aussagen vor. Notieren Sie diese systematisch nach Schulart geordnet an der Tafel. Korrigieren Sie die Sätze ggf. sanft. Wenn Sie viele ungeübte TN im Kurs haben oder TN, die Kinder in der Schule haben und für die es wichtig ist, das Schema genau zu verstehen, lassen Sie die Sätze von der Tafel abschreiben.		
	PL	5. Nachdem die TN alles, was sie selbst dem Schema entnehmen konnten, zusammengetragen haben, ermuntern Sie die TN, Fragen zum Schaubild zu stellen, z. B. zu Begriffen, die sie nicht kennen etc. Bevor <u>Sie</u> antworten, geben Sie den anderen TN die Möglichkeit, die Fragen zu beantworten. Auf diese Weise können sie ihr Vorwissen in den Kurs einbringen und voneinander lernen.		

🌐		Erklären Sie den TN, dass es in Deutschland je nach Bundesland eine 9- bzw. 10-jährige Schulpflicht (inkl. Berufsschule) gibt und die Zugehörigkeit zur Grundschule geregelt ist. Die TN sollten auch wissen, dass Kindergärten und weiterführende Schulen frei gewählt werden dürfen und es im Bereich der beruflichen Bildung das sogenannte duale System gibt, d. h. dass die Ausbildung aus theoretischen und praktischen Teilen besteht. Der Theorieanteil wird in der Berufsschule vermittelt, die praktischen Kenntnisse im Ausbildungsbetrieb. Vier Tage pro Woche arbeitet man z. B. als Auszubildende/r (Azubi) in der Bank, einen Tag geht man zur Berufsschule. In einigen Bundesländern wird die Theorie auch als Blockunterricht angeboten. Um an der Universität studieren zu können, muss man am Ende der Gymnasialzeit (derzeit je nach Bundesland acht oder neun Jahre) mit dem Abitur die allgemeine Hochschulreife erlangen. Wer die Schule mit dem Realschulabschluss beendet, hat zahlreiche, auch berufsbegleitende Möglichkeiten, die Fachhochschulreife zu erwerben. Diese ermöglicht den Zugang zu Fachhochschulen, nicht aber zu Universitäten.		
	EA/HA	Arbeitsbuch 18		

C2	Hörverstehen: Einen kurzen persönlichen Bericht verstehen			
a	PL/EA	1. Erklären Sie bei Bedarf den Begriff „Schulzeit". Die TN sehen sich die Fotos an und lesen die Aufgabenstellung. Die TN hören die Berichte der drei Personen und ordnen zu. Abschlusskontrolle im Plenum. *Lösung: 3, 2, 1*	CD 3/11–13	
b ↔	EA/PA	2. Deuten Sie auf die Tabelle und fragen Sie: „Was haben die drei Personen vor der Schule gemacht?", „Welche Schule(n) haben sie besucht?", „Welche Ausbildung haben sie gemacht?" und „Welchen Beruf haben sie jetzt?". Die TN hören die Berichte noch einmal und ergänzen stichpunktartig die Tabelle. Stoppen Sie das Audio bei Bedarf nach jedem Bericht und geben Sie den TN Zeit für ihre Notizen. Spielen Sie das Audio ggf. mehrmals vor. Geübtere TN lösen die Aufgabe in Stillarbeit, ungeübtere arbeiten paarweise zusammen. Abschlusskontrolle im Plenum. *Lösung: Fatma: Vor der Schule? Kindergarten; Welche Schule? Grundschule und Gymnasium; Ausbildung/Beruf? Informatikstudium und Arbeit in IT-Unternehmen; Cosmin: Welche Schule? Realschule; Daniel: Vor der Schule? / Welche Schule? Gesamtschule; Ausbildung/Beruf? Mechatroniker*	CD 3/11–13; Folie/IWB	
	EA/HA Prüfung	Arbeitsbuch 19: Die TN lesen einen Zeitungstext und kreuzen die richtige Lösung an. Dieses Aufgabenformat entspricht dem Prüfungsteil Lesen, Teil 1 der Prüfung *Goethe-Zertifikat A2*. Weisen Sie die TN hier auch auf den Lerntipp hin. Dieser zielt darauf ab, die TN daran zu gewöhnen, sich zunächst auf das Globalverstehen zu konzentrieren und die Bedeutung fremder Wörter aus dem Kontext zu erschließen, bevor sie sich auf die Beantwortung von Fragen konzentrieren und ggf. einzelne Wörter nachschlagen, wenn die Aufgabe das erfordert.		
	EA/HA	Arbeitsbuch 20		

C3	Aktivität im Kurs: Von der eigenen Schulzeit erzählen			
	PL	1. Die TN lesen die Aufgabe und die Beispiele in Stillarbeit. Klären Sie dann gemeinsam die Bedeutung der Fächer im Info-Kasten und führen Sie bei Bedarf weitere Fächer ein (Religion, Wirtschaft, Ethik …).		
	PL/PA	2. *fakultativ:* Die TN vergleichen die deutschen Schulfächer mit den Fächern in ihren Heimatländern. Gibt es Unterschiede?		

PA	3. Die TN machen sich Notizen zur eigenen Schulzeit und sprechen dann mit ihrer Partnerin / ihrem Partner. Das Mini-Gespräch und die Redemittel unten helfen ihnen dabei. Weisen Sie die TN an dieser Stelle auch auf die Redemittel „Über die Schulzeit sprechen: Ich bin mit ... in die Schule gekommen." (Kursbuch, S. 79) hin. Ermuntern Sie geübtere TN, Nachfragen zu stellen oder weitere Informationen zu erfragen (Welche Fremdsprachen hast du gelernt? Hattet ihr auch Nachmittagsunterricht? etc.). Fordern Sie die TN auf, als Hausaufgabe die kleine Schreibübung (Kursbuch, S. 79) zu machen und ein paar Sätze über ihre/n Lieblingslehrer/in zu schreiben. Wer mag, kann sie/ihn dann zum Einstig in die nächste Stunde im Plenum vorstellen. *Musterlösung (über die Schulzeit sprechen): Meine Lieblingslehrerin war Frau Saidi. Sie war meine Lehrerin in der Grundschule. Sie war total nett und nicht streng. Sie hat uns manchmal Schokolade mitgebracht. Sie hat uns immer geholfen, wenn wir Probleme hatten.* *fakultativ*: Bitten Sie die TN, ein Foto aus ihrer Schulzeit oder Kindheit mitzubringen und den anderen ein bisschen über sich zu erzählen. Das fördert das gegenseitige Kennenlernen und Verständnis in der Gruppe. Wenn Sie allerdings Geflüchtete im Kurs haben, sollten Sie mit diesem Thema sehr sensibel umgehen und ggf. darauf verzichten, zu viel nach der Vergangenheit der TN zu fragen. *Hinweis*: An dieser Stelle bietet es sich an, mit dem Lied und dem Text zur Landeskunde aus der Rubrik „Zwischendurch mal ..." (Kursbuch, S. 80/81) zu arbeiten.	ZDM	
GA	4. *fakultativ*: Spielen Sie mit den TN „Zwei Lügen, eine Wahrheit". Dazu schreiben die TN drei Informationen (zwei falsche, eine richtige) zu ihrer eigenen Schulzeit, Ausbildung oder zu ihrem Beruf zusammen mit ihrem Namen auf einen Zettel. Dann finden sie sich in Kleingruppen von 5–6 TN zusammen, legen die Zettel mit dem Gesicht nach unten in die Tischmitte und mischen sie. Jetzt zieht jeder nacheinander einen Zettel und liest den Namen und die drei Aussagen vor: „Emil ist 10 Jahre zur Schule gegangen. Er ..." Die anderen raten, was richtig ist. Der betreffende TN löst das Rätsel auf. Wer richtig getippt hat, darf den nächsten Zettel vorlesen. Das Spiel geht so lange, bis alle Zettel vorgelesen und alle „Wahrheiten" erraten wurden.		
EA/PA/HA Schreib-training	Arbeitsbuch 21: im Kurs: Alle TN bearbeiten in Stillarbeit oder mit ihrer Partnerin / ihrem Partner 21a und ordnen die Sätze so, dass ein sinnvoller Text entsteht. Bei Bedarf können Sie die Reihenfolge erst im Plenum vergleichen, bevor die TN weiterarbeiten. In 21b schreiben alle TN aus den Sätzen in a eine Mail, beginnen aber mit den unterstrichenen Satzteilen, sodass die Inversion geübt wird. Geübtere TN schreiben eine Antwort an Alina und gehen dabei auf die Fragen in 21c ein. Sie können sich dabei an dem Beispiel orientieren. Wenn die TN die Übung als Hausaufgabe bearbeiten, machen alle TN die gesamte Aufgabe.		

D AUS- UND WEITERBILDUNG

Lernziel: Die TN können Aus- und Weiterbildungsangebote verstehen.

	Form	Ablauf	Material	Zeit
D1		**Leseverstehen: Einen Katalog- oder Broschürentext verstehen (Kursangebote)**		
	PL	1. Klären Sie mit den TN den Begriff „Weiterbildung". Zeigen Sie auf die Kursangebote im Buch. Fragen Sie: „Wer bietet solche Kurse an?". Mögliche Antworten: Volkshochschulen, AWO, Familienbildungsstätten, Sprachschulen, Computerschulen etc.		

PL	2. Sprechen Sie mit den TN darüber, was für Kurse sie schon besucht haben. Manchmal machen TN neben dem Deutschkurs z. B. einen Englisch- und/oder einen Computerkurs. Fragen Sie auch, wo die TN die Kurse machen.		
EA/HA ⟷	3. Die TN bearbeiten die Aufgabe wie im Buch angegeben. Ermuntern Sie die TN, mit den Texten wirklich zu „arbeiten" und bunte Stifte zu benutzen. Farbige Markierungen erleichtern das schnelle Finden und Zuordnen von Informationen, was auch für D2 wichtig ist. Klären Sie Wortschatzfragen, wenn nötig. Geübtere TN lösen die Aufgabe in Stillarbeit, ungeübtere arbeiten paarweise zusammen. Wer schneller fertig ist, schreibt einen kurzen Text zur Frage: „Welche Kurse möchten Sie gerne machen? Warum?". Sammeln Sie die Texte zur Korrektur ein. Abschlusskontrolle im Plenum. *Lösung: Sprache: B, E, G, H; Computer: C, D; Beruf: E, F, I*	Folie/IWB
GA	4. *fakultativ:* Die TN/Sie bringen Programme von Volkshochschulen oder anderen Bildungsträgern mit oder Sie geben den TN einige Namen von Bildungsträgern in Ihrer Stadt vor, nach denen sie im Internet suchen sollen. Die TN überlegen in der Gruppe, was sie gern lernen oder machen möchten, und suchen in den mitgebrachten Programmen oder mithilfe ihrer Smartphones/Tablets auf den Homepages verschiedener Bildungsträger nach passenden Angeboten. In der Gruppe sprechen sie über ihre Ziele und diskutieren, welche Veranstaltungen sie besuchen möchten.	Programme von Volkshochschulen o. Ä.
EA/HA	Arbeitsbuch 22–24		

D2	**Hörverstehen: Wesentliche Inhalte verstehen**		
PL	1. Deuten Sie auf das Kursangebot in D1 und sagen Sie: „Zu Weiterbildungskursen muss man sich anmelden. Welche Angebote passen zu den Personen?". Die TN lesen die Aufgabe und hören das erste Gespräch. Fragen Sie: „Welche Informationen im Gespräch waren wichtig für die Zuordnung?". Die TN nennen die Schlüsselinformationen: „dreizehn Jahre alt, Sohn, nicht gut in Englisch".	CD 3/14
PL	2. Spielen Sie die anderen Gespräche mehrmals vor und machen Sie nach jedem Gespräch eine kleine Pause, damit die TN genügend Zeit haben, um sich das Kursangebot anzusehen und den passenden Kurs „auszuwählen". Weisen Sie hier noch einmal auf die farbigen Markierungen aus D1 hin, die ein schnelleres Zuordnen ermöglichen. So wird z. B. für Gespräch 2 die Auswahl kleiner, wenn die TN sich nur noch zwischen den „grünen" Kursen entscheiden müssen. Abschlusskontrolle im Plenum. *Lösung: 2 H, 3 D, 4 B, 5 I*	CD 3/15–18

E MEIN BERUFSWEG

Lernziel: Die TN können einen biographischen Text zum beruflichen Werdegang verstehen und über ihren Traumberuf sprechen.

	Form	Ablauf	Material	Zeit
E1		**Leseverstehen: Zwei Interviews**		
a	GA	1. Vergrößern Sie die beiden Fotos aus den Texten und kopieren Sie sie mehrfach. Die Bücher sind geschlossen. Die TN finden sich in Kleingruppen zusammen. Jede Gruppe erhält ein Foto. Fordern Sie die TN auf, ein Assoziogramm zu den Personen zu erstellen. Als Hilfestellung können Sie einige Leitfragen vorgeben: „Wie alt ist sie/er?", „Was waren in der Schule ihre/seine Lieblingsfächer?", „Welche Ausbildung hat sie/er gemacht?", „Was gefällt ihr/ihm an ihrem/seinem Beruf?" etc.	Fotos aus den Lesetexten	

	PL	2. Erstellen Sie anschließend zusammen mit den TN ein gemeinsames Assoziogramm zu jeder Person an der Tafel. Klären Sie ggf. Fragen zum Wortschatz.		
	PA	3. Die TN arbeiten weiter in Kleingruppen zusammen. Jede Gruppe beschäftigt sich mit dem Text zu einer der beiden Personen. Die TN lesen die Aufgabenstellung und das Beispiel, bevor sie die übrigen Begriffe zuordnen. Abschlusskontrolle im Plenum. Die Gruppen ergänzen dabei auch die Informationen zu der Person, mit der sie sich nicht näher beschäftigt haben. Fragen Sie abschließend, was „beruflicher Werdegang" bedeutet. Durch die Lektüre der Texte sollte klar geworden sein, dass es sich um die Berufswege der beiden Personen handelt. *Lösung: 1 Schule, Studium, Berufsabschluss; 2 Interessen, Ausbildung, Berufserfahrung*	Folie/IWB	
b	EA/PA	4. Die TN lesen zuerst die Fragen und suchen dann in den beiden Texten in a nach den Antworten. Die TN können sich hierzu auch gegenseitig befragen. Abschlusskontrolle im Plenum. *Lösung: 2 Ihr Vater arbeitet als Taxifahrer und ihre Mutter ist Fabrikarbeiterin. 3 Biologie und Chemie. 4 Fünf Jahre. 5 Sie sind sehr stolz auf Ayşe. 6 Für elektrische Geräte. 7 Vier Jahre. 8 Er hat mit Technik zu tun, arbeitet mit den Händen und hat oft Kontakt zu Kunden. 9 Weil seine Frau Deutsche ist. 10 Fast zwei Jahre.*		
c	PA	5. Die TN überlegen sich zusammen mit ihrer Partnerin / ihrem Partner zwei weitere Fragen zum Text wie im Beispiel und befragen ein anderes Paar. *Hinweis:* An dieser Stelle bietet sich die Arbeit mit „Fokus Beruf: Ein tabellarischer Lebenslauf" (Arbeitsbuch, S. 82) und „Fokus Beruf: Ein Berufsberatungsgespräch" (Arbeitsbuch, S. 83) an.		
	WPA	6. *fakultativ:* Wenn Sie das Thema „Berufsweg und eigene Ausbildung" weiter vertiefen wollen, können Sie die Kopiervorlage einsetzen. Kopieren Sie die Kopiervorlage so oft, dass jeder TN eine Fragekarte erhält. Die TN stehen auf und finden sich paarweise zusammen. Die Partner stellen sich gegenseitig Fragen und beantworten sie. Dann tauschen sie die Karten und wechseln zur nächsten Partnerin / zum nächsten Partner. Spielzeit ist je nach Gruppengröße ca. 15 Min. Stellen Sie den TN dazu die Redemittel „Über den eigenen Berufsweg sprechen: Als Kind wollte ich ..." (Kursbuch, S. 78) zur Verfügung.	KV L6/E1, Folie/IWB	
	EA/HA	Arbeitsbuch 25–26	AB-Track 58–60	

E2	**Aktivität im Kurs: Mein Traumberuf**			
a	EA	1. Die TN lesen die Aufgabenstellung sowie das Beispiel und machen sich in Stillarbeit zu den drei Punkten Notizen.		
b	EA/GA	2. Bitten Sie zwei TN das Beispielgespräch vorzulesen. Anschließend finden sich die TN in Kleingruppen von 3–4 TN zusammen und beschreiben ihren Traumberuf. Die anderen raten. Weisen Sie die TN auf die Redemittel „Über den Berufsweg sprechen: Als Kind wollte ich ..." (Kursbuch, S. 78). An dieser Stelle bietet es sich ebenfalls an, mit der biografischen Schreibübung rechts zu arbeiten.		
	EA/HA	Arbeitsbuch 27		
	GA	Wenn Sie noch Zeit haben, können Sie hier die Wiederholung zu Lektion 6 anschließen.	KV L6/Wiederholung	
Lektionstests		Einen Test zu Lektion 6 finden Sie hier im LHB auf den Seiten 182–183. Weisen Sie die TN auf den Selbsttest im Arbeitsbuch auf Seite 81 hin.	KV L6/Test	

AUDIO- UND VIDEOTRAINING

	Form	Ablauf	Material	Zeit
Audiotraining 1: Berufswünsche				
	EA/HA	Die TN hören die Frage „Was wolltest du als Kind werden?" und eine Berufsbezeichnung, z. B. „Architekt". Sie antworten mit „Ich wollte (Architekt) werden.". Nach der Sprechpause hören die TN die korrekte Antwort.	CD 3/19	
Audiotraining 2: Was tut Ihnen leid?				
	EA/HA	Die TN hören eine Aussage, z. B. „Ich wollte Lehrerin werden, aber ich durfte nicht studieren." und antworten mit „Oh, es tut mir leid, dass du (nicht studieren durftest).". Nach der Sprechpause hören die TN die korrekte Antwort.	CD 3/20	
Audiotraining 3: Schulzeit!				
	EA/HA	Die TN hören eine Frage, z. B. „Wann bist du in die Schule gekommen?" und ein Stichwort, z. B. „sieben". Sie antworten z. B. „Ich bin mit sieben in die Schule gekommen.". Nach der Sprechpause hören die TN die korrekte Antwort.	CD 3/21	
Videotraining: Ich denke, dass das viel besser geht.				
	EA/HA	Die TN sehen Lara und Tim, die ein Problem haben, weil Tim nie zuhört. Der Fokus liegt dabei auf der Äußerung der eigenen Meinung und in dem Zusammenhang auf der Verwendung fester Wendungen, wie „Ich finde, dass ...", „Es ist schön, dass ..." etc. Im zweiten Teil haben die TN die Möglichkeit, ihre Meinung zu sagen. Nach der Präsentation einer Frage, z. B. „Sollte man im Deutschkurs auch Lieder hören?", wird eine Frage eingeblendet, auf die die TN mit „Ich finde, dass ...", „Ich denke, dass ..." oder „Ich meine, dass ..." antworten sollen. Im Anschluss hören die TN den korrekten Satz, der zur Kontrolle auch eingeblendet wird.	Film „Ich denke, dass das viel besser geht."	

ZWISCHENDURCH MAL ...

	Form	Ablauf	Material	Zeit
	Lied	**Super gestresst! (passt z. B. zu B3 oder C3)**		
1	PL	1. Schreiben Sie „der Lernstress" an die Tafel und fragen Sie: „Warum haben Schüler/Studenten Stress?". Erstellen Sie mit den TN ein Assoziogramm an der Tafel. Helfen Sie ggf. bei unbekannten Wörtern.		
	EA	2. Die Bücher bleiben noch geschlossen. Deuten Sie auf das Foto und fragen Sie: „Warum ist sie gestresst?" und „Was tut sie dagegen?". Die TN hören das Lied und konzentrieren sich dabei auf die Beantwortung der beiden Fragen. Abschlusskontrolle im Plenum. *Musterlösung: Sie hat Prüfungsstress und muss viel lernen. Sie macht eine Pause, weil sie sich nicht mehr konzentrieren kann.*	CD 3/22, Folie/IWB	
	EA/PA	3. Die TN öffnen die Bücher. Sie hören das Lied noch einmal, lesen mit und ergänzen die Lücken. Geübtere TN lösen die Übung in Stillarbeit, ungeübtere arbeiten paarweise zusammen. Abschlusskontrolle im Plenum. Gehen Sie dann auf Wortschatzfragen der TN ein. Erklären Sie, falls erforderlich, dass sich der Ausdruck „einen Schein machen" auf das Studium bezieht. *Lösung: 2 Ich weiß, Ich bin sicher, Mir ist klar; 4 Wer sagt denn, Wer sagt*	CD 3/22, Folie/IWB	

🌍		An der Universität werden Seminare in der Regel mit einer Prüfung oder einer Seminararbeit abgeschlossen. Dafür bekommt man vom Dozenten einen „Schein", d. h. einen Beleg mit Unterschrift und Stempel. „Einen Schein machen" bedeutet daher, ein Seminar erfolgreich abschließen. Um zur Prüfung antreten zu können, müssen bestimmte Scheine bzw. muss eine bestimmte Anzahl von Scheinen nachgewiesen werden.		
2	PL	1. Fragen Sie: „Sind Sie manchmal auch gestresst?" und „Was machen Sie dann?". Ein TN liest das Beispiel vor.		
	GA/PL	2. Die TN finden sich in Kleingruppen von 3–4 TN zusammen und tauschen Tipps gegen Stress aus. Wenn großes Interesse an dem Thema besteht, können Sie die besten Tipps auch noch einmal im Plenum sammeln.		
🌍		**Glück und Erfolg für Ihr Kind! (passt z. B. zu C3)**		
	PL	1. Deuten Sie auf das vierblättrige Kleeblatt und fragen Sie: „Was bedeutet das?", „Was symbolisiert das?". Sammeln Sie dann an der Tafel, welche weiteren Glückssymbole die TN kennen bzw. was in ihrem Land Glück symbolisiert. Deuten Sie dann auf die Überschrift und fragen Sie: „Was bedeutet Glück für Kinder?", „Wann sind Kinder (in der Schule) erfolgreich?", „Was hilft ihnen dabei?". Sammeln Sie an der Tafel und gehen Sie ggf. auf Wortschatzfragen ein.	Folie/IWB	
	PL	2. Notieren Sie die Begriffe „Elternabend", „Sprechstunde", „Mitteilungsheft" und „Elternbeirat" an der Tafel und fragen Sie die TN, was das sein könnte. Wenn Sie TN im Kurs haben, deren Kinder in Deutschland die Schule besuchen, werden sie mit dem einen oder anderen Begriff bereits vertraut sein und können versuchen, ihn den anderen zu erklären.		
	EA ⟷	3. Die TN lesen zuerst die die Aussagen auf Seite 81, dann den Text auf Seite 80 und kreuzen an. Geübtere TN lösen die Übung in Stillarbeit, ungeübtere arbeiten paarweise zusammen. Abschlusskontrolle im Plenum. *Lösung: richtig: c, f*		
	PA	4. *fakultativ:* Die TN korrigieren die falschen Aussagen mithilfe des Textes. Abschlusskontrolle im Plenum. *Lösung: a Für die meisten Berufe braucht man heutzutage eine gute Schulbildung / einen guten Schulabschluss, b Am Elternabend bekommen die Eltern wichtige Informationen, lernen die Lehrer und die Schule, aber auch die anderen Eltern kennen. d Man kann den Lehrern z. B. im Mitteilungsheft eine Nachricht schicken. e Die Eltern wählen jedes Schuljahr den Elternbeirat.*		
Schreiben		**Als Kind ... ich (passt z. B. zu A3)**		
1	PL/EA	1. Fragen Sie: „Welche Bilder passen zu den zwei Geschichten?". Die TN lesen die Geschichten A und B und deuten auf die passenden Fotos.	Folie/IWB	
2	EA/HA	1. Die TN wählen ein anderes Foto und schreiben eine ähnliche Geschichte wie in Aufgabe 1. Dabei sollen sie versuchen, möglichst viele verschiedene Modalverben zu benutzen. Wahlweise können sie auch eine Geschichte zu ihrer eigenen Kindheit schreiben. Wer möchte kann seinen Text im Plenum vorlesen.		

FOKUS BERUF: EIN TABELLARISCHER LEBENSLAUF

Die TN können anhand einer Vorlage einen tabellarischen Lebenslauf schreiben.

	Form	Ablauf	Material	Zeit
		Da der Fokus möglicherweise nur für einen Teil der TN von Interesse ist, können die TN die Aufgaben auch als Hausaufgabe machen.		
1		**Leseverstehen: Einem Lebenslauf wesentliche Informationen entnehmen**		
	PL	1. Die TN sehen sich das Foto an und stellen Vermutungen an: „Wie alt ist Marina?", „Was ist sie von Beruf?", „Wo ist sie geboren?", „Welche Sprachen spricht sie?" etc. Notieren Sie die Vermutungen an der Tafel, aber kommentieren Sie sie nicht.		
	PL	2. Die TN lesen den Text und vergleichen mit ihren Vermutungen: „Was war richtig?", „Was nicht?".		
	EA/PA	3. Dann sehen sich die TN den tabellarischen Lebenslauf an. Fragen Sie: „Welche Informationen fehlen noch?". Notieren Sie auf Zuruf an der Tafel: „der Familienstand", „die berufliche Tätigkeit", „die Berufsausbildung", „der Schulabschluss", „die Schule" und „die Sprachkenntnisse". Fordern Sie die TN auf, sich beim zweiten Lesen auf diese Informationen zu konzentrieren und den Lebenslauf zu ergänzen. Geübtere TN lösen die Übung in Stillarbeit, ungeübtere arbeiten paarweise zusammen. Abschlusskontrolle im Plenum. *Lösung: Familienstand: verheiratet; Berufliche Tätigkeiten: Kinderkrankenpflegerin, München; Berufsausbildung: Ausbildung zur Krankenpflegerin; Schulausbildung: (Schul-)Abschluss, Grundschule; Sprachkenntnisse: Deutsch, Englisch*	Folie/IWB	
	PL	4. Fragen Sie: „Wie ist ein tabellarischer Lebenslauf in Deutschland aufgebaut?", „Welche Informationen nennt man zuerst?", „In welcher Reihenfolge notiert man seine Schul- und Berufsausbildung?". Es sollte deutlich werden, dass man in der Rubrik „Beruflichen Tätigkeiten" und „Ausbildung" mit dem aktuellen Stand beginnt und dann chronologisch zurückgeht.		
	PL	5. *fakultativ:* Fragen Sie die TN, ob ein Lebenslauf in ihren Herkunftsländern genauso aussieht und ob er die gleichen Informationen enthält. Hier gibt es sicherlich interkulturelle Unterschiede, aber auch Gemeinsamkeiten zu entdecken. *Hinweis:* In manchen Ländern ist es nicht üblich, ein Foto hinzuzufügen, da der Fokus allein auf der fachlichen Qualifizierung liegen sollte. Dies gilt z. B. für Dänemark oder Finnland. Dafür schreibt man aber konkreter über den Ehepartner (Name, Beruf) und die Kinder (Name, Alter).		
	Projekt	6. *fakultativ:* Wenn Sie das Thema Lebenslauf weiter vertiefen wollen, können Sie die TN bitten, im Internet Beispiele für Lebensläufe zu suchen und in den Kurs mitzubringen. Alternativ können Sie auch einige Lebensläufe aus einem Bewerbungsratgeber kopieren und mitbringen. Die TN finden sich in Kleingruppen zusammen und überlegen z. B., welcher Lebenslauf besonders übersichtlich aussieht, und sammeln, welche Kategorien sich in den Lebensläufen finden. Gibt es noch andere als die im Lebenslauf von Marina Benzi? Oder gibt es andere Bezeichnungen für die Kategorien? Sammeln Sie anschließend im Plenum.		
2		**Einen tabellarischen Lebenslauf schreiben**		
	EA/HA	1. Fordern Sie die TN nun auf, sich (als Hausaufgabe) Stichunkte zu ihrer eigenen Schul- und Berufsausbildung sowie zu ihren beruflichen Tätigkeiten zu machen und dabei die Daten so genau wie möglich zu rekonstruieren.		
	EA/HA	2. Die TN schreiben analog zum Beispiel in 1 ihren eigenen tabellarischen Lebenslauf und geben ihn Ihnen zur Korrektur ab.		

FOKUS BERUF: EIN BERUFSBERATUNGSGESPRÄCH

Die TN können in einem Berufsberatungsgespräch auf einfache Fragen Auskunft geben, z. B. über den gesuchten Beruf, die gesuchte Stelle, ihre Kompetenzen und berufliche Erfahrungen. Sie können außerdem berufliche Ziele nennen.

	Form	Ablauf	Material	Zeit
1		**Hörverstehen: Ein Berufsberatungsgespräch verstehen**		
	PL	1. Deuten Sie auf das Foto und sagen Sie: „Marina Benzi hat einen Termin in der Agentur für Arbeit. Sie spricht mit ihrem Berufsberater.". Schreiben Sie folgende Fragen an die Tafel: „Warum wollte Marina Benzi ein Beratungsgespräch führen?" und „Was möchte sie verändern?".		
	EA	2. Die TN hören das Gespräch ein erstes Mal und konzentrieren sich dabei auf die zwei Fragen. Die Bücher bleiben dabei noch geschlossen. Abschlusskontrolle im Plenum. *Musterlösung: Sie möchte sich beruflich verändern, denn sie arbeitet in der Kinderklinik Schicht und das passt oft nicht mit den Kindergartenzeiten von ihrem Sohn zusammen. Sie möchte auch gern etwas Neues lernen. Sie organisiert gern.*	AB-Track 1/61	
	EA/PA	3. Die TN lesen nun die Aussagen im Buch. Fragen Sie: „Was ist richtig?". Einige TN können vielleicht bereits einige Aussagen aus der Erinnerung ankreuzen. Dann kontrollieren sie beim zweiten Hören, ob alles richtig ist. Die anderen TN hören gezielt auf die Informationen und kreuzen während des Hörens / nach dem Hören an. Spielen Sie das Gespräch ggf. mehrfach vor. Abschlusskontrolle im Plenum. *Lösung: c, f, h*	AB-Track 1/61	
2		**Rollenspiel: Ein Berufsberatungsgespräch führen**		
a	PA	1. Die TN lesen das Dialoggerüst mit ihrer Partnerin / ihrem Partner und klären gemeinsam den Wortschatz.		
	PL	2. Gehen Sie ggf. auf Wortschatzfragen der TN ein, die die TN nicht im Team klären konnten.		
	EA	3. Die TN machen sich Notizen zu ihren persönlichen Antworten auf die Fragen der Berufsberaterin / des Berufsberaters. Gehen Sie herum und helfen Sie bei Schwierigkeiten.		
b	PA	4. Die TN spielen das Gespräch mit ihrer Partnerin / ihrem Partner. Dann tauschen sie die Rollen. Gehen Sie herum und korrigieren Sie sanft.		

FESTE UND GESCHENKE

Folge 7: Das kannst du laut sagen.

Einstieg in das Thema „Feste feiern und schenken"

	Form	Ablauf	Material	Zeit
1		**Vor dem / Beim Hören: Vermutungen über die Geschichte äußern und vergleichen**		
a	PA	1. Die Bücher sind geschlossen. Die TN arbeiten jeweils mit einer Partnerin / einem Partner aus demselben Land zusammen. Sie notieren Feste, die sie kennen. Geben Sie dazu eine Tabelle mit drei Spalten vor: 1. Feste in Deutschland, 2. Feste in meiner Heimat, 3. Feste in beiden Ländern. Begrenzen Sie die Zeit hierfür auf ca. fünf Minuten.		
	PA/PL	2. Ein Paar stellt die Feste in Deutschland vor. Dabei sollten die TN auch kurz erklären, was gefeiert und evtl. wie gefeiert wird. Anschließend stellen einige Paare die Feste ihres Heimatlands vor.		
	PA/PL	3. Die TN öffnen die Bücher und sehen sich die Fotos an. Sie stellen Vermutungen an, was Tim mit seinen Freunden feiert und wer wohl der unbekannte Mann mit der Mütze auf den Fotos 6 bis 8 ist. Schließen Sie eine kurze Sammelrunde an.		
b	EA/PA	4. Die TN hören die Geschichte und vergleichen mit ihren Vermutungen. Abschlusskontrolle im Plenum. *Lösung: Frau Sicinski hat Geburtstag. Der Mann ist ein Klassenkamerad von Frau Sicinski.*	CD 3/23–30	
	EA/PA ⟷	5. *fakultativ:* Die TN erhalten die Kopiervorlage und ordnen die Nachrichten. Ungeübtere TN können die Nachrichten ausschneiden und zu den jeweiligen Fotos im Buch legen. Zur Kontrolle können die TN die Foto-Hörgeschichte noch einmal hören. Anschließend Kontrolle im Plenum.	KV L7/FHG	
2		**Nach dem ersten / Beim zweiten Hören**		
	EA/PA ⟷	1. Die TN lesen die Fragen und die Antwortmöglichkeiten. Sie kreuzen zunächst aus dem Gedächtnis an. Dann hören sie noch einmal und korrigieren bzw. kreuzen die richtigen Antworten an. Geübtere TN decken den Kursbuchteil unter den Fotos ab. Sie erhalten zu zweit eine vorbereitete Kopie mit den Fragen und versuchen, die Fragen frei zu beantworten. Dann hören sie noch einmal und korrigieren oder ergänzen. Anschließend vergleichen sie mit den Antworten im Buch. Abschlusskontrolle im Plenum. *Lösung: a Er weiß nicht: Soll er ins Hotel ziehen?; b Paul backt einen Kuchen, Betty bastelt eine Karte, Eva und Dimi organisieren das Essen und die Getränke.; c Nikis Noten sind jetzt besser.; d Tim. Das Tzatziki schmeckt lecker.; e Er bleibt in der Düsterstraße.*	CD 3/23–30	
	PL	2. Regen Sie die TN zu einem Gespräch über die Geschichte an. Warum ist das Fest für Frau Sicinski so wichtig? Warum ist sie ganz allein? Warum bleibt Tim nun doch in der Düsterstraße wohnen?		
3		**Nach dem Hören: Über eigene Feste erzählen**		
	EA	1. Die TN lesen die Fragen und das Beispiel. Geben Sie den TN fünf Minuten Zeit, sich zu den Fragen Notizen zu machen.		
	WPA	2. Die TN gehen herum und sprechen mit drei anderen TN über Feste.		
	Tims Film	Tim erzählt in dem Film einen Witz über ein Ehepaar und eine Katze. Sie können den Film zur Auflockerung nach A3 oder B4 nutzen. Die TN versuchen in Kleingruppen, Tims Witz nachzuerzählen. Vielleicht hat der eine oder andere TN Lust, einen eigenen Witz auf Deutsch zu erzählen.	„Tims Film" Lektion 7	

A ICH HABE MEINEM MANN ... GEKAUFT.

Possessivartikel im Dativ

Lernziel: Die TN können über Geschenkideen sprechen.

	Form	Ablauf	Material	Zeit
A1		**Präsentation der Possessivartikel im Dativ**		
	EA/PA	1. Die TN lesen die Aussagen und ergänzen die Tabelle. Abschlusskontrolle im Plenum. *Lösung: meinem Mann, meiner Nachbarin*		
	PL	2. Schreiben Sie den Satz „Ich habe meinem Mann Gartenstühle gekauft." an die Tafel. Unterstreichen Sie die Endung im Dativ. Ergänzen Sie dann die Fragewörter wie im Tafelbild unten, indem Sie die TN fragen: „Wer hat gekauft?", „Was habe ich gekauft?", „Wem habe ich die Sache gekauft?" Ergänzen Sie links „der/mein Mann".		

		Verfahren Sie mit den anderen Beispielen aus dem Buch ebenso und ergänzen Sie das Tafelbild. Da den TN die Frage „Wem?" oft nicht weiterhilft, ist es eine Hilfe, ihnen klarzumachen, dass der Dativ oft für eine zweite Person benutzt wird, also eine Person, für die oder mit der (nicht im Sinne von zusammen) ich etwas mache. Ergänzen Sie deshalb „Person" und „Sache" an der Tafel. Weisen Sie die TN auf den Grammatik-Kasten im Buch sowie auf die Grammatikübersicht 1 (Kursbuch, S. 90) hin. Die kleine Übung rechts können die TN als Hausaufgabe bearbeiten.		
	TIPP	Im Tafelbild können Sie den TN das Verstehen erleichtern, indem Sie hier mit Farben arbeiten. Verwenden Sie dieselben Farben wie in den „Grammatik entdecken"-Übungen im Arbeitsbuch: Blau für den Nominativ, Rot für den Dativ und Grün für den Akkusativ.		
	PL	3. Die Possessivartikel sind den TN bereits aus *Schritte plus Neu 2* / Lektion 10 bekannt. Daher ist der Hinweis ausreichend, dass „dein-", „sein-", „ihr-" etc., der unbestimmte und der Negativartikel im Dativ die gleichen Endungen wie „mein-" haben.		
	EA/HA Grammatik entdecken ⬌	Arbeitsbuch 1–2: Die Übungen können von geübteren TN in Stillarbeit gelöst werden. Ungeübtere TN arbeiten paarweise zusammen.		
	EA/HA	Arbeitsbuch 3		
	EA/PA Wiederholung	Arbeitsbuch 4: im Kurs (als Vorbereitung auf A2): Wiederholungsübung zu den Personalpronomen im Dativ, die die TN aus *Schritte plus Neu 2* / Lektion 13 kennen.		
A2		**Anwendungsaufgabe zu den Possessivartikeln im Dativ**		
	PL	1. Wiederholen Sie an der Tafel kurz die Personalpronomen im Dativ. Weisen Sie die TN auch auf den Grammatik-Kasten zur Wiederholung hin.		
	PL	2. Die TN lesen die Aufgabe. Besprechen Sie das erste Beispiel an der Tafel.	Folie/IWB	

EA/PA	3. Die TN schreiben, was Kristina und Jan den Personen schenken/kaufen. Dann vergleichen sie zu zweit. Abschlusskontrolle im Plenum. Sollten die TN hier Schwierigkeiten haben, notieren Sie die richtige Lösung an der Tafel. *Lösung: Kristina schenkt ihren Nachbarn Maria und Harald Pralinen. Jan schenkt ihnen eine Flasche Wein. Kristina schenkt Jans Freundin Lena ein Kochbuch. Jan schenkt ihr eine Kette. Kristina schenkt dem Baby von Familie Müller eine Mütze. Jan schenkt ihm einen Teddy.* *Variante:* Während die TN in Partnerarbeit ihre Ergebnisse vergleichen, können Sie auch zwei geübtere TN jeweils einen Text zu Kristina und zu Jan an der Tafel notieren lassen. Nutzen Sie diese Texte zur Kontrolle im Plenum.		
EA/PA	4. *fakultativ:* Die TN erhalten die Kopiervorlage und notieren die Namen der Gegenstände mit Artikel, ggf. auch mithilfe des Wörterbuchs. In Kursen mit ungeübten TN können Sie auch Zettel mit den Namen und den richtigen Artikeln im Kursraum aufhängen, sodass die TN dort Hilfe finden. Abschlusskontrolle im Plenum.	KV L7/A2, ggf. Zettel	
PA	5. *fakultativ:* Vielleicht steht Weihnachten vor der Tür oder ein anderes Fest? Wenn nicht, nennen Sie den Geburtstag als Situation, in der die TN etwas an bestimmte Personen verschenken sollen. Die TN lesen das Beispiel auf der Kopiervorlage und machen in Partnerarbeit weitere Beispiele. Geübtere TN können zusätzlich eine Begründung dafür geben, warum sie z.B. die Kaffeemaschine ihrer Großmutter schenken: „Ich schenke meiner Großmutter eine Kaffeemaschine, weil ich bei ihr immer Tee trinken muss, und ich hasse Tee.".	KV L7/A2	

TiPP	Wenn Sie mit den TN diese Struktur noch weiter üben möchten, vor allem das schnelle Formulieren, spielen Sie mit den TN eine Art „Schnapp hat seinen Hut verloren.". Bereiten Sie zu Hause DIN A4-Zettel vor, auf denen Sie mit dickem Filzstift jeweils eine Familienbezeichnung schreiben: Tante, Onkel, Vater, Kind, Kinder, Schwager (auch Katze oder Hund können vorkommen) etc. Sie brauchen pro TN einen Zettel. Jeder TN klebt sich den Zettel mit Tesafilm gut sichtbar auf den Bauch. Alle stellen sich im Kreis auf. Erklären Sie, wenn nötig, was eine Keksdose ist. Die Keksdose enthält keine leckeren Kekse, deshalb will niemand sie behalten. Werfen Sie z.B. dem TN „Tante" ein Tuch oder einen Ball zu. Sagen Sie: „Ich will die Keksdose nicht. Ich schenke sie meiner Tante.". Der TN wirft das Tuch oder den Ball dem TN „Kinder" zu: „Meine Tante will die Keksdose nicht. Sie schenkt sie meinen Kindern.". Achten Sie auf einen schnellen Verlauf des Spiels. Es können auch die anderen Possessivartikel verwendet werden. „Ich schenke sie deinem Onkel.". oder „Ich schenke sie ihrem Vater.". In dem Fall sollte der TN natürlich eine Frau sein, bei einem Mann wäre es entsprechend „seinem Vater". Die Satzstellung von „Ich schenke sie meiner Tante." (Akkusativ vor Dativ) sollte hier noch nicht thematisiert werden, da das erst in Lernschritt B bewusst gemacht wird. Beschränken Sie sich auf die formelhafte Wiederholung der Phrase.

EA/HA	Arbeitsbuch 5

A3	**Aktivität im Kurs: Partnerspiel zu den Possessivartikeln im Dativ**
PL	1. Um den TN das Spiel deutlich zu machen, sollten Sie ein Beispiel an der Tafel vorführen. Zeichnen Sie ein Rechteck, das Sie wie im Buch in vier Felder unterteilen. Schreiben Sie in jedes Feld je eine Person und eine Sache aus den Beispielen im Buch. Erstellen Sie daneben ein zweites Rechteck. Das erste Rechteck ist für Spieler A, das zweite für Spieler B. Spieler A fragt: „Schenkst du deiner Mutter eine Handcreme?". Ist das der Fall, sagt Spieler B „Ja." und streicht das Feld durch. Ist das nicht der Fall, sagt er „Nein." und ist seinerseits an der Reihe, eine Frage zu stellen. Spieler A kontrolliert seine Felder etc.

		Form	Ablauf	Material	
	PA		2. Am schönsten ist es, wenn die TN selbstständig die Zusammenstellung der Personen und Geschenke für ihren Spielplan machen. *fakultativ:* Zur Vereinfachung und Unterstützung der Aktivität können Sie auf die fertigen Spielpläne der Kopiervorlage unter www.hueber.de/schritte-plus-neu zurückgreifen. Achten Sie darauf, dass die beiden TN unterschiedliche Spielpläne erhalten.	KV L7/A3 im Lehrwerkservice	
	PA		3. Die TN spielen paarweise. Wenn sie fertig sind, können sie zusätzlich Geschenkideen für ihre Familie und ihre Freunde sammeln. Sie vergleichen mit ihrer Partnerin / ihrem Partner. *Hinweis:* Hier können Sie zur Auflockerung auf „Tims Film" zurückgreifen.		
	EA/HA		Arbeitsbuch 6–8		

B ICH KANN ES IHNEN NUR EMPFEHLEN.

Die Stellung der Objekte im Satz

Lernziel: Die TN können Bitten und Empfehlungen ausdrücken.

	Form	Ablauf	Material	Zeit
	EA/PA Wiederholung	Arbeitsbuch 9: im Kurs: Die Wiederholung der Personalpronomen im Dativ und Akkusativ empfiehlt sich vor dem Einstieg in Lernschritt B.		
B1		**Präsentation: Satzstellung der Objektpronomen**		
	EA/PA	1. Die TN lesen das Mini-Gespräch und kreuzen an, wen oder was die Objektpronomen meinen. Anschließend Kontrolle im Plenum.. *Lösung: a das Tzatziki, b Joachim Wagner*		
	PL	2. Erläutern Sie anhand des Tafelbilds die Positionen im Satz. Fragen Sie die TN, was „es" und „Ihnen" ist. Schreiben Sie dann den Satz ohne Pronomen an die Tafel. Die TN haben in Lernschritt A schon gelernt, dass normalerweise die Person vor der Sache steht, „wem" vor „was", Dativ vor Akkusativ. Erklären Sie den TN nun, dass die Objekte die Position tauschen, wenn die Sache (Was?/Akkusativ) durch ein Pronomen ersetzt wird. Weisen Sie die TN auch auf die Grammatikübersicht (Kursbuch, S. 90) hin, insbesondere auf die visuelle Darstellung rechts. Arbeiten Sie auch hier mit Farben (siehe Tipp zu A1). Weisen Sie die TN auf die Rubrik „Empfehlung: Probieren Sie doch mal …" (Kursbuch, S. 90) hin. Zu zweit können die TN weitere Beispiele zu der kleinen Übung rechts schreiben. Besprechen Sie sie im Kurs.		
	EA/PA Grammatik entdecken ◄──►	Arbeitsbuch 10: im Kurs: Geübtere TN machen die Übung in Stillarbeit. Ungeübtere arbeiten paarweise zusammen.		

B2		Leseverstehen: Objektpronomen in Kleinanzeigen		
a	EA/PA	1. Die TN lesen die Anzeigen und die Situationen und ordnen zu. Abschlusskontrolle im Plenum. *Lösung: 1 B, 2 A*		
b	EA/PA	2. Die TN sehen sich die grünen und roten Wörter in den Anzeigen an und markieren wie im Beispiel. Ungeübtere TN arbeiten zu zweit. Anschließend Kontrolle im Plenum, indem Sie die Anzeigen auf Folie/IWB zeigen und markieren. *Lösung: Sonderwunsch → ihn*	Folie/IWB	

B3		Anwendungsaufgabe: Jemanden um etwas bitten		
	PL	1. Die Bücher sind geschlossen. Zeigen Sie zunächst nur das Bild auf Folie/IWB. Achten Sie darauf, dass das Mini-Gespräch nicht zu sehen ist. Die TN sehen sich die Zeichnung an und beschreiben die Situation. Helfen Sie mit Fragen wie „Wo ist das?", „Was sind das für Leute?", „Was machen die Leute?". Die TN werden sicher auf das Thema „Päckchen" kommen. Vielleicht haben einige schon einmal ein Päckchen in die Heimat geschickt? Sammeln Sie mit den TN an der Tafel, was man alles braucht, um ein Päckchen zu packen. Die TN können dazu auch im Wörterbuch nachschlagen. *Variante:* Wenn Sie wenig Zeit haben, führen Sie die neuen Wörter anhand der Zeichnungen im Kursbuch ein. Fragen Sie, wozu man diese Dinge braucht, und notieren Sie neue Wörter an der Tafel.	Folie/IWB	
	PA	2. *fakultativ:* Wenn Sie genug Zeit haben, bitten Sie die TN, in Partnerarbeit ein kurzes Gespräch zu dem Bild zu schreiben. Anschließend spielen einige ihre Mini-Gespräche vor.		
	PA/WPA	3. Die TN öffnen ihre Bücher. Zwei TN lesen das Beispiel vor. Die TN machen weitere Mini-Gespräche. Bringen Sie, wenn möglich, Scheren, Klebstoff, Schnur etc. mit. Sie können die TN auch kleine Schachteln (alte Medikamentenpäckchen, leere Flaschen etc.) zu zweit verpacken lassen. Dabei variieren sie das Mini-Gespräch. *Variante:* Schreiben Sie die Wörter auf Kärtchen. Zeigen Sie das Mini-Gespräch auf Folie/IWB. Jeder zweite TN erhält ein Kärtchen. Je ein TN mit und ein TN ohne Kärtchen finden sich zusammen und sprechen miteinander ein Mini-Gespräch, bei dem sie das Wort auf dem Kärtchen verwenden. Danach erhält der andere TN das Kärtchen und sucht sich eine Partnerin / einen Partner ohne Kärtchen etc. Nach einer Weile können Sie die Übung erschweren, indem Sie neue Kärtchen austeilen, auf denen die Artikel der Gegenstände fehlen. *Hinweis:* Hier passt der „Fokus Beruf: Konflikte im Büro", der den Aspekt Gespräche unter Kollegen aufgreift.	ggf. Scheren, Klebstoff etc.	
	EA/HA	Arbeitsbuch 11		
	EA/HA	Arbeitsbuch 12–13: Wenn Sie die beiden Übungen im Kurs durchführen, lösen alle TN Übung 12. Geübtere TN ergänzen außerdem auch Übung 13. Wenn Sie die Übungen als Hausaufgabe aufgeben, sollten sie von allen bearbeitet werden.		

B4		Aktivität im Kurs: Satzkarten schreiben		
a	PA	1. Bereiten Sie die Beispielsätze auf Karten vor. Die TN legen sie bei geschlossenen Büchern zu Sätzen. Anschließend Kontrolle im Plenum oder die TN kontrollieren selbst mit dem Buch. In Kursen mit ungeübten TN können Sie vor dem Legen der Sätze mit den TN zusammen die Satzteile in den Farben markieren, die die TN aus dem Arbeitsbuch und aus dem Tafelbild (siehe Tipp zu A1) kennen. *fakultativ:* Zur Vereinfachung und Unterstützung der Aktivität können Sie auch die Kopiervorlage im Lehrwerkservice unter www.hueber.de/schritte-plus-neu verwenden.	KV L7/B4 (1) im Lehrwerkservice	

	Form	Ablauf	Material	Zeit
	PA	2. Die TN schreiben nach dem Muster im Buch drei eigene Sätze auf Karten. Gehen Sie herum und helfen Sie bei Schwierigkeiten.	Karten	
b	PA	3. Die Paare mischen ihre Sätze und tauschen mit einem anderen Paar. Die Paare ordnen die neuen Sätze und vergleichen.		
	GA ⟷	4. *fakultativ:* Je vier TN erhalten eine Kopiervorlage, vier Spielfiguren und einen Würfel. Jeder Spieler setzt seine Figur auf ein beliebiges Feld. Er würfelt und zieht. Er fragt wie im Beispiel, der Spieler neben ihm antwortet. Die anderen Gruppenmitglieder kontrollieren. Dann ist der nächste TN dran. Für geübtere TN können Sie auch eine schwierigere Variante erstellen, indem Sie auf dem Spielplan die Artikel tilgen. Die geübteren Gruppen erhalten den neuen Plan dann nach einer Runde mit dem „normalen" Plan. *Variante:* Das Spiel eignet sich auch zur Wiederholung zu einem späteren Zeitpunkt. *Hinweis:* An dieser Stelle können Sie zur Auflockerung auch „Tims Film" zeigen.	KV L7/B4 (2), Spielfiguren, Würfel	
	EA/HA	Arbeitsbuch 14		

C HOCHZEIT

Lernziel: Die TN können Kurznachrichten über eine Hochzeit verstehen und über ein Fest berichten.

	Form	Ablauf	Material	Zeit
C1		**Präsentation des Themas „Hochzeit"**		
	PL	1. Die Bücher sind geschlossen. Es geht zunächst nur um die Fotos. Zeigen Sie die Fotos auf Folie/IWB so, dass die TN keinen Text sehen können. Fragen Sie: „Um was für ein Fest geht es hier?", „Was sehen Sie auf den Fotos?", „Wo sind die Leute?", „Was machen sie?". Führen Sie dabei die Wörter „Trauung", „Kirche" und „(Hochzeits-)Torte" ein. *Hinweis:* Hierzu passt der Film „Hauptsache, sie sind glücklich." aus „Zwischendurch mal ..." (Kursbuch, S. 92), mit dem Sie den Wortschatz zum Thema „Hochzeit" einführen können.	Folie/IWB ZDM	
	🌍	Erklären Sie den TN den Unterschied zwischen kirchlicher und standesamtlicher Hochzeit. In einigen Ländern gibt es diese Trennung nicht, und es kann für die TN neu sein, dass die kirchliche Trauung allein in Deutschland nicht möglich ist. Man muss erst standesamtlich getraut sein, um in der Kirche heiraten zu können. Viele Paare heiraten auch nur auf dem Standesamt, weil sie keiner Kirche angehören oder sich der Kirche nicht mehr so verbunden fühlen. Die Trauung in der Kirche wird meist als feierlicher empfunden, weil sie in viele rituelle Handlungen eingebunden ist.		
C2		**Leseverstehen: Kurznachrichten über eine Hochzeit verstehen**		
a	EA/PA ⟷	1. Die TN lesen die Kurznachrichten in C1 und verbinden die Aussagen. Ungeübtere TN arbeiten zu zweit. Abschlusskontrolle im Plenum, klären Sie dabei unbekannten Wortschatz. *Lösung: 2 Dann hat es Kuchen gegeben und das Brautpaar hat die Geschenke ausgepackt. 3 Später haben alle zu Abend gegessen. 4 Nach dem Abendessen hat das Brautpaar einen Walzer getanzt. 5 Alle haben bis spät in die Nacht getanzt und gefeiert.* *Variante:* In Kursen mit ungeübteren TN können Sie die Kurznachrichten auch kopieren und ausschneiden. Die TN erhalten zu zweit je einen Satz Nachrichten und legen diese zunächst in eine Reihenfolge. Dabei helfen die Uhrzeiten.		

b EA/PA ⟷	2. Die TN lesen die Aussagen und kreuzen an. TN, die schneller fertig sind, überlegen, welches Fest besonders schön war und machen sich Notizen. Abschlusskontrolle im Plenum. *Lösung: richtig: 4, 6*		
PL	3. Stellen Sie zusätzliche Verständnisfragen: „Warum war Miriam nicht dabei?", „Wie war der Brautwalzer?", „Was hat Miriam dem Brautpaar geschenkt?" etc.		
EA/HA/PA Schreib- training ⟷	Arbeitsbuch 15–17: Wenn Sie die drei Übungen im Kurs durchführen, lösen alle TN Übung 15 und 16. Geübtere TN schreiben außerdem den Text zu Übung 17. Wenn Sie die Übungen als Hausaufgabe aufgeben, sollten sie von allen bearbeitet werden. In der nächsten Stunde korrigieren die TN ihre Texte zunächst mit einer Partnerin / einem Partner. Dabei sollten Sie darauf achten, dass die Partner etwa gleich gut sind. Sammeln Sie die Texte abschließend ein und korrigieren Sie sie.		
EA/PL 👄 ⟷	Arbeitsbuch 18: im Kurs: Mit diesen Übungen trainieren die TN den Unterschied zwischen „o" und „ö", der im Deutschen oft bedeutungstragend ist. Üben Sie mit den TN den Unterschied, indem Sie den TN zunächst zeigen, dass bei „o" die Lippen rund sind wie ein „o". Beim „ö" sind die Lippen genauso gerundet wie beim „o"-Laut. Allerdings ist die Zungeneinstellung genauso wie bei den „e"- und „i"-Lauten. TN, die Schwierigkeiten mit dem „ö" haben, können zuerst ein „e" sprechen und dann die Lippen runden, z. B. „lesen → lösen".	AB-Track 1/62–63	

C3	**Aktivität im Kurs: Über eine Hochzeit berichten**		
GA	1. Die TN erzählen anhand der Fragen von der eigenen Hochzeit oder der eines Verwandten/Freundes. Ermuntern Sie die TN, sich gegenseitig Fragen zu stellen. Vielleicht haben einige noch Fotos auf dem Smartphone und möchten sie zeigen? *Hinweis:* Hierzu passt auch das Hörverstehen „Wer ist wer … und was ist los?" aus „Zwischendurch mal …" (Kursbuch, S. 93). Thematisiert werden typische Small-Talk-Situationen auf einer Party.	ZDM
PL/EA	Arbeitsbuch 19: im Kurs: Sprechen Sie mit den TN zunächst über die Zeichnung: „Wer sind die Personen?", „Was ist die Situation?", „Worüber könnten die Personen sprechen?". Dann lesen die TN die Aussagen, hören das Gespräch so oft wie nötig und markieren. Anschließend Kontrolle im Plenum.	AB-Track 1/64
EA/HA Prüfung	Arbeitsbuch 20: im Kurs: Diese Übung führt an den Prüfungsteil Sprechen, Teil 2 des *Goethe-Zertifikats A2* heran. Die TN sollen hier etwas über sich erzählen. Zwei Themen sind vorgegeben, von denen die TN eins wählen. Es gibt vier Hilfsfragen, zu denen sich die TN kurz Notizen machen sollen. Dann erzählen Sie ihrer Partnerin / ihrem Partner davon. Weisen Sie die TN auch auf den Lerntipp hin.	

D GESCHENKE

Die Präposition *von* mit Dativ

Lernziel: Die TN können Meinungen, Vorlieben und Wichtigkeit ausdrücken.

	Form	Ablauf	Material	Zeit
D1		**Hörverstehen: Ein Gespräch unter Kollegen verstehen**		
a	PL	1. Die TN sehen sich das Foto an und lesen die Sprechblase. Fragen Sie die TN, zu welchen Gelegenheiten man sich unter Kollegen etwas schenkt. Sammeln Sie an der Tafel (Geburtstag, Jubiläum etc.).		

	PL	2. Die TN sehen sich die Geschenkvorschläge im Buch an und überlegen, was ein angemessenes Geschenk für einen Kollegen wäre. Klären Sie dabei, falls nötig, was ein Gutschein ist. Lassen Sie den TN Zeit, zunächst selbst eine Erklärung zu finden. Fragen Sie auch, wann man Selbstgemachtes (hier die Marmelade) schenken könnte. Wann kann man Geld schenken, wann ist es unangemessen? Wie teuer sollte ein Geschenk sein?		
	EA/PA	3. Die TN hören das Gespräch und markieren, was Martin sich wünscht. Anschließend Kontrolle im Plenum. *Lösung: Geld*	CD 3/31	
	PL/GA	4. „Von" wird mit dem Dativ gebraucht. Verweisen Sie auf den Grammatik-Kasten und auf die Grammatikübersicht 3 (Kursbuch, S. 90). Die kleine Übung rechts können Sie im Kurs zur Festigung nutzen. Die TN machen sich Notizen und berichten dann in Kleingruppen.		
b	EA/PA	5. Die TN lesen zunächst die Aussagen und markieren aus dem Kopf, was sie behalten haben. Dann hören sie das Gespräch noch einmal und markieren weiter. Danach vergleichen sie mit einem anderen TN. Anschließend Kontrolle im Plenum. *Lösung: 3, 4, 6, 7, 8, 9, 11*	CD 3/31	
	EA/PL	6. Die TN lesen die Aussagen noch einmal und markieren, welchen Aussagen sie zustimmen. Anschließend Diskussion im Plenum.		
TiPP		Sie können auch eine Zustimmungsseite und eine Ablehnungsseite im Kursraum festlegen. Sie lesen eine Aussage vor und die TN gehen auf die passende Seite. Dann stellen ein oder zwei TN jeder Seite ihre Meinung kurz dar und begründen sie. Dann lesen Sie eine weitere Aussage vor.		
c ⟷	EA/PA	7. Die TN lesen die Fragen und ordnen die Sätze aus b zu. Ungeübtere TN arbeiten zu zweit. Schnellere TN können zusätzlich eine Liste schreiben, was sie nie schenken würden. Anschließend Kontrolle im Plenum. *Lösung: B: 2, 3, 4, 6, 7; C: 8, 9, 12; D: 10, 11* *Hinweis:* Hierzu passt thematisch der „Fokus Beruf: Konflikte bei der Arbeit" (Arbeitsbuch, S. 94).		
	EA/HA	Arbeitsbuch 21		

D2	Aktivität im Kurs: Über Meinungen und Vorlieben sprechen			
EA ⟷	1. Die TN lesen die Aufgabe und das Beispiel. Sie machen sich Notizen. Als Hilfe können sie die Fragen aus D1c noch einmal lesen. In Kursen mit ungeübteren TN sollten Sie ein Beispiel geben, indem Sie selbst über Ihre Vorlieben berichten. Benutzen Sie dafür die Redemittel aus dem Kasten. Wenn nötig, geben Sie dazu auch einen Beispiel-Notizzettel an der Tafel vor und berichten dann.	Folie/IWB		
PL/GA	2. Die TN sehen sich die Redemittel an. Machen Sie, wenn nötig, zu jedem ein Beispiel. Weisen Sie die TN auch auf die Rubrik „Vorlieben ausdrücken: Ich schenke gern …" (Kursbuch, S. 91) hin. Die kleine Übung rechts eignet sich als Hausaufgabe. Dann berichten die TN anhand ihrer Notizen in Kleingruppen.			
EA/HA	Arbeitsbuch 22			
PA Prüfung	Arbeitsbuch 23: im Kurs: Die TN arbeiten zu zweit. Jeder TN erhält einen Klebezettel. Einer klebt seinen Zettel auf Notizzettel A, der andere auf B. Der Kasten mit den Redemitteln sollte jeweils zu sehen sein, da er als Hilfestellung benutzt werden kann. Die TN lesen die Aufgabenstellung und versuchen, mit der Partnerin / dem Partner einen Termin zu finden. Diese Übung entspricht dem Prüfungsteil Sprechen, Teil 3 des *Goethe-Zertifikats A2*. Die TN haben ca. fünf Minuten Zeit für das Gespräch.	Klebezettel		

E EIN FEST PLANEN

Lernziel: Die TN können ein Fest planen und von Festen erzählen.

	Form	Ablauf	Material	Zeit
E1		**Hörverstehen 1: Verschiedene Meinungen unterscheiden**		
a	PL	1. Sprechen Sie mit den TN zur Einstimmung auf das Thema über verschiedene Arten von Partys und Festen. Malen Sie dazu einen Wortigel an die Tafel und sammeln Sie mit den TN alle Wörter, die ihnen zum Stichwort „Feste" einfallen. Wenn Sie das Thema noch vertiefen möchten, lassen Sie die TN die Wörter auch nach Gruppen sortieren, um eine Struktur in das freie Assoziieren zu bringen.		
	PL	2. Die TN betrachten die Fotos. Fragen Sie, wo die Personen sind, was ggf. gefeiert wird und wie.		
	PL	3. Die TN erzählen, welches Fest sie interessiert und warum.		
	EA	4. Die TN hören das Gespräch und kreuzen an, für welches Fest Sabine und Khaled sich entscheiden. *Lösung: Foto 1* *Hinweis:* Hierzu passt thematisch der „Fokus Familie: Ein Sommerfest im Kindergarten" (Arbeitsbuch, S. 95).	CD 3/32	
b		**Hörverstehen 2: Kerninformationen verstehen**		
	EA/PA	5. Die TN lesen die Aufgabe und die Aussagen. Geben Sie, wenn nötig, Gelegenheit zu Wortschatzfragen. Dann hören die TN das Gespräch so oft wie nötig und ordnen die Aussagen zu. Weisen Sie die TN darauf hin, dass die Aussagen nicht wortwörtlich im Gespräch vorkommen. Die TN müssen auch erschließen, was die beiden Personen mit bestimmten Aussagen ausdrücken. Die TN vergleichen zunächst mit einer Partnerin / einem Partner. Abschlusskontrolle im Plenum. *Lösung: Sabine: 2, 3, 5, 7; Khaled: 4, 6, 8*	CD 3/32	
E2		**Aktivität im Kurs: Ein Fest planen**		
a	PL	1. Erarbeiten Sie als Vorübung Redehilfen zum Thema „Prioritäten/Wichtigkeit ausdrücken" sowie „Zweifel an den Prioritäten eines anderen äußern". Spielen Sie das Gespräch aus E1 noch einmal vor und stoppen Sie nach jeder Wendung, die dazu passt. Die TN versuchen, die passenden Wendungen zu hören und zu nennen. Sammeln Sie diese an der Tafel.		

> *Wichtigkeit ausdrücken*
>
> Ich finde es toll, wenn auch meine Freunde kommen.
> Die Hauptsache ist, dass der Raum groß ist.
>
> *Zweifel ausdrücken*
>
> Ist das wirklich so wichtig?
> Muss das sein?

	Form	Ablauf	Material	Zeit
		Weisen Sie die TN auch auf die Redemittel im Buch hin und auf die Rubrik „Wichtigkeit ausdrücken: Hauptsache, …" (Kursbuch, S. 91). Als Hausaufgabe können die TN die kleine Übung machen und schreiben, was ihnen bei einem Fest wichtig ist.		
	GA ⟷	2. Die TN lesen die Aufgabe und überlegen in der Gruppe, was für ein Fest sie machen könnten und was dafür benötigt wird. Sie diskutieren ihre Prioritäten, indem sie die Redemittel verwenden, und entscheiden gemeinsam, wie das Fest werden soll. Dann erstellen sie ein Plakat mit den wichtigsten Informationen. *Variante:* Wenn die TN vor der freien Diskussion noch mehr Struktur brauchen, geben Sie fünf Minuten Zeit vor. Die TN notieren zunächst jeder für sich, was ihnen persönlich wichtig bzw. weniger wichtig ist.	Plakate, Stifte	

b PL ⟷	3. Jede Gruppe stellt im Plenum das Fest anhand des Plakats vor. Achten Sie darauf, dass jeder TN der Gruppe spricht und einen Teil des Plans vorstellt. Geübtere TN bemühen sich, die anderen Gruppen zu überzeugen, zum Fest zu kommen. Hilfe zu Formulierungen finden die TN unter „Über ein Fest berichten: Unser Fest findet … statt." (Kursbuch, S. 91).	
GA	4. *fakultativ:* Die TN überlegen in der Gruppe, zu welchem Fest aus den anderen Gruppen sie gern gehen würden, und diskutieren wieder. Sie müssen sich auf ein Fest einigen. *Hinweis:* An dieser Stelle bietet sich das Hörverstehen „Wer ist wer … und was ist los?" zu Partygesprächen aus „Zwischendurch mal …" (Kursbuch, S. 93) an.	ZDM
TiPP	Der Unterricht wird für die TN lebendiger, motivierender und authentischer, wenn sie einen konkreten Bezug zur realen Welt herstellen können. Wenn möglich, belassen Sie es daher nicht bei der theoretischen Ausarbeitung einer Party, sondern planen Sie mit den TN eine wirkliche Kursparty mit einem schönen Motto. Die TN diskutieren, was sich für so eine Kursparty realisieren lässt und wo sie stattfinden könnte. Sie verteilen Aufgaben untereinander, wer sich worum kümmern muss und wer was mitbringen soll.	
EA/HA	Arbeitsbuch 24–25, 27	
EA/PA Schreib- training ⟷	Arbeitsbuch 26: im Kurs: Die TN schreiben eine Antwort-E-Mail, in der sie die Einladung annehmen. Geübtere TN erhalten nur die Einladungs-E-Mail von Jana und schreiben eine Antwort. Ungeübtere TN bearbeiten die Übung wie im Buch angegeben. Sammeln Sie die Texte zur Korrektur ein.	
PL 👄	Arbeitsbuch 28–29: im Kurs: Mit diesen Übungen trainieren die TN Konsonanten- häufungen, die besonders für TN aus Ländern mit vokalisch aufgebauter Sprache (z. B. Türkisch) problematisch sind. Üben Sie mit den TN, indem Sie sie die Seg- mente eines stark konsonantischen Wortes zunächst einzeln sprechen lassen, dann das ganze Wort, aber mit Pausen zwischen den einzelnen Segmenten, und schließ- lich das ganze Wort. Ermuntern Sie die TN, mit einem Korken zwischen den Zäh- nen zu üben. Durch den Korken sind sie zu deutlicher Aussprache „gezwungen", einzelne Buchstaben können nicht verschluckt werden. Machen Sie aus Übung 29 einen kleinen Wettbewerb: Wer findet noch mehr Wörter als im Buch angegeben, und wer kann sie am schnellsten richtig sprechen?	AB-Track 1/65
GA	*fakultativ:* Wenn Sie noch Zeit haben, können Sie hier die Wiederholung zu Lek- tion 7 anschließen.	KV L7/Wieder- holung
Lektions- tests	Einen Test zu Lektion 7 finden Sie hier im LHB auf den Seiten 184 –185. Weisen Sie die TN auf den Selbsttest im Arbeitsbuch auf Seite 93 hin.	KV L7/Test

AUDIO- UND VIDEOTRAINING

	Form	Ablauf	Material	Zeit
Audiotraining 1: Wer bekommt was?				
	EA/HA	Die TN trainieren die Stellung der Objekte bzw. der Pronomen im Dativ und Akku- sativ. Der Sprecher gibt einen Satz vor, die TN wiederholen. Nach und nach wer- den die Objekte durch Pronomen ersetzt (Ich schenke meinem Mann Konzertkar- ten. – Ich schenke ihm Konzertkarten. – Ich schenke sie ihm.).	CD 3/33	
Audiotraining 2: Toll! Antworten Sie auf die Frage.				
	EA/HA	Der Sprecher gibt die Frage „Toll. Von wem ist das Geschenk?" und eine Person, z. B. „Onkel", vor. Die TN antworten mit „von": „Von meinem Onkel!". Nach der Sprechpause hören die TN die korrekte Antwort.	CD 3/34	

Audiotraining 3: Empfehlungen		
EA/HA ⟷	Die TN trainieren hier noch einmal die Stellung der Pronomen. Der Sprecher fragt: „Was soll ich denn nur essen?" und gibt eine Antwort vor: z. B. „das Steak". Die TN antworten: „Probieren Sie doch das Steak. Ich kann es Ihnen nur empfehlen.". Nach der Sprechpause hören die TN die korrekte Antwort. *Hinweis:* Diese Übung ist sehr anspruchsvoll und sollte vor allem von geübteren TN trainiert werden. Hier empfiehlt sich auch eine mehrmalige Wiederholung, um die Stellung der Pronomen einzuschleifen.	CD 3/35

Videotraining: Das Gedicht		
EA/HA 🎬 ⟷	Die TN sehen in dem Film ein Gespräch zwischen Lara und Tim, in dem sie von Geschenken erzählen. Dabei benutzen sie Akkusativ- und Dativpronomen. So hören die TN diese Struktur noch einmal im Gesprächskontext. Zur Übung für die TN gibt es ein kleines Gedicht von Tim für Lara, in das die TN die entsprechenden Pronomen einsetzen. Anschließend wird das vollständige Gedicht eingeblendet. *fakultativ:* Wenn Sie das Videotraining im Kurs machen wollen, können geübtere TN weitere ähnliche Gedichte schreiben und sie im Kurs vorlesen oder von den anderen als Übung ergänzen lassen.	Film „Das Gedicht"

ZWISCHENDURCH MAL ...

	Form	Ablauf	Material	Zeit
🎬		**Hauptsache, sie sind glücklich. (passt z. B. zu C1)**		
1	PA	1. Die TN sehen sich die Fotos an und ordnen sie zu einer Geschichte.		
	PA	2. *fakultativ:* Die TN erhalten einen Satz Wörter der Kopiervorlage und ordnen die Wörter den Fotos zu. Dabei können sie, wenn nötig, das Wörterbuch benutzen.	KV L7/ZDM (1)	
2	PL 🎬	1. Die TN hören und sehen nun die Slide-Show und vergleichen. *fakultativ:* Dabei achten sie darauf, wann die neuen Wörter von der Kopiervorlage vorkommen. Anschließend Kontrolle im Plenum. *Lösung: links (von oben nach unten): 6, 4, 8, 7; rechts (von oben nach unten): 1, 5, 2, 3*	KV L7/ZDM (1)	
	PA	2. Abwechselnd erzählen die TN nun die Geschichte nach. *fakultativ:* Wenn Sie die Kopiervorlage eingesetzt haben, benutzen die TN die neuen Wörter.		
	EA/HA ⟷	3. *fakultativ:* Geübtere TN verschriftlichen zu Hause die Geschichte anhand der Fotos. Sammeln Sie die Texte zur Korrektur ein.		
	Hören	**Wer ist wer ... und was ist los? (passt z. B. zu C3 oder E2)**		
1	EA/PA	1. Die TN lesen den Einführungstext und betrachten die Zeichnung.		
	PA ⟷	2. Die TN machen sich Gedanken zu Smalltalk-Themen auf einer Party. Geübtere TN überlegen zusätzlich, worüber sich die Personen auf der Zeichnung wohl unterhalten, und ordnen den Partygästen jeweils ein Thema zu. *Musterlösung: das Essen und Trinken auf der Party, die anderen Gäste, die Musik, das Wetter, Hobbys, Liebe und Partnerschaft* *fakultativ:* Verteilen Sie die Kopiervorlage. Sprechen Sie anhand von Übung 1 der Kopiervorlage mit den TN darüber, was „Smalltalk machen" ist.	KV L7/ZDM (2)	

	PL	3. Sprechen Sie mit den TN über die Aufgabe und machen Sie ihnen bewusst, dass eine eindeutige Lösung hier nicht erforderlich ist. Geben Sie ggf. auch die Informationen zur Landeskunde (s. u.).		
	🌍	Auf Partys oder informellen Empfängen, wenn die Gäste sich nicht oder nur wenig kennen, kann man in Deutschland über folgende Themen sprechen: Reisen, Freizeit und Hobbys, Wetter, aktuelle sportliche Ereignisse wie z. B. eine Fußball-Weltmeisterschaft, Essen, Musik. Auch Fragen nach der Familie und dem Arbeitsleben sind erlaubt. Allerdings bleibt man hier allgemein. Gespräche über familiäre Probleme oder intensives Nachbohren bei Arbeitslosigkeit sind nicht üblich. Als Tabu-Themen gelten Politik, religiöse Einstellungen, der Verdienst und Krankheiten. Jedoch kann man hier keine allgemeingültige Grenze ziehen, sondern muss sich auf das eigene Gespür für Takt verlassen. Denn es kann durchaus zwischen zwei sich fremden Personen recht schnell ein intensives Gespräch entstehen, bei denen auch tiefgründigere Themen behandelt werden. Dann ist man aber von der Ebene eines freundlichen, unverbindlichen Smalltalks weg.		
2	EA/PA ⟷	1. Die TN lesen die Namen. Lesen Sie die Namen auch vor, damit die TN sie durch die Aussprache beim Hören schnell erkennen und zuordnen können. Jeder TN bekommt 3–4 Partygäste zugeordnet, auf die er sich beim Hören konzentrieren soll. Geübtere TN konzentrieren sich auf alle Personen gleichzeitig. Die TN hören die Gespräche abschnittsweise und ordnen „ihre" bzw. alle Personen zu. Abschlusskontrolle im Plenum. *Lösung: 1 Chris, 3 Jenny, 4 Hubert, 5 Laura, 6 Anna, 8 Sebastian, 9 Paula, 10 Renate, 11 Georg, 12 Thomas, 13 Rosemarie, 14 Beate, 15 Edgar*	CD 3/36–41	
	PL	2. Spielen Sie die Gespräche noch einmal vor, damit die TN, die sich beim ersten Hören vor allem auf die Namen konzentriert haben, nun auf den Inhalt der Gespräche achten können. Fragen Sie die TN, was sie aus den Gesprächen behalten haben, und lassen Sie sie berichten. Geben Sie ggf. auch Gelegenheit, die eigene Meinung zu äußern, z. B. falls die TN sich darüber gewundert haben sollten, dass Jenny und Katharina sich über das Essen beschweren, dem Gastgeber aber Lob für seine Party aussprechen.	CD 3/36–41	
3	EA/PA	1. Die TN lesen die Fragen. Spielen Sie die Gespräche noch einmal so oft wie nötig vor. Die TN kreuzen ihre Lösungen an. Abschlusskontrolle im Plenum. *Lösung: a Langweilig. b Nein. c Ja. d hat Kopfschmerzen. e Nein. f Golf. g Anna und Hubert. h Geburtstag*	CD 3/36–41	
	PA	2. *fakultativ:* Die TN erarbeiten mithilfe von Übung 2 auf der Kopiervorlage Partygespräche und spielen ihr Gespräch im Kurs vor.	KV L7/ZDM (2)	

Eine gute Möglichkeit, spontane Sprache im Unterricht zu üben, ist der Einsatz von Elementen aus dem Improvisationstheater. Dabei werden Situationen geschaffen, in denen die TN improvisieren, d. h. spontan reagieren müssen. Eines der bekanntesten Elemente ist „Freeze" (= Frier ein, auf Deutsch in etwa: „Bleib so"): Vier bis fünf TN bewegen sich frei im Raum, dabei dürfen sie Grimassen schneiden und wild gestikulieren sowie alle möglichen Verrenkungen machen. Ein TN ruft „Bleib so!". Die sich bewegenden TN bleiben in der Position stehen, in der sie gerade sind. Die anderen TN versuchen nun, mit den „erstarrten" Personen ein Gespräch zu beginnen, wobei sie deren Posen miteinbeziehen (Wenn eine Person z. B. zusammengekrümmt ist, könnte man sagen: „Oh, geht es Ihnen heute nicht gut? Was ist passiert?").

Ein weiteres Spiel, das Sie mit den TN auf diesem Niveau schon machen können, ist dieses: Ein TN geht hinter einem anderen her und sagt genau, was dieser tun soll (z. B. „Geh gerade aus, heb eine Hand …"). Der vor ihm laufende TN führt die Anweisungen schweigend aus. Beim Zusammentreffen mit anderen „Pärchen" können hier die witzigsten Situationen entstehen. Neben jeder Menge Spaß werden die TN auch darauf vorbereitet, in Situationen spontan zu reagieren. Sie können so die Angst vor unbekannten Situationen abbauen. Auf höherem Niveau kann noch ein Gespräch über die Eigenwahrnehmung folgen.

FOKUS BERUF: KONFLIKTE BEI DER ARBEIT

Die TN können ausdrücken, dass sie mit Handlungen/Äußerungen von Kollegen nicht einverstanden sind.

	Form	Ablauf	Material	Zeit
1		**Hörverstehen: Probleme im Büro**		
a	PA	1. Die TN sehen sich die Zeichnungen an. Sie können die Übung b auch mit dem Heft abdecken. Zu zweit beschreiben die TN die Zeichnungen. Geben Sie dazu die W-Fragen vor: „Wer? Wo? Wann? Was passiert?". In Kursen mit überwiegend ungeübten TN können Sie diese Phase als Plenumsgespräch durchführen. Danach beschreiben die TN die Situationen noch einmal in Partnerarbeit.		
	PA	2. *fakultativ:* Teilen Sie jedem Paar eine Zeichnung zu, zu der sie ein kleines Gespräch schreiben. Einige TN spielen ihre Gespräche anschließend im Plenum vor.		
	PA	3. Die TN hören die Gespräche und ordnen zu. Anschließend Kontrolle im Plenum *Lösung: A 3, C 4, D 2*	AB-Track 1/66	
b	EA/PA	4. Die TN lesen die Gespräche und kreuzen an, welche Antworten freundlich sind. Dann hören die TN noch einmal. Anschließend Kontrolle im Plenum. *Lösung: 2 Natürlich! Das mache ich sofort. 3 Ach so. Na, das kann jedem passieren. 4 Tut uns leid. Sie haben natürlich recht.*	AB-Track 1/66	
	PL	5. Sprechen Sie mit den TN darüber, was diese Antworten freundlich macht, z. B. Betonung, Entschuldigung, Bedauern ausdrücken, Verständnis zeigen etc.		
2		**Rollenspiel: Konflikte lösen**		
	PL	1. Die TN sehen die Zeichnung an und überlegen, was die Personen weiter sagen könnten. Sammeln Sie verschiedene Vorschläge.		
	PL	2. Die TN sammeln weitere Konfliktsituationen. Um ihnen eine Anregung zu geben, bitten Sie sie, z. B. an typische Situationen am Arbeitsplatz zu denken, über die sie sich ärgern, oder an Konflikte im Kurs etc.		
	PA	3. Die TN wählen aus den gesammelten Situationen eine aus, die ihnen gefällt. Sie schreiben dazu ein Mini-Gespräch. Helfen Sie bei Schwierigkeiten.		
	GA	4. Die TN spielen einem anderen Paar ihr Gespräch vor. Die Kleingruppe unterhält sich dann über die Situation: Ist die Reaktion angemessen? Gehen Sie herum und helfen Sie bei Schwierigkeiten/Unklarheiten.		

FOKUS FAMILIE: EIN SOMMERFEST IM KINDERGARTEN

Die TN können ihre Interessen und Wünsche einbringen, z. B. zur Übernahme von Aufgaben bei Kinderfesten. Sie können zur Übernahme von Aufgaben einfache Notizen machen.

Form	Ablauf	Material	Zeit
	Da dieser Fokus möglicherweise nur für einen Teil der TN von Interesse ist, können die Übungen auch als Hausaufgabe gegeben werden.		
1	**Präsentation des Wortfelds „Organisation eines Festes"**		
PL	1. Die TN lesen die Einladung zum Sommerfest. Fragen Sie TN mit Kindergarten- oder Schulkindern, ob sie eine solche Einladung auch schon einmal erhalten haben. Die TN berichten kurz.		
PA	2. Die TN sehen sich die Zeichnungen an und lesen die Begriffe dazu. Sie ordnen zu. Abschlusskontrolle im Plenum. *Lösung: 1 B, 3 D, 4 C, 5 E*		
2	**Hörverstehen: Die Aufgabenverteilung auf dem Elternabend verstehen**		
a PL	1. Sprechen Sie mit den TN darüber, dass es bei Veranstaltungen in Kindergarten und Schule üblich ist, dass sich die Eltern einbringen. Erklären Sie, dass die Eltern auf dem Elternabend die Aufgaben verteilen.		
EA	2. Die TN hören das Gespräch so oft wie nötig und kreuzen an. Abschlusskontrolle im Plenum. *Lösung: Frau Winterher: Kuchen, Kinderspiele; Herr Mosbach: aufbauen und aufräumen; Herr Franetti: Getränke*	AB-Track 1/67	
b EA/PA	3. Die TN lesen die Fragen und Bitten und ordnen die jeweils passende Reaktion zu. Spielen Sie zur Kontrolle das Gespräch noch einmal vor. *Lösung: 2 c, 3 e, 4 d, 5 b*	AB-Track 1/67	
PL	4. Fragen Sie die TN, ob sie auch schon bei einem Kindergarten- oder Schulfest geholfen haben: Welche Aufgabe haben sie übernommen? Die TN berichten kurz.		
3	**Aktivität im Kurs: Eine Party planen**		
PL	1. Schreiben Sie bei Bedarf einige Redemittel an die Tafel: „Wer kann das machen/ übernehmen?", „Hat jemand eine Idee?", „Ich kümmere mich um ..." etc.		
GA	2. Die TN stellen sich vor, sie sollen ein Kinderfest organisieren. Sie überlegen, was es alles zu organisieren gibt, und verteilen die Aufgaben. Ein TN aus der Gruppe hält die Aufgabenverteilung schriftlich fest.		
GA	3. Die TN erklären einer anderen Gruppe, was sie für das Fest alles planen, und wer was macht.		
PL	4. *fakultativ:* TN bringen Einladungsschreiben der Schule oder vom Kindergarten mit. Diese werden gemeinsam im Kurs oder in Kleingruppen gelesen und Wortschatzfragen werden geklärt. Die TN können auch erzählen, ob sie an dem Fest, zu dem eingeladen wurde, teilgenommen haben und wie es ihnen gefallen hat.		

✂

A Sie/Er muss in den sauren Apfel beißen. 	B Sie/Er wirft die Flinte nicht gleich ins Korn. 
C Sie/Er kommt nicht in die Puschen. 	D Abwarten und Tee trinken. 
E Sie/Er fängt bei Null an. 	F Ende gut, alles gut. 
G Jeder ist seines Glückes Schmied. 	H Es ist nicht alles Gold, was glänzt. 

✂

1 Sie/Er schafft es nicht gleich beim ersten Mal. Sie/Er versucht es weiter und hört nicht sofort auf.	2 Am Schluss ist es gut. Dann vergisst man den schwierigen Anfang.
3 Manchmal sieht etwas zuerst toll aus. Aber später ist es doch nicht so gut.	4 Manchmal muss man etwas tun, was keinen Spaß macht.
5 Am Anfang hat sie/er nichts.	6 Sie/Er hat immer noch nicht angefangen. Es dauert und dauert.
7 Man muss nicht immer alles schnell tun. Warten ist manchmal auch gut.	8 Sie/Er ist für ihr/sein Glück selbst verantwortlich.

Er wirft die Flinte nicht gleich ins Korn. Das bedeutet, er schafft es nicht gleich beim ersten Mal, aber er versucht es weiter und hört nicht gleich auf. Tim hat Probleme mit der Wohnung, sie ist weit weg und sehr hässlich. Er soll die Flinte nicht gleich ins Korn werfen und zuerst probieren, wie er mit der Wohnung klarkommt.

✂

Lösung: A4, B1, C6, D7, E5, F2, G8, H3

Schritte plus Neu 3, Lehrerhandbuch, 978-3-19-311083-1, © Hueber Verlag

1 Hier sind 12 Wörter versteckt. Sie stehen waagrecht (→) und senkrecht (↓). Markieren Sie.

Achtung: Ä = AE, Ö = OE; Ü = UE!

A	B	W	O	G	G	G	U	Z	I	E	G	E	R	Z
U	B	Y	E	F	E	E	M	Z	Z	F	E	U	E	A
O	X	X	D	U	F	W	M	M	L	T	G	P	D	G
P	G	I	B	V	A	G	E	S	P	I	E	L	T	E
G	S	C	G	E	H	O	E	R	T	G	K	J	B	G
E	S	S	G	N	R	U	G	P	I	E	A	A	C	E
R	E	G	E	L	E	S	E	N	M	S	U	S	H	S
E	R	G	S	A	N	H	O	I	I	C	F	C	M	S
G	G	F	E	A	G	E	M	A	C	H	T	H	M	E
N	E	E	H	K	T	K	Z	U	R	R	G	E	E	N
E	R	R	E	G	O	H	L	O	E	I	T	P	U	E
T	T	T	N	R	F	P	A	E	A	E	Z	O	E	N
J	H	A	R	T	Z	O	E	G	R	B	M	T	T	E
G	E	S	C	H	L	A	F	E	N	E	U	R	I	N
L	O	E	Z	U	E	G	E	G	A	N	G	E	N	W

2 Ergänzen Sie die Sätze mit den Wörtern aus Übung 1.

a   Gestern bin ich mit dem Auto _____ .

b   Ach, das Buch habe ich schon zehnmal _____ .

c   Hast du den Brief endlich _____ ?

d   Sabine hat den ganzen Tag mit dem Hund _____ .

e   Haben Sie die Hausaufgaben _____ ?

f   Am Samstagabend bin ich mit meinem Mann ins Kino _____ .

g   Sieh mal, ich habe mir ein neues Kleid _____ .

h   Habt ihr die ganze Schokolade _____ ?

i   Ich habe dich gestern in der Stadt _____ .

j   Am Montag hat es den ganzen Tag _____ .

k   Hast du schon die Nachrichten im Radio _____ ?

l   Ich bin todmüde. Am Wochenende habe ich nur drei Stunden _____ .

Schritte plus Neu 3, Lehrerhandbuch, 978-3-19-311083-1, © Hueber Verlag

Fragen Sie andere Teilnehmer: „Hast du gestern im Supermarkt eingekauft?"
Bei „Ja" tragen Sie den Namen hier ein. Bei „Nein" müssen Sie weitersuchen.

a .... hat gestern im Supermarkt eingekauft.

b .... ist gestern aus einem Bus ausgestiegen.

c .... hat gestern Abend die Wohnungstür nicht abgeschlossen.

d .... hat heute Morgen schon ferngesehen.

e .... hat letzte Woche ein Kochrezept aufgeschrieben.

f .... hat gestern ihre/seine Mutter angerufen.

g .... hat gestern den ganzen Tag die Schuhe nicht ausgezogen.

h .... ist heute Morgen schon um sechs Uhr aufgestanden.

i .... ist nach dem Frühstück noch einmal eingeschlafen.

j .... hat heute der Lehrerin / dem Lehrer nicht immer zugehört.

k .... hat letzten Monat ein Geschenk ausgepackt.

l .... hat am Wochenende Blumen gekauft.

Schritte plus Neu 3, Lehrerhandbuch, 978-3-19-311083-1, © Hueber Verlag

Meine Familie
Mein Stammbaum

Großmutter

Großvater

+

Großmutter

Großvater

+

Onkel/Tante

Onkel/Tante

Vater

Mutter

+

Schwager

+

Schwester

Nichte/Neffe

Ich

+

Ehemann/
Ehefrau

Kinder: Tochter/Sohn

Bruder

+

Schwägerin

Nichte/Neffe

Illu Baum © Thinkstock/iStock/anamad
Schritte plus Neu 3, Lehrerhandbuch, 978-3-19-311083-1, © Hueber Verlag

Von uns, für uns

– die Zeitung im Grünfelder Viertel

**In unserem Viertel werden jeden Monat neue Häuser fertig.
Vor einer Woche sind die Mieter in die Sonnenburger Straße 20 eingezogen.
Lernen Sie sie kennen:**

HRISTO RADEV

SYLWIA WASILEWSKI

KATRIN HAUSER

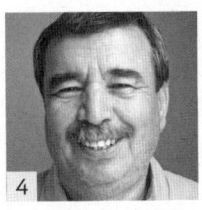

YUSUF DIRIM

LUISA BACH

Schritte plus Neu 3, Lehrerhandbuch, 978-3-19-311083-1, © Hueber Verlag
Hristo © Thinkstock/iStock/IPGGutenbergUKLtd; Sylwia © Thinkstock/Design Pics; Katrin © Thinkstock/iStock/DGLImages;
Yusuf © iStock/ozgurdonmaz; Luisa © Thinkstock/Purestock

1 Sehen Sie den Film an. Wen stellt Marie vor? Kreuzen Sie an.

a (...) Bruder
b (...) Schwester
c (...) Schwager
d (...) Schwägerin
e (...) Cousin
f (...) Cousine
g (...) Tante
h (...) Onkel
i (...) Nichte
j (...) Eltern
k (...) Opa
l (...) Oma

2 Sehen Sie den Film noch einmal. Ergänzen Sie die Namen.

Marie   Max   Paula   Max   Jan   Helga   Marie   Magda   Richard   Richard

a _____ stellt ihre Familie vor.
b _____ und _____ sind verheiratet.
c _____ ist 25 und ein Computerfreak.
d _____ geht noch zur Schule.
e _____ ist die Schwester von Maries Vater.
f _____s Mutter ist Event-Managerin.
g _____s Mann ist 56 Jahre alt.
h _____ arbeitet nicht mehr.
i _____s Frau ist schon gestorben.

3 Rätselfrage: Wie alt ist Maries Familie zusammen (ohne Helga und Elisabeth)?
_____ Jahre.

Lösung: 1 a Bruder, d Schwägerin, e Cousin, g Tante, j Eltern, k Opa, l Oma; 2 a Marie, b Max und Paula, c Max, d Jan, e Helga, f Marie, g Magda, h Richard, i Richard; 3 Rätselfrage: 275 Jahre

Schritte plus Neu 3, Lehrerhandbuch, 978-3-19-311083-1, © Hueber Verlag

✂

Ich sammle Postkarten, denn …	Ich habe viele Schuhe, denn …
Ich habe viele Bücher, denn …	Ich habe viele Tassen und Gläser, denn …
Ich habe viele Teller und viel Besteck, denn …	Ich sammle Steine, denn …
Ich habe viele Blumen, denn …	Ich habe viele Regenschirme, denn …
Ich habe viele Mützen, denn …	Ich sammle alte Fotos, denn …
Ich habe viele Kerzen, denn …	Ich habe viele Videos/DVDs, denn …
Ich habe viele CDs, denn …	Ich habe viele Apps auf meinem Handy/ Tablet, denn …
Ich habe viele Freunde, denn …	Ich sammle Briefmarken, denn …
Ich sammle Muscheln, denn …	Ich sammle Münzen, denn …
Ich sammle …, denn …	Ich habe viel Zeit, denn …
Ich sammle …, denn …	Ich habe viel(e) …, denn …

Schritte plus Neu 3, Lehrerhandbuch, 978-3-19-311083-1, © Hueber Verlag

A Wo ist was? Beschreiben Sie.

Wo ist was? Zeichnen Sie.

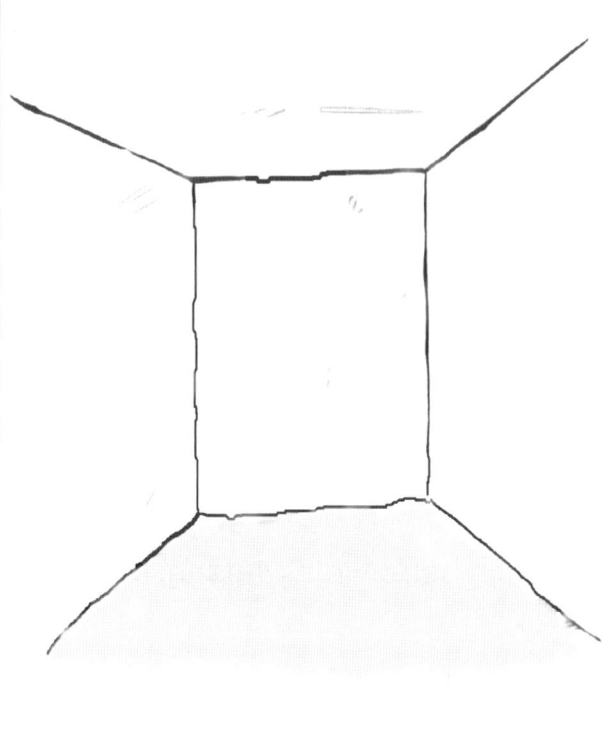

B Wo ist was? Beschreiben Sie.

Wo ist was? Zeichnen Sie.

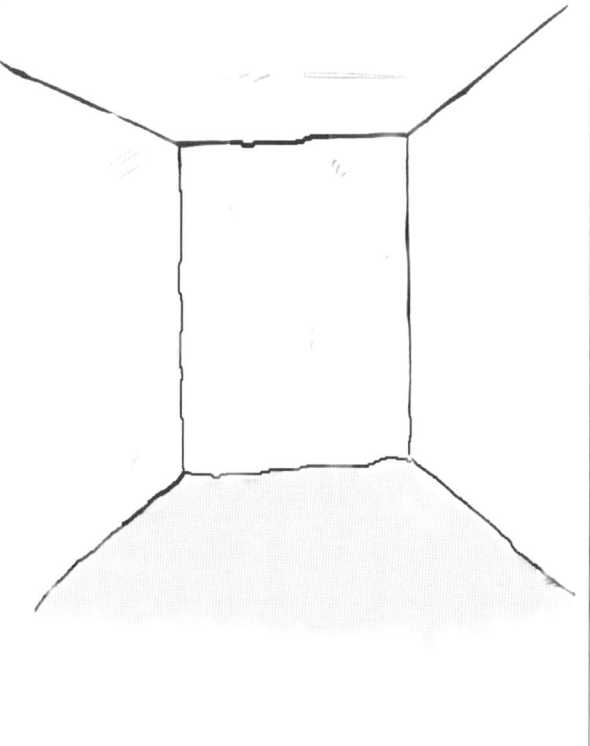

Schritte plus Neu 3, Lehrerhandbuch, 978-3-19-311083-1, © Hueber Verlag

Würfelspiel: „Er steigt die Leiter rauf."

	START →			in das Buch rein | schauen
ZIEL ↑	die Leiter rauf | steigen			
die Leiter runter | fallen				Bitte drei Felder zurückgehen!
nicht rein | gehen dürfen		*Er steigt die Leiter rauf.*		die Mülltonnen raus | stellen
Bitte noch einmal würfeln!				die Treppe rauf | gehen
die Treppe runter|gehen		raus		Bitte einmal aussetzen!
ins Haus rein | gehen		rein		über die Straße rüber | gehen
Bitte einmal aussetzen!		rauf		die Leiter runter | steigen
nicht rüber | fahren dürfen		runter		aus dem Haus raus | gehen
Bitte zwei Felder zurückgehen!		rüber		Bitte noch einmal würfeln!
vom Motorrad runter | fallen				aus dem Fenster raus | schauen
in den Garten raus | gehen		in die Tasche rein | stecken		den Baum rauf | klettern

Schritte plus Neu 3, Lehrerhandbuch, 978-3-19-311083-1, © Hueber Verlag

1 🔊 48–55 **Bringen Sie die Sätze in die richtige Reihenfolge. Hören Sie dann und vergleichen Sie.**

✂

(1) Herr Kaiopoulos hört Tim vor der Wohnungstür.

(...) Tim findet das nicht so schlimm und erzählt von seinem Bruder.

(...) Dafür will Tim mit Niki Englisch lernen.

(...) Zum Schluss trinken alle noch einen Espresso.

(...) Danach bedankt Tim sich für das tolle Essen und möchte von Dimi kochen lernen.

(...) Er lernt auch Frau Kaiopoulos und Niki kennen.

(...) Niki schaut immer wieder auf sein Handy.

(...) Dimi schickt Niki in sein Zimmer.

(...) Dimi kocht gerade und lädt Tim zum Essen ein.

(...) Dimi und seine Frau sind unzufrieden, weil Niki schlechte Noten in der Schule hat.

(...) Tim findet, es riecht gut aus der Wohnung.

(...) Er denkt, das ist sein Sohn Niki und öffnet die Tür.

(...) Es gibt Moussaka, mit Fleisch und ohne Fleisch, weil Frau Kaiopoulos kein Fleisch isst.

(...) So lernt er Tim kennen.

(15) Denn eine Hand wäscht die andere.

_____

Lösung: Er denkt, das ist sein Sohn Niki und öffnet die Tür. So lernt er Tim kennen. Tim findet, es riecht gut aus der Wohnung. Dimi kocht gerade und lädt Tim zum Essen ein. Tim lernt auch Frau Kaiopoulus und Niki kennen. Es gibt Moussaka, mit Fleisch und ohne Fleisch, weil Frau Kaiopoulus kein Fleisch isst. Niki schaut immer wieder auf sein Handy. Dimi schickt Niki in sein Zimmer. Dimi und seine Frau sind unzufrieden, weil Niki schlechte Noten in der Schule hat. Tim findet das nicht schlimm und erzählt von seinem Bruder. Zum Schluss trinken alle noch einen Espresso. Danach bedankt Tim sich für das tolle Essen und möchte von Dimi kochen lernen. Dafür will Tim mit Niki Englisch lernen.

Schritte plus Neu 3, Lehrerhandbuch, 978-3-19-311083-1, © Hueber Verlag

✂

B 	**4** ◆ Hallo, da seid ihr ja. Kommt rein.
	⬤ Danke. Hier: Die sind für dich!
	◆ Oh! So schöne Blumen. Das ist aber nett!
D 	**3** ⬤ Hm, das sieht aber lecker aus. Und es riecht so gut.
	▲ Darf ich dir Fleisch und Soße geben?
	⬤ Ja, gern. Danke.
A 	**1** ◆ Möchtest du noch, Renate?
	⬤ Nein danke. Ich kann nicht mehr. Aber es hat super geschmeckt. Wirklich sehr, sehr lecker!
	◆ Danke. Das freut uns.
D 	**2** ▲ So, jetzt müssen wir aber gehen.
	▽ Schon? Bleibt doch noch ein bisschen.
	▲ Tut mir leid, aber wir müssen wirklich nach Hause. Ich muss morgen schon ganz früh aufstehen.
	▽ Na schön. Kommt gut nach Hause.

Lösung: B4, D3, A1, D2

Schritte plus Neu 3, Lehrerhandbuch, 978-3-19-311083-1, © Hueber Verlag

Joachim Vogt leitet die Kantine einer großen Bank in München. Der Koch findet gesundes und frisches Essen sehr wichtig.

Was antwortet Herr Vogt? Was denken Sie? Schreiben Sie.

a Wo kaufen Sie Ihre Lebensmittel?

....

....

b Was genau bieten Sie an?

....

....

c Für wie viele Menschen kochen Sie jeden Tag?

....

....

d Wie sieht denn Ihr Arbeitstag aus?

....

....

e Was mögen die Gäste besonders gern?

....

....

f Was ist Ihnen beim Kochen wichtig?

....

....

© Thinkstock/Hemera/Simone Van den berg
Schritte plus Neu 3, Lehrerhandbuch, 978-3-19-311083-1, © Hueber Verlag

✂

1

■ Die Rechnung bitte. Ich kann nun leider doch nicht bis zum Wochenende bleiben.

◆ Das war Zimmer 510, nicht wahr?

■ Ja genau. Hier ist der Zimmerschlüssel und hier meine Kreditkarte.

◆ Vielen Dank. Gute Reise.

✂

2

▲ Ich habe jetzt gleich eine Besprechung und bin für ein bis zwei Stunden weg.

◆ Alles klar.

▲ Mein Termin ist ziemlich wichtig. Also: Wenn es Probleme gibt, löst ihr sie bitte selbst, ja?

● Und was ist, wenn es einen Notfall gibt?

▲ Wenn es gar nicht anders geht, könnt ihr mich unter der Durchwahl 0-217 erreichen.

3

● Guten Tag!

○ Ich habe ein Zimmer reserviert.

● Sagen Sie mir bitte Ihren Namen?

○ Krassnick.

● Ich finde hier leider keine Reservierung.

4

● Sie haben online reserviert, Herr Krassnick?

○ Ja.

◆ Wenn Sie online reserviert haben, dann haben Sie sicher eine Reservierungsbestätigung bekommen. Könnte ich die mal sehen, bitte?

○ Moment ... Ach – ich habe sie wohl zu Hause vergessen.

5

◆ Es tut mir leid, wir können hier keine Reservierung auf Ihren Namen finden. Ich kann Ihnen kein Zimmer geben.

○ Was? Sie sollten nicht unhöflich werden!

◆ Ich bitte Sie, Herr Krassnick!

○ Was ist denn nun? Wie lange muss ich denn noch warten?

6

○ Dann geben Sie mir jetzt eben ein anderes Zimmer. Das ist ja wohl kein Problem, oder?

◆ Leider doch.

○ Sie haben kein Zimmer frei? Dann möchte ich jetzt Ihre Chefin sprechen.

◆ Unsere Chefin? Moment mal, da IST ja Ihre Reservierung!

○ Ach?

◆ Entschuldigen Sie bitte. Das war unser Fehler. Sie haben Zimmer 510. Fünfte Etage. Wir wünschen Ihnen einen angenehmen Aufenthalt.

7

● Wie hast du DAS denn gemacht?

◆ Glück muss der Mensch haben! Zimmer 510 ist vor einer halben Stunde erst frei geworden. Das war ein Test. Was hat er gesagt?

● Dann möchte ich jetzt Ihre CHEFIN sprechen. Woher hat er denn DAS gewusst? Tim, du bist genial! Aber du hast den falschen Job. Du solltest Detektiv werden!

8

○ Das war FANTASTISCH, Karla! Er hat keinen Fehler gemacht.

▲ Sie meinen also ...

○ Ja, Karla. Nächstes Jahr wird Tim Chef an der Rezeption. Er wird Ihr Nachfolger.

▲ Super! Da freue ich mich sehr.

Schritte plus Neu 3, Lehrerhandbuch, 978-3-19-311083-1, © Hueber Verlag

Sie

reserviert

dann

Sie

eine

bekommen.

Wenn

online

haben,

haben

sicher

Reservierungs-
bestätigung

Schritte plus Neu 3, Lehrerhandbuch, 978-3-19-311083-1, © Hueber Verlag

Wählen Sie ein Bild und schreiben Sie Ratschläge für diese Person auf.

Ich komme einfach nicht
aus dem Bett.

Ich habe so viel Arbeit.

Immer nur Ärger mit der
Kollegin! Was soll ich nur tun?

So ein Mistwetter!
Das macht keinen Spaß!

Du bist krank.
Du solltest ...

Walter und ich haben
nur noch Streit.

Schritte plus Neu 3, Lehrerhandbuch, 978-3-19-311085-1, © Hueber Verlag

die Gewerkschaft	… ist eine Organisation außerhalb einer Firma, die für die Arbeitnehmer (z. B. für besseren Lohn oder bessere Arbeitszeiten) kämpft.
die Kündigung	… bekommt man, wenn die Firma den Arbeitsvertrag beendet. Natürlich kann man als Angestellter den Arbeitsvertrag auch selbst beenden, dann kündigt man.
der Betriebsrat	… ist eine Gruppe von Personen in einer Firma. Die Mitarbeiter wählen diese Gruppe. Die Gruppe hilft den Mitarbeitern bei Fragen oder Problemen in der Firma.
der Tarif	… ist der Lohn oder das Gehalt, das man in einem bestimmten Beruf mindestens bekommen muss.
die Vorschrift	… ist eine Regel, die man beachten muss.
die Sicherheit	… bedeutet: Es gibt keine Gefahr.
die Betriebsversammlung	… ist ein Treffen für alle Mitarbeiter. Sie bekommen dort z. B. Informationen zu Veränderungen an ihrem Arbeitsplatz oder zu ihren Rechten als Mitarbeiter.
die Weiterbildung	… ist z. B. ein Kurs, in dem die Mitarbeiter etwas lernen, das sie für ihre Arbeit brauchen.
in Rente gehen	… bedeutet: Man hört z. B. mit 65 Jahren auf zu arbeiten und bekommt Geld vom Staat.
der Rentner, die Rentnerin	… ist eine Person, die nicht mehr arbeitet. Sie ist ca. 65 Jahre alt oder älter.
beraten	… bedeutet: Jemandem einen Rat geben.
die Frist	… ist ein Datum, bis zu dem man sich z. B. bewerben kann. Danach kann man das nicht mehr tun.

Schritte plus Neu 3, Lehrerhandbuch, 978-3-19-311083-1, © Hueber Verlag

Foto 1:

a Tim – nicht so gut gehen – zu wenig – Sport machen

b Sandra – Tim – in ihren Latin-Dance-Club – einladen

Foto 2:

c Tim – zum Tanzen – keine Lust haben – Tanzen – kein Sport – sein

d Herr Schramm – kommen – Tanzen – toll – finden

Foto 3:

e Zu Hause – Tim – ein Trainingsvideo – ansehen

f Tim – probieren – wollen – den Tanz

Foto 4:

g Tim – es – versuchen – aber – nicht – wissen, wie es geht

h Tim – hinfallen

Foto 5:

i Tim – nun keine Lust mehr – haben

j Tim – beim Sportverein – anrufen – und – nach Basketball – fragen

Foto 6:

k Abends – Tim – zum Training – gehen

l Tim – gleich – mitspielen – können – der Verein – immer – Leute – brauchen

Foto 7:

m Am nächsten Tag – Tim – Sandra – vom Training – erzählen

n Tanzen – nichts – für Tim – sein – hinfallen

Foto 8:

o Sandra – Tim – Samba-Schritt – zeigen

p Herr und Frau Schramm – mittanzen

Schritte plus Neu 3, Lehrerhandbuch, 978-3-19-311083-1, © Hueber Verlag

1 Was haben Sie heute Morgen gemacht? Kreuzen Sie an.

○ sich kämmen

○ aufstehen

○ sich waschen

○ sich an den Esstisch setzen

○ sich anziehen

○ die Wohnung aufräumen

○ meine Kinder wecken

○ sich rasieren

○ Frühstück machen

○ Hausaufgaben für den Deutschkurs machen

○ meine Kinder anziehen

○ ich duschen

○ die Zeitung lesen

○ sich ausruhen

○ die Nachrichten im Radio hören

gemacht haben

sich gekämmt haben

sich gewaschen haben

aufgestanden sein

sich gesetzt haben

(sich) angezogen haben

aufgeräumt haben

geweckt haben

sich rasiert haben

gemacht haben

gelesen haben

sich geduscht haben

sich ausgeruht haben

sich angezogen haben

gehört haben

2 Ordnen Sie die Stichwörter. Dann schreiben Sie.

Um acht Uhr bin ich aufgestanden. Dann …

Schritte plus Neu 3, Lehrerhandbuch, 978-3-19-311083-1, © Hueber Verlag

auf ein Eis.	Wir beschweren uns	über unsere Lehrerin.	Ich freue mich
auf meinen Geburtstag.	Tim ärgert sich	über seine Arbeit.	Mein Mann interessiert sich nur
für Fußball.	Die Nachbarn kümmern sich nicht	um ihren Hund.	Immer erzählt sie
von ihren Kindern.	Morgen sprechen wir	mit unseren Kurskollegen über die Party.	Wir sprechen gleich
über die Hausaufgaben.	Die Kinder freuen sich	auf die Ferien.	Ich träume
vom Meer und von Sonne.	Lara telefoniert jeden Tag	mit Tim.	Fatma erinnert sich oft
an ihre Heimat.	Lara ist verabredet	mit ihrer Freundin.	Ich warte schon seit einer halben Stunde
auf dich.	Wir denken oft	an unsere Eltern.	Sie haben keine Angst
vor Hunden.	Ich treffe mich morgen	mit dir.	Jetzt habe ich Lust

Schritte plus Neu 3, Lehrerhandbuch, 978-3-19-311083-1, © Hueber Verlag

Das Wabenspiel

sich
kümmern
...

sich
treffen
...

sprechen
...

Lust
haben
...

warten
...

zufrieden
sein
...

denken
...

träumen
...

sich
ärgern
...

sich
freuen
...

sich
interessieren
...

sich
erinnern
...

Schritte plus Neu 3, Lehrerhandbuch, 978-3-19-311083-1, © Hueber Verlag

1 Lesen Sie das Interview (Kursbuch, S. 68) und ergänzen Sie die Informationen.

a Seit wann lebt Deniz' Vater in Deutschland? _____

b Bei welchen Fußballvereinen hat ihr Vater gespielt? _____

c Für welchen Verein spielt Deniz? _____

d Was ist ihre Mutter von Beruf? _____

e Welchen Beruf hat Deniz (neben Fußballerin)? _____

f Was macht sie gern (neben Fußball spielen)? _____

2 Was bedeutet das? Ordnen Sie zu.

a Mein Bruder ist ein leidenschaftlicher Fußballer.

b Ich habe einen Beruf aus meinem Hobby Fußball, gemacht.

c Ich stehe mit beiden Beinen im Leben.

d Ich möchte immer mein Bestes geben.

e Mein Herz schlägt für Deutschland und die Türkei.

1 Ich will immer alles so gut wie möglich machen.

2 Mein Bruder spielt sehr gern Fußball, er liebt es.

3 Ich liebe Deutschland und die Türkei.

4 Fußball ist mein Hobby und mein Beruf.

5 Ich sehe die Dinge, wie sie sind.

Lösung: Lösung: 1a Seit 1985. b Muşspor, Eintracht Frankfurt, Darmstadt 98. c SG Essen-Schönebeck. d Bürokauffrau. e Bürokauffrau. f lachen, mit Freunden zusammen sein, Döner und Schokolade essen.; 2 1–b, 2–d, 3–e, 4–a, 5–c

3 ◀)) 1–8   **Ordnen Sie zu. Hören Sie dann und vergleichen Sie.**

Foto 2:

aufs Gymnasium gehen   ~~Schule~~

Niki: Ich wollte auf meiner _Schule_ bleiben.
Eva: WAS!?
Niki: Aber ich durfte nicht. Ich musste
 ja _____ .
Eva: Oh, du armes Kind!
Niki: Ja, nur weil ihr das wolltet.

Foto 3:

fürs Gymnasium   Nein, danke   faul   Was ist los   dumm

Tim: Hey, Niki! Niki?
Niki: Hmm …?
Tim: _____ ? Kann ich dir helfen?
Niki: _____ . Mir kann niemand helfen.
Tim: Na, das klingt ja schrecklich! Was ist denn los?
Niki Was los ist? Ich bin einfach _____ .
Tim Was?! Wie bitte!?
Niki: Ja, zu dumm _____ .
Tim: Quatsch! Du bist nicht zu dumm. Aber ich denke,
 dass Du vielleicht ein bisschen _____ bist?
Niki: Mann! Jetzt fängst du auch noch an!

Foto 4:

schaffe   eine Vier   kommt nichts   was tun   im Zeugnis   eine Fünf   leicht schaffen

Tim: Vor ein paar Wochen hattest du in Englisch eine Fünf, richtig?
Niki: Hm …
Tim: Dann haben wir gelernt und jetzt hast du
 _____ , oder?
Niki: Hm …
Tim: Jetzt lernen wir weiter und ich bin sicher, dass am
 Ende eine Drei _____ steht.
Niki: Na und? Das Schuljahr _____ ich trotzdem nicht.
Tim: Warum nicht?
Niki: Weil ich in Mathe auch _____ habe – und in Erdkunde.
Tim: Na und? Dann musst du da halt auch _____ ! In Erdkunde
 von einer Fünf auf eine Vier? Also ich meine, dass man das _____ kann.
Niki: Sagst du.
Tim: Sage ich. Ich musste auch lernen. Weißt du: Von nichts _____ .

Produktionsfotos: Matthias Kraus, München
Schritte plus Neu 3, Lehrerhandbuch, 978-3-19-311083-1, © Hueber Verlag

Foto 5:

| tut mir leid | Schulsachen | Computer spielen | Lernen | finde ich gut | machen uns halt Sorgen |

Eva: So. Da bist du ja wieder. Jetzt hör mir mal zu …
Niki: Ähm. Es _____, dass ich das vorhin
gesagt habe, Mama.
Eva: Okay! Das _____. Mir tut es ja auch
leid, dass ich immer gleich laut werde, aber weißt du: Papa
und ich, wir _____.

Niki: Jaja, ich weiß, du, aber ich habe jetzt keine Zeit mehr.
Eva: Willst du etwa schon wieder _____?
Niki: Computer?! Nein, Mama!
Eva: Was dann?
Niki: Ich hole nur meine _____. Ich muss rüber
zu Tim. Lernen.
Eva: Wie bitte? DU hast ‚LERNEN‘ gesagt?
Niki: _____. Genau. Von nichts kommt nichts.

Foto 8:

| stolz auf dich | Schuljahr | in Mathe | Lieblingsfach | Von nichts | Nachhilfelehrer |

Dimi: Ich bin _____, Niki!
Eva: Ja, auf unseren Niki und auf seinen _____!
Danke, Tim!
Dimi: Ja, danke, Tim!
Tim: Zum Wohl!
Eva: Es ist so schön, dass du das _____
jetzt doch schaffst, Niki.
Niki: Ja, das stimmt. Und wisst ihr was? Ich glaube, dass Erdkunde
ab sofort mein _____ ist.
Tim: Und ab morgen kommt schon das nächste Lieblingsfach.
Niki: Was?!
Tim: Ach komm, die Fünf _____ bekommen
wir jetzt auch noch weg, oder?
Niki: Mathe lernen? Boah! Meinst du das ernst?
Tim: Tja, Niki: _____ kommt nichts.

Schritte plus Neu 3, Lehrerhandbuch, 978-3-19-311083-1, © Hueber Verlag
Produktionsfotos: Matthias Kraus, München

→

zum ersten Mal allein ausgehen dürfen	mit 16 zu Hause sein müssen	als Kind werden wollen	zu Hause immer machen müssen	zum ersten Mal allein wegfahren dürfen
lesen können		Wer Wann Konntest du		als Kind nie dürfen
zum ersten Mal Auto fahren dürfen		Durftest du Was Musstest du		bei schlechten Noten machen müssen
als Kind eine Fremdsprache lernen		**Meine Kindheit**		im Haushalt helfen müssen
immer gern machen wollen		Konnten Sie Mussten Sie Solltest du		nie machen dürfen
Rad fahren können		Sollten Sie Wolltest du Wollten Sie		in eine eigene Wohnung ziehen können
allein auf Partys gehen dürfen	in der Schule immer machen müssen	nie machen wollen	früher nicht machen können	von Beruf werden sollen

Schritte plus Neu 3, Lehrerhandbuch, 978-3-19-311083-1, © Hueber Verlag

Was war in der Schule dein Lieblingsfach?

Was wolltest du werden, als du ein Kind warst?

Was wolltest du mit 16 werden?

Warum hast du dich für deinen Beruf entschieden?

Welche Ausbildung / Welches Studium hast du gemacht?

Wie lange hat deine Ausbildung / dein Studium gedauert?

Was hat dir in deiner Ausbildung / im Studium am besten gefallen?

Was gefällt dir an deinem Beruf?

Was gefällt dir an deinem Beruf nicht so gut?

Hast du ein Praktikum gemacht?

Gab es in deiner Ausbildung mehr Theorie oder mehr Praxis?

Hast du in _____ (Ihr Land) in deinem Beruf gearbeitet?

Möchtest / Kannst du in Deutschland in deinem Beruf arbeiten?

Ist deine Ausbildung in Deutschland anerkannt?

Schritte plus Neu 3, Lehrerhandbuch, 978-3-19-311083-1, © Hueber Verlag

Tim schreibt Nachrichten an seine Kollegin Sandra. Zu jedem Foto (2–8) passt eine Nachricht.
Lesen Sie die Nachrichten und ordnen Sie zu.

> Hallöchen Sandra,
> Dimi und Eva sind auch für das Fest. Und stell dir vor, Nikis Noten sind viel besser!
> Tim

Foto ....

> Ich muss dir noch was ganz Wichtiges schreiben, Sandra: Lara ist in Deutschland und sie kommt auch zum Fest. ☺

Foto ....

> Das war eine Überraschung! Frau Sicinski hat sich über die Karte und den Kuchen total gefreut. Wir haben natürlich auch gesungen: „Zum Geburtstag viel Glück …".
> Tim

Foto ....

> Hi Sandra,
> ich habe mit Paul und Betty gesprochen. Betty meint, dass Frau Sicinski bald Geburtstag hat. Und weil sie keine Familie hat, möchte sie das Fest mit den Nachbarn machen. Ganz schön traurig oder?
> Tim

Foto ....

> Hi Sandra,
> mein Tzatziki hat allen super geschmeckt. Kochen mit Dimi ist total einfach.
> Tim

Foto ....

> Hallo Sandra,
> heute Morgen hat Karla mir gesagt, dass das Appartement für Mitarbeiter nun frei ist. Am Montag muss ich mich entscheiden: Ziehe ich um oder nicht? Schwierig! ☹
> Tim

Foto ....1....

> Hi Sandra,
> eins noch, ich habe auch getanzt – und mich entschieden. Ich habe so tolle Nachbarn, ich bleibe in der Düsterstraße wohnen.
> Gute Nacht, Tim.

Foto ....

> Hallo Sandra,
> meine Nachbarin will unbedingt ein Nachbarschaftsfest feiern. Eigentlich finde ich die Idee ganz schön. Mal sehen.
> Tim

Foto ....

Lösung: (von oben nach unten) Foto 4, Foto 5, Foto 7, Foto 3, Foto 6, Foto 8, Foto 2

Schritte plus Neu 3, Lehrerhandbuch, 978-3-19-311083-1, © Hueber Verlag

1 Ergänzen Sie.

1 _die Espressomaschine_	7
2	8
3	9
4	10
5	11
6	12

2 Fragen und erzählen Sie.

Oma Opa Tante Onkel Bruder Schwester Eltern Cousine Cousin Freund

Freundin Nachbarn Sohn Tochter Neffe Nichte ... und mir?

◆ Was schenkst du / schenken Sie *deiner / Ihrer Oma*?

○ Ich schenke *ihr* ein Kochbuch.

Lösung: 2 die Kette, 3 der Geldbeutel, 4 die Puppe, 5 das Kochbuch, 6 die Handcreme, 7 die DVD / das Computerspiel,
8 die Flasche Wein, 9 das Smartphone, 10 die Jacke / der Mantel, 11 die Schachtel Pralinen, 12 die Handtasche

Schritte plus Neu 3, Lehrerhandbuch, 978-3-19-311083-1, © Hueber Verlag

→

die Mutter • der Kaffee	die Eltern • die Brötchen	der Bruder • das Rosinen-brötchen	die Katze • das Stück Fleisch	die Schwester • die Wurst	die Mutter • die Tomaten
der Bruder • das Ei					der Bruder • das Messer
der Vater • die Brötchen					die Mutter • das Brot
die Katze • die Milch					der Vater • der Käse
der Hund • das Futter					der Hund • der Knochen
das Baby • die Milch-flasche					das Baby • der Schnuller
die Mutter • die Marmelade					die Geschwister • die Wasser-flasche
die Schwester • der Kakao	der Bruder • die Butter	der Vater • die Oliven	die Eltern • der Kaffee	die Mutter • das Salz	die Schwester • der Zucker

Das Frühstücksspiel

Die Familie sitzt am Frühstückstisch. Silvia hat schlechte Laune. Aber alle wollen etwas von ihr. Jeder bittet sie: „Gib deinem Bruder das Ei." und so weiter. Silvia antwortet: „Gib es ihm selbst!"

Schritte plus Neu 3, Lehrerhandbuch, 978-3-19-311083-1, © Hueber Verlag

die Braut	das Standesamt	sich küssen
das Hochzeitsfest	die Eheringe	feiern
die Kirche	der Bräutigam	die Hochzeitstorte
das Brautkleid	glücklich sein	Mann und Frau sein

Schritte plus Neu 3, Lehrerhandbuch, 978-3-19-311083-1, © Hueber Verlag

1 Kreuzen Sie an: Was bedeutet „Smalltalk machen"?

a Zwei Leute unterhalten sich auf Englisch. ○
b Man unterhält sich über leichte, allgemeine Themen. ○
c Erwachsene sprechen mit Kindern. ○

2 Smalltalk machen – aber wie? Ordnen Sie zu.

Und? Was machst du so?   Hallo / Hi, ...!   Wann haben wir uns eigentlich das letzte Mal gesehen?

Wie geht's denn so?   Wie findest du ...?   Entschuldige, aber ich muss jetzt gehen. / in die Küche.

Und? Bist du schon lange hier?   Hallo, ich bin / heiße ...   Übrigens, das ist ...

Woher kennen wir uns noch einmal?   Kennen wir uns nicht?   Hallo. Äh, wie war noch einmal dein Name?

Was gibt's Neues?   War nett, dich mal wiederzusehen!   Kennst du eigentlich schon ...?

Darf ich vorstellen? Das ist ...   Na, wie findest du die Party?

sich begrüßen	jemanden vorstellen	ein Gespräch beginnen	ein Gespräch beenden

Schritte plus Neu 3, Lehrerhandbuch, 978-3-19-311083-1, © Hueber Verlag

Lektion 1, Wiederholung: Würfelschlange

Form	Ablauf	Material	Zeit
GA	Kopieren Sie die Kopiervorlage mehrmals. Jede Gruppe erhält einen Spielplan, einen Würfel und für jeden Spieler eine Spielfigur. Die Augenzahl bestimmt, wie viele Felder ein Spieler seine Spielfigur vorrücken darf. Der TN formuliert einen Satz nach den Vorgaben auf dem Feld. Ist der Satz korrekt, darf der Spieler auf dem Feld stehenbleiben, ist der Satz nicht korrekt, geht er auf sein letztes Feld zurück. Dann ist der nächste Spieler an der Reihe. Gewonnen hat, wer als erster das Ziel erreicht. Die anderen Spieler spielen weiter, bis auch sie im Ziel sind. Gehen Sie herum und helfen Sie bei Schwierigkeiten.	KV L1/Wiederholung, Spielfiguren, Würfel	

Lektion 2, Wiederholung: Drei gewinnt

Form	Ablauf	Material	Zeit
GA	Kopieren Sie die Kopiervorlage für jede Gruppe (4 – 6 Spieler). Sie brauchen außerdem für jede Gruppe ausreichend gleiche Spielsteine oder Münzen. Die TN finden sich innerhalb der Gruppe zu zwei Kleingruppen zusammen. Die Gruppen entscheiden abwechselnd, welches Spielfeld sie besetzen möchten, bilden den Satz mithilfe der Stichpunkte und legen einen Spielstein auf das Feld, sofern der Satz richtig ist. Ziel ist, drei horizontal, vertikal oder diagonal nebeneinander liegende Felder mit eigenen Spielsteinen zu belegen. Macht die Gruppe beim Satzbilden einen Fehler, erhält sie erst in der nächsten Runde die Chance, sich zu korrigieren. Wird das Feld inzwischen von der anderen Gruppe belegt, muss sie sich umorientieren. Die Gruppe, die am Ende die meisten Dreierreihen gebildet hat, gewinnt.	KV L2/Wiederholung, Spielsteine, Münzen o. Ä.	

Lektion 3, Wiederholung: Wer weiß es?

Form	Ablauf	Material	Zeit
PL/GA	Bilden Sie zwei Teams, die im Quiz gegeneinander antreten. Mischen Sie die Karten. Lesen Sie die Frage sowie die drei Lösungsmöglichkeiten, wenn nötig mehrmals, vor. Team A berät sich und nennt die Lösung. Ist sie korrekt, erhält das Team zwei Punkte. Andernfalls darf Team B raten. Wiederholen Sie dazu die Frage ggf. noch einmal. Ist die Lösung korrekt, erhält Team B einen Punkt. Jetzt ist Team B mit einer neuen Quizfrage an der Reihe. Wer am Ende die meisten Punkte hat, gewinnt. *Variante:* Wenn Sie sehr viele TN im Kurs haben, können Sie das Quiz auch in Kleingruppen spielen lassen. Ein TN ist dann Spielleiterin/Spielleiter und kontrolliert mithilfe des Lösungsschlüssels die Antworten der beiden Teams.	KV L3/Wiederholung	

Schritte plus Neu 3, Lehrerhandbuch, 978-3-19-311083-1, © Hueber Verlag

Lektion 4, Wiederholung: Domino

Form	Ablauf	Material	Zeit
PL/GA	Kopieren Sie die Kopiervorlage mehrmals und zerschneiden Sie sie. Die TN finden sich zu Kleingruppen von 3–4 TN zusammen. Jede Gruppe erhält ein Kartenset. Jeder TN innerhalb einer Gruppe erhält vier Karten, die anderen Karten werden umgedreht auf einen Stapel gelegt. Ein TN beginnt, indem er die oberste Karte vom Stapel zieht und auf den Tisch legt. Passt eine seiner Karten, darf er sie anlegen. Passt keine seiner Karten, muss er eine Karte vom Stapel ziehen. Passt diese, darf er sie anlegen. Nun ist der nächste TN im Uhrzeigersinn dran. Gewonnen hat, wer als erster keine Karten mehr in der Hand hat. Gehen die Karten auf dem Stapel aus, bevor einer der TN seine Karten losgeworden ist, geht das Spiel weiter ohne dass eine Karte gezogen werden muss. Wenn alle Kombinationen richtig gefunden wurden, ergeben die Dominokarten am Ende einen Ring. *Hinweis:* Es gibt für alle Sätze nur eine richtige Kombination! Weisen Sie die TN vor dem Spiel darauf hin, dass es sich innerhalb des Dominos teilweise um kleine Gesprächssituationen handelt und sie die Karten genau lesen müssen. Als Hilfe sind an einigen Stellen die Personalpronomen „er" oder „sie" unterstrichen, damit es nicht zu Verwechslungen kommt.	KV L4/Wiederholung	

Lektion 5, Wiederholung: Frage und Antwort

Form	Ablauf	Material	Zeit
WPA ⟷	Bereiten Sie die Kärtchen vor: Schneiden Sie die Kärtchen aus, knicken Sie die Antwortseiten (grau) jeweils nach hinten, sodass auf der einen Seite die Frage und auf der anderen die Antwort steht. Im Kurs erhält jeder TN ein Kärtchen und sucht sich eine Partnerin / einen Partner. Die Partner zeigen sich gegenseitig nacheinander die Fragen auf den Kärtchen. Die Partnerin / der Partner antwortet, der andere kontrolliert anhand der (grauen) Antwort auf der Rückseite. Dann tauschen die Paare die Kärtchen und suchen sich einen neuen Partner. In Kursen mit überwiegend ungeübten TN erhalten die TN immer paarweise ein Kärtchen. Hierbei können Sie auch festlegen, dass einer der Partner zunächst nur die Rolle des Helfenden hat. Nach einer Zeit werden die Rollen getauscht.	KV L5/Wiederholung	

TiPP	Spielen Sie mit, dann erhalten Sie einen Überblick über den Kenntnisstand ihrer TN.

Lektion 6, Wiederholung: Würfelspiel

Form	Ablauf	Material	Zeit
GA	Kopieren Sie die Kopiervorlage mehrmals. Die TN finden sich zu Kleingruppen von 3–4 TN zusammen. Jede Gruppe erhält ein Spielbrett, Spielfiguren und einen Würfel. Die TN setzen ihre Spielfiguren aufs Startfeld und würfeln reihum. Wer die höchste Augenzahl würfelt, beginnt. Die TN würfeln, rücken ihre Spielfigur entsprechend viele Felder vor und lesen die Aufgabe vor. Ist die Antwort richtig (die Gruppe bestimmt), darf der Spieler ein Feld weiterrücken. Ist die Antwort (auch teilweise) falsch, muss er zwei Felder zurückgehen. Gewonnen hat, wer sich genau ins Ziel würfelt. Wer eine höhere Augenzahl würfelt, muss eine weitere Runde gehen.	KV L6/Wiederholung, Würfel, Spielfiguren	

Lektion 7, Wiederholung: Quiz

Form	Ablauf	Material	Zeit
PL/GA	Teilen Sie die TN in Sechsergruppen ein. Malen Sie folgendes Schema an die Tafel:	KV L7/Wiederholung	

Legen Sie sich die Fragen zurecht, aber so, dass die TN sie nicht einsehen können. Die erste Gruppe nennt einen Buchstaben und eine Zahl. Machen Sie bei diesen Koordinaten ein Kreuz an der Tafel, um zu verdeutlichen, dass dieses Feld nicht mehr genannt werden kann. Lesen Sie die Aufgabe mit diesen Koordinaten vor. Die erste Gruppe hat 30 Sekunden Zeit, die Lösung zu nennen. Kann sie die Aufgabe nicht lösen oder nennt sie eine falsche Lösung, wird die Frage weitergegeben an die nächste Gruppe. Danach nennt die zweite Gruppe einen Buchstaben und eine Zahl etc. Für jede richtige Antwort gibt es einen Punkt. Die Gruppe mit den meisten Punkten hat gewonnen. Die Gruppe, die einen Joker „wählt", bekommt einen Punkt. Für einen Superjoker bekommt die Gruppe zwei Punkte. Bei einem Joker oder Superjoker darf die Gruppe aber nicht noch einmal wählen, sondern es ist die nächste Gruppe dran.

START

Maria – fast –
das Flugzeug –
verpassen

Claudia – später –
nach Hause –
zurückfahren

Robert – am
Wochenende –
mit Sofia –
spazieren gehen

Herr Cecik – gestern –
Frau Meise –
besuchen

gestern – Manfred –
seine Fahrkarte –
vergessen

am Sonntag – Fadime
und Ibrahim – aus Italien –
zurückkommen

Marulla –
am Morgen –
die Küche –
aufräumen

Metin – mal wieder – die
Grammatik – nicht – verstehen

Hossein – wütend –
sein – weil – sein Handy –
verloren haben

ZIEL

Tom – gut – Gitarre
spielen können –
weil – viel – üben

Simone –
heute Morgen –
verschlafen

letzte Woche – Familie
Meyer – Herrn Bauer –
zum Kaffee – einladen

Bruno – heute
Morgen – zu spät –
aufstehen

letzten Sommer –
der Bus – ein Rad –
verlieren

Georgette – am
Montag – in –
den falschen Zug –
einsteigen

Ibo – gestern –
allein – fernsehen

Jan – gestern – nicht –
im Kurse sein – weil –
krank – sein

John – morgens – mit dem Bus –
fahren – weil – seine – Frau –
das Auto – brauchen

Maria – nervös –
sein – weil –
morgen – eine
Prüfung – haben

im Sommer – Familie
Müller – zu Hause
bleiben – weil – kein
Geld für Urlaub – haben

Schritte plus Neu 3, Lehrerhandbuch, 978-3-19-311083-1, © Hueber Verlag

Die Lehrerin – eine Aufgabe – an – die Tafel – schreiben 	Martin – an – der Busbahnhof – ankommen 	Peter – die Milch – in der Kühlschrank – stellen 	Benny – in – der Garten – eine Katze – sehen 
Achim – Klara – an – der Bahnhof – abholen 	Benny – an – die Tür – sitzen 	Simone – auf – das Sofa – liegen – und – mit Benny – fernsehen 	Frau Baumann – die Fotos – auf – der Tisch – stellen 
Alle Kinder – heute – in – die Schule – gehen 	Frau Becker – der Schlüssel – in – das Schloss – stecken 	Marion – die Zeitung – in – die Tasche – stecken 	Benny – neben – der Stuhl – sitzen 
Lene – die Jacke – in – der Schrank – hängen 	Lili und Jan – auf – der Baum – steigen/klettern 	Benny – auf – der Sessel – einschlafen 	Elke – gestern Abend – lange – an – der Computer – arbeiten 
Frau Becker – die Lampe – an – die Decke – hängen 	Susanne – in – das Flugzeug – keinen Kaffee bekommen 	Der Schlüssel – an – der Haken – hängen 	Der Briefträger – die Zeitung – in – der Briefkasten – stecken 

Schritte plus Neu 3, Lehrerhandbuch, 978-3-19-311083-1, © Hueber Verlag

1 Wie ist die richtige Reihenfolge?

a meistens – immer – oft
b oft – immer – meistens
c oft – meistens – immer

2 *mittags* bedeutet

a heute Mittag
b jeden Mittag
c am Mittag

3 Hast du Brot mitge-bracht? – Tut mir leid. Ich habe .... mehr bekommen.

a keinen
b keine
c keins

4 Ich brauche eine Schüssel. Bringst du mir bitte ....

a eine
b einen
c keine

5 Topf – Gabel – Pfanne – Herd. Was passt nicht?

a Herd
b Gabel
c Pfanne

6 Hast du mir einen Schokoladenkuchen mitgebracht? – Nein ich habe leider .... mehr bekommen.

a keins
b keinen
c keine

7 Ich brauche noch Eier für den Kuchen. Kaufst du bitte .... ?

a manche
b eine
c welche

8 Wie ist die richtige Reihenfolge?

a selten – manchmal – nie
b nie – selten – manchmal
c manchmal – nie – selten

9 Danke für die Blumen, das ....

a ist aber nett
b ist schön
c möchte ich nicht

10 Entschuldige, ich habe meinen Bleistift ver-gessen. Kann ich mal .... haben?

a deine
b deinen
c meinen

11 Was ist richtig?
.... Appetit!

a Gut
b Gute
c Guten

12 Moussaka ist ein .... aus Griechenland.

a Frühstück
b Gericht
c Mahlzeit

Lösung: 1 c, 2 b, 3 c, 4 a, 5 b, 6 b, 7 c, 8 b, 9 a, 10 b, 11 c, 12 b

... <u>sie</u> dann direkt an.	Können Sie mich bitte mit ...	... Frau Stegemann verbinden?	Tut mir leid, <u>sie</u> ist heute nicht ...
... im Haus.	Kann ich <u>ihr</u> ...	... etwas ausrichten?	Nein, danke. Ich versuche es ...
... später noch einmal.	Wenn du krank bist, solltest du zum ...	... Arzt gehen.	Wenn du morgens müde bist, solltest du <u>abends</u> ...
... früher ins Bett gehen.	In Deutschland haben Arbeitnehmer ...	... durchschnittlich 30 Urlaubstage.	Mit durchschnittlich 65 Jahren kann man ...
... in Rente gehen.	In Deutschland arbeitet man ...	... durchschnittlich 38,5 Stunden/Woche.	Wenn du Rückenschmerzen hast, solltest du mehr ...
... Sport machen.	Ist Herr Wagner ...	... schon im Haus?	Tut mir leid, <u>er</u> ist ...
... noch nicht da.	Soll <u>er</u> Sie zurückrufen, ...	... wenn <u>er</u> kommt?	Nein, danke. Ich rufe später ...
... noch einmal an.	Wenn du eine Frage hast, ...	... (dann) kannst du mich immer fragen.	Wenn du Urlaub hast, solltest du nicht ...
... arbeiten, sondern dich ausruhen.	An Feiertagen arbeitet man ...	... in Deutschland nicht.	Können Sie mich bitte zu Frau Hartmann ...
... durchstellen?	Tut mir leid, <u>sie</u> hat gerade ...	... einen wichtigen Termin.	Gut, können Sie mir bitte <u>ihre</u> ...
... Durchwahl geben?	Gern, das ist ...	... die 378.	Vielen Dank. Ich rufe ...

Schritte plus Neu 3, Lehrerhandbuch, 978-3-19-311083-1, © Hueber Verlag

✂

Was tut Adel morgens?	Erinnerst du dich .... die erste Stunde im Deutschkurs? (Ihre Partnerin / ihr Partner antwortet.)	Schluss mit Müdigkeit! Geben Sie zwei Tipps.	Was macht Herr Klossig gerade?	Was macht Janusz?
Er wäscht sich morgens. / Morgens wäscht er sich.	an	*freie Lösung* (z. B.: Sie sollten genug Obst und Gemüse essen.)	Herr Klossig zieht gerade seine Kinder an. / Herr Klossig zieht seine Kinder gerade an.	Janusz träumt von einem Auto.
Wie heißt das Wort? Erklären Sie es. die Mann_ _ _a _ t	Was ist los? Du siehst müde aus.	Mal ehrlich! Sie haben gestern lange gefeiert und sind sehr müde. Gehen Sie zum Deutschkurs?	Welche Sportart ist das?	Wie heißt das Wort? Erklären Sie es. die Er_äß_ _ung
Mannschaft Eine Mannschaft ist eine Gruppe im Sport, z. B. eine Fußballmannschaft	*freie Lösung*	*freie Lösung*	Gymnastik	Ermäßigung Einige Leute, z. B. Schüler oder Azubis bezahlen weniger für einen Sportkurs oder Eintritt ins Schwimmbad.
Sie möchten regelmäßig Sport machen. Wo rufen Sie an?	Mal ehrlich! Sie kaufen eine Flasche Parfüm. Nehmen Sie eine Plastiktüte?	Was macht Tom?	Wie heißt das Wort? Erklären Sie es. die _r_ä_r_ng	.... interessierst du dich? (Ihre Partnerin / ihr Partner antwortet.)
im Sportverein	*freie Lösung*	Er rasiert sich.	Ernährung Das esse und trinke ich.	Wofür

© Thinkstock/iStock/yacobchuk

✂

_____ hast du jetzt gerade Lust? (Ihre Partnerin / ihr Partner antwortet.)	Wie heißt das Wort? Erklären Sie es. der S_a_i_r_a_g	Wie halten Sie sich fit und gesund? Erzählen Sie.	_____ freust du dich am meisten? (Ihre Partnerin / ihr Partner antwortet.)	Welche Sportart ist das? © Thinkstock/Polka Dot Images
Worauf	Spaziergang Wir gehen spazie-ren. (Nomen zu „spazieren")	*freie Lösung*	Worauf	Basketball
Welche Sportart ist das? © Thinkstock/iStock/dulezidar	Peter ist zu spät aufgestanden? Er muss _____.	_____ hattest du als Kind Angst? (Ihre Partnerin / Ihr Partner antwortet.)	Nenne drei Sport-arten.	Was macht Silke?
Wandern	sich beeilen	Wovor	z. B. Fußball, Volley-ball, Tanzen	Sie kämmt sich.

Schritte plus Neu 3, Lehrerhandbuch, 978-3-19-311083-1, © Hueber Verlag

START →

Ergänzen Sie drei Berufe:

_____

_____

_____

Was ist das Gegenteil von *faul*?

Ergänzen Sie: Meine Tochter _____ gestern nicht zur Schule gehen, weil sie krank war.

Ergänzen Sie die Artikel:
_____ Zeugnis
_____ Note
_____ Fach

Mit welchem Alter gehen die Kinder in Deutschland in den Kindergarten?
Mit ...

Joker!
Sie dürfen noch einmal würfeln!

Was war Ihr Lieblingsfach in der Schule? Warum?
Mein Lieblingsfach war ...

Ergänzen Sie drei Schulfächer.

_____

_____

In welcher Schule kann man drei verschiedene Abschlüsse machen?
In der ...

Welche Schule besucht man, wenn man eine Berufsausbildung macht?

Pech gehabt! Sie müssen einmal aussetzen.

In welche Schule gehen in Deutschland alle Kinder von der 1.–4. Klasse?
In die ...

Was wollten Sie werden, als sie ein Kind waren?
Als Kind ...

Was durften Sie mit 18 zum ersten Mal tun?
Mit 18 ...

Was ist Ihr Traumberuf? Warum?

Die Führerscheinprüfung besteht aus zwei Teilen: dem _____ und dem praktischen Teil.

Wie heißt die Institution für Kleinkinder bis 3 Jahre?

Vortrag für Schüler mit Abitur: Einführung in das Studium an der Universität.
_____: 18 Uhr

Joker! Sie dürfen zwei Felder weitergehen!

Welche Schulnote ist in Deutschland die beste?
Die ...

Finden Sie Noten in der Schule wichtig?
Ich finde, dass ...

Mit welchem Schulabschluss kann man später studieren?
Mit ...

Ein anderes Wort für *schwierig*?
k _ _ p _ i _ _ _ r _

ZIEL

	A	B	C	D	E	F
1	Ergänzen Sie drei Feste: _____ _____ _____	Ergänzen Sie: Ein anderes Wort für Hochzeit: die _____	**Superjoker**	Ergänzen Sie: Julia ist die Freundin von mein_____ Bruder.	Ergänzen Sie die Artikel: _____ Adress-aufkleber _____ Schachtel _____ Klebeband	Ergänzen Sie: Und nach der Trauung darf das Brautpaar sich _____ .
2	Wie finden Sie einen Gutschein als Hochzeitsge-schenk? Warum?	Dekorieren Sie die Wohnung, wenn Sie feiern? Warum (nicht)?	Ergänzen Sie drei Dinge: Zum Geschenk einpacken brau-che ich _____ _____ _____	Ergänzen Sie: Das Brautpaar schneidet die _____ an.	Was schenkst du deiner Freundin / deinem Freund zu Weihnachten?	Ergänzen Sie: Wir backen un-ser_____ Freund Tim einen Geburtstags-kuchen.
3	Ergänzen Sie: Zum Geburts-tag schenke ich mein_____ Frau eine Uhr.	Ergänzen Sie: Wirklich? Das ist ein Foto von _____ Hochzeit von deinen El-tern?	Was würden Sie auf keinen Fall zur Hochzeit schenken? Warum?	**Joker**	Was meinen Sie? Soll man zum Geburtstag Geld schenken? Warum (nicht)?	Ergänzen Sie: Peers Freund wünscht sich eine CD. Peer kauft _____ .
4	Ergänzen Sie: Probier mal den Kuchen. Ich kann _____ sehr empfehlen.	Ergänzen Sie: Das ist ein Hoch-zeitsbild von unser_____ Eltern.	**Joker**	Ergänzen Sie: die Braut und der _____	Ergänzen Sie die Artikel: _____ Handcreme _____ Puppe _____ Geldbeutel	Ergänzen Sie: Schau mal, da vorn steht der Mann von dein_____ Kollegin.
5	Schenken Sie gern Selbst-gemachtes? Warum (nicht)?	Ist das Essen auf einem Fest wichtig? Warum (nicht)?	Die Braut und der Bräuti-gam sind zu-sammen das _____ .	Hier, essen Sie auch von dem Salat. Ich kann _____ nur empfehlen.	Ergänzen Sie: Heute koche ich mein_____ Familie eine Suppe.	**Superjoker**
6	**Joker**	Ergänzen Sie: Susi und Tim wünschen sich einen Hund. Die Eltern schenken _____ _____ .	Geben Sie eine Empfehlung: der Fisch	Finden Sie Musik auf einer Hoch-zeit wichtig? Warum (nicht)?	Geben Sie eine Empfehlung: „Welchen Wein soll ich trinken? Den Weißwein oder den Rotwein?"	Ergänzen Sie: Meine Tochter wünscht sich ein Parfüm. Ich kaufe _____
7	Was, wann und wo haben Sie zuletzt gefeiert?	Was ist Ihr Lieb-lingsgeschenk? Warum?	**Joker**	Was schenken Sie Ihrer Schwester / Ihrem Bruder zum Geburtstag?	Ergänzen Sie drei Dinge: Sie wollen ein Paket verschicken. Was brauchen Sie? _____ _____ _____	Was schenken Sie Freunden gern? Warum?

Schritte plus Neu 3, Lehrerhandbuch, 978-3-19-311083-1, © Hueber Verlag

Lösung für die Spielleiterin/den Spielleiter

	A	B	C	D	E	F
1	z.B. Hochzeit, Geburtstag, Nachbarschaftsfest	Trauung	(2 Punkte)	-em	der die das	küssen
2	*freie Lösung*	*freie Lösung*	z.B. Klebeband, Schnur, Geschenkpapier	Hochzeitstorte	Ich schenke ihr/ihm … *(freie Lösung)*	-em
3	-er	der	*freie Lösung*	(1 Punkt)	*freie Lösung*	sie ihm
4	ihn dir	-en	(1 Punkt)	Bräutigam	die die der	-er
5	*freie Lösung*	*freie Lösung*	Brautpaar	ihn ihnen	-er	(2 Punkte)
6	(1 Punkt)	ihn ihnen	Probieren Sie doch den Fisch. Ich kann ihn Ihnen nur empfehlen.	*freie Lösung*	Probier doch den Weißwein. Ich kann ihn dir nur empfehlen.	es ihr
7	*freie Lösung*	*freie Lösung*	(1 Punkt)	Ich schenke ihr/ihm … *(freie Lösung)*	z.B. Packpapier, Adressaufkleber, Briefmarken	*freie Lösung*

Schritte plus Neu 3, Lehrerhandbuch, 978-3-19-311083-1, © Hueber Verlag

Test zu Lektion 1

Name:

1 Meine Familie. Wie heißen die Wörter? Ergänzen Sie.

Beispiel: Die Eltern von meinem Vater sind meine *Großeltern*.

a Die Schwester von meinem Vater ist meine _____.

b Die Frau von meinem Bruder ist meine _____.

c Meine Schwester heiratet Mustafa. Dann ist Mustafa mein _____.

d Der Sohn von meinem Bruder ist mein _____.

e Die Tochter von der Schwester meiner Mutter ist meine _____.

Punkte _____ / 5

2 Was passt? Ordnen Sie zu.

| Sachen | Zentrum | ausziehen | Nachbarn | umziehen | ~~einziehen~~ |

Beispiel: Sie können am 1. November *einziehen*. Dann ist das Haus fertig.

a Ich habe gehört, du suchst eine neue Wohnung? Warum willst du denn _____?

b Nagib wohnt erst seit einer Woche hier. Er kennt seine _____ noch nicht.

c Ich komme gleich, Schatz. Ich muss nur noch ein paar _____ auspacken.

d Die Wohnung ist bald frei. Die alten Mieter wollen Ende Mai _____.

e Unsere neue Wohnung liegt im _____.

Punkte _____ / 5

3 Ergänzen Sie in der richtigen Form.

Beispiel: Gestern *habe* ich meine Eltern in London *angerufen* (anrufen).

a Gestern _____ mir etwas Dummes _____ (passieren).

b Wir _____ am Wochenende unsere neuen Nachbarn _____ (kennenlernen).

c Oje, ich _____ meine Brieftasche im Bus _____ (vergessen).

d Jan kommt gerade von der Arbeit. Er _____ noch nicht _____ (einkaufen).

e Wie bitte? Ich _____ Sie nicht _____ (verstanden).

f Was? Ihr _____ schon wieder _____ (umziehen)?

Punkte _____ / 6

4 Schreiben Sie Sätze mit *weil*.

Beispiel: Ich nehme den Regenschirm mit. Es regnet.
  Ich nehme den Regenschirm mit, weil es regnet.

a Ich muss zum Supermarkt. Mein Kühlschrank ist leer.

_____

b Sara geht früh ins Bett. Sie ist sehr müde.

_____

c Wir haben heute keine Schule. Unser Lehrer ist krank.

_____

Punkte _____ / 6

Schritte plus Neu 3, Lehrerhandbuch, 978-3-19-311083-1, © Hueber Verlag

5 Sagen Sie es anders. Ergänzen Sie.

Beispiel: Esther ist die Nichte von Anna. *Esther ist Annas Nichte.*

a Das ist der Hund von Mona. _____

b Hier siehst du das Haus von Fredrik. _____

Punkte _____ /2

6 Was passt? Ordnen Sie zu.

| Du glaubst es nicht! | So ein Pech! | Oje! Und was ist dann passiert? | Stell dir vor, |

| ~~Und was hast du dann gemacht?~~ | Zum Glück | Wie peinlich! |

a

● _____ gestern habe ich meinen Hund im Restaurant vergessen.

■ _____
   Und was hast du dann gemacht?

● Ich bin schnell zurückgelaufen. Aber der Hund war nicht mehr da.

■ _____ Und wie geht die Geschichte weiter?

● _____ Ein Mann hat meinen Hund mitgenommen. Ich habe
   den Hund gerufen, aber er hat nicht gehört. Der Mann ist dann zu mir gekommen und hat mir
   meinen Hund zurückgebracht.

b

● Hallo, Oliver. Sag mal, ich habe dich gestern mit einem Hund gesehen. Hast du jetzt einen?

■ Nein, eine Frau hat den Hund einfach im Restaurant unter dem Tisch vergessen.

● _____

■ _____ hatte ich noch eine Wurst in der Tasche. Die habe ich
   dem Hund gegeben, dann ist er sofort mitgekommen. Toll, oder? Ich habe den Hund seiner
   Besitzerin dann wieder zurückgebracht.

Punkte _____ /6

7 Schreiben Sie eine Postkarte. Schreiben Sie auf ein separates Blatt.

| ~~gestern erst sehr spät ankommen~~ | zuerst zu spät aufstehen → | leider Zug schon weg sein → |
| zwei Stunden später mit dem nächsten Zug fahren → | in Düsseldorf in den ICE umsteigen → |
| schließlich noch eine Stunde das Hotel suchen |

Lieber Karel,
ich bin gut in Berlin angekommen.
Berlin ist toll. Leider bin ich gestern
erst sehr spät angekommen. Das war
so: Zuerst bin ich ...

Liebe Grüße und bis nächste Woche!
Freddy

Karel Groll
Mühlenstr. 1

51143 Köln

Punkte _____ /10
Gesamt _____ /40

Schritte plus Neu 3, Lehrerhandbuch, 978-3-19-311083-1, © Hueber Verlag
Briefmarke © fotolia/M. Schuppich

Test zu Lektion 2

1 Ordnen Sie zu.

| Plastik | trennen | Biomüll | Mülltonnen | Müll | werfen | ~~Hausbewohner~~ |

> **E-Mail senden**
>
> Sehr geehrte _Hausbewohner_,
> es gibt Probleme mit der Mülltrennung: In den normalen _____ ist immer
> wieder _____, Papier und Biomüll. Das gehört da nicht rein! Bitte
> _____ Sie den _____ sorgfältig. Papier
> und Plastik werfen Sie bitte in die grüne Tonne, _____ in die
> braune Biotonne und Ihr altes Glas _____ Sie bitte in den Glas-
> container am Josefsplatz. Vielen Dank.
>
> Mit freundlichen Grüßen,
> Ihre Hausverwaltung

Punkte _____ / 6

2 Ergänzen Sie in der richtigen Form.

| ~~hängen~~ | liegen | hängen | stecken | sitzen | stellen |

Beispiel: Der Pullover _hängt_ über dem Stuhl.

a Emil _____ vor dem
Fernseher.

b Die Bücher _____
auf dem Regal.

c Die Zeitung _____ im
Briefkasten.

d Sabine _____
die Bilder auf den Tisch.

e Die Kleider _____
im Schrank.

Punkte _____ / 5

3 Was passt? Ordnen Sie zu.

| ~~raus~~ | runter | raus | rein | dorthin | rauf |

Beispiel: Bringst du bitte mal den Müll _raus_?

a Kommen Sie doch _____ !

b Stellen Sie die Pflanze bitte
_____ .

c Na los, komm wieder _____ !

d Komm doch _____ !
Hier oben ist es toll!

e Komm doch _____ !
Wir spielen Fußball!

Punkte _____ / 5

Schritte plus Neu 3, Lehrerhandbuch, 978-3-19-311083-1, © Hueber Verlag

4 Was machen die Personen? Ergänzen Sie.

Beispiel: Simone ist _in den_ falschen Zug gestiegen.

a Ahmed ist um sechs Uhr morgens
_____ Busbahnhof.

b Frau Rieder steht _____ Stuhl,
weil sie die Lampe aufhängen möchte.

c Die Lehrerin schreibt eine
Mathe-Aufgabe _____ Tafel.

d Frau Rieder stellt die Blumen
_____ Tisch.

Punkte _____ /4

5 Was passt? Ordnen Sie zu.

| Störe ich | ~~darf ich Sie etwas fragen~~ | Da haben Sie recht | Das war keine Absicht | Natürlich |

das geht leider nicht

Beispiel: ▲ Entschuldigung, _darf ich Sie etwas fragen_?   ● Natürlich

a ▲ Sagen Sie mal: Das Treppenhaus ist ziemlich schmutzig, finden Sie nicht auch?

● _____.
Wer muss das denn putzen?

b ▲ _____?

● Nein gar nicht: Kommen Sie doch rein.

c ▲ He, was machen Sie denn da?

● Oh, Entschuldigung! _____
_____.

d ▲ Ich bin übers Wochenende verreist. Könnten Sie bitte meine Blumen gießen?

● Tut mir leid, _____.
Wir sind am Wochenende auch nicht da.

e ▲ Ich bin morgen tagsüber nicht da. Könnten Sie bitte die Heizungsfirma in meine
Wohnung lassen?

● _____. Das
mache ich gern.

Punkte _____ /10

6 Lesen Sie die Nachricht. Was ist richtig? Kreuzen Sie an.

Lieber Benny,
ich fahre für ein paar Tage in die Schweiz und
komme erst am Sonntag zurück. Kannst du bitte
meine Blumen gießen? Das macht sonst immer
meine Nachbarin, aber sie ist leider auch im
Urlaub. Am Mittwoch kommt die Müllabfuhr.
Bitte sei so nett und stell die Mülltonne raus auf
die Straße. Ach ja, ich habe nicht bei der Zeitung
angerufen. Das habe ich vergessen. Jetzt steckt
jeden Morgen die „Ulmer Morgenpost" im Briefkasten. Du kannst sie lesen und dann wegwerfen.
Vielen Dank für deine Hilfe. Ich rufe dich an,
sobald ich zurück bin.
Viele Grüße Barbara

		richtig
Beispiel: Barbara fährt in die Schweiz		☒
a	Benny soll Barbaras Blumen gießen.	○
b	Die Nachbarin stellt die Mülltonne raus.	○
c	Benny soll bei der Zeitung anrufen.	○
d	Barbara möchte die Zeitung am Sonntag lesen.	○
e	Barbara ruft Benny am Sonntag an.	○

Punkte _____ /10
Gesamt _____ /40

K O M M U N I K A T I O N

L E S E N

Schritte plus Neu 3, Lehrerhandbuch, 978-3-19-311083-1, © Hueber Verlag

WORTSCHATZ

1 Was passt? Ordnen Sie zu.

> Pfanne   Frühstück   manchmal   Kantine   süß   ~~Gabel~~   Braten

Beispiel: Löffel – Messer – *Gabel*

a   Mittagessen – Abendessen – ....

b   Restaurant – Café – ....

c   oft – nie – ....

d   Steak – Schnitzel – ....

e   scharf – sauer – ....

f   Kanne – Topf – ....

Punkte .... /3

2 Wie heißt das auf Deutsch? Ergänzen Sie mit Artikel und Plural.

Beispiel: *die Gabel, die Gabeln*

a   ....

b   ....

c   ....

d   ....

e   ....

Punkte .... /10

GRAMMATIK

3 Ergänzen Sie *welche* oder *(k)ein-* in der richtigen Form.

● Theo, wo sind denn die Teelöffel?

■ Moment, in der Spülmaschine sind *welche*.

● Und wo hast du ein Messer? Ich möchte den Kuchen schneiden.

■ Da vorne auf dem Tisch liegt ....

● Ah ja. Wir brauchen auch noch Kuchenteller. Wo hast
du ....?

■ Tut mir leid, Kuchenteller habe ich ....
Wir müssen normale Teller nehmen.

● Und Tassen? Hast du denn Kaffeetassen?

■ Ja, klar. Hier ist .... und dort im Schrank ist auch
noch ....

● Du hast nur zwei Tassen? Wir sind heute Nachmittag aber
drei Personen.

■ Ich habe noch ein Glas.

● Nur ....?

■ Nein, natürlich nicht. Biergläser habe ich genug.

● So, fast fertig. Hast du noch einen Stuhl?

■ Ja, im Schlafzimmer steht noch ....

● Tut mir leid, aber ich sehe dort ....

Punkte .... /8

Schritte plus Neu 3, Lehrerhandbuch, 978-3-19-311083-1, © Hueber Verlag

KOMMUNIKATION

4 Wie oft essen/trinken Sie das? Ergänzen Sie.

Beispiel: Schokolade (5%): *Schokolade esse ich selten.*
a   Kuchen (0%): _____
b   Äpfel (80%): _____
c   Pommes (30%): _____
d   Wasser (100%): _____

Punkte _____ / 4

5 Eine Einladung zum Essen. Was passt? Verbinden Sie.

a Hier. Die Pralinen sind für Sie.
b Guten Appetit!
c Möchtest du noch?
d Vielen Dank für den schönen Nachmittag.
e Soll ich die Schuhe ausziehen?
f Tut mir leid, ich habe gar nichts mitgebracht.

1 Danke fürs Kochen!
2 Gern. Kommen Sie gut nach Hause.
3 Aber nein, lass sie ruhig an.
4 Kein Problem
5 Nein, danke. Ich kann nicht mehr.
6 Danke, das ist aber nett.

Punkte _____ / 5

SCHREIBEN

6 Antworten Sie auf Khalils E-Mail. Schreiben Sie zu jeder Frage mindestens einen Satz.

E-Mail senden

Liebe(r) ...,

du kennst dich in unserem Kursort schon gut aus. Deshalb möchte ich gerne wissen: Wo kann ich gut und preiswert essen gehen. Es kann auch ein Café oder ein Imbiss sein. Wohin gehst du oft? Was gibt es da? Was isst du dort? Warum? Kannst du noch etwas anderes empfehlen?
Vielen Dank für Deine Antwort.

Liebe Grüße
Khalil

Lieber Khalil,

ich gehe oft ...

Punkte _____ / 10
Gesamt _____ / 40

Schritte plus Neu 3, Lehrerhandbuch, 978-3-19-311083-1, © Hueber Verlag

WORTSCHATZ

1 Was passt? Ordnen Sie zu.

~~Arbeitgeber~~ Urlaub Mitglieder Rente Arbeitnehmer Feiertag Stellenanzeigen
Kantine Überstunden Weiterbildung Gewerkschaft

Beispiel: Der _Arbeitgeber_ ist eine Firma oder Person. Sie bietet Arbeit.

a Wenn man 65 Jahre alt ist und in Deutschland gearbeitet hat, bekommt man _____ .

b _____ macht man, wenn man mehr Stunden arbeitet als im Arbeitsvertrag steht.

c Wenn ein _____ ist, hat man in Deutschland frei.

d In Deutschland hat man pro Jahr ca. 30 Tage _____ .

e Wenn man bei einer Firma angestellt ist, dann ist man _____ .

f In der _____ können die Mitarbeiter am Mittag essen.

g Die _____ berät ihre _____ und hilft z. B. bei Fragen zum Tarifrecht.

h Wenn man eine Arbeit sucht, sollte man die _____ lesen.

i Wenn man für seinen Beruf noch mehr lernen möchte, kann man eine _____ machen.

Punkte _____ /10

GRAMMATIK

2 Schreiben Sie Sätze. Beginnen Sie mit dem markierten Wort.

Beispiel: du – haben – <u>wenn</u> – Fragen / können – immer – dann – kommen –mir – zu –du
Wenn du Fragen hast, dann kannst du immer zu mir kommen.

a <u>bitte</u> – ein|schalten – den Computer – gleich / morgens – kommen – wenn – ins – du – Büro

_____

b haben – reserviert – Sie – <u>wenn</u> – online / sicher – haben – dann –
eine Reservierungsbestätigung – bekommen – Sie

_____

_____

c Ihnen – kein – kann – <u>ich</u> – geben – Zimmer / Sie – keine – haben – wenn – Bestätigung

_____

Punkte _____ /6

3 Geben Sie Tipps. Schreiben Sie.

Beispiel: Lies regelmäßig die Stellenanzeigen. *Du solltest regelmäßig die Stellenanzeigen lesen.*

a Wenn Sie Arbeit suchen, nutzen Sie die Portale im Internet.

_____

b Mach einen Termin mit dem Berufsberater in der Agentur für Arbeit.

_____

c Melden Sie sich bei einer Zeitarbeitsfirma.

_____

d Wenn du für deinen Beruf noch mehr lernen möchtest, mach eine Weiterbildung.

_____

Punkte _____ /4

Schritte plus Neu 3, Lehrerhandbuch, 978-3-19-311083-1, © Hueber Verlag

4 Was passt? Kreuzen Sie an.

Beispiel: Kann ich Herrn Lehnert etwas ausrichten?
    1 ○ Ja, morgen ist er den ganzen Tag im Haus.
    2 ⊗ Nein danke, ich rufe später noch einmal an.

a Novo Nordisk, Personalabteilung, Hansen, guten Tag.
    1 ○ Guten Tag, mein Name ist Reuter.
    2 ○ Vielen Dank. Auf Wiederhören.

b Können Sie mich bitte zu Frau Köhler durchstellen?
    1 ○ Gern, das ist die 658.
    2 ○ Tut mir leid, sie ist gerade nicht am Platz.

c Ist denn sonst jemand aus der Abteilung da?
    1 ○ Tut mir leid, da ist niemand mehr da.
    2 ○ Tut mir leid, er ist gerade in einer Besprechung.

d Kann Frau Lazarou Sie später zurückrufen?
    1 ○ Ja, morgen ist sie den ganzen Tag im Haus.
    2 ○ Ja, gern. Ich bin bis 17.00 am Platz.

e Geben Sie mir doch bitte die Durchwahl von Frau Yildirim.
    1 ○ Gern. Das ist die 45 38.
    2 ○ Leider nicht. Können Sie vielleicht morgen noch einmal anrufen?

Punkte _____ / 10

5 Lesen Sie die Stellenanzeige. Was ist richtig? Kreuzen Sie an.

> **Freundliche/r und erfahrene/r Rezeptionist/in in Vollzeit gesucht**
> Zur Verstärkung unseres Rezeptionsteams suchen wir ab sofort, spätestens aber Anfang Oktober,
> eine/n freundliche/n Rezeptionisten/in mit Erfahrung. Sie sprechen sehr gut Deutsch, Englisch und
> eine andere Fremdsprache? Sie sind zeitlich flexibel und können auch nachts arbeiten? Sie arbeiten
> gern im Team, können aber auch selbstständig arbeiten? Dann sind Sie bei uns richtig!
> Schicken Sie Ihre Bewerbung bis zum 15. August an unsere Personalchefin, Frau Rückert
> (a.rueckert@ hoteleuropa.de).

		richtig
a	Das Hotel sucht jemanden in Teilzeit.	○
b	Man soll am 15. August anfangen.	○
c	Erfahrung an der Rezeption ist wichtig.	○
d	Man soll sehr gute Deutschkenntnisse haben.	○
e	Man soll nur Deutsch und Englisch sprechen.	○
f	Man soll auch in der Nacht arbeiten können.	○
g	An der Rezeption arbeitet man immer alleine.	○
h	Man kann sich bis 1. Oktober bewerben.	○
i	Wenn man interessiert ist, soll man eine E-Mail schreiben.	○
j	Frau Rückert leitet das Hotel.	○

Punkte _____ / 10
Gesamt _____ / 40

WORTSCHATZ

1 Was passt nicht? Streichen Sie.

Beispiel: Fußball: Verein – Sport – ~~Trend~~ – Bewegung
a Krankenkasse: Beitrag – Formular – Verein – Mitglied
b Sportart: Eishockey – Mannschaft – Joggen – Tanzen
c Gesundheit: Entspannung – gute Ernährung – Ermäßigung – Bewegung
d Beitrag: preiswert – hoch – zusätzlich – kostenlos
e Krankheit: Arzt – Ferien – Untersuchung – Ursache
f Nachrichten: Wettervorhersage – Sport – Umwelt – Spielplatz
g Fitness: ehrlich – aktiv – gesund – fit
h Ermäßigung: Schüler – Azubis – Gruppen – Umwelt

Punkte _____ /4

2 Wie heißen die Verben? Ergänzen Sie.

 *Beispiel:* sich schminken

 d _____

a _____

 e _____

b _____

f _____

 c _____

Punkte _____ /6

GRAMMATIK

3 Ergänzen Sie.

Hi Pia,
gestern habe ich __mich__ für einen Tanzkurs angemeldet. Erika kommt auch mit. Wir müssen
_____ einfach mehr bewegen. Meine Mutter sagt auch: „Lydia, du ruhst _____ zu viel auf
dem Sofa aus.". Erika sagt, sie fühlt _____ richtig krank, wenn sie keinen Sport macht.
Aber jetzt muss ich _____ ganz schnell umziehen. Mein neuer Kollege Achmed hat _____ mit
mir verabredet. Ich glaube, er interessiert _____ für mich.
Liebe Grüße
Babsi

Punkte _____ /6

4 Ergänzen Sie.

Beispiel: __Wofür__ interessierst du dich?
a _____ ärgerst du dich oft?   d _____ hast du nie Lust?
b _____ denkst du nicht gern?   e _____ hast du dich letzte Woche gefreut?
c _____ hast du heute geträumt?   f _____ bist du richtig zufrieden?

Punkte _____ /6

Schritte plus Neu 3, Lehrerhandbuch, 978-3-19-311083-1, © Hueber Verlag

5 Schreiben Sie Antworten zu den Fragen aus 4.

Beispiel: Ich interessiere mich für Reisen.

a ....

b ....

c ....

d ....

e ....

f ....

Punkte .... / 6

6 Was passt? Verbinden Sie.

a Ich möchte mich und meinen Freund zum Volleyball anmelden.

b Wann findet das Training statt?

c Und wie viel kostet das?

d Gibt es eine Ermäßigung?

e Bieten Sie auch Schwimmen an?

f Vielen Dank für die Informationen.

1 30 Euro im Monat.

2 Ja, im Sommer bieten wir auch Schwimm-kurse an.

3 Das ist immer mittwochs von 19.00 bis 20.30 Uhr.

4 Bitte, gern!

5 Ja, dann kommen Sie doch einfach mal vorbei.

6 Ja, für Schüler kostet es nur 15 Euro.

Punkte .... / 5

7 Schreiben Sie eine E-Mail an Tobi und antworten Sie auf seine Fragen. Schreiben Sie auf ein separates Blatt. Denken Sie an den Betreff, die Anrede, den Gruß und die Unterschrift.

morgens Gymnastik machen   viel Obst und Gemüse essen   die Treppe zum Kursraum nehmen

zusammen Sport machen?   mit mir einmal in der Woche joggen gehen

E-Mail senden

Betreff: Tobi will fit bleiben

Hi ...,

du weißt, ich lerne für meine Deutschprüfung. Aber jetzt bin ich immer so müde und kann mich nicht konzentrieren. Wie hältst du dich wach und fit? Kannst du mir Tipps geben?

Viele Grüße

Tobi

Punkte .... / 7

Gesamt .... / 40

Schritte plus Neu 3, Lehrerhandbuch, 978-3-19-311083-1, © Hueber Verlag

KOMMUNIKATION

SCHREIBEN

Name: _____

WORTSCHATZ

1 Was passt? Ordnen Sie zu.

Abitur ~~Zertifikat~~ Krippe Sprachkenntnisse Fach Universität Kindergarten Migranten
Beratung Kontakt Förderung

a Murat möchte den *Deutsch-Test für Zuwanderer* machen. Er möchte ein *Zertifikat* bekommen. Und bei der _____ in der Bundesagentur für Arbeit hat man ihm
gesagt, dass _____ wichtig sind. Für seinen Sprachkurs ist auch eine
_____ möglich.

b Lukas ist bald mit dem Gymnasium fertig. Nur das _____ muss er noch machen.
Dann kann er an der _____ studieren. Er weiß aber noch nicht, welches
_____. Deshalb macht er zuerst eine Ausbildung als Bankkaufmann, denn er
mag Zahlen und möchte gern _____ mit Menschen haben.

c Anja wird bald zwei. Ihre Mutter möchte wieder arbeiten gehen. Deshalb soll Anja ab Januar in
die _____ gehen.

d In Deutschland müssen alle Kinder 9–10 Jahre in die Schule gehen, aber in den
_____ gehen sie freiwillig. Kinder von _____ lernen dort beim
Spielen mit den anderen Kindern sehr schnell Deutsch.

Punkte _____ /10

GRAMMATIK

2 Ergänzen Sie die Sätze.

Beispiel: Paul sagt, dass *er morgen nicht zum Deutschkurs kommt*.

Morgen komme ich nicht zum Deutschkurs.

a Mein Sohn meint, dass
_____
_____

Ich will nicht in die Schule gehen.

c Meine Mutter denkt, dass
_____
_____

Ich war immer eine gute Schülerin.

b Unser Lehrer findet, dass
_____
_____

Die Kinder müssen Hausaufgaben machen.

d Meine Tochter sagt, dass
_____
_____

Ich liebe meinen Sportlehrer.

Punkte _____ /8

3 Ergänzen Sie *wollen – können – dürfen – müssen* in der richtigen Form..

Beispiel: Silke *wollte* Lehrerin werden, aber sie *musste* Pharmazie studieren und dann in der
Apotheke ihres Vaters arbeiten.

a Timo _____ Tierarzt werden, aber er _____ nicht studieren. Seine Eltern
waren dagegen.

b Meine Schwester und ich _____ zusammen um die Welt reisen, aber wir hatten kein
Geld. Wir _____ zuerst arbeiten und Geld sparen.

c _____ du mit Fünf schon lesen?

d Als Kinder _____ wir am Samstag immer lange wach bleiben und einen Film sehen.

Punkte _____ /6

Schritte plus Neu 3, Lehrerhandbuch, 978-3-19-311083-1, © Hueber Verlag

KOMMUNIKATION

4 Was passt? Ordnen Sie zu.

Ich glaube   Findest du   Es tut mir leid   Ich bin froh   Es ist wichtig   ~~Ich finde~~   Bist du sicher

Beispiel: _Ich finde_, dass kleine Kinder um acht Uhr im Bett sein sollten.

a _____, dass du in der Arbeit so viel Stress hast.

b _____, dass man eine gute Ausbildung hat, wenn man eine gute
Stelle finden möchte.

c _____, dass heute kein Unterricht ist? Ich habe nichts davon gehört.

d _____, dass ich bald mit der Schule fertig bin und eine Ausbildung
machen kann. Die Schule macht mir keinen Spaß.

e _____, dass man gute Noten braucht, wenn man einen Ausbildungsplatz
finden will.

f _____, dass alle Schüler zehn Jahre in die Schule gehen sollen?

Punkte _____ /6

LESEN

5 Was ist richtig? Lesen Sie und kreuzen Sie an.

Salim Abdali ist mit 17 Jahren nach Deutschland gekommen. Da hat er schon Arabisch, Farsi und Englisch gesprochen. In Deutschland hat er dann einen Deutschkurs besucht und jeden Tag Deutsch gelernt. Nach einem Jahr durfte er aufs Gymnasium gehen, weil er schon so gut Deutsch konnte. Zwei Jahre später hat er das Abitur gemacht. Er hatte in allen Fächern gute Noten, aber seine Lieblingsfächer waren Englisch, Chemie und Biologie.

Schon als Kind wollte er Arzt werden. Weil er ein sehr gutes Zeugnis hatte, hat er sofort einen Studienplatz für Medizin bekommen und fünf Jahre an der Universität in München studiert. Sein Praktikum hat er bei der Hilfsorganisation *Ärzte ohne Grenzen* gemacht. Jetzt hat er sein Studium abgeschlossen und arbeitet in einem Krankenhaus in Konstanz. In seinem nächsten Urlaub will er deshalb wieder zwei Wochen für *Ärzte ohne Grenzen* arbeiten. Dieses Mal mit mehr Erfahrung als vor ein paar Jahren.

	richtig
Beispiel: Salim Abdali ist mit 17 Jahren nach Deutschland gekommen.	☒
a Er konnte konnte schon Deutsch, als er nach Deutschland gekommen ist.	○
b Er hat ein Jahr nur Deutsch gelernt und konnte dann aufs Gymnasium gehen.	○
c Arzt werden: Das war sein großer Wunsch.	○
d Er hatte kein gutes Abitur und musste fünf Jahre auf einen Studienplatz warten.	○
e Jetzt ist er Arzt und möchte im Urlaub wieder *Ärzte ohne Grenzen* unterstützen.	○

Punkte _____ /10

Gesamt _____ /40

Test zu Lektion 7

Name: _____

1 Ergänzen Sie.

Beispiel: Immer ein gutes Gefühl: Die neue _Creme_ von Wivea.

a Alles muss raus! _____, zwei Stück für nur 9,99€!

b Bald ist Weihnachten. Schenken Sie mal wieder _____!

c Heute im Angebot für unsere Kleinen: Die _____ „Lucie" für nur 29,95 €.

d Ich will was Gutes! _____ von Lundt.

e Die ganz besondere _____ für eine feierliche Stimmung auf Ihrer Hochzeit!

Punkte _____ / 5

2 Was passt? Ergänzen Sie in der richtigen Form.

ausgeben   ~~vorbereiten~~   liefern   dekorieren   wissen   grüßen   ausdrucken   basteln   unterhalten

E-Mail senden

Liebe Veronika,

so, jetzt haben Ahmed und ich alles für die Hochzeit _vorbereitet_. Gestern habe ich noch

schnell die Einladungen an Berts Computer _____. Nächste Woche will ich

mit Susanne den Raum _____. Sie meint, wir sollen dafür Blumen aus Papier

_____. Ich _____ noch nicht, weil das alles so teuer ist. Wir haben

schon so viel Geld _____ und es wird noch mehr. Das Essen _____

das Restaurant „Zum Jäger". Die haben vielleicht Preise!!! Na ja, es wird sicher eine tolle Feier,

wenn das Essen gut ist und sich alle gut _____. Das ist doch die Hauptsache!

Deine müde Emma

PS: Ich soll dich auch von Ahmed _____.

Punkte _____ / 8

3 Ergänzen Sie die Endungen.

■ Was schenkst du dein_en_ Eltern?

▲ Ich weiß es noch nicht. Aber mein_____ Bruder backe ich seinen Lieblingskuchen.

■ Meinst du, ich kann mein_____ Mutter ein Parfüm schenken?

▲ Klar, warum nicht?

■ Ich glaube, das mache ich. Dann kaufe ich mein_____ Vater ein Buch über Fußball.

▲ Kauf doch lieber ein Ticket für ein Spiel. Das habe ich letztes Jahr d_____ Söhnen von mein_____
Schwester gekauft.

■ Gute Idee! Bleibt noch meine Freundin. Was schenke ich mein_____ besten Freundin?

▲ Also, wenn du das nicht weißt …

Punkte _____ / 6

Schritte plus Neu 3, Lehrerhandbuch, 978-3-19-311083-1, © Hueber Verlag; Ü1 e © Thinkstock/Hemera/Erica Truex

4 Was ist richtig? Kreuzen Sie an.

a Partyservice Rudtke: Für jede Party das richtige Essen! Wir liefern ☒ es Ihnen ○ Ihnen es.

b Wivea – die gute Handcreme. Kaufen ○ Sie sie ○ sie Sie heute zum Sonderpreis von nur 4,99€.

c Ein großes Bauernbrot – nur 2,99 €! Unser Chefbäcker empfiehlt ○ dir es ○ es dir.

d 10 Jahre „Wein für jede Feier". Diese Woche bekommen ○ Sie ihn ○ ihn Sie zum Sonderpreis.

e Heute im Angebot: Jedes Fertiggericht von „Issgut" nur 2,99 €. Hol ○ es dir ○ dir es.

f Kuchen für die Familie? Mit „Dr. Schnoelkers Fertigkuchen" backen Sie ○ ihr ihn ○ ihn ihr
in nur 30 Minuten.

Punkte _____ /5

5 Was passt? Ordnen Sie zu.

Muss das sein   Ich finde es toll, wenn   Zu trinken gibt es   Unser Motto ist   ~~Ich finde~~   zu Hause bei

Unser Raum ist so dekoriert

■ Hallo Adil, nächste Woche ist unser Deutschkurs zu Ende. _____
wir eine Party feiern. Was meinst du?

▲ *Ich finde*, das ist eine tolle Idee. Wo feiern wir? Im Kursraum?

■ _____?

▲ Hm, vielleicht können wir _____ Grit feiern. Sie hat ein großes Wohnzimmer.

■ Gute Idee, wir fragen sie. Und Getränke?

▲ _____ Cola, Wasser, Tee.

■ Und Wein – ich mag doch deutschen Wein so gern. Sollen wir etwas für den Raum basteln?

▲ Nein, ich habe eine prima Idee: _____: Wir hängen alle
unsere Übungen, Briefe und Tests an die Wände. _____ „Das können
wir jetzt!".

Punkte _____ /6

**6 Schreiben Sie eine E-Mail an Ihre Freundin / Ihren Freund. Schreiben Sie zu jedem Bild einen Satz
auf ein separates Blatt. Vergessen Sie auch den Schluss nicht.**

> (E-Mail senden)
>
> Hi ...,
> du warst doch auf der Hochzeit von Paul und Paula? Ich konnte nicht kommen, weil ich arbeiten
> musste. Wie war es denn? Erzähl mal. Klaus

> (E-Mail senden)
>
> *Hallo Klaus,*
> *du hast natürlich gefehlt. Die Hochzeit war sooo toll. Also: Zuerst*
> *haben Paul und Paula bei der Trauung in der Kirche „Ja" gesagt. ...*

Punkte _____ /10

Gesamt _____ /40

Lektion 1   Guten Tag. Mein Name ist ...

Folge 1: Aller Anfang ist schwer.

Bild 1

Tim: Hey Lara!

Lara: Hey! Hallo Tim! Wie geht's dir? Ähm, störe ich gerade? Soll ich später nochmal anrufen?

Tim: Was?

Lara: Bist du gerade im Stress?

Tim: Warum?

Lara: Weil du so wenig sagst. Du bist doch heute umgezogen, oder?

Tim: H-hm...

Lara: Na? Und? Erzähl doch mal! Wie ist es denn?

Tim: Ach, Lara ...

Lara: Das klingt aber nicht gut. Was ist passiert?

Bild 2

Lara: Warum hast du kein Zimmer im Hotel bekommen? Ich meine: ein Zimmer für Mitarbeiter?

Tim: Das hat leider nicht geklappt, weil dort im Moment kein Zimmer frei ist.

Lara: Aha! Und wann wird ein Zimmer frei?

Tim: In vier oder fünf Monaten, ... vielleicht.

Lara: Na, die sind ja lustig! Und wo wohnst du jetzt?

Tim: Sie haben eine Zwei-Zimmer-Wohnung gemietet.

Lara: Ach so!? Ist sie möbliert?

Tim: Ja ....

Lara: Na, das ist doch prima!

Bild 3

Tim: Prima? Weißt du noch: mein Zimmer in München?

Lara: Ja natürlich! Oh Mann, war das hässlich!

Tim: Die Wohnung hier ist zweimal so groß, ...

Lara: Super!

Tim: ... aber dreimal so hässlich. So was hast du noch nicht erlebt. Hier, sieh mal! Und? Was sagst du jetzt?

Lara: Autsch! So ein Pech!

Tim: Das Haus liegt am Stadtrand. Stell dir vor, zu meinem Arbeitsplatz im Zentrum fahre ich vierzig Minuten.

Lara: Warum wohnst du so weit draußen?

Tim: Weil die Mieten im Zentrum so teuer sind.

Lara: Hm, verstehe ...

Bild 4

Tim: Weißt du, das mit der Wohnung ist ja gar nicht so schlimm.

Lara: Aber?

Tim: Ich bin traurig, weil ich hier keinen Menschen kenne.

Lara: Ach, Tim!

Tim: Zum ersten Mal habe ich das Gefühl: ich bin allein.

Lara: Tim! Bald hast du neue Freunde gefunden.

Tim: Meinst du?

Lara: Aller Anfang ist schwer. Aber du schaffst das! Ähm, Tim?

Tim: Oh nein!

Lara: Was ist denn!?

Tim: Viertel vor acht! Die Geschäfte machen gleich zu. Ich hab noch gar nichts zu essen und zu trinken hier.

Lara: Na, dann los!

Bild 5

Betty: Ein Deo? Muss das sein?

Paul: Ja.

Betty: Was kostet das denn?

Paul: Drei Euro neunundvierzig.

Betty: Guck mal, hier: Wir haben noch zwölf Euro.

Paul: Na und?

Betty: Deo? Oder Kaffee?

Paul: Okay. Ich hab's verstanden.

Betty: Was hast du verstanden?

Paul: Aber sag bloß nicht wieder: Wie riechst du denn?

Betty: Iiich? Hey, Paulchen! Du riechst wie eine Rose!

Bild 6

Tim: Hallo!

Paul: Hab ich dich schon mal gesehen?

Tim: Ja. Ich glaube schon.

Betty: Na klar haben wir dich gesehen. Düsterstraße sieben. Direkt vor dem Haus.

Tim: Genau. Da wohne ich jetzt.

Paul: Seit wann?

Tim: Ich bin heute eingezogen.

Paul: Ach? Du bist der Neue?

Tim: Ich bin Tim. Ich wohne im Erdgeschoss rechts. Und ihr?

Betty: Ich bin Betty und das ist Paul. Wir wohnen genau über dir, im ersten Stock.

Tim: Aha.

Paul: Du kannst uns ja mal besuchen.

Betty: Ich hoffe, du magst Musik.

Tim: Musik? Na klar. Klar doch.

Verkäuferin: Vierzehnachtundzwanzig bitte.

Tim: Na dann, tschüs, ihr zwei!

Betty: Mach's gut, Tim!

Paul: Wir sehen uns.

Bild 7

Lara: Aaah! Du hast eingekauft! Hmmm, lecker! Und alles so gesund!

Tim: Da! Möchtest du auch einen Schoko-Kuss?

Lara: Ha-ha! Du machst ja schon wieder Witze!

Tim: Ja, stimmt. Du, ich hab schon zwei Nachbarn kennengelernt.

Lara: Na! Was hab ich dir gesagt?

Tim: Du hattest recht, Lara.

Lara: Ich hab immer recht.

Tim: Na, sagen wir: fast immer. Boah! Bin ich müde!

Lara: Na, das ist doch klar: Nach so einem Tag! Husch-husch, ins Bett! Gute Nacht!

Tim: Gute Nacht!

Bild 8

Tim: Hmm ... jajaja, ... Musik ... mag ich ... klar ... mag ich Musik.

Transkriptionen zum Kursbuch

Schritt A, A3

A
Mann: Ich ziehe nach Berlin. Ich war lange arbeitslos und habe dort endlich eine Arbeit gefunden. Ich freue mich sehr auf Berlin, bin total glücklich.

B
Frau: Tja, eigentlich möchte ich gar nicht umziehen. Mir gefällt es hier in Kiel ganz gut, aber mein Arbeitgeber zieht nach Leipzig. Da kann ich nicht jeden Tag mit dem Auto oder der Bahn hinfahren. Das ist zu weit. Ich habe mir jetzt also eine Wohnung in Leipzig gesucht.

C
Mann: Ich habe hier in Kiel eine Ausbildung gemacht. Nun ziehe ich wieder zurück nach Köln. Meine Familie und meine Freunde wohnen dort.

D
Frau: Ich habe bisher bei meinen Eltern gewohnt. Aber nun möchte ich in Marburg studieren. Ich habe dort einen Studienplatz bekommen und (habe) ein Zimmer in einer WG gefunden.

E
Mann: Ich habe geheiratet und meine Frau wohnt in Stuttgart. Sie ist Kinderärztin und hat dort eine Praxis. Ich freue mich auf das Leben im Süden.

Schritt B, B1
Lara: Ah, du hast eingekauft! Hmmm, lecker! Und alles so gesund!
Tim: Ja, stimmt! Du, ich habe schon zwei Nachbarn kennengelernt.
Lara: Na! Was hab ich dir gesagt?

Schritt C, C1

A
Tim: Ach, Lara …
Lara: Das klingt aber nicht gut. Was ist passiert?

B
Tim: So was hast du noch nicht erlebt! Hier, sieh mal.

C
Paul: Okay. Ich hab's verstanden.
Betty: Was hast du verstanden?

Schritt D, D1 a
Anna: Oh, hallo Leon, was machst du denn hier?
Leon: Ja, hallo Anna, also äh, ich habe keine Milch zu Hause. Hast du vielleicht welche?
Anna: Klar, kein Problem. Komm doch rein.
Leon: Danke.
Leon: Oh, so viele Fotos!
Anna: Ja, das ist meine Familie.
Leon: Ah, das sind deine Eltern.

Anna: Nein, nein, das sind meine Großeltern. Meine Oma Ingrid und mein Opa Hermann. Sie haben 1950 geheiratet. Meine Eltern sind da drüben. Hier: Meine Mutter Annette und mein Vater Martin.
Leon: Ein schönes Paar!
Anna: Hier: das ist mein großer Bruder Alexander. Und das ist seine Frau, Julia.
Leon: Aha, deine Schwägerin. Ach und die beiden haben Kinder?
Anna: Genau – meine Nichte Esther. Sie ist acht. Und das hier ist mein Neffe. Er heißt Luca.
Leon: Oh, und wer ist das? Die sieht ja nett aus.
Anna: Das ist Maria, meine Cousine. Sie ist auch wirklich nett. Wir haben als Kinder viel zusammen gespielt und sind gute Freundinnen. Wir telefonieren jede Woche. Ja, und das sind meine Tante Daniela und mein Onkel Stefan.
Leon: Wo wohnt sie?
Anna: Äh, wer?
Leon: Ähm, also Maria.
Anna: Im Moment in Dresden, sie studiert da.

Schritt D, D2
Anna: Das ist Maria, meine Cousine. Sie ist auch wirklich nett. Wir haben als Kinder viel zusammen gespielt und sind gute Freundinnen. Wir telefonieren jede Woche. Ja, und das sind meinte Tante Daniela und mein Onkel Stefan.
Leon: Wo wohnt sie?
Anna: Äh, wer?
Leon: Ähm, also Maria.
Anna: Im Moment in Dresden, sie studiert da.
Leon: Und was studiert sie?
Anna: Musik. Sie spielt sehr gut Klavier. Sag mal, was ist denn los mit dir?
Leon: Ach, äh, nichts. Sie sieht nur wirklich sympathisch aus und...
Anna: Möchtest du sie kennenlernen? Sie besucht mich oft.
Leon: Wirklich? Äh, ja, also das ist sehr nett von Dir ... Lebt sie denn ... in Dresden... allein?
Anna: Na, das ist ja was ... Ja, sie hat dort eine kleine Wohnung gemietet, sie ist Single, sie lebt allein. Sag mal, wie war das jetzt noch mit der Milch?
Leon: Ach ja, danke. Ich habe meine Eltern eingeladen und sie nehmen Milch für den Kaffee ...

Schritt E, E1

1
Hristo Radev: Hallo, ich heiße Hristo Radev und komme aus Bulgarien. Ich wohne ganz oben, in der Dachwohnung. Die Wohnung ist sehr klein, aber das macht nichts. Ich lebe ja allein dort. Bis jetzt habe ich bei meinem Bruder gewohnt. Aber nun haben er und seine Frau ihr drittes Kind bekommen und es war kein Platz mehr für mich.

2
Sylwia Wasilewski: Ich bin Sylwia Wasilewski. Mein Mann Marek, mein Sohn Adam und ich haben lange in einer Zwei-Zimmer-Wohnung im Zentrum gewohnt. Jetzt haben wir drei Zimmer hier im 2. Stock und viel mehr Platz. Das ist toll.

3

Katrin Hauser: Wir wohnen im ersten Stock. Ich bin Katrin Hauser. Mein Mann und ich haben uns vor sechs Monaten getrennt und ich habe mit meiner Tochter Ella lange nach einer Wohnung gesucht. Hier ist es super, weil Ellas Schule nicht weit weg ist.

4

Yusuf Dirim: Ich bin Yusuf Dirim. Meine Frau Ayse und ich kommen aus der Türkei und leben schon seit 35 Jahren in Deutschland. Wir haben drei Kinder, und die haben schon eigene Kinder. Wir wohnen jetzt allein, ganz unten im Erdgeschoss.

5

Luisa: Ich bin Luisa und wohne mit Teresa und Patricia im dritten Stock. Wir sind eine Wohngemeinschaft. Hristo kennt uns schon. Er wohnt ja über uns. Teresa ist aus Italien und arbeitet als Köchin. Patricia kommt aus Spanien und studiert Deutsch an der Universität. Ich bin auch Studentin.

Lektion 1, Audiotraining 1
Glücklich oder traurig? Antworten Sie auf die Fragen. Hören Sie zuerst ein Beispiel:
S2: Warum bist du glücklich? Miete nicht teuer
S1: Weil die Miete nicht teuer ist.

Und jetzt Sie:
S2: Warum bist du glücklich? Miete nicht teuer
S1: Weil die Miete nicht teuer ist.
S2: Warum bist du traurig? hier keinen Menschen kennen
S1: Weil ich hier keinen Menschen kenne.
S2: Warum bist du glücklich? meine Eltern kommen
S1: Weil meine Eltern kommen.
S2: Warum bist du traurig? geschieden sein
S1: Weil ich geschieden bin.
S2: Warum bist du glücklich? Stadt gut gefallen
S1: Weil mir die Stadt gut gefällt.
S2: Warum bist du traurig? arbeitslos sein
S1: Weil ich arbeitslos bin.
S2: Warum bist du glücklich? meine Nachbarn sehr nett
S1: Weil meine Nachbarn sehr nett sind.
S2: Warum bist du traurig? Anna nicht treffen können
S1: Weil ich Anna nicht treffen kann.
S2: Warum bist du glücklich? eine Arbeit gefunden
S1: Weil ich eine Arbeit gefunden habe.

Lektion 1, Audiotraining 2
So ein Pech! Fragen Sie nach. Hören Sie zuerst ein Beispiel:

S2: Ich habe den Zug verpasst.
S1: Du hast den Zug verpasst? So ein Pech!

Und jetzt Sie:
S2: Ich habe den Zug verpasst.
S1: Du hast den Zug verpasst? So ein Pech!
S2: Ich habe mein Handy verloren.

S1: Du hast dein Handy verloren? So ein Pech!
S2: Unsere neuen Nachbarn sind sehr laut.
S1: Eure neuen Nachbarn sind sehr laut? So ein Pech!
S2: Wir sind in die falsche S-Bahn eingestiegen.
S1: Ihr seid in die falsche S-Bahn eingestiegen? So ein Pech!
S2: Ich habe den Wecker nicht gehört.
S1: Du hast den Wecker nicht gehört? So ein Pech!
S2: Ich habe meine Geldbörse zu Hause vergessen.
S1: Du hast deine Geldbörse zu Hause vergessen? So ein Pech!

Lektion 1, Audiotraining 3
Antworten Sie mit „Ja" auf die Fragen. Hören Sie zuerst ein Beispiel:
S2: Ist Tina berufstätig?
S1: Ja, Tina ist berufstätig.

Und jetzt Sie:
S2: Ist Tina berufstätig?
S1: Ja, Tina ist berufstätig.
S2: Lebst du allein?
S1: Ja, ich lebe allein.
S2: Wollt ihr Kinder haben?
S1: Ja, wir wollen Kinder haben.
S2: Bist du verheiratet?
S1: Ja, ich bin verheiratet.
S2: Wohnt er noch bei seinen Eltern?
S1: Ja, er wohnt noch bei seinen Eltern.
S2: Ist sie schon lange in Rente?
S1: Ja, sie ist schon lange in Rente.
S2: Arbeitest du noch als Krankenpfleger?
S1: Ja, ich arbeite noch als Krankenpfleger.

Zwischendurch mal Lied
Na? Singen wir was?
Der Fernseher hat nicht funktioniert. Onkel Willi hat ihn repariert.
Dann hat er ihn wieder angemacht.
Die Nichten und Neffen haben laut gelacht. Tante Hanne hat im Restaurant gesessen und hat einen Fisch gegessen.
Dann ist etwas Dummes passiert. Onkel Willi hat es fotografiert.
Tante Hanne ist nach Köln umgezogen. Onkel Willi ist zu ihr geflogen.
Er hat das falsche Flugzeug genommen und ist in Hamburg angekommen. Wir haben das nun dreimal trainiert und haben es dabei genau studiert. Wir haben ganz langsam angefangen.
Am Ende ist es schon ganz schnell gegangen.

Lektion 2 Zu Hause

Folge 2: Was man hat, das hat man.

Bild 1

Tim: Hallo! Guten Tag.

Frau Sicinski: Guten Tag, junger Mann. Wohnen Sie jetzt hier im Erdgeschoss?

Tim: Ja, seit gestern.

Frau Sicinski: Aah, und ich sehe gerade: Sie können Glühbirnen wechseln?

Tim: Ja, klar.

Frau Sicinski: Das ist prima. Meine Wohnzimmerlampe funktioniert nämlich seit gestern Abend nicht mehr. Ich denke, die Glühbirne ist kaputt.

Tim: Aha?

Frau Sicinski: Die Lampe hängt an der Decke. So weit oben, verstehen Sie? Könnten Sie mir da vielleicht helfen? Das wäre wirklich sehr nett von Ihnen.

Tim: Ja, äh, haben Sie denn noch eine Glühbirne?

Frau Sicinski: Natürlich. Ach, kommen Sie doch gleich mit rauf.

Bild 2

Frau Sicinski: Es ist nicht weit. Ich wohne im ersten Stock, junger Mann. Wie heißen Sie eigentlich?

Tim: Tim Wilson.

Frau Sicinski: Tim Wilson, das klingt englisch.

Tim: Ich komme aus Kanada.

Frau Sicinski: Aus Kanada? Aha. Aber jetzt leben Sie hier...

Tim: Ja, ich arbeite in einem Hotel.

Frau Sicinski: Was sie nicht sagen! So, da sind wir schon.

Tim : Ach, Sie wohnen ja direkt neben Betty und Paul.

Frau Sicinski: Oh, ja! Oh, ja! So ...

Bild 3

Frau Sicinski: So, bitteschön! Kommen Sie rein, Herr Wilson.

Tim: Danke, Frau ... ähm ... Sicinski? Habe ich das jetzt richtig ausgesprochen?

Frau Sicinski: Genau richtig: Sicinski.

Tim: Soll ich meine Schuhe ausziehen?

Frau Sicinski: Nein, nein, lassen Sie sie ruhig an.

Tim: Kann ich meine Sachen da auf den Tisch legen?

Frau Sicinski: Aber natürlich. Auf dem Tisch liegen sie gut.

Bild 4

Frau Sicinski: Das sind Energiesparlampen, nicht wahr?

Tim: Ja, ... ich glaube schon.

Frau Sicinski: Uhh! Die mag ich nicht.

Tim: Warum denn?

Frau Sicinski: Es dauert so lang, bis die hell werden. Und das Licht ist auch nicht schön. Nein, nein, ich mag nur Glühbirnen.

Tim: Glühbirnen ...

Frau Sicinski: Sie wissen ja, die sind verboten!

Tim: Was!?

Frau Sicinski: Ja, die gibt's nicht mehr. Man kann die heute nicht mehr kaufen.

Tim: Na, dann müssen Sie wohl auch Energiesparlampen nehmen.

Frau Sicinski: Tja-ha! Ich bin doch nicht blöd! Kommen Sie mal mit!

Bild 5

Frau Sicinski: Hier: Sehen Sie?

Tim: Oh mein Gott, sind das viele!

Frau Sicinski: Die hab ich damals alle noch schnell gekauft.

Tim: Unglaublich ...

Frau Sicinski: Tja: Was man hat, das hat man.

Tim: Äh, entschuldigen Sie, das habe ich nicht verstanden.

Frau Sicinski: Na, ganz einfach: Ich HABE sie. Ich habe GENUG Glühbirnen bis an mein Lebensende. Ich brauche keine mehr: was man HAT, das HAT man. Das hat man SICHER.

Tim: Ach so! Jetzt verstehe ich.

Frau Sicinski: Na prima! Jetzt brauchen wir noch eine Leiter. Kommen Sie!

Bild 6

Frau Sicinski: Stellen Sie die Leiter dahin. Ja, genau! Da steht sie genau richtig. Früher hab ich das alles selbst gemacht. Aber heute geht das nicht mehr.

Tim: Sie hatten recht: die Glühbirne ist kaputt. Hier ist sie.

Frau Sicinski: Danke. Die kommt in den Müll. Vorsicht! Fallen Sie nicht runter.

Tim: So. Schon fertig.

Frau Sicinski: Na, dann versuchen wir es mal. Darf ich?

Tim: Klar.

Frau Sicinski: Ah! Wunderbar! Vielen Dank.

Tim: Kein Problem.

Bild 7

Frau Sicinski: Nochmal: Tausend Dank für Ihre Hilfe! Was könnte ich Ihnen denn geben?

Tim: Nichts, Frau Sicinski. Das habe ich doch gern gemacht.

Frau Sicinski: Ihre Sachen liegen noch auf dem Tisch. Vergessen Sie sie nicht.

Tim: Ach ja, danke! Gut, dann geh ich mal wieder runter.

Frau Sicinski: Ouh! Die zwei da drüben sind sehr nett. Ich mag sie. Aber sie sind etwas anstrengend. Ich hoffe, Sie ziehen nicht gleich wieder aus, Herr Wilson.

Tim: Nein, das ist schon okay. Wissen Sie, in ein paar Monaten...

Frau Sicinski: Aah! Warten Sie! Ich habe doch noch was für Sie!

Bild 8

Tim: Du, ich kenne jetzt schon drei Leute hier: Die beiden Studenten direkt über mir... Ja genau, ... Paul und Betty ... und Frau Sicinski ... Sie wohnt neben Paul und Betty. Nein, hier ist keine Party. Nein, Frau Sicinski ist nicht bei mir. Weißt du was? In Frau Sicinskis Schrank waren hundert Glühbirnen. Nein! Ich habe KEIN Fieber. Es ist ziemlich laut hier. Das ist wirklich ärgerlich. Aber Frau Sicinski hat mir Ohrenstöpsel geschenkt. Das sind so Dinger, die steckt man in die Ohren und dann hört man nichts mehr ... Lara? Lara? Hmm...

Transkriptionen zum Kursbuch

Schritt C, C1 a
Frau Sicinski: Jetzt brauchen wir noch eine Leiter.
Kommen Sie! Stellen Sie die Leiter dahin. Ja, genau.
Da steht sie genau richtig.

Schritt E, E1
Gespräch 1
Hr. Basso: Hallo, Frau Wenger.
Fr. Wenger: Ah, guten Abend, Herr Basso.
Hr. Basso: Frau Wenger? Sagen Sie, ist es bei Ihnen
in der Wohnung auch so kalt?
Fr. Wenger: Kalt? Bei mir? Nein.
Hr. Basso: Bei mir leider schon. Meine Wohnung
wird einfach nicht warm.
Fr. Wenger: Ach!?
Hr. Basso: Tja, ich glaube, meine Heizung funktioniert nicht
richtig. Auch das Wasser wird nicht richtig warm.
Fr. Wenger: Na, das ist aber dumm! Da müssen Sie gleich
was tun.
Hr. Basso: Ja, aber mit wem muss ich da sprechen? Mit dem
Hausmeister? Mit der Hausverwaltung? Oder gleich mit der
Heizungsfirma?
Fr. Wenger: Nein, nein, rufen Sie zuerst immer den Haus-
meister an. Er heißt Brehme. Hier am Schwarzen Brett, da
steht seine Telefonnummer. Sehen Sie?
Hr. Basso: Ah, super. Vielen Dank.
Fr. Wenger: Bitte, bitte.
Hr. Basso: Darf ich Sie noch was fragen, Frau Wenger?
Fr. Wenger: Natürlich, nur zu.
Hr. Basso: Es geht um die Treppenreinigung hier im Haus.
Müssen wir Mieter das eigentlich selbst machen?
Fr. Wenger: Nein-nein, das macht bei uns eine Firma.
Hr. Basso: Ah! Prima!
Fr. Wenger: Die kommen zweimal in der Woche, am
Montag und am Donnerstag.
Hr. Basso: Ok, super, vielen Dank!
Fr. Wenger: Gern, tschüs und einen schönen Abend.

Gespräch 2
Herr Dolezal: Na, so was. So ein Mist aber auch.
Hausmeister: Was ist denn los, Herr Dolezal?
Herr Dolezal: Was los ist? Mein Briefkasten ist kaputt.
Hier, sehen Sie mal. Das Schloss funktioniert nicht mehr.
Hausmeister: Hmm, ja, ich sehe es. Das muss ich reparieren.
Aber das kann ich erst nächste Woche machen.
Herr Dolezal: Was? Aber das geht doch nicht. Hier kann ja
jeder meine Post rausnehmen!
Hausmeister: Aber Herr Dolezal, hier im Haus macht das
doch keiner.
Herr Dolezal: Na ja, aber können Sie das nicht sofort repa-
rieren oder wenigstens morgen? Das dauert doch nicht
lange und Sie würden mir wirklich helfen.
Hausmeister: Na gut, Herr Dolezal. Weil Sie es sind. Ich
mache es morgen, ja? Erst muss ich ein neues Schloss
kaufen.
Herr Dolezal: Wunderbar! Das ist wirklich nett von Ihnen,
Herr Meier. Vielen Dank.

Gespräch 3
Frau Bauer: Ja hallo, Frau Weiß.
Frau Weiß: Ach, so ein Glück, Sie sind zu Hause, Frau Bauer!
Ich hoffe, ich störe Sie nicht!
Frau Bauer: Nein, gar nicht. Was ist denn los?
Frau Weiß: Hach, ich komme mal wieder nicht in meine
Wohnung rein.
Frau Bauer: Haben Sie Ihren Schlüssel vergessen?
Frau Weiß: Immer vergesse ich den Schlüssel.
Frau Bauer: Na, das ist doch kein Problem. Einen Moment,
bitte. Sie haben einen Schlüssel für meine Wohnung und ich
habe einen Schlüssel für Ihre Wohnung. Hier bitte, da ist er.
Frau Weiß: Tausend Dank für Ihre Hilfe!
Frau Bauer: Kein Problem. Dafür gibt's doch Nachbarn, oder?
Frau Weiß: Ich hoffe, ich kann Ihnen auch mal helfen. Na,
aber Ihnen passiert so was ja nie. Sie sind noch jung.
Frau Bauer: Huch! Das war der Wind. So ein Pech! Sehen
Sie? So schnell kann es gehen: Jetzt ist meine Tür zu und ich
brauche Ihre Hilfe.
Frau Weiß: Prima! Kommen Sie doch mit rüber! Ich mache
uns einen Kaffee und dann suchen wir zusammen Ihren
Schlüssel. Wohin habe ich ihn bloß gelegt?

Gespräch 4
Frau Budanov: Na? Wo steckt er denn wieder? Warum
kommt er denn nicht rauf? Was ist denn das? Er steht im
Erdgeschoss. Hach! Da hat wieder jemand die Aufzugtür
nicht zugemacht! Also, das ist doch ...! Hallo? Ich möchte
runter! Sind Sie bitte so nett und machen die Aufzugtür zu?
Aah! Danke für Ihr Verständnis! Das sind Leute! Also nein!
Wirklich!

Lektion 2, Audiotraining 1
Wo oder wohin? Antworten Sie auf die Fragen.
Hören Sie zuerst ein Beispiel:
S2: Wohin legst du das Buch? Tisch
S1: Ich lege das Buch auf den Tisch.
S2: Wo liegt das Buch jetzt? Tisch
S1: Das Buch liegt jetzt auf dem Tisch.

Und jetzt Sie:
S2: Wohin legst du das Buch? Tisch
S1: Ich lege das Buch auf den Tisch.
S2: Wo liegt das Buch jetzt? Tisch
S1: Das Buch liegt jetzt auf dem Tisch.
S2: Wohin stellt ihr den Schrank? Ecke
S1: Wir stellen den Schrank in die Ecke.
S2: Wo steht der Schrank jetzt? Ecke
S1: Der Schrank steht jetzt in der Ecke.
S2: Wohin steckst du den Schlüssel? Schloss
S1: Ich stecke den Schlüssel ins Schloss.
S2: Wo steckt der Schlüssel jetzt? Schloss
S1: Der Schlüssel steckt jetzt im Schloss.
S2: Wohin hängt Tim das Bild? Wand
S1: Tim hängt das Bild an die Wand.
S2: Wo hängt das Bild jetzt? Wand
S1: Das Bild hängt jetzt an der Wand.

Lektion 2, Audiotraining 2
Antworten Sie mit „Tut mir leid. Das geht nicht, weil …".
Hören Sie zuerst ein Beispiel:
S2: Können Sie nächste Woche meinen Briefkasten leeren?
wegfahren
S1: Tut mir leid. Das geht nicht, weil ich wegfahre.

Und jetzt Sie:
S2: Können Sie nächste Woche meinen Briefkasten leeren?
wegfahren
S1: Tut mir leid. Das geht nicht, weil ich wegfahre.
S2: Können Sie morgen Mittag den Handwerker in meine Wohnung lassen?
ab acht Uhr arbeiten
S1: Tut mir leid. Das geht nicht, weil ich ab acht Uhr arbeite.
S2: Können Sie am Samstag meine Katze füttern?
Samstag – Ausflug machen
S1: Tut mir leid. Das geht nicht, weil ich am Samstag einen Ausflug mache.
S2: Würden Sie morgen mit meinem Hund spazieren gehen?
krank sein
S1: Tut mir leid. Das geht nicht, weil ich krank bin.
S2: Würden Sie im Juni meine Pflanzen gießen?
Mai – ausziehen
S1: Tut mir leid. Das geht nicht, weil ich im Mai ausziehe.

Lektion 2, Audiotraining 3
Seien Sie bitte so nett … ! Sagen Sie es höflich. Hören Sie zuerst ein Beispiel:
S2: Stellen Sie die Pflanze dorthin.
S1: Seien Sie bitte so nett und stellen Sie die Pflanze dorthin.

Und jetzt Sie:
S2: Stellen Sie Pflanze dorthin.
S1: Seien Sie bitte so nett und stellen Sie die Pflanze dorthin.
S2: Die Fahrräder müssen Sie unter die Treppe stellen.
S1: Seien Sie bitte so nett und stellen Sie die Fahrräder unter die Treppe.
S2: Legen Sie die Bücher auf den Tisch.
S1: Seien Sie bitte so nett und legen Sie die Bücher auf den Tisch.
S2: Den Müll müssen Sie trennen.
S1: Seien Sie bitte so nett und trennen Sie den Müll.
S2: Stellen Sie Ihr Auto immer in der Garage ab.
S1: Seien Sie bitte so nett und stellen Sie Ihr Auto immer in der Garage ab.
S2: Stellen Sie den Kinderwagen nicht vor den Aufzug.
S1: Seien Sie bitte so nett und stellen Sie den Kinderwagen nicht vor den Aufzug.

Zwischendurch mal Hören
Gestern im Treppenhaus
Gespräch A
Frau Knesebeck: Na, Herr Bogdanović? Haben Sie es auch schon gesehen?
Herr Bogdanović: Gesehen? Ja, was denn, Frau Knesebeck?

Frau Knesebeck: Na, da! Die Müllers haben schon wieder ihren Kinderwagen in den Hausflur gestellt.
Herr Bogdanović: Ach so …
Frau Knesebeck: Der gehört nicht hier rein. Der Hausmeister hat es doch deutlich gesagt: „Hier im Hausflur darf nichts herumstehen!"
Herr Bogdanović: Haben Sie denn mit Frau Müller gesprochen?
Frau Knesebeck: Nein. Ich gehe jetzt zum Hausmeister. Der Kinderwagen muss RAUS.

Gespräch B
Frau Müller: Ach, Herr Bogdanović?
Herr Bogdanović: Guten Tag, Frau Müller. Ich wollte nur sagen: Ihr Kinderwagen …
Frau Müller: Ja ja, ich weiß schon, ich weiß schon. Aber mein Mann ist nicht da und ich kann den Wagen ja nicht allein hier rauf tragen.
Herr Bogdanović: Kommen Sie, gehen wir zusammen runter. Ich helfe Ihnen.
Frau Müller: Oh, das ist aber nett!
Herr Bogdanović: Frau Knesebeck holt nämlich gerade den Hausmeister.
Frau Müller: Ach nein? DIE schon wieder! Die hat wohl nichts Besseres zu tun?

Gespräch C
Herr Winter: Na, wo ist er denn jetzt, der Kinderwagen?
Frau Knesebeck: Also, also, ich verstehe das nicht, Herr Winter. Vor ein paar Minuten ist er noch hier gewesen. Ah, da kommt Herr Bogdanović. Er hat es auch gesehen.
Herr Winter: Hallo, Herr Bogdanović.
Herr Bogdanović: Guten Tag, Herr Winter.
Herr Winter: Hier hat ein Kinderwagen gestanden, sagt Frau Knesebeck.
Herr Bogdanović: Ja, richtig. Und wir BRAUCHEN hier unten auch einen Platz für die Kinderwagen.
Frau Knesebeck: Wie bitte?
Herr Bogdanović: Frau Müller MUSS den Kinderwagen ja irgendwo hinstellen können. Sie kann ihn doch nicht dauernd allein rauf und runter tragen.
Herr Winter: Da haben Sie recht. Ich spreche mal mit der Hausverwaltung darüber. Wiedersehen zusammen!
Herr Bogdanović: Wiedersehen, Herr Winter.
Frau Knesebeck: Aber, … aber …
Herr Bogdanović: Tschüs, Frau Knesebeck. Schönen Tag noch!
Frau Knesebeck: Also, SOWAS!

Lektion 3 Essen und Trinken

Folge 3: Eine Hand wäscht die andere.

Bild 1

Dimi: Niki? Bist du das, Niki? Oh? Was machen Sie denn hier?

Tim: Oh, äh! Guten Tag! Ähm … ich …

Dimi: Wollen Sie was verkaufen? Ich sage Ihnen gleich: wir brauchen nichts.

Tim: Nein, nein! Ich bin Ihr Nachbar. Ich wohne direkt neben Ihnen. Tim Wilson. Hallo!

Dimi: Oh! Hallo!

Tim: Sagen Sie mal, Herr … ähh … Kaiopoulos …

Dimi: Ach komm, ich heiße Dimitri. Sag einfach Dimi.

Tim: Okay, Dimi. Was riecht denn da so wunderbar?

Dimi: Das ist Mousaka.

Tim: Mousaka? Hmmm! Das riecht fantastisch!

Dimi: Du siehst hungrig aus, Tim. Möchtest du mitessen?

Tim: Oh! Äh … Das ist sehr nett! Aber ich, ich möchte nicht stören.

Dimi: Ich muss zurück in die Küche. Wir essen in einer Viertelstunde. Bis gleich, Tim.

Tim: Ja, bis gleich, … ähh … Dimi.

Bild 2

Eva: Hallo! Du bist also der „Tim von Nebenan"?

Tim: Ja, genau. Und du bist?

Eva: Ich bin Eva. Komm rein!

Tim: Danke. Tut mir leid, ich habe gar nichts mitgebracht, Eva.

Eva: Kein Problem, Tim! Da bist du ja, Niki. Immer kommst du zu spät! Tim, das ist Niki.

Tim: Hallo, Niki!

Niki: Hallo.

Eva: Geh nur gleich rein, Tim. Dimi wartet schon auf dich.

Tim: Okay!

Eva: Und du wäschst jetzt die Hände und kommst dann auch zum Essen. Sag mal, hast du geraucht?

Niki: Hä? Warum denn?

Eva: Weil du so riechst. Geh rein jetzt, wir reden später weiter.

Niki: Na toll!

Bild 3

Tim: Hmm, das riecht soooo lecker!

Dimi: Also: die Seite ist mit Hackfleisch. … Und hier ist keins drin.

Eva: Der Teil ist mit Kartoffeln und Auberginen. … Ich bin nämlich Vegetarierin. … Ich esse nie Fleisch.

Niki: Ich schon. Ich möchte mit Fleisch.

Eva: Zuerst der Gast, Niki!

Dimi: Na Tim: mit oder ohne Fleisch?

Tim: Mit Fleisch, bitte.

Eva: Möchtest du Brot?

Tim: Oh, ja, gern. Danke, Eva!

Dimi: Also dann: Guten Appetit!

Tim und Eva: Guten Appetit!

Eva: Und danke fürs Kochen, Dimi!

Bild 4

Tim: Hmmm, Dimi! Das Essen ist sehr, sehr lecker.

Dimi: Danke, das freut mich.

Eva: Niki, machst du hier am Tisch bitte dein Handy aus? Niki?

Niki: Warum denn?

Dimi: NIKI!

Niki: Mann!

Eva: Möchtest du noch, Tim?

Dimi: Ja, darf ich dir noch was geben?

Tim: Oh, ja, sehr gern. Ich liebe Mousaka.

Dimi: Na, das höre ich gern.

Tim: Aber jetzt probiere ich mal eine Portion ohne Fleisch, ist das okay?

Eva: Na klar!

Dimi: Es ist genug für alle da.

Bild 5

Eva: So, jetzt gibt es Nachspeise.

Dimi: Das ist Joghurt mit Honig und Nüssen.

Tim: Hmm, das sieht lecker aus.

Dimi: So, Niki, das reicht. Raus jetzt!

Niki: Okay.

Dimi: Nein! Dein Nachtisch bleibt hier stehen.

Niki: Warum denn?

Eva: Stell das hin und geh in dein Zimmer!

Niki: Mann! Das ist voll ungerecht!

Bild 6

Dimi: Ach, der Junge macht mich noch verrückt! Für ihn gibt's nur noch zwei Dinge auf der Welt: das Handy und seine Computerspiele.

Tim: Wie alt ist Niki denn?

Eva: Vierzehn, er wird bald fünfzehn.

Tim: Mein Bruder Ben ist sechzehn. Vor ein, zwei Jahren war's mit ihm ganz genauso. Na ja, das geht zum Glück wieder vorbei.

Eva: Meistens, Tim. Manchmal aber auch nicht.

Dimi: Sag mal, war dein Bruder auch so schlecht in der Schule?

Tim: Na ja, ein bisschen, aber nicht schlimm.

Dimi: Unser Niki hat fast nur noch schlechte Noten.

Eva: Eine Fünf in Mathe, …

Dimi: eine Fünf in Englisch,…

Eva: …und eine Fünf in Erdkunde.

Tim: Oje! Das klingt ja nicht so gut.

Bild 7

Tim: Oh, schon neun Uhr. Tja, ich glaube, ich geh dann so langsam mal rüber.

Dimi: Ach komm, bleib doch noch ein bisschen.

Eva: Ja, nun haben wir die ganze Zeit über uns geredet. Erzähl doch auch mal ein bisschen von dir, Tim.

Tim: Na ja, was soll ich erzählen? Ich komme aus Kanada, ich lerne Deutsch und ich arbeite seit ein paar Tagen in einem Hotel hier im Stadtzentrum.

Dimi: Aus Kanada kommst du?

Tim: Ja, aus Ottawa.

Dimi: Das ist ja interessant! Wartet mal, ich mach uns noch schnell einen Espresso. Du möchtest doch auch einen, oder?
Tim: Ja, Dimi. Sehr gern.
Dimi: Eva, du auch?
Eva: Ja, Schatz.

Bild 8
Tim: Vielen Dank für den schönen Abend.
Eva: Sehr gern, Tim! Komm bald mal wieder.
Tim: Hmm, das hat alles so lecker geschmeckt, Dimi!
Dimi: Das freut mich sehr.
Tim: So gut möchte ich auch kochen können.
Dimi: Ach, das ist gar nicht so schwer. Wenn du Lust hast, komm einfach rüber und hilf mir beim Kochen. Dann lernst du das ganz schnell.
Tim: Hey, wartet mal! Wir könnten es doch so machen: Ich lerne bei dir kochen und Niki lernt bei mir Englisch.
Eva: Das ist eine super Idee!
Dimi: Das machen wir.
Tim: Da gibts doch dieses deutsche Sprichwort. Wie geht das? Eine Hand ... ähm ... eine Hand ...
Dimi: Eine Hand wäscht die andere.
Tim: Genau!

Schritt A, A1a
1
Eva: Ich bin nämlich Vegetarierin. Ich esse nie Fleisch.

2
Dimi: Ich esse schon ganz gern Fleisch, aber Fleischgerichte koche ich nur manchmal für Niki und mich. Eva ist ja Vegetarierin.

3
Niki: Ich esse total gern Fleisch. In der Schulmensa nehme ich das Fleischgericht oder ich gehe mit meinen Freunden in ein Fastfoodrestaurant. Also, ich denke, ich esse oft Fleisch.

4
Tim: Also, ich bin kein Vegetarier. Ich esse eigentlich alles gern: Fleisch, Fisch, Gemüse. ... Fleisch esse ich wahrscheinlich so einmal pro Woche, also eher selten.

Schritt B, B1
Gespräch A
Dimi: Ich mach noch schnell einen Espresso. Du möchtest doch auch einen, oder?
Tim: Ja, Dimi. Sehr gern.

Gespräch B
Eva: Du, Dimi, wo sind denn die Löffel? Ich finde keine.
Dimi: Moment ... In der Spülmaschine sind welche.

Gespräch C
Tim: Oh, mein Messer ist runtergefallen. Tut mir leid.
Dimi: Kein Problem. Ich hole gleich noch eins.

Gespräch D
Dimi: Wer möchte noch eine Portion?
Tim: Ich nehme gern noch eine.
Dimi: Gut. Gibst du mir deinen Teller, Tim?

Schritt C, C1 a
Eva: Komm rein!
Tim: Danke. Tut mir leid, ich habe gar nichts mitgebracht, Eva.
Eva: Kein Problem, Tim.

b
Tim: Hm, das riecht so lecker!
Dimi: Na, Tim: mit oder ohne Fleisch?
Tim: Mit Fleisch, bitte.
Dimi: Also dann: Guten Appetit.
Tim: Guten Appetit!
Eva: Und danke fürs Kochen, Dimi!
Dimi: Darf ich dir noch etwas geben?
Tim: Oh, ja, sehr gern. Ich liebe Moussaka.

c
Tim: Vielen Dank für den schönen Abend.
Eva: Sehr gern, Tim! Komm bald mal wieder.

Schritt C, C4 b und c

Moderatorin: Meine Damen und Herren, hier im Deutschfunk hören Sie jetzt unsere Sendung *Du und Ich,* heute mit dem Thema: Bei Freunden zu Gast.
Sven: Du, sag mal, Monika, wo bleiben die denn?
Monika: Ich weiß nicht, Schatz.
Sven: Acht Uhr war ausgemacht, oder?
Monika: Ja, acht Uhr war ausgemacht.
Sven: Und jetzt ist es gleich halb neun.
Monika: Du kennst doch Renate und Eberhardt. Waren die denn schon einmal pünktlich?
Sven: Ja, ja, aber eine halbe Stunde, das ist zu viel. Das finde ich nicht in Ordnung.
Moderatorin: Sven hat recht: Sie sind in Deutschland zum Essen eingeladen? Dann ist eine halbe Stunde Verspätung wirklich sehr unhöflich. Sie merken es schon: Wir sprechen heute über Regeln. Was müssen Sie beachten, wenn Sie bei Freunden eingeladen sind? Zuerst einmal: Kommen Sie nicht zu spät! Ein paar Minuten und auch eine Viertelstunde sind noch in Ordnung, aber nicht mehr.

Monika: Hallo, Renate! Hallo, Eberhardt.
R.+E.: Hallo, hallo, Monika.
Renate: Ach, Monika! Wir sind viel zu spät.
Eberhardt: Wir haben die Straßenbahn verpasst. Es tut uns wirklich leid.
Monika: Ist doch nicht so schlimm. Kommt rein. Sven, unsere Gäste sind da.
Eberhardt: Hier, die sind für dich.
Monika: Oh! So schöne Blumen. Das ist aber nett. Vielen Dank.

Moderatorin: Na haben Sie es gehört? Die Entschuldigung ist bei Monika gut angekommen. Renate und Eberhardt sind zu spät gekommen, aber sie haben an ein kleines Geschenk für ihre Gastgeber gedacht. Das ist ganz richtig. Bringen Sie etwas mit! Das kann ein Blumenstrauß sein oder Schokolade. Sehr oft bringt man auch Wein mit.

Renate: Hmmm. Das sieht aber lecker aus! Und es riecht so gut.
Sven: Eberhardt, darf ich dir auch Fleisch und Soße geben?
Eberhardt: Nein, danke, Sven. Ich nehme nur Kartoffeln.
Sven: Was? Ja, aber …
Renate: Eberhardt macht doch zurzeit diese Kartoffeldiät.
Moderatorin: Also so was! Sven und Monika hatten mit dem Kochen so viel Arbeit und nun isst Eberhardt nur die Kartoffeln. Warum hat er das mit seiner Diät nicht vorher gesagt? Also bitte: Sie machen eine Diät? Sie mögen etwas nicht oder dürfen etwas nicht essen? Bitte sagen Sie das Ihrem Gastgeber vor der Einladung, nicht erst beim Essen.
Sven: Möchtest du noch, Renate? Darf ich dir noch ein bisschen geben?
Renate: Tut mir leid, Leute, aber ich kann einfach nicht mehr. Aber es hat super geschmeckt. Wirklich sehr, sehr lecker!
Monika: Danke, das freut uns.
Moderatorin: In Deutschland dürfen Sie als Gast viel essen, Sie müssen aber nicht. Natürlich freuen sich Ihre Gastgeber, dass Ihnen das Essen gut schmeckt.

Eberhardt: So Leute, das war ein netter Abend. Jetzt müssen wir aber gehen.
Monika: Schon? Bleibt doch noch ein bisschen.
Eberhardt: Tut mir Leid. Aber wir müssen wirklich nach Hause. Es ist schon fast zehn und ich muss morgen ganz früh aufstehen.
Monika: Na schön. Kommt gut nach Hause.
Moderatorin: Also dieser Eberhart ist doch wirklich ein unhöflicher Mensch. Finden Sie nicht? Nach dem Essen kann man doch nicht gleich gehen. Man bleibt wenigstens noch ein bisschen. Natürlich soll man auch nicht zu spät nach Hause gehen. Ihr Gastgeber ist müde und schläft schon fast ein? Dann müssen Sie langsam tschüs sagen. Das mache ich jetzt auch: Ich sage Danke fürs Zuhören und tschüs bis zu unserer nächsten Sendung.

Schritt E, E1
Gespräch A
Kellnerin: Was darf ich Ihnen bringen?
Gast: Ich nehme das Schnitzel mit Pommes und Salat.
Kellnerin: Ja, gern. Und zu trinken?
Gast: Ein Mineralwasser, bitte.

Gespräch B
Gast: Entschuldigung, aber die Suppe ist leider viel zu salzig.
Kellnerin: Oh, das tut mir leid. Ich bringe Ihnen sofort eine neue.
Gast: Danke. Sehr nett.

Gespräch C
Gast 1: Hallo! Zahlen, bitte.
Kellnerin: Zusammen oder getrennt?
Gast 1: Zusammen, bitte.
Kellnerin: Ein Eiskaffee, ein Stück Kuchen und ein Tee mit Zitrone: Das macht 7,50 Euro, bitte.
Gast 2: Hier, bitte. Stimmt so.

Gespräch D
Gast 1: Entschuldigung, ist der Platz noch frei?
Gast 2: Aber sicher. Nehmen Sie doch Platz.
Gast 1: Vielen Dank.

Lektion 3, Audiotraining 1
Antworten Sie auf die Fragen. Hören Sie zuerst ein Beispiel:
S2: Wie oft kochen Sie selbst? selten
S1: Ich koche selten selbst.

Und jetzt Sie:
S2: Wie oft kochen Sie selbst? selten
S1: Ich koche selten selbst.

S2: Wie oft machen Sie Sport? zweimal pro Woche
S1: Ich mache zweimal pro Woche Sport.
S2: Wie oft sehen Sie auf Ihr Handy? oft
S1: Ich sehe oft auf mein Handy.
S2: Wie oft lesen Sie Ihre E-Mails? einmal pro Tag
S1: Ich lese einmal pro Tag meine E-Mails.
S2: Wie oft essen Sie Süßigkeiten? fast nie
S1: Ich esse fast nie Süßigkeiten.

S2: Und jetzt noch einmal Sie: Antworten Sie mit Ihren Informationen.
S1: Wie oft kochen Sie selbst?
S1: Wie oft machen Sie Sport?
S1: Wie oft sehen Sie auf Ihr Handy?
S1: Wie oft lesen Sie Ihre E-Mails?
S1: Wie oft essen Sie Süßigkeiten?

Lektion 3, Audiotraining 2
Möchtest du…? Fragen Sie. Hören Sie zuerst ein Beispiel:
S2: Ich mache mir einen Espresso. Möchtest du auch einen?

Und jetzt Sie:
S2: Ich mache mir einen Espresso.
S2: Möchtest du auch einen?
S1: Ich esse ein Stück Kuchen.
S1: Möchtest du auch eins?
S2: Ich brauche jetzt ein paar Süßigkeiten.
S2: Möchtest du auch welche?
S1: Ich nehme das Schnitzel.
S1: Möchtest du auch eins?
S2: Noch einen Saft bitte.
S2: Möchtest du auch einen?
S1: Ich nehme die Pizza.
S1: Möchtest du auch eine?

Lektion 3, Audiotraining 3
Im Restaurant! Wiederholen Sie. Hören Sie zuerst ein Beispiel:
S2: Entschuldigung, ist der Platz noch frei?
S1: Entschuldigung, ist der Platz noch frei?

Und jetzt Sie:
S2: Entschuldigung, ist der Platz noch frei?
S1: Entschuldigung, ist der Platz noch frei?
S2: Kann ich bitte die Karte haben?
S1: Kann ich bitte die Karte haben?
S2: Kann ich bitte bestellen?
S1: Kann ich bitte bestellen?
S2: Entschuldigung, aber die Suppe ist leider viel zu salzig.
S1: Entschuldigung, aber die Suppe ist leider viel zu salzig.
S2: Ich möchte bitte bezahlen.
S1: Ich möchte bitte bezahlen.
S2: Hier bitte. Stimmt so.
S1: Hier bitte. Stimmt so.

Zwischendurch mal Gedicht
Was für ein Fest
1
Gastgeberin: Möchtest du ein Schnitzel?
Gast 1: Oh, ja, das wäre fein.
Gastgeberin: Möchtest du noch Pommes?
Gast 1: Da sage ich nicht nein.
Gastgeberin: Darf ich dir vielleicht noch einen Hamburger geben?
Gast 1: Oh, ja, sehr gern. Hach, ist DAS ein Leben!

2
Gastgeberin: Und? Schmeckt dir die Suppe?
Gast 2: Ja, sie ist ein Gedicht!
Gastgeberin: Wie findest du das Hähnchen?
Gast 2: Das ist mein Lieblingsgericht.
Gastgeberin: Möchtest du noch Bohnen? Dann hol ich welche her.
Gast 2: Sehr lieb, vielen Dank. Aber ich kann nicht mehr.

3
Gastgeberin: Na, wie schmeckt der Eiskaffee?
Gast 3: Hhmm, er ist sehr lecker.
Gastgeberin: Wie findest du das Teegebäck?
Gast 3: Es schmeckt wie frisch vom Bäcker.
Gastgeberin: Und bei dir, mein Lieber, ist bei dir alles klar?
Gast 3: Du, es hat super geschmeckt. Es war wunderbar.

Lektion 4 Arbeitswelt

Folge 4: Glück muss der Mensch haben!

Bild 1
Bronkhorst: Die Rechnung bitte. Ich kann nun leider doch nicht bis zum Wochenende bleiben.
Tim: Oh, wie schade! Das war Zimmer 510, nicht wahr?
Bronkhorst: Ja genau. Hier ist der Zimmerschlüssel und hier meine Kreditkarte.

Tim: Vielen Dank!
Bronkhorst: Ich muss dringend nach Paris. In eineinhalb Stunden geht schon mein Flug. Hoffentlich komme ich noch zum Flughafen.
Tim: Könnten Sie bitte ein Taxi reservieren? Für Frau Bronkhorst. Danke! So, Ihre Unterschrift, bitte. Vielen Dank! Das Taxi wartet schon am Eingang auf Sie.
Bronkhorst: Dankeschön!
Tim: Gute Reise, Frau Bronkhorst!
Bronkhorst: Auf Wiedersehen.
Tim: Wiedersehen.

Bild 2
Karla: Tim?
Tim: Ja?
Karla: Sandra?
Sandra: Ich komme!
Karla: Hört mal, ihr beiden: Ich habe jetzt gleich eine Besprechung und bin für ein bis zwei Stunden weg.
Tim & Sandra: Alles klar. Okay, Karla.
Karla: Mein Termin ist ziemlich wichtig. Also: Wenn es Probleme gibt, löst ihr sie bitte selbst, ja?
Tim: Machen wir.
Sandra: Und was ist, wenn es einen Notfall gibt?
Karla: Wenn es gar nicht anders geht, könnt ihr mich unter der Durchwahl 0-217 erreichen.
Tim: Null, Zwei, Eins, Sieben.
Karla: Aber wirklich nur im Notfall.
Tim: Alles klar.

Bild 3
Sandra: Hey super! Der Stift war bestimmt teuer, oder?
Tim: Keine Ahnung. Ich habe ihn zu Weihnachten bekommen.
Krassnick: Chm-mm-mm!
Sandra: Guten Tag!
Krassnick: Ich habe ein Zimmer reserviert.
Sandra: Sagen Sie mir bitte Ihren Namen?
Krassnick: Krassnick.
Sandra: Tja, ich finde hier leider keine Reservierung, Herr Kraßnigg. Es stimmt doch: Kraßnigg mit scharfem „s" und Doppel-g?
Krassnick: Sie finden natürlich nichts, wenn Sie meinen Namen falsch schreiben. Warten Sie: Ähm, ich habe keinen Stift. Kann ich mal Ihren haben?
Tim: Aber gern! Hier bitte.
Krassnick: SO schreibt man meinen Namen.
Sandra: Ah! Mit Doppel-„s" und „ck".

Bild 4
Sandra: Sie haben online reserviert, Herr Krassnick?
Krassnick: Ja.
Sandra: Hmm, ich finde nichts. Hast du gesehen? Er hat deinen Stift in die Tasche gesteckt.
Tim: Lass mal, ich mache das schon. Herr Krassnick, wenn Sie online reserviert haben, dann haben Sie sicher eine Reservierungsbestätigung bekommen.

Krassnick: Ähh, ... ja ...
Tim: Könnte ich die mal sehen, bitte?
Krassnick: Moment. Ähm, ach, ich habe sie wohl zu Hause vergessen.
Sandra: Jetzt sollten wir aber Karla holen.
Tim: N-nnn.
Sandra: Aber, Tim!
Tim: Nein. Es ist alles im grünen Bereich.

Bild 5
Tim: Herr Krassnick, es tut mir leid, wir können hier keine Reservierung auf Ihren Namen finden.
Krassnick: Das ist ja unglaublich!
Tim: Aber wenn Sie unsere Bestätigung online bekommen haben, dann haben Sie sie ja sicher noch auf Ihrem Handy.
Krassnick: Tja, ich habe es nicht hier.
Tim: Ich kann Ihnen kein Zimmer geben, wenn Sie keine Bestätigung haben.
Krassnick: Was? Sie sollten nicht unhöflich werden, junger Mann!
Tim: Ich bitte Sie, Herr Krassnick.
Sandra: Tim! Das gibt jetzt Ärger! Komm, wir holen Karla.
Tim: Lass nur! Ich mach' das schon.
Krassnick: Was ist denn nun? Wie lange muss ich denn noch warten?

Bild 6
Krassnick: Also: Wenn Sie einen Fehler gemacht haben, dann geben Sie mir jetzt eben ein anderes Zimmer. Das ist ja wohl kein Problem, oder?
Tim: Leider doch, Herr Krassnick.
Krassnick: Sie haben kein Zimmer frei? Kein einziges Zimmer? Gut, dann möchte ich jetzt Ihre Chefin sprechen.
Tim: Unsere Chefin?
Sandra: Ich hab's gewusst! Jetzt müssen wir Karla doch rufen!
Tim: Warte noch! Ach, Moment mal! Da IST ja Ihre Reservierung!
Sandra: Was!?
Krassnick: Ach!?
Tim: Entschuldigen Sie bitte, Herr Krassnick. Das war unser Fehler.
Sandra: Was?!
Tim: Ich schreibe Ihnen die Zimmernummer auf. Ah, ich habe gerade keinen Stift. Könnte ich bitte mal Ihren haben, Herr Krassnick?
Krassnick: Hier, bitte!
Tim: Vielen Dank, Herr Krassnick! Sie haben Zimmer 510, Herr Krassnick. Fünfte Etage. Wir wünschen Ihnen einen angenehmen Aufenthalt.

Bild 7
Sandra: Wow! Tim! Wie hast du DAS denn gemacht?
Tim: Glück muss der Mensch haben! Zimmer 510 ist vor einer halben Stunde erst frei geworden. Und das haben sie nicht gewusst.
Sandra: SIE? Ja, WER denn?
Tim: Krassnick und Karla.

Sandra: Hä!? Was willst du damit sagen!?
Tim: Das war ein Test.
Sandra: Ein Test!?
Tim: Hatte Krassnick Gepäck dabei?
Sandra: Nein.
Tim: War er schon mal als Gast hier im Hotel?
Sandra: Nein, er war noch nie hier. Na und?
Tim: Was hat er gesagt: Dann möchte ich jetzt, na?
Sandra: Dann möchte ich jetzt Ihre Chefin sprechen. Hey! Woher hat er denn das gewusst? Tim! Du bist genial!
Tim: Danke!
Sandra: Aber du hast den falschen Job!
Tim: Warum denn?
Sandra: Du solltest Detektiv werden!

Bild 8
Krassnick: Das war FANTASTISCH, Karla! Er hat keinen Fehler gemacht.
Karla: Na, was habe ich gesagt?
Krassnick: Keinen einzigen Fehler!
Karla: Sie meinen also ...
Krassnick: Ja, Karla. Nächstes Jahr wird Tim Chef an der Rezeption. Tim wird Ihr Nachfolger.
Karla: Super! Da freue ich mich sehr.
Krassnick: Aber das Allerbeste habe ich Ihnen noch gar nicht erzählt.
Karla: Was denn!?
Krassnick: Die Sache mit dem Stift. Ich habe einfach seinen Stift genommen.
Karla: Und er?
Krassnick: Nichts! Er hat gewartet, gewartet, gewartet und dann hat er ihn einfach zurückgenommen. Und ich habe es zuerst nicht mal gemerkt! Erst später im Aufzug!

Schritt D, D1 und D2
Gespräch A
Weigand: Exportabteilung, Weigand, guten Tag.
Al-Sayed: Guten Tag, hier ist Al-Sayed. Können Sie mich bitte mit Herrn Sauter verbinden?
Weigand: Tut mir leid, der ist gerade nicht am Platz. Kann ich ihm etwas ausrichten?
Al-Sayed: Nein danke, nichts. Es geht um seinen Abschied. Ich bin im Juni leider im Urlaub. Aber das möchte ich ihm selbst sagen. Ich versuche es später noch einmal.
Weigand: Ja, gut. Dann auf Wiederhören.

Gespräch B
Amelie Stein: Guten Tag, hier ist Amelie Stein. Ist Frau Neufeld schon im Haus?
Junger Mann: Tut mir leid, sie ist noch nicht da. Soll sie zurückrufen, wenn sie kommt?
Amelie Stein: Nein, danke. Ich habe noch eine Frage zu dem Seminar. Ich rufe später noch einmal an.
Junger Mann: Gut. Auf Wiederhören.

Gespräch C
Hr. Richter: Hallo, Richter hier. Können Sie mich bitte zu Frau Demir durchstellen?

Junge Frau: Die ist leider nicht mehr im Haus.
Hr. Richter: Ist denn sonst jemand aus der Kantine da?
Es geht um eine Veranstaltung.
Junge Frau: Nein, da ist im Moment niemand da.
Die haben schon Feierabend. Können Sie vielleicht
morgen Früh noch einmal anrufen?
Hr. Richter: Ja, gut. Dann geben Sie mir doch bitte die
Durchwahl von der Kantine.
Junge Frau: Ja, gern, das ist die 265.
Hr. Richter: Vielen Dank. Auf Wiederhören.

Lektion 4, Audiotraining 1
Der erste Arbeitstag! Antworten Sie auf die Fragen.
Hören Sie zuerst ein Beispiel:
S2: Was ist am ersten Arbeitstag wichtig?
nicht – zu spät – kommen
S1: Du solltest nicht zu spät kommen.

Und jetzt Sie:
S2: Was ist am ersten Arbeitstag wichtig?
nicht – zu spät – kommen
S1: Du solltest nicht zu spät kommen.
S2: Was ist am ersten Arbeitstag wichtig?
viel fragen
S1: Du solltest viel fragen.
S2: Was ist am ersten Arbeitstag wichtig?
höflich – sein
S1: Du solltest höflich sein.
S2: Was ist am ersten Arbeitstag wichtig?
Handy ausschalten
S1: Du solltest das Handy ausschalten.
S2: Was ist am ersten Arbeitstag wichtig?
immer freundlich sein
S1: Du solltest immer freundlich sein.

Lektion 4, Audiotraining 2
Vermutungen. Antworten Sie mit „Ja, wahrscheinlich …".
Hören Sie zuerst ein Beispiel:
S2: Die Deutschen arbeiten zu viel.
S1: Ja, wahrscheinlich arbeiten die Deutschen zu viel.

Und jetzt Sie:
S1: Die Deutschen arbeiten zu viel.
S2: Ja, wahrscheinlich arbeiten die Deutschen zu viel.
S1: Hat Herr Meier schon Feierabend?
S2: Ja, wahrscheinlich hat Herr Meier schon Feierabend.
S1: Ist die Besprechung schon zu Ende?
S2: Ja, wahrscheinlich ist die Besprechung schon zu Ende.
S1: Hat Sofia schon eine Arbeit gefunden?
S2: Ja, wahrscheinlich hat Sofia schon eine Arbeit gefunden.
S1: Kann man sich noch für die Weiterbildung anmelden?
S2: Ja, wahrscheinlich kann man sich noch für die Weiterbil-
dung anmelden.

Lektion 4, Audiotraining 3
Am Telefon! Wiederholen Sie. Hören Sie zuerst ein Beispiel:
S2: Guten Tag. Können Sie mich bitte mit Frau Schmidt
verbinden?

S2: Guten Tag. Können Sie mich bitte mit Frau Schmidt
verbinden?

Und jetzt Sie:
S2: Guten Tag. Können Sie mich bitte mit Frau Schmidt
verbinden?
S2: Guten Tag. Können Sie mich bitte mit Frau Schmidt
verbinden?
S1: Tut mir leid, Frau Schmidt ist leider nicht mehr im Haus.
S1: Tut mir leid, Frau Schmidt ist leider nicht mehr im Haus.
S2: Ist denn sonst jemand aus der Abteilung da?
S2: Ist denn sonst jemand aus der Abteilung da?
S1: Da ist leider niemand mehr da.
S1: Da ist leider niemand mehr da.
S2: Dann versuche ich es später noch einmal.
S2: Dann versuche ich es später noch einmal.
S1: Gern. Auf Wiederhören.
S1: Gern. Auf Wiederhören.

Lektion 5   Sport und Fitness

Folge 5: Übung macht den Meister!

Bild 1
Tim: Uuaaahh!
Sandra: Was ist los, Tim? Du siehst müde aus.
Tim: Ja. Ich fühle mich auch nicht so toll.
Sandra: Bist du krank?
Tim: Krank? Nein, nein.
Sandra: Vielleicht bewegst du dich zu wenig?
Tim: Ja, das stimmt schon. Ich bewege mich zurzeit
nicht genug.
Sandra: Na, dann solltest du Sport machen.
Tim: Daran habe ich auch schon gedacht.
Aber allein joggen, das macht mir keinen Spaß.
Sandra: Na, dann komm doch mit zum Tanzen!
Tim: Zum Tanzen!?
Sandra: Ja. Ich bin in einem Latin-Dance-Club.
Tim: Echt?
Sandra: Du, das macht Spaß!
Tim: Aha.

Bild 2
Sandra: Du interessierst dich nicht so für das Tanzen,
oder?
Tim: Ehrlich gesagt: nein. Darauf hab ich keine Lust.
Sandra: Worauf hast du dann Lust?
Tim: Keine Ahnung. Auf Sport halt.
Sandra: Tanzen ist Sport!
Tim: Echt?
Sandra: Du, es gibt super Trainingsvideos im Internet.
Da sieh mal!
Tim: Guten Abend, Herr Schramm! Was kann ich für
Sie tun?
Schramm: Danke, nichts. Ich warte nur auf meine Frau.
Na, das sieht aber gut aus!
Sandra: Oh, danke!

Schramm: Wissen Sie, ich interessiere mich sehr für den Tanzsport.
Sandra: Da, siehst du!?

Bild 3
Tim: So, mal sehen. Hey! Das sieht ja richtig gut aus! Hm, Sandra hat recht. Das ist wirklich fast wie Sport. Hmm, das sieht aber ziemlich schwierig aus! Ob ich das auch kann? Mal sehen...

Bild 4
Tim: Wie geht denn das? Wie hat er das gemacht? So? Nein! So vielleicht? Das gibt's doch nicht. Oder so! Uaaa! Autsch! Das darf nicht wahr sein. Jetzt hab ich aber genug davon! Aus! Schluss! Ende! Nein, das ist nichts für mich. Darauf hab ich keine Lust.

Bild 5
Tim: Hallo? ... Spreche ich mit dem Sportverein? Ah gut. Hier ist Tim Wilson. Ähm, ich habe eine Frage: Wann findet denn das Basketballtraining statt? Das Training ist immer montags und donnerstags? Wie bitte? Das habe ich jetzt nicht verstanden. Von 19:30 Uhr bis 21:00 Uhr? Gut. Moment mal, heute ist ja Donnerstag! Könnte ich heute gleich bei Ihnen vorbeikommen? Na prima! Und vielen Dank für die Information!

Bild 6
Spieler: Na, klar. Wir brauchen immer Leute.
Tim: Aha.
Spieler: Am besten, du sprichst gleich mal mit dem Trainer. Da kommt er! Hey, Kevin!
Trainer: Hallo, Leute!
Team: Hey. Hallo. Hi.
Spieler: Kevin, das ist Tim. Er möchte bei uns mitmachen.
Tim: Hallo!
Trainer: Hallo Tim! Herzlich willkommen! Okay, Leute! Fangen wir an! Worauf wartest du, Tim? Komm, mach mit!

Bild 7
Sandra: Basketball?
Tim: Basketball!
Sandra: Und warum nicht Tanzen?
Tim: Dafür interessiere ich mich eben nicht so.
Sandra: Schade. Hat dir das Video nicht gefallen?
Tim: Doch, schon, ich hab den Tanz zu Hause sogar selbst ausprobiert.
Sandra: Aber?
Tim: Das ist nichts für mich. Ich bin hingefallen. Du, das hat ziemlich weh getan!
Sandra: Oje, Tim! Tja, Übung macht den Meister.
Tim: Sehr lustig! Hahaha!

Bild 8
Sandra: Komm, ich zeige dir jetzt mal den Samba-Grundschritt. Und ... Eins und zwei ... drei und vier ...Eins und zwei ... drei und vier ...Eins und zwei ... drei und vier ... Na, siehst du: das geht doch schon!

Tim: Oh, Herr und Frau Schramm! Moment, ich komme sofort!
Schramm: Aaah! Samba! Warten Sie mal! Wir machen mit.

Schritt A, A1
Sandra: Was ist los, Tim? Du siehst müde aus.
Tim: Ja. Ich fühle mich auch nicht so toll.
Sandra: Vielleicht bewegst du dich zu wenig?
Tim: Ja, das stimmt schon. Ich bewege mich zurzeit nicht genug.

Schritt C, C2 a und b
Gespräch 1
Sprecher: ... nun zum Handball: Die deutschen Handballerinnen verlieren gegen die norwegische Mannschaft mit 30 zu 31. Sie verpassen damit einen wichtigen Punktgewinn in der Hauptrunde der Weltmeisterschaft ....
Mann: Das gibt's doch nicht. Jetzt haben die verloren.
Frau: Interessierst du dich jetzt auch für Frauenhandball? Wofür interessierst du dich eigentlich nicht?
Mann: Aber im Moment läuft doch die Weltmeisterschaft. Dafür interessiere ich mich schon.

Gespräch 2
Sprecher: ... und morgen findet das erste Spiel der diesjährigen Eishockey-Saison statt: die Begegnung der beiden Spitzenreiter Eisbären Berlin und Frankfurter Lions. Die Eisbären Berlin gelten als Favoriten ...
Mann: Ahhh, morgen beginnt die Eishockey-Saison! Darauf freue ich mich schon die ganze Woche.
Frau: Na, ich weiß nicht, Eishockey finde ich ziemlich brutal.

Gespräch 3
Sprecher: ... und nun weitere Sportnachrichten: Tennis: Steffi Graf, die siebenfache Wimbledon-Siegerin und Trägerin der Olympischen Goldmedaille, tritt zu einem Freundschaftsspiel gegen ihre frühere Gegnerin ...
Frau: Olympische Goldmedaille für Steffi Graf? Daran kann ich mich gar nicht mehr erinnern.
Mann: Ich schon! Das war 1988.

Schritt D, D2
Gespräch 1
Frau Weinert: Lübecker Turn- und Sportverein, Weinert, guten Tag!
Mann: Guten Tag, mein Name ist Barone. Meine Tochter möchte gern bei Ihnen Fußball spielen.
Frau Weinert: Wie alt ist sie denn?
Mann: Sie ist acht Jahre alt.
Frau Weinert: Ah, ja dann kommt sie in die F-Jugend. Da spielen Jungen und Mädchen noch zusammen.
Mann: Und wann findet das Training statt?
Frau Weinert: Hm, Warten Sie mal. Montags oder donnerstags. Da gibt es verschiedene Gruppen. Sie können Herrn Pohlmann anrufen. Das ist der Trainer. Die Telefonnummer ist 98765.
Mann: Ja, gut. Und wie viel kostet das dann?

Frau Weinert: Kinder und Jugendliche zahlen fünf Euro im Monat.
Mann: Vielen Dank. Auf Wiederhören.
Frau Weinert: Auf Wiederhören.

Gespräch 2
Frau Weinert: Lübecker Turn- und Sportverein, Weinert, guten Tag.
Frau Riemer: Riemer, guten Tag. Ich interessiere mich für Ihr Gymnastikangebot. Ich habe Probleme mit meinem Rücken. Bieten Sie auch ein Rückentraining an?
Frau Weinert: Ja, wir haben ein Rückentraining im Programm.
Frau Riemer: Das klingt gut. Wann findet das statt?
Frau Weinert: Das Training ist immer mittwochs von 17:45 bis 21:00 Uhr. Es gibt da drei verschiedene Kurse. Kommen Sie doch einfach um 17:45, um 19:00 oder um 20:00 Uhr vorbei. Die erste Stunde ist kostenlos.
Frau Riemer: Das ist ja toll. Und wie viel kostet der monatliche Beitrag? Ich bin Studentin. Gibt es da eine Ermäßigung?
Frau Weinert: Ja, dann zahlen Sie weniger. Für Azubis und Studenten kostet es nur 6 Euro im Monat.
Frau Riemer: Das hört sich gut an. Vielen Dank für die Information!

Gespräch 3
Frau Weinert: Lübecker Turn- und Sportverein, Weinert, guten Morgen.
Herr Radu: Guten Morgen, Radu hier. Ich möchte gern Tennis spielen und interessiere mich für Ihre Tennisabteilung.
Frau Weinert: Unsere Tennisabteilung ist ziemlich groß. Wir haben da verschiedene Gruppen für Anfänger und Fortgeschrittene.
Herr Radu: Haben Sie auch Mannschaften für Punktspiele und Turniere am Wochenende?
Frau Weinert: Ja, die Mannschaftsspieler treffen sich immer am Freitag von 18:30 bis 20:00 Uhr. Wenn Sie Fragen zum Training haben können Sie sich an Dirk Baumgarten wenden. Ich kann Ihnen seine Telefonnummer geben.
Herr Radu: Ja, gern.
Frau Weinert: Das ist die 12354.
Herr Radu: Ja, gut. Und wie viel kostet das?
Frau Weinert: Das kommt darauf an: Sind Sie Azubi oder Student?
Herr Radu: Nein, ich arbeite ganz normal.
Frau Weinert: Dann zahlen Sie 11 Euro pro Monat Grundbeitrag und eine zusätzliche Gebühr für die Tennisabteilung. Das sind dann noch einmal 12 Euro pro Monat.
Herr Radu: Vielen Dank und auf Wiederhören.
Frau Weinert: Auf Wiederhören.

Lektion 5, Audiotraining 1
Antworten Sie mit „Nein" auf die Fragen.
Hören Sie zuerst ein Beispiel:
S2: Interessierst du dich für Frauenhandball?
S1: Nein, dafür interessiere ich mich nicht.

Und jetzt Sie:
S2: Interessierst du dich für Frauenhandball?
S1: Nein, dafür interessiere ich mich nicht.
S2: Freust du dich auf das Fitnesstraining?
S1: Nein, darauf freue ich mich nicht.
S2: Erinnerst du dich an die Gesundheitstipps?
S1: Nein, daran erinnere ich mich nicht.
S2: Ärgerst du dich über das schlechte Basketballspiel?
S1: Nein, darüber ärgere ich mich nicht.
S2: Bist du zufrieden mit den Sportangeboten?
S1: Nein, damit bin ich nicht zufrieden.
S2: Träumst du von einer Goldmedaille?
S1: Nein, davon träume ich nicht.

Lektion 5, Audiotraining 2
Fit und gesund! Wiederholen Sie mit „auch".
Hören Sie zuerst ein Beispiel:
S2: Ich fühle mich fit und gesund.
S1: Ich fühle mich auch fit und gesund.

Und jetzt Sie:
S2: Ich fühle mich fit und gesund.
S1: Ich fühle mich auch fit und gesund.
S2: Ich habe mich am Wochenende ausgeruht.
S1: Ich habe mich auch am Wochenende ausgeruht.
S2: Ich ernähre mich immer sehr gesund.
S1: Ich ernähre mich auch immer sehr gesund.
S2: Ich ziehe mich warm genug an.
S1: Ich ziehe mich auch warm genug an.
S2: Ich trinke viel Tee.
S1: Ich trinke auch viel Tee.
S2: Ich bewege mich regelmäßig.
S1: Ich bewege mich auch regelmäßig.

Lektion 5, Audiotraining 3
Wovon träumst du? Fragen Sie nach.
Hören Sie zuerst ein Beispiel:
S2: Ich träume ….
S1: Wovon träumst du?

Und jetzt Sie:
S2: Ich träume …
S1: Wovon träumst du?
S2: Ich bin zufrieden …
S1: Womit bist du zufrieden?
S2: Ich habe Lust …
S1: Worauf hast du Lust?
S2: Ich ärgere mich …
S1: Worüber ärgerst du dich?
S2: Ich erinnere mich …
S1: Woran erinnerst du dich?
S2: Ich warte …
S1: Worauf wartest du?

Zwischendurch mal… Hören
Der Hampelmann
Audiotrainerin: Hallo zusammen! Jetzt tun wir mal etwas für unsere Fitness, okay?

Unsere Übung heißt: „Der Hampelmann".
Dazu stellen wir uns ganz normal hin, ja?
Aber bitte mit etwas Abstand zum Nachbar oder
zur Nachbarin.
Wir brauchen ein bisschen Platz.
So, ... und jetzt erst mal langsam zum Lernen:
Also: wir stehen ganz normal.
Die Beine sind zusammen. Die Arme sind unten.
Dann springen wir hoch.
Dabei gehen die Beine auseinander und die
Arme gehen hoch.
Und hopp!
Wir stehen wieder, aber unsere Beine sind jetzt auseinan-
der und die Arme sind oben.
Wir springen wieder hoch und dabei gehen die Beine
zusammen und die Arme gehen nach unten.
Und hopp!
Jetzt stehen wir wieder genauso wie am Anfang.
Okay? Alles klar?
Dann machen wir das jetzt mal schneller und
zehnmal hintereinander.
Sind alle soweit? Dann geht's los!
Und oben und unten und oben und unten
und oben und unten und vier und vier
und fünf und fünf und oben und unten
und oben und unten und acht und acht
und neun und neun und zehn und zehn.
Na? Das geht doch schon ganz gut, oder?
Wer Lust hat, kann „Den Hampelmann" jetzt
gleich nochmal üben.
Viel Spaß dabei! Und tschü-üs!

Lektion 6   Schule und Ausbildung

Folge 6: Von nichts kommt nichts.

Bild 1
Eva: Schon wieder eine Fünf in Erdkunde? Das musste so
kommen! Aber du wolltest ja nicht hören. Es ist wichtig,
dass man einen guten Schulabschluss hat. Aber du sitzt den
ganzen Tag vor dem Computer. Darauf hast du immer Lust.
Aber lernen? Nöö. Dafür hat Herr Niki keine Zeit.

Bild 2
Niki: Ich wollte auf meiner Schule bleiben.
Eva: WAS!?
Niki: Aber ich durfte nicht. Ich musste ja aufs Gymnasium
gehen.
Eva: Oh, du armes Kind!
Niki: Ja, nur weil ihr das wolltet.
Eva: Hey, warte mal! Was machst du denn jetzt?
Niki! Bleib hier!
Niki: Lass mich in Ruhe!

Bild 3
Tim: Hey, Niki! Niki?
Niki: Hmm ...?
Tim: Was ist los? Kann ich dir helfen?
Niki: Nein danke. Mir kann niemand helfen.
Tim: Na, das klingt ja schrecklich! Was ist denn los?
Niki: Was los ist? Ich bin einfach dumm.
Tim: Was?! Wie bitte!?
Niki: Ja, zu dumm fürs Gymnasium.
Tim: Quatsch! Du bist nicht zu dumm. Aber ich denke,
dass Du vielleicht ein bisschen faul bist. Kann das sein?
Niki: Mann! Jetzt fängst du auch noch an!

Bild 4
Tim: Vor ein paar Wochen hattest du in Englisch
eine Fünf, richtig?
Niki: Hm ...
Tim: Dann haben wir gelernt und jetzt hast du
eine Vier, oder?
Niki: Hm ...
Tim: Jetzt lernen wir weiter und ich bin sicher, dass am
Ende eine Drei im Zeugnis steht.
Niki: Na und? Das Schuljahr schaffe ich trotzdem nicht.
Tim: Warum nicht?
Niki: Weil ich in Mathe auch eine Fünf habe und in
Erdkunde.
Tim: Na und? Dann musst du da halt auch was tun! In
Erdkunde von einer Fünf auf eine Vier? Also ich meine,
dass man das leicht schaffen kann.
Niki: Sagst du.
Tim: Sage ich. Ich musste auch lernen. Weißt du: Von
nichts kommt nichts.

Bild 5
Eva: So. Da bist du ja wieder. Jetzt hör mir mal zu ...
Niki: Ähm. Es tut mir leid, dass ich das vorhin gesagt habe,
Mama.
Eva: Okay! Das finde ich gut. Mir tut es ja auch leid, dass ich
immer gleich laut werde, aber weißt du: Papa und ich, wir
machen uns halt Sorgen.
Niki: Jaja, ich weiß, du, aber ich habe jetzt keine Zeit mehr.
Eva: Willst du etwa schon wieder Computer spielen?
Niki: Computer?! Nein, Mama!
Eva: Was dann?
Niki: Ich hole nur meine Schulsachen. Ich muss rüber zu Tim.
Lernen.
Eva: Wie bitte? DU hast ‚LERNEN' gesagt?
Niki: Lernen. Genau. Von nichts kommt nichts.

Bild 6
Tim: Ja hallo, Herr Braun? Sie sind Erdkundelehrer in der
Klasse 9b? Mein Name ist Wilson, Tim Wilson. Ich bin der
Nachhilfelehrer von Niki Kaiopoulos. Niki möchte seine Erd-
kundenote verbessern. Könnte er ein Referat machen?
Niki: Ein Referat?
Tim: Ja? „Klima und Vegetation in Kanada" – Ja, das passt
super! Übermorgen schon?

Niki: Nein!
Tim: Nein, kein Problem. Das schafft er leicht.
Niki: Das schaffe ich nie!
Tim: Alles klar, Herr Braun. Danke und tschüs!
Niki: Der hasst mich, der Braun.
Tim: Nein, ich glaube nicht, dass er dich hasst. Im Gegenteil: er hat sich gefreut, dass du ein Referat machen willst.
Niki: So?
Tim: Und jetzt schaltest du bitte sofort das Tablet aus!
Niki: Hä?
Tim: Komm jetzt! Lernen!!!
Niki: Uaahhh ... !!!

Bild 7
Niki: Tja, und an der Westküste ist es im Norden ziemlich kalt und im Süden ist es meistens warm. So, das war's.
Herr Braun: Danke Niki, das war richtig gut. Ich freue mich, dass ich dir für dein Referat eine Eins geben kann.

Bild 8
Dimi: Ich bin stolz auf dich, Niki!
Eva: Ja, auf unsern Niki und auf seinen Nachhilfelehrer! Danke, Tim!
Dimi: Ja, danke, Tim!
Tim: Zum Wohl!
Eva: Es ist so schön, dass du das Schuljahr jetzt doch schaffst, Niki.
Niki: Ja, das stimmt. Und wisst Ihr was? Ich glaube, dass Erdkunde ab sofort mein Lieblingsfach ist.
Tim: Und ab morgen kommt schon das nächste Lieblingsfach.
Niki: Was?!
Tim: Ach komm, die Fünf in Mathe bekommen wir jetzt auch noch weg, oder?
Niki: Mathe lernen? Boah! Meinst du das ernst?
Tim: Tja, Niki: Von nichts kommt nichts.

Schritt A, A1
Niki: Ich wollte auf meiner Schule bleiben.
Eva: Was!?
Niki: Aber ich durfte nicht. Ich musste ja aufs Gymnasium gehen.

Schritt B, B2 a und b
Moderatorin: Hallo, liebe Hörerinnen und Hörer! Noten werden immer wichtiger und immer mehr Schüler fühlen sich von der Schule gestresst. Wir von *Radio Fun* wollen wissen: Ist es richtig, dass die Schüler immer mehr Stress haben? Und hier haben wir schon den ersten Schüler. Hallo, wie heißt du?
Felix: Felix.
Moderatorin: Fühlst du dich von der Schule gestresst, Felix?
Felix: Mhm, ja, schon. Ich finde, dass gute Noten sehr wichtig sind. Ich möchte auf jeden Fall einen guten Schulabschluss machen, denn ich will später Medizin studieren. Da braucht man sehr gute Noten. Deshalb lerne ich bis abends um zehn Uhr und mache auch an den Wochenenden Hausaufgaben. Ich habe fast keine Zeit für meine Hobbys. Aber gute Noten!
Moderatorin: Aha. Felix hat also viel Stress, aber gute Noten. Da fragen wir doch gleich noch einen Schüler. Wie heißt du? Hast Du auch viel Stress in der Schule?
Mika: Ich heiße Mika. Nein, ich mache mir keinen Stress mit der Schule. Meine Hobbys sind mir sehr wichtig. Ich schwimme oft und ich gehe regelmäßig zu einem Computerclub. Klar, Noten sind wichtig, aber ich muss doch auch Zeit für meine Hobbys haben. Ich muss ja herausfinden, welche Interessen ich habe. Nur so kann ich später auch den richtigen Beruf finden. Meine Noten sind allerdings ehrlich gesagt nicht gut. Meine Eltern sagen immer, dass ich mehr lernen soll.
Moderatorin: Ich verstehe. Man muss also wählen: Freizeit oder gute Noten? Und du? Wie siehst du das? Du bist ...
Nurhan: Hallo, ich bin Nurhan. Ich finde es wichtig, dass man einen Mittelweg findet. Früher hatte ich viel zu viel Stress. Ich konnte nicht mehr schlafen und hatte oft Bauchschmerzen. Ich musste immer an Noten denken. Das macht krank. Es ist wichtig, dass man regelmäßig Pausen macht. Mir hat der Sport sehr geholfen. Wenn ich Stress bekomme, gehe ich einfach eine halbe Stunde joggen. Ich habe keine guten Noten, aber auch keine schlechten Noten. Und ich habe nicht mehr so viel Stress.
Moderatorin: Ja, vielen Dank, Nurhan.

Schritt C, C2
1
Fatma Elmas: Ich bin mit drei Jahren mit meinen Eltern nach Deutschland gekommen. Und war dann erst mal im Kindergarten. Dort habe ich schnell Deutsch gelernt. Mit sechs Jahren bin ich dann in die Grundschule gekommen und danach aufs Gymnasium gegangen. Ich bin immer gern in die Schule gegangen. Ich hatte aber auch tolle Lehrerinnen und Lehrer. Meine Lieblingsfächer waren Mathe und Physik. Nach dem Abitur habe ich Informatik studiert und jetzt arbeite ich in einem großen IT-Unternehmen.

2
Cosmin Vasile: Meine Eltern kommen aus Rumänien, aber ich bin in England geboren. Mit vier bin ich dort zur Schule gekommen und war 2 Jahre in der Grundschule. Dann hat mein Vater eine neue Arbeit in Deutschland bekommen und wir sind hierher gezogen. In Deutschland kommen die Kinder erst mit 6 Jahren in die Schule. Ich habe dann noch mal in der ersten Klasse angefangen. So konnte ich die Sprache lernen. Aber es war auch immer etwas langweilig. Nach der Grundschule habe ich die Realschule besucht. Da war es dann richtig toll. Wir hatten immer viel Spaß. Nach dem Realschulabschluss habe ich ein Handwerk gelernt. Ich bin Tischler und habe eine eigene Werkstatt.

3
Daniel Holzer: Ich war nicht im Kindergarten, weil meine Eltern das nicht wollten. Ich bin mit sieben in die Grundschule und mit 11 in die Gesamtschule gekommen. Meine

Eltern wollten, dass ich das Abitur mache, aber ich wollte endlich arbeiten und Geld verdienen. Ich hatte keine Lust mehr auf Schule. Das war mir zu langweilig. Besonders Deutsch und Englisch habe ich gehasst. Nach der 10. Klasse bin ich mit dem Realschulabschluss von der Schule abgegangen und habe eine Ausbildung als Mechatroniker angefangen. Das war super. Sogar die Berufsschule hat Spaß gemacht. Letzten Monat habe ich meine Abschlussprüfung mit „sehr gut" bestanden. Darüber haben sich auch meine Eltern gefreut.

Schritt D, D2
Gespräch 1
VHS: So bitte …
Mann: Danke.
VHS: Wie kann ich Ihnen helfen?
Mann: Es geht um meinen Sohn. Er ist sehr schlecht in Englisch und ich kann ihm leider nicht helfen, denn ich habe kein Englisch gelernt. Haben Sie auch Nachhilfe in Ihrem Programm?
VHS: Ja, selbstverständlich, da haben wir verschiedene Kurse. Wie alt ist Ihr Sohn denn?
Mann: Dreizehn.
VHS: Dann schauen Sie mal hier, das sind unsere Kursunterlagen.

Gespräch 2
VHS: Was kann ich für Sie tun?
Mann: Ich möchte in zwei Monaten den Test machen, wegen meiner Einbürgerung. Und ich habe gehört, dass Sie Kurse zur Vorbereitung anbieten, oder?
VHS: Ja, das ist richtig, solche Kurse bieten wir an.

Gespräch 3
Frau: Ich interessiere mich für Computerkurse.
VHS: Und möchten Sie ein bestimmtes Programm lernen?
Frau: Nein, ich habe schon in den letzten Semestern einige Kurse belegt und wissen Sie, ich brauche den Computer nicht so häufig, nur für zu Hause, ein bisschen im Internet surfen und E-Mails schreiben, so was. Aber ich kenne mich schon ein bisschen aus, ich möchte also keinen Kurs besuchen, in dem nur Anfänger sitzen.
VHS: Hmhm, da hätten wir zum Beispiel diesen Kurs hier, der könnte Sie interessieren.

Gespräch 4
VHS: Nehmen Sie doch bitte Platz. Womit kann ich Ihnen helfen?
Mann: Ich möchte gern einen Führerschein machen und habe mich auch schon bei einer Fahrschule angemeldet. Aber ich habe große Probleme mit den Fragen für die Theorieprüfung. Ich verstehe so viel nicht. Ich habe gehört, dass Sie Kurse zur Vorbereitung anbieten. Ist das richtig?
VHS: Ja, da haben wir den passenden Kurs für Sie. Hier sehen Sie mal …

Gespräch 5
Frau: … tja und nun habe ich seit zwei Jahren Deutsch gelernt. Zuerst habe ich einen Integrationskurs gemacht und dann zwei B2-Kurse besucht. Nun würde ich gern einen Beruf lernen und ich habe gehört, dass Sie auch solche Kurse anbieten.
VHS: Ja, das stimmt. Wir bieten dieses Semester allerdings nur einen Kurs für soziale Berufe, z.B. Pflegerin oder Schwesternhelferin, an. Dieser Kurs ist natürlich Vollzeit, also montags bis freitags. Und Sie müssen auch ein Praktikum machen. Sie sollten allerdings ein Beratungsgespräch mit der Leiterin führen. Ich schreibe Ihnen den Namen und die Telefonnummer auf. Dann können Sie sich mit ihr in Verbindung setzen.

Lektion 6, Audiotraining 1
Berufswünsche. Antworten Sie auf die Fragen.
Hören Sie zuerst ein Beispiel:
S2: Was wolltest du als Kind werden? Architekt
S1: Ich wollte Architekt werden.

Und jetzt Sie:
S2: Was wolltest du als Kind werden? Architekt
S1: Ich wollte Architekt werden.
S2: Was wollte Paul als Kind werden? Astronaut
S1: Er wollte Astronaut werden.
S2: Was wollten Tim und Leo als Kinder werden? Musiker
S1: Sie wollten Musiker werden.
S2: Was wollte Anna als Kind werden? Lehrerin
S1: Sie wollte Lehrerin werden.
S2: Und Sie? Was wollten Sie als Kind werden?

Lektion 6, Audiotraining 2
Was tut Ihnen leid? Antworten Sie mit „Oh! Es tut mir leid, dass …".
Hören Sie zuerst ein Beispiel:
S2: Ich wollte Lehrerin werden, aber ich durfte nicht studieren.
S1: Oh! Es tut mir leid, dass du nicht studieren durftest.

Und jetzt Sie:
S2: Ich wollte Lehrerin werden, aber ich durfte nicht studieren.
S1: Oh! Es tut mir leid, dass du nicht studieren durftest.
S2: Ich musste Friseurin werden.
S1: Oh! Es tut mir leid, dass du Friseurin werden musstest.
S2: Meine Lehrer waren streng.
S1: Oh! Es tut mir leid, dass deine Lehrer streng waren.
S2: Meine Ausbildung ist in Deutschland nicht anerkannt.
S1: Oh! Es tut mir leid, dass deine Ausbildung in Deutschland nicht anerkannt ist.
S2: Ich muss oft nachts arbeiten.
S1: Oh! Es tut mir leid, dass du oft nachts arbeiten musst.
S2: Mein Beruf macht mir keinen Spaß.
S1: Oh! Es tut mir leid, dass dir dein Beruf keinen Spaß macht.

Lektion 6, Audiotraining 3
Schulzeit! Antworten Sie auf die Fragen.
Hören Sie zuerst ein Beispiel:
S2: Wann bist du in die Schule gekommen? sieben
S1: Ich bin mit sieben in die Schule gekommen.

Und jetzt Sie:
S2: Wann bist du in die Schule gekommen? sieben
S1: Ich bin mit sieben in die Schule gekommen.
S2: Was war dein Lieblingsfach? Englisch
S1: Mein Lieblingsfach war Englisch.
S2: Welches Fach hat dir gar nicht gefallen? Mathematik
S1: Mathematik hat mir gar nicht gefallen.
S2: Was war in deiner Schulzeit toll? Pausen
S1: Die Pausen waren toll.
S2: Wer war dein Lieblingslehrer? Herr Klug
S1: Mein Lieblingslehrer war Herr Klug.

S2: Und jetzt noch einmal Sie: Antworten Sie mit Ihren Informationen.
S1: Wann sind Sie in die Schule gekommen?
S1: Was war Ihr Lieblingsfach?
S1: Welches Fach hat Ihnen gar nicht gefallen?
S1: Was war in Ihrer Schulzeit toll?
S1: Wer war Ihr Lieblingslehrer?

Zwischendurch mal...Lied
Super gestresst!
Refrain (2x):
Und noch eine Übung und noch ein Test.
Mein Kopf ist schon voll, ich bin super gestresst.
Und noch eine Prüfung und noch ein Schein.
Weiter, weiter, weiter! Da geht noch was rein.

Ich weiß genau, dass Bildung für mich wichtig ist.
Ich bin sicher, dass Lernen für mich richtig ist.
Mir ist klar, dass es hier um meine Zukunft geht.
Ich habe das verstanden. Ich bin ja nicht blöd.

Refrain (2x):
Und noch eine Übung und noch ein Test.
Mein Kopf ist schon voll, ich bin super gestresst.
Und noch eine Prüfung und noch ein Schein.
Weiter, weiter, weiter? Nein, nein, nein, nein!

Ich glaube, es ist besser, ich mach jetzt mal Schluss.
Wer sagt denn, dass man immer lernen muss?
Wer sagt, dass es im Leben nur um Arbeit geht?
Für heute ist's genug. Ich bin ja nicht blöd.

Refrain (2x):
Ich mach' keine Übung und auch keinen Test.
Mein Kopf ist zu voll, ich bin super gestresst.
Ich mach' keine Prüfung und auch keinen Schein.
Ich mach jetzt 'ne Pause. Es geht nichts mehr rein.

Lektion 7   Feste und Geschenke

Folge 7: Das kannst du laut sagen.

Bild 1
Karla: Ähm, was ich noch sagen wollte, Tim: Nächsten Monat wird ein Mitarbeiter-Appartement im Hotel frei.
Tim: Oh!
Karla: Ich habe dich vorgeschlagen.
Tim: Und?
Karla: Der Chef hat gesagt: Okay, geben Sie es ihm.
Tim: Aha. Ich weiß gar nicht, was ich sagen soll.
Karla: Lass dir Zeit. Du hast morgen und übermorgen frei, oder?
Tim: Ja.
Karla: Gib mir am Montag Bescheid.
Tim: Okay, Karla. Und vielen Dank für deine Hilfe!
Karla: Sehr gern, Tim.

Bild 2
Tim: Hallo, Frau Sicinski! Wie geht's Ihnen?
Frau Sicinski: Gut geht's mir, Tim. Und Ihnen?
Tim: Mir auch. Na, ist das nicht ein super Wetter, heute?
Frau Sicinski: Und das soll die nächsten Tage auch so bleiben, habe ich im Radio gehört.
Tim: Ach ja? Na, prima!
Frau Sicinski: Und da hatte ich eine tolle Idee: Wir könnten morgen in unserem Hinterhof ein kleines Hoffest machen.
Tim: Ein Hoffest? Wir!?
Frau Sicinski: Na, wir Nachbarn hier im Haus.
Tim: Ach so!
Frau Sicinski: Früher, als mein Mann noch gelebt hat, da haben wir das jeden Sommer gemacht. Ich habe meinem Mann extra Tische und Gartenstühle gekauft. Die stehen immer noch bei mir im Keller.

Bild 3
Betty: Ich weiß, warum sie ein Hoffest machen will.
Sie hat morgen Geburtstag.
Tim: Echt?
Betty: Sie wird neunundsiebzig.
Paul: Woher weißt du das denn schon wieder?
Betty: Weil ich es gehört habe. Sie hat es dem Briefträger erzählt. Dass sie keine Kinder hat, keine Verwandten mehr, nur noch einen Bekannten ...
Tim: Sie möchte also an ihrem Geburtstag nicht allein sein.
Betty: Sollen wir ein Fest für sie organisieren?
Tim: Oh, ja! Das finde ich toll.
Paul: Ich backe ihr einen Kuchen.
Betty: Ich bastle ihr eine Geburtstagskarte.
Tim: Und ich gehe runter zu den Kaiopoulos. Die machen sicher auch mit.

Bild 4
Eva: Ein Hoffest?
Niki: Super!
Dimi: Prima Idee!

Eva: Ich gehe gleich einkaufen und hole die Getränke.
Dimi: Warte, Schatz! Ich brauche auch noch was fürs Essen.
Eva: Machst du mir eine Einkaufsliste?
Dimi: H-hm. Könntest Du mir beim Kochen helfen, Tim?
Tim: Na klar, Dimi, sehr gern.
Niki: Du Tim, ich muss dir was sagen.
Eva: Ach ja, Niki hat nämlich...
Niki: Nein, Mama! Ich sage es ihm selbst. Gestern war Notenschluss in der Schule und jetzt rate!
Tim: Oje, oje! Du musst die Klasse wiederholen?
Niki: Mathe: eine Vier.
Dimi: Ta-ta!
Niki: Erdkunde: eine Vier.
Dimi: Ta-ta!
Niki: Und Englisch: eine Drei!
Alle außer Niki: Wow! Bravo! Super!
Tim: Da haben wir ja noch einen Anlass für unser Fest!

Bild 5

Tim: Du bist in Deutschland? Na, das ist ja eine Überraschung. Wo denn?
Lara: Gar nicht so weit von dir. Soll ich dich mal besuchen kommen?
Tim: Ja! Komm doch gleich morgen! Wir machen hier ein kleines Hoffest mit den Nachbarn. Hast du Lust?
Lara: Ja klar.
Tim: Du, jetzt aber noch was Anderes.
Lara: Ja?
Tim: Meine Chefin hat mir heute ein Mitarbeiter-Appartement im Hotel angeboten.
Lara: Und? Hast du deiner Chefin schon eine Antwort gegeben?
Tim: Nein. Ich weiß nicht, was ich tun soll. Das ist so schwierig!
Lara: Gar nicht schwierig. Weißt du was? Morgen lösen wir dein Problem.

Bild 6

Frau Sicinski: Ach Kinderchen, ist das nicht schön? Ein Hoffest, genau wie früher!
Tim: Herr Wagner, ich habe gehört, Sie sind ein Klassenkamerad von Frau Sicinski?
Herr Wagner: Ja, das stimmt, Tim.
Eva: Hier, probieren Sie doch mal das Tzatziki, Herr Wagner.
Dimi: Ich kann es Ihnen nur empfehlen. Das hat Tim gemacht.
Tim: Aber nach dem Rezept von Meister Dimi.
Herr Wagner: Hmmm, lecker! Huh! Da ist aber viel Knoblauch drin! Hier, Marianne: das musst du auch probieren.
Frau Sicinski: Muss ich, Joachim? Warum denn?
Herr Wagner: Sonst können wir uns heute nicht küssen.

Bild 7

Alle außer Frau Sicinski: Hoch soll sie leben! Hoch soll sie leben! Dreimal hoch!
Alle: Alles Gute! Herzlichen Glückwunsch! Alles alles Gute!
Betty: Liebe Frau Sicinski, Sie sind eine super Nachbarin!
Alle: Ja so ist es. Bravo.

Paul: Wir haben alle hier im Haus gefragt...
Betty: ...und alle sehen das genau wie wir.
Alle: Genau!
Paul: Na los, jetzt gib sie ihr schon!
Betty: Ähm, hier auf der Geburtstagskarte sind Fotos und Glückwünsche von uns allen.
Frau Sicinski: Oh, ist das schön! Vielen, vielen Dank!
Paul: Und ein Glücksklee, denn wir möchten, dass Sie gesund bleiben...
Betty: ...und noch ganz lange unsere Nachbarin sind.
Herr Wagner: Also, deine Nachbarn, Marianne, die sind ja so lieb.
Frau Sicinski: Aber wirklich, Joachim. Das kannst du laut sagen.

Bild 8

Lara: Hach Tim, ist das schön in eurem Hinterhof! Schade, dass du bald nicht mehr hier wohnst.
Frau Sicinski: Was!? Sie wollen wegziehen, Tim?
Tim: Na ja, ... ich ...
Niki: Das kannst du doch nicht machen, Tim! Denk mal an meine Noten!
Dimi: Warum willst du weg? Gefällt's dir nicht mehr hier bei uns?
Tim: Doch, natürlich.
Lara: Wenn Tim im Hotel wohnt, muss er nicht mehr so lange zur Arbeit fahren.
Eva: Ach, das bisschen S-Bahn, ist das wirklich so wichtig?
Betty: Hier wohnen ist doch auch nicht schlecht.
Paul: Im Hotel gibt es auch keine so tolle Musik.
Tim: Das kannst du laut sagen, Paul! Okay, okay! Ich bleibe hier, in der Düsterstraße sieben. So, und jetzt tanzen wir.
Lara: Tja, Tim, so schnell löst man Probleme. Hey! Ich habe gedacht, du kannst nicht tanzen?
Tim: Das habe ich von meiner Kollegin gelernt.
Lara: Von deiner Kollegin?
Tim: Tja, Lara, so schnell lernt man tanzen.

Schritt D, D1 a und b

Gustavo: Du, Lukas, sag mal, hast du auch die Einladung von Martin bekommen?
Lukas: Ja. Nett, dass er alle Kollegen zu seinem Geburtstag einlädt. Findest du nicht?
Gustavo: Mhm, schon. Aber was soll ich schenken? Was schenkt man in Deutschland einem Kollegen?
Lukas: Also, ich schenke ihm einen Gutschein von Bücher-Online. Ein Gutschein passt immer. Dann kann er sich selbst aussuchen, was ihm am besten gefällt.
Gustavo: Einen Gutschein? Also, ich weiß nicht. Das ist nicht persönlich genug, finde ich.
Vanessa: Na ja, stimmt. Besonders originell ist das nicht. Ich schenke gern etwas Selbstgemachtes, denn das ist persönlich. Ich denke, ich bringe ihm ein Glas von meiner Pflaumenmarmelade mit. Die kommt immer gut an.
Gustavo: Ein Glas Marmelade? Ist das nicht ein bisschen wenig?
Vanessa: Ein Geschenk muss doch nicht teuer sein! Hauptsache, es kommt von Herzen.

Gustavo: Ist das schwierig. Ich dachte, ihr könnt mir einen guten Tipp geben.

Lukas: Können wir! Schenk ihm doch etwas aus deiner Heimat. Das gefällt ihm sicher.

Vanessa: Ich hab's! Martin ist doch Fußballfan. Schenk ihm doch ein Fußballtrikot von der brasilianischen Nationalmannschaft. Darüber freut er sich bestimmt riesig.

Gustavo: Gute Idee. Danke für den Tipp.

Gustavo: Die Mail ist von Martin: Nachtrag zu meiner Einladung: Übrigens, ich träume schon lange von einer Schweizer Armbanduhr. Leider etwas teuer. Über einen kleinen Beitrag freue ich mich.

Kristina: Na bitte. So schnell löst sich das Problem.

Gustavo: Er will Geld haben? Aber man kann doch kein Geld zum Geburtstag schenken.

Kristina: Warum nicht? Ist doch praktisch. So bekommt die Person, was sie sich wünscht.

Schritt E, E1

Sabine: Ja, Mama, am 15. März machen wir meine Geburtstagsparty. Nee, wir haben noch gar nichts vorbereitet. Nein, Mama, wir wissen noch nicht, wo. Ja, Mama, ich sag dir Bescheid. Gut, tschüs, Mama, ich melde mich. Ja, mach ich! Grüß du Papa auch. Tschü-hüs. Och na ja, irgendwie hat sie schon recht. Wir müssen jetzt wirklich mal meine Geburtstagsparty planen.

Khaled: Wieso denn? Wir haben doch noch zwei Wochen Zeit!

Sabine: Zwei Wochen, du, das ist nicht mehr lang und wir haben noch nicht mal die Gäste eingeladen.

Khaled: Wieso – wir rufen sie einfach nächste Woche an. Oder schreiben 'ne SMS.

Sabine: SMS? Nee, das ist doch echt unpersönlich. Und anrufen geht auch nicht. Das dauert total lang, bis man 50 Leute angerufen hat. Ich schreibe morgen eine E-Mail an alle.

Khaled: Was?! 50 Leute? Aber das geht doch nicht! Wie sollen die denn alle hier ins Wohnzimmer passen? Ich dachte, wir laden so 15 Leute ein, höchstens. Deine Eltern, mein Bruder mit seiner Frau und den Kindern – die Familie halt.

Sabine: Nur 15 Leute? Nur die Familie? Ich finde es toll, wenn auch meine Freunde kommen. Und ich wollte noch meine Kollegen einladen und die Mädels aus dem Fitnessstudio auch. Und außerdem will ich auch tanzen.

Khaled: Tanzen? Du weißt doch, ich tanze nicht gern.

Sabine: So? Aber das ist doch mein Geburtstag!! Ach komm!

Khaled: Hm. Hauptsache es gibt was Gutes zu essen und wir unterhalten uns. Ich kann ja was Leckeres kochen!

Sabine: Für 15 Leute? Muss das sein? Da sitzen dann alle rum und essen die ganze Zeit, also nee. Für mich ist das keine richtige Geburtstagsparty.

Khaled: Ach ...

Sabine: Wir könnten doch ins Restaurant von deinem Bruder gehen und dort die Party machen. Das Essen ist gut und es ist auch nicht so teuer. Die Hauptsache ist, dass der Raum groß ist, wir genug Platz haben und tanzen können. Und die Musik muss gut sein!

Khaled: Tanzen, Musik, Restaurant – das wird mir alles zu viel! So viele Leute ... Und ich finde unser Wohnzimmer viel gemütlicher.

Sabine: Ach Khaled, mir ist wichtig, dass die Leute ihren Spaß haben und die Stimmung gut ist. Man wird ja nicht jedes Jahr 40. So ein langweiliges Essen – das haben wir doch alle paar Wochen ... Ich will eine richtige Party!

Khaled: Du willst also wirklich so viele Leute einladen? Ins Restaurant?

Sabine: Ach komm, das wird lustig. Ja? Und dann möchte ich den Raum auch richtig schön dekorieren – mit Blumen und Girlanden ...

Khaled: Was?!?! Dekorieren auch noch? Ist das wirklich so wichtig? Das muss doch nicht sein!

Sabine: Doch! Klar ist das wichtig! Ich habe schon Lampions gekauft und Kerzen und Luftschlangen. Das gibt 'ne schöne Atmosphäre. Komm schon!

Khaled: Okay, okay. Dann machen wir das eben so. Es ist ja dein Geburtstag. Aber an meinem Geburtstag bleiben wir zuhause, da machen wir es uns so richtig gemütlich, nur wir zwei – du und ich.

Lektion 7, Audiotraining 1
Wer bekommt was? Wiederholen Sie.
Hören Sie zuerst ein Beispiel:
S2: Ich schenke meinem Mann Konzertkarten.
S1: Ich schenke meinem Mann Konzertkarten.
S2: Ich schenke ihm Konzertkarten.
S1: Ich schenke ihm Konzertkarten.
S2: Ich schenke sie ihm.
S1: Ich schenke sie ihm.

Und jetzt Sie:
S2: Ich schenke meinem Mann Konzertkarten.
S1: Ich schenke meinem Mann Konzertkarten.
S2: Ich schenke ihm Konzertkarten.
S1: Ich schenke ihm Konzertkarten.
S2: Ich schenke sie ihm.
S1: Ich schenke sie ihm.
S2: Ich kaufe meiner Tochter eine Hose.
S1: Ich kaufe meiner Tochter eine Hose.
S2: Ich kaufe ihr eine Hose.
S1: Ich kaufe ihr eine Hose.
S2: Ich kaufe sie ihr.
S1: Ich kaufe sie ihr.
S2: Ich backe meinem Sohn eine Torte.
S1: Ich backe meinem Sohn eine Torte.
S2: Ich backe ihm eine Torte.
S1: Ich backe ihm eine Torte.
S2: Ich backe sie ihm.
S1: Ich backe sie ihm.

Lektion 7, Audiotraining 2
Toll! Antworten Sie auf die Frage.
Hören Sie zuerst ein Beispiel:
S2: Toll. Von wem ist das Geschenk? Onkel
S1: Von meinem Onkel!

Und jetzt Sie:
S2: Toll. Von wem ist das Geschenk? Onkel
S1: Von meinem Onkel!
S2: Toll. Von wem ist das Geschenk? Kolleginnen
S1: Von meinen Kolleginnen!
S2: Toll. Von wem ist das Geschenk? Tochter
S1: Von meiner Tochter!
S2: Toll. Von wem ist das Geschenk? Eltern
S1: Von meinen Eltern!
S2: Toll. Von wem ist das Geschenk? Freundin
S1: Von meiner Freundin!
S2: Toll. Von wem ist das Geschenk? Sohn
S1: Von meinem Sohn!

Lektion 7, Audiotraining 3
Empfehlungen. Antworten Sie auf die Frage.
Hören Sie zuerst ein Beispiel:
S2: Was soll ich denn nur essen? das Steak
S1: Probieren Sie doch das Steak. Ich kann es Ihnen nur empfehlen.

Und jetzt Sie:
S2: Was soll ich denn nur essen? das Steak
S1: Probieren Sie doch das Steak. Ich kann es Ihnen nur empfehlen.
S2: Was soll ich denn nur essen? den Fisch
S1: Probieren Sie doch den Fisch. Ich kann ihn Ihnen nur empfehlen.
S2: Was soll ich denn nur essen? die Suppe
S1: Probieren Sie doch die Suppe. Ich kann sie Ihnen nur empfehlen.
S2: Was soll ich denn nur essen? das Tzatziki
S1: Probieren Sie doch das Tzatziki. Ich kann es Ihnen nur empfehlen.
S2: Was soll ich denn nur essen? den Salat
S1: Probieren Sie doch den Salat. Ich kann ihn Ihnen nur empfehlen.
S2: Was soll ich denn nur essen? das Gemüsegericht
S1: Probieren Sie doch das Gemüsegericht. Ich kann es Ihnen nur empfehlen.

Zwischendurch mal Hören
Wer ist wer … und was ist los?
Gespräch 1
Chris: Hallo? Hier ist Chris. Ja? Ja ja. Du, hör mal, ich wollte schon lange mal wieder persönlich mit dir sprechen. Ja. Ich bin hier auf 'ner Party, das ist ganz in deiner Nähe. Ja ja, genau. Du hast recht: Auf solchen Geburtstagspartys ist ja meistens 'ne langweilige Atmosphäre. Du, weißt du was? Ich trinke hier noch aus und komm' dann zu dir rüber, okay? Ja, bis gleich dann, tschüssi!

Gespräch 2
Jenny: Sag mal, Katharina: Hat Anna die Party organisiert?
Katharina: Ja, Jenny, und ich finde das schmeckt man auch.
Jenny: Wirklich? Moment. Stimmt! Es ist mal wieder aus der Dose.
Katharina: Hm-hm und zu trinken gibt's auch fast nix mehr.
Hubert: Na, ihr beiden.
Katharina und Jenny: Hallo, Hubert!
Hubert: Und, wie findet ihr meine Party?
Katharina: Du, super, Hubert!
Jenny: Echt toll, wie jedes Jahr!
Hubert: Ja? Na prima!

Gespräch 3
Laura: *Ich wünsch dir Glück … Mmmh*
Zum Geburtstag viel Glück … Mmmh
Alles Glück auf der Welt … Mmmh
Alles, was dir gefällt, lieber Hubert. (2x)
Anna: Wow! Laura! Das ist ja eine Überraschung! Ein Geburtstagslied?! Für meinen lieben Hubert!? Na, so eine tolle Idee!
Laura: Ja? Findest du, Anna? Danke! Es gefällt dir also?
Anna: Und wie! Du kannst ja sooo toll singen! Am liebsten möchte ich's gleich nochmal hören!
Laura: Hey! Cool!
Anna: Und so ein schönes Lied! Hast du das gemacht?
Laura: H-hm …
Anna: Boah! Wirklich? Toll!
Laura: Und Hubert? Meinst du, es hat ihm auch gefallen?
Anna: Aber sicher! Er kommt bestimmt gleich und sagt es dir selbst. Hubert! Hubert! Ich hol' ihn mal. Bin gleich wieder da! Hubert! Hubert!

Gespräch 4
Sebastian: Na, Günther, was ist denn los mit dir? Du bist ja so ruhig heute. Geht's dir nicht gut?
Günther: Nee, du. Ich hab' solche Kopfschmerzen!
Sebastian: Das ist bestimmt das Wetter.
Günther: Nee, nee, Sebastian. Das Wetter ist es nicht. Ich habe das jetzt schon seit Monaten.
Sebastian: Oh-oh! Dann solltest du vielleicht doch mal zum Arzt gehen.
Günther: Ach was, da war ich schon dreimal. Der findet ja nix! Der sagt immer nur: Arbeiten Sie nicht so viel am Computer!
Sebastian: T-ha!!
Günther: Der ist wirklich lustig, der Mann. Was soll ich denn machen? Ich muss ja … Du doch auch, oder?
Sebastian: H-hm, acht Stunden lang, fünf Tage in der Woche …
Günther: Und? Hast du keine Kopfschmerzen?
Sebastian: Früher schon, aber jetzt nicht mehr …
Günther: Wie machst du das? Ich meine: Hast du ein Geheimrezept, oder was?
Sebastian: Nö, ich mach 'ne spezielle Gymnastik für meinen Rücken.
Günther: Echt? Seit wann denn?

Sebastian: Seit zwei Jahren. Und seit zwei Jahren hab' ich so gut wie keine Kopfschmerzen mehr.
Günther: Du, das klingt ja interessant! Das musst du mir genau erzählen …
Sebastian: Gern. Komm wir gehen in die Küche! Da ist es nicht so laut …

Gespräch 5
Paula: Hallo!
Georg: Hallo, Paula!
Renate: Boah! Guck mal, Georg: ihre Haare! Das sieht ja richtig schlimm aus!
Georg: Warum denn? Ich find's lustig.
Renate: Lustig!? Ha! Der Karneval ist doch vorbei, oder?
Georg: Renate!
Paula: Karneval? Wie meinen Sie denn das?
Renate: Na ja. Ganz schön bunt, oder?
Paula: Haben Sie damit ein Problem?
Renate: Also ich …
Georg: Jetzt lass sie doch, Renate!
Paula: Ja genau! Hören Sie ruhig auf Ihren Sohn!
Renate: Das ist nicht mein Sohn! Das ist mein Mann!
Paula: Ahh?! Von Männern verstehen Sie also mehr als von Mode …

Renate: Also … also … das … Hören Sie mal …
Paula: Wir sprechen gleich weiter. Ich möchte nur schnell was zu trinken holen … Okay!?
Renate: Komm Georg! Wir gehen!

Gespräch 6
Edgar: Beate und ich, wir schenken uns jedes Jahr das Gleiche zum Geburtstag.
Beate: Ja, stimmt. Edgar schenkt mir immer was zum Anziehen und ich kaufe ihm was fürs Golfen. Ziemlich langweilig, oder?
Rosemarie: Na ja, aber ihr denkt wenigstens dran und kauft Geschenke ein.
Thomas: Rosemarie und ich vergessen unsere Geburtstage.
Beate: Was? Ihr vergesst sie? Ja und dann?
Rosemarie: Und dann schenken wir uns immer Gutscheine. Nicht wahr, Thomas?
Beate: Ja, sagt mal, und das macht euch gar nichts aus?
Thomas: Ach was. Wenn man sich liebt, dann sind Geburtstage nicht so wichtig. Oder, Rosie-Mäuschen?
Rosemarie: Ja, mein Schnuckel.
Beate: Gutscheine. Hast du das gehört?

Lektion 1 Ankommen

Schritt A Übung 7
vgl. Seite AB 12

Schritt A Übung 8
vgl. Seite AB 12

Schritt C Übung 21
vgl. Seite AB 16

Schritt E Übung 28
1
Chih-Mei: Ich heiße Chih-Mei und komme aus Taiwan. Ich lebe mit meinem Mann zusammen – aber bald sind wir zu dritt: Ich bin nämlich schwanger. In zwei Monaten kommt unser Sohn auf die Welt, und dann sind wir eine richtige kleine Familie! Zurzeit wohnen wir in einer 2-Zimmer-Wohnung, aber nächste Woche ziehen wir um, denn mit dem Baby ist unsere Wohnung dann zu klein. Wir ziehen ins Nachbarhaus, da sind im 1. Stock die Mieter ausgezogen und nun ziehen wir ein. Nicht weit von uns wohnen die Eltern von meinem Mann. Sie freuen sich auch schon sehr auf ihren Enkel und wollen uns mit dem Baby gern helfen. Das finde ich sehr gut, denn sicher ist der Alltag mit einem Baby gerade am Anfang nicht immer einfach, oder?

2
Erik: Ich heiße Erik. Mein Sohn Jari ist neun Jahre alt und wohnt bei mir. Montag bis Freitag haben wir immer viel Stress: Früh am Morgen bringe ich Jari in die Schule, dann fahre ich schnell zur Arbeit und nachmittags hole ich Jari vom Hort ab. Dann gehen wir schnell einkaufen und zu Hause erledige ich dann noch die ganze Arbeit im Haushalt: kochen, Wäsche waschen und so … Tja, das ist der Alltag als alleinerziehender Vater ☺ Am Wochenende haben wir zum Glück mehr Zeit und machen das, was uns Spaß macht: lange schlafen, ins Schwimmbad gehen und danach gibt es Mittagessen bei der Oma – perfekt!

3
Elvira: Mein Name ist Elvira. Ich wohne mit meinen Freundinnen Anne und Charlotte in einer großen 4-Zimmer-Wohnung. Jede von uns hat ihr eigenes Zimmer, alle zusammen nutzen wir Wohnzimmer, Küche und Bad. Anne und Charlotte sind genauso alt wie ich: 69! Manche Leute

finden es komisch, dass wir in einer Wohngemeinschaft leben und fragen: Warum teilt ihr euch eine Wohnung? Aber wir finden es prima so: Wir haben viel Spaß, kochen zusammen, gehen ins Theater – oder sitzen einfach nur auf unserem Balkon und erzählen.

4
Khenty: Mein Name ist Khenty. Bisher habe ich in einer WG gewohnt. Aber ich bin jetzt umgezogen, weil ich einen neuen Job in einer anderen Stadt bekommen habe. Noch ist es ein bisschen ein komisches Gefühl, ganz allein in einer Wohnung zu wohnen … In der WG war normalerweise immer jemand da … Aber dafür habe ich jetzt mehr Platz, das ist auch schön. Seit der Trennung von meiner Freundin bin ich Single. Aber wer weiß – vielleicht ja nicht mehr lange?

Fokus Alltag: Lerntipps
Übung 1 und 2

Markus: Na, der Hörtext war doch ein Kinderspiel, gell? Der war doch gar nicht so schwer. Jetzt seid ihr fit für den Test in 4 Wochen. Soviel für heute, am Montag beginnen wir dann mit einer neuen Lektion. Okay? Hm…Hausaufgaben sind ja klar. Also, bis Montag dann. Schönes Wochenende!
Oscar: Markus, kann ich kurz mit dir sprechen?
Markus: Ja, Oscar, was ist denn?
Oscar: Also, diese Aufgabe war soooo – also ich habe überhaupt nichts verstanden. Hören finde ich echt schwierig. Das ist mein großes Problem. Die Deutschen sprechen einfach so schnell! Ich kann viel besser lesen und schreiben, aber hören! Hh…Ich weiß gar nicht, was ich machen soll. Und in vier Wochen ist schon die Prüfung. Mann, das schaffe ich nie. Was kann ich denn da machen? Ich muss doch unbedingt …
Markus: Na, na, na, jetzt aber keine Panik! So schlimm ist es doch auch wieder nicht, oder? Schließlich schreibst du doch tolle Texte. Du kannst auch zu Hause noch ganz viel üben, wenn du willst. Hm, hör doch z. B. die Hörtexte auf der Arbeitsbuch-CD (die Hörtexte zum Arbeitsbuch) noch einmal – oder beim Frühstück, da kannst du auch Radio hören, und lernst ganz nebenbei Deutsch! Das hilft dir bestimmt! Hm, und hast du einen Computer? Mit Internet? Da findest du eine Menge Material zum Hören. Ich kann dir …
Rebecca: Also, ich finde Hören ganz einfach. Kein Problem! Ich verstehe fast alles. Für mich ist Sprechen schwierig. Neulich in der Schule, beim Lehrer …
Markus: Äh, Rebecca, ich …
Rebecca: Hm? Ja? … also neulich, beim Lehrer von Susanna – das ist meine Tochter und die hat immer so schlechte Noten in Mathe – puh … er fragt mich und fragt so viel, aber ich kann gar nichts erklären. Ich kann nicht gut sprechen und ich will doch …
Markus: Verstehe, du meinst also …
Rebecca: Können wir nicht hier mehr sprechen, im Unterricht? Ich muss wirklich mehr üben.
Markus: Ja, natürlich, Rebecca, das geht schon…

Rebecca: Ich meine, eine Stunde pro Woche nur Konversation, nur sprechen, sprechen, sprechen. Nicht nur Grammatik und Schreiben. Einfach viel Sprechen. Geht das?
Markus: Na ja, aber so viel Zeit haben wir ja leider nicht. Du kannst dich doch nach dem Kurs mit anderen Frauen treffen. Da könnt ihr miteinander Deutsch sprechen, Kaffee trinken, das macht ja sogar noch Spaß! Hm, und Katrin, meine Kollegin, die macht noch einen extra Kurs zum Sprechen! „Konversation – ganz leicht". Das ist immer am Freitagnachmittag …
Rebecca: Ach ja? Hier an der Schule? Das ist ja super! Das mache ich doch. Das muss ich machen…

Lektion 2   Zu Hause

Schritt B Übung 13
Mirko: Guten Morgen. Mein Name ist Mirko Pantic. Ich fange heute neu hier an.
Hannes: Ah! Guten Morgen, Herr Pantic. Herzlich willkommen. Ich bin Hannes Maurer. Wir teilen uns das Büro. Wollen wir gleich „du" sagen … so unter Zimmerkollegen?
Mirko: Ja, gern. Mirko.
Hannes: Hannes. Aber das weißt du ja schon. Am besten kommst du erstmal an und richtest dich ein. Deine Jacke musst du nicht ins Regal legen. Du kannst sie neben die Tür hängen. Da – an den Haken.
Mirko: Du … Ich möchte gern ein paar Fotos an die Wand hängen. Stört dich das?
Hannes: An die Wand? Äh … Nein, das finde ich nicht gut. Kannst du sie nicht auf deinen Schreibtisch stellen?
Mirko: Ja … klar, okay. Du, die Schreibtischlampe geht nicht.
Hannes: Hm … Vielleicht steckt der Stecker nicht in der Steckdose? Guck mal unter den Schreibtisch. Da sind die Steckdosen.
Mirko: Ah! Du hast recht - der Stecker liegt auf dem Boden. So … jetzt. Oh! Du, Hannes, im Drucker ist kein Papier.
Hannes: Na, dann leg doch Papier hinein. – Papier liegt im Schrank.
Mirko: So! Jetzt kann es losgehen. Was ist zu tun?
Hannes: Also, ich erkläre dir am besten zuerst unser aktuelles Projekt. Wir machen da gerade für einen Kunden eine Analyse …

Schritt C Übung 19a
1 Schlüssel – schließen
2 vier – Tür
3 rüber – lieber
4 Müll – mir

Schritt C Übung 19b
vgl. Seite AB 28

Schritt D Übung 23
vgl. Seite AB 29

Lektion 3 Essen und Trinken

Schritt C Übung 17
vgl. Seite AB 40

Schritt C Übung 18
a Reis – Glas
b Glas – Gläser
c Gemüse – Suppe
d im Haus – zu Hause
e Tasse – Schüssel
f Straße – Adresse
g heißen – reisen
h essen – lesen
i leise Musik – heiße Würstchen

Schritt C Übung 19
vgl. Seite AB 40

Schritt C Übung 20
a Du trinkst ja nur Mineralwasser und isst nur Brot. Was ist denn passiert?
b Reisen ist mein Hobby. Das macht mir Spaß. Ich habe schon dreißig Städte besucht.
c Hallo Susanne. Du musst schnell nach Hause kommen, ich habe schon wieder meinen Schlüssel vergessen.

Schritt D Übung 22
1
Sprecher: Sehr geehrte Kundinnen und Kunden, im 5. Stock unseres Kaufhauses finden Sie unser Gourmet-Restaurant. Dort begrüßt Sie gern unser freundliches Service-Team. Vom 15. bis 21. Juli haben wir die asiatische Woche. Wir bieten Ihnen verschiedene vegetarische Gerichte und Salate, leckere Currys und süße Nachspeisen. Eine Vorspeise, ein Hauptgericht und eine Nachspeise gibt es heute zum Preis von 13,90 €. Mit Kaffee oder Espresso kostet es 15,90 € und mit einem Bier 16,50 €. Wir freuen uns auf Ihren Besuch.

2
Sprecher: Hallo, das ist der Anrufbeantworter von Dany, bitte sprechen Sie nach dem Ton.
Sprecherin: Hallo Dany, wir wollten uns doch heute Abend treffen. Hast du das vergessen? Ich hoffe nicht! Was machen wir? Gehen wir ins Kino? Oder zum Essen? Hm … ich glaube aber, zurzeit gibt es keine guten Filme. Sollen wir dann vielleicht doch lieber in ein Restaurant gehen? Italienisch? Indisch? Was meinst du? … Oder, nein, ich habe eine bessere Idee: Ich koche für uns beide und du kommst einfach nach der Arbeit zu mir? Was meinst du? Ruf mich bitte an. Tschüs!

3
Sprecherin: Guten Tag. Hier ist die Firma Herschkowitz Gemüse und Früchte aus aller Welt. Wir freuen uns über Ihren Anruf. Wir möchten Sie mit dem richtigen Mitarbeiter verbinden. Beachten Sie bitte folgenden Hinweis: Möchten Sie etwas bestellen? Dann drücken Sie bitte die 1. Sie haben Fragen zu einer Rechnung? Dann drücken Sie bitte die 2. Bei allen anderen Fragen, bleiben Sie bitte am Apparat. Wir verbinden Sie mit dem nächsten freien Mitarbeiter.

Fokus Alltag: Werbung hören und verstehen
Übung 2
1
Sprecherin: Kommen Sie und kaufen Sie die leckeren Spezialitäten Ihrer Bio-Bäckerei Schrader: Brötchen und Brot aus Bio-Teig und ofenfrischer Kuchen – nur in den Filialen Ihrer Bio-Bäckerei Schrader! Und jetzt im Herbst besonders günstig: unser exklusiver Birnenkuchen im Super-Sonderangebot für nur einen Euro pro Stück!
Bäckerei Schrader – frisch, knusprig, perfekt.

2
Sprecher: Schließen Sie die Augen und denken Sie an die Käsetheke in Ihrem Supermarkt. Und jetzt schließen Sie noch einmal die Augen und stellen Sie sich eine Käsetheke mit über 150 Käsesorten aus ganz Europa vor!
Käse aus ganz Europa gibt es bei www.europakäse.de. Bestellen Sie noch heute Ihren Lieblingskäse. Tolle Sonderangebote warten auf Sie. Wir schicken Ihnen Ihren Käse schnell und ohne Extrakosten. Das gibt es nur bei www.europakäse.de. Europakäse – so schmeckt Europa!

3
Sprecherin: So bunt war Limonade noch nie: Limetta – die Limo mit den leckeren Früchten bringt Farbe in dein Leben. Und jetzt ganz neu in deinem Supermarkt: Limetta „Kiwi" und Limetta „Zitrone" – zum Super-Sonderpreis für nur 55 Cent pro Flasche. Lust auf mehr Farbe? – Lust auf Limetta!
Limetta – und dein Leben ist bunt.

Lektion 4 Arbeitswelt

Schritt C Übung 14
1
Frau Bauer: Hier ist der Anschluss von Greta Bauer. Bitte sprechen Sie nach dem Signal.
Frau Gutmensch: Hallo, Frau Bauer, hier spricht Lisa Gutmensch vom Betriebsrat. Sie haben angerufen, weil wir Sie wegen Ihrer Kündigung beraten sollen. Das machen wir natürlich gern. Wir können Ihnen einen Termin am Montag um halb zehn oder am Donnerstag um vier Uhr anbieten. Welcher Termin passt für Sie? Bitte rufen Sie uns zurück. Unser Büro ist heute noch bis 18 Uhr geöffnet. Auf Wiederhören.

2
Sprecher: Guten Tag. Sie sind verbunden mit dem Anschluss der Gewerkschaft Hotel und Gaststätten in Niedersachsen. Sie rufen leider außerhalb unserer Geschäftszeiten an. Diese sind immer Montag und Donnerstag von 9.30 Uhr bis 14 Uhr

und Dienstag von 16 bis 18 Uhr in unseren Büroräumen in der Schubertstraße 14. Wenn wir Sie persönlich beraten sollen, dann rufen Sie bitte noch einmal zu den genannten Bürozeiten an oder wenden Sie sich per E-Mail an unser Sekretariat unter info@gwg.com. Noch eine Information für alle Anrufer: Am 15. Mai findet um 18 Uhr in der Schubertstr. 14 eine Informations-Veranstaltung zum Thema „Kündigungsschutz" statt. Dazu sind alle Mitglieder herzlich eingeladen. Wir bedanken uns für Ihr Interesse und auf Wiederhören.

3
Frau Breitner: Guten Abend, Frau Sauter. Maria Breitner hier. Die Weiterbildung für Betriebsräte zum Thema „Was tun bei Entlassung?" findet morgen nicht in Raum 101 neben der Kantine statt. Das war ein Fehler im Programm. Wir haben einen Raum im Haus der Gewerkschaft reserviert. Sie wissen ja, das ist neben dem Hotel Kaiser. Wir sehen uns dann morgen dort um 19 Uhr. Bis morgen und entschuldigen Sie bitte meinen Fehler. Auf Wiederhören.

Schritt D Übung 19
vgl. Seite AB 53

Schritt D Übung 20
vgl. Seite AB 53

Schritt E Übung 22
Frau Belhedi: Guten Morgen, Frau Asmus. Darf ich Sie kurz stören? Ich habe eine Frage.
Frau Asmus: Ja, bitte. Was gibt es?
Frau Belhedi: Es ist so: Nächste Woche kommen meine Tante und mein Onkel aus Tunesien zu Besuch und ich möchte gern drei Tage frei nehmen.
Frau Asmus: Haben Sie schon mit Frau Schuster gesprochen? Wenn Ihre Kollegin da ist, sehe ich kein Problem. Dann nehmen Sie die drei Tage Urlaub.
Frau Belhedi: Na ja, das ist ja das Problem. Ich habe dieses Jahr schon meinen ganzen Urlaub genommen.
Frau Asmus: Hm, das tut mir sehr leid für Sie, Frau Belhedi, aber dann weiß ich auch keine Lösung.
Frau Belhedi: Na ja, ich hätte da eine Idee ... Ich habe letzten Monat ja sehr viel gearbeitet. Insgesamt habe ich 26 Überstunden.
Frau Asmus: Gut, dann sprechen Sie mit Ihrer Kollegin. Wenn es für Ihre Kollegin okay ist, dann können Sie drei Tage frei nehmen.
Frau Belhedi: Oh, das ist sehr nett von Ihnen. Herzlichen Dank, Frau Asmus.
Frau Asmus: Gern! Zeigen Sie Ihren Gästen unsere schöne Stadt. Auf Wiedersehen, Frau Belhedi.

Fokus Beruf: Einen Arbeitsvertrag verstehen
Übung 1
Personalchef: Guten Tag, Herr Popov. Bitte – nehmen Sie doch Platz.
Ilija: Danke.

Personalchef: Sie fangen also bei uns als Krankenpfleger an. Ich habe den Arbeitsvertrag für Sie vorbereitet. Sehen wir uns den doch noch einmal zusammen an, ja?
Ilija: Gern.
Personalchef: Also, Sie fangen am ersten Dritten bei uns an.
Ilija: Richtig.
Personalchef: Die ersten sechs Monate sind Probezeit, das wissen Sie sicher. Diese Zeit ist zum Kennenlernen für Sie und für uns. Wenn es Ihnen nicht bei uns gefallen sollte, können Sie kündigen und nach zwei Wochen aufhören. ... Aber wir hoffen natürlich, dass wir gut zusammenpassen.
Ilija: Mhm.
Personalchef: So, was haben wir noch ... Sie bekommen eine Vollzeitstelle. Vollzeit bedeutet bei uns: Sie arbeiten 38,5 Stunden pro Woche. Natürlich arbeiten wir im Krankenhaus Schicht. Die Arbeitszeiten können also ganz unterschiedlich sein. Sie müssen manchmal auch abends oder am Wochenende arbeiten.
Ilija: Ich weiß. Das ist kein Problem für mich. Ich habe schon als Pfleger im Altenheim gearbeitet.
Personalchef: Ihr Gehalt, das sind 2.330 Euro brutto im Monat. Und dann haben wir noch den Urlaub, das sind 20 Tage, also vier Wochen pro Jahr. ... Haben Sie noch Fragen, Herr Popov?
Ilija: Wie ist das denn mit der Kündigung nach der Probezeit?
Personalchef: Nach der Probezeit ist die Kündigungsfrist vier Wochen zum Monatsende.
Ilija: Können Sie das erklären?
Personalchef: Kündigen können Sie nur zum Monatsende. Die Kündigung müssen Sie immer mindestens vier Wochen vor dem Monatsende abgeben. Wenn Sie also zum Beispiel am 31. November kündigen, müssen Sie noch vier Wochen arbeiten – also bis Ende Dezember. Kündigen Sie später, z.B. erst am 15. Dezember, müssen Sie noch sechs Wochen arbeiten – also bis Ende Januar.
Ilija: Das klingt kompliziert.
Personalchef: Keine Sorge – so schwierig ist das nicht. Und zuerst wollen wir ja auch nicht an Kündigung denken, nicht? Und wenn Sie doch einmal kündigen möchten, kommen Sie zu mir. Ich helfe Ihnen.
Ilija: Okay, danke.
Personalchef: Fein. Dann darf ich Sie hier um Ihre Unterschrift bitten ...

Lektion 5 Sport und Fitness

Schritt B Übung 12
1
Sprecher: Egal, ob Sie sich für PCs, Smartphones oder Tablets interessieren. Das müssen Sie wissen, wenn sie mitreden wollen. In der Zeitschrift „Digitale Welt" lesen Sie Neues zu PC, Smartphone und Co ausführlich im Großformat. Jetzt neu im Handel für nur 5,40 €. „Digitale Welt" –

mit der neuen Computerzeitschrift sind Sie immer bestens informiert.

2

Sprecherin: Haben Sie noch keine Idee, was Sie am Wochenende machen? Hier ein paar Tipps ... Das Museum Neustadt zeigt eine neue Ausstellung zur Stadtgeschichte. Erleben Sie die Geschichte Neustadts in einer spannenden, multimedialen Zeitreise. Eröffnung am Sonntag, den 12. März. Seien Sie dabei! Das Methfesselfest feiert dieses Jahr sein zwanzigstes Jubiläum. Auf dem Else-Rauch-Platz ...

3

Sprecherin: Und nun zum Sport: Die deutsche Fußball-nationalmannschaft bereitet sich in Leipzig auf das Qualifikationsspiel gegen Polen vor. Wenn die Mannschaft morgen einen Punkt holt, kann sie sich direkt für die Endrunde qualifizieren.

4

Sprecher: Und jetzt folgt das Wetter für morgen. Am Samstag scheint im ganzen Land die Sonne. Die Temperaturen liegen bei 19 Grad im Süden und 15 Grad im Norden ...

5

Sprecherin: Und hier noch ein Freizeittipp für kleine Theaterfreunde: Am Wochenende beginnt die neue Spielzeit des Kindertheaters Neustadt. Auf dem Spielplan: „Die Schneekönigin" in der Inszenierung von Walter Klingbeil. Diesen Samstag, 17 Uhr im Kindertheater Neustadt. Karten an allen Vorverkaufsstellen und im Internet unter: kindertheaterneustadt.de

Schritt B Übung 22a
vgl. Seite AB 64

Schritt B Übung 23
vgl. Seite AB 64

Schritt B Übung 24a
1 Reise
2 richtig
3 blau
4 Art
5 Herr
6 heiß

Schritt B Übung 24a
vgl. Seite AB 64

Schritt D Übung 30
a
Herr Seifert: TSC Neu-Isenburg, Seifert, guten Tag.
Frau al-Ferha: Guten Tag, mein Name ist al-Ferha. Ich habe Ihre Anzeige gelesen und interessiere mich für das Gymnastikangebot.

Herr Seifert: Schön. Da haben wir noch freie Plätze. Sie können Fitnessgymnastik oder Step-Aerobic machen.
Frau al-Ferha: Ich interessiere mich für die Fitnessgymnastik. Wann findet die denn statt?

b
Herr Seifert: TSC Neu-Isenburg, Seifert, guten Tag.
Frau al-Ferha: Guten Tag, mein Name ist al-Ferha. Ich habe Ihre Anzeige gelesen und interessiere mich für das Gymnastikangebot.
Herr Seifert: Schön. Da haben wir noch freie Plätze. Sie können Fitnessgymnastik oder Step-Aerobic machen.
Frau al-Ferha: Ich interessiere mich für die Fitnessgymnastik. Wann findet die denn statt?
Herr Seifert: Die Fitnessgymnastik ist immer dienstags. Es gibt verschiedene Gruppen. Die Anfänger treffen sich von 17.30 Uhr bis 18.30 Uhr und der Fortgeschrittenenkurs ist von 18.45 Uhr bis 20.15 Uhr. Kommen Sie doch einfach mal vorbei. Die erste Stunde ist kostenlos.
Frau al-Ferha: Das ist ja toll. Und was kostet der monatliche Beitrag?
Herr Seifert: Erwachsene bezahlen 12 Euro im Monat. Ermäßigt sind es 4 Euro weniger.
Frau al-Ferha: Gilt die Ermäßigung auch für Auszubildende?
Herr Seifert: Ja. Azubis und Studenten zahlen nur 8 Euro im Monat.
Frau al-Ferha: Ich habe gelesen: Sie bieten auch Tischtennis an. Kann ich dann auch ohne zusätzliche Gebühr beim Tischtennis mitmachen?
Herr Seifert: Ja, das ist kein Problem. Sie können alle Sportangebote unseres Vereins nutzen, wenn es freie Plätze gibt.
Frau al-Ferha: Toll. Das werde ich dann mal ausprobieren. Vielen Dank und auf Wiederhören.
Sprecher: Auf Wiederhören.

Schritt E Übung 34
1
Moderator: Unsere Frage der Woche beschäftigt sich mit dem Thema: Fitness und Wohlbefinden. Wir haben Menschen nach ihrer Meinung und ihren Erfahrungen gefragt: Wie halten Sie sich gesund und fit? Und wie wichtig ist Bewegung und Fitness für Ihr Wohlbefinden?
Sprecherin: Mir ist Bewegung wichtig. Außerdem probiere ich gern mal etwas Neues aus: Meine Krankenkasse bietet viele kostenlose Sportangebote und Seminare zur gesunden Ernährung an. Im letzten Monat war ich bei einem Schwimmkurs und nächste Woche fange ich mit einem Yogakurs an. Das kann ich wirklich jedem nur empfehlen.

2
Sprecher: Also, ich finde Bewegung auch wichtig, denn ich möchte unbedingt fit bleiben. Aber für Sport habe ich leider nicht genug Zeit. Also muss ich Bewegung in meinen Alltag bringen. Ich nehme zur Arbeit und für kurze Strecken immer das Fahrrad. Das schont die Umwelt und spart auch Zeit, denn mit dem Fahrrad bin ich meistens schneller. Am Wochenende mache ich auch gern mal einen Spaziergang.

3

Sprecherin: Fitness ist für mich sehr wichtig. Ohne Bewegung geht es mir nicht gut. Ich mache jeden Morgen Gymnastik und jogge dreimal in der Woche. Wenn ich regelmäßig Sport mache, dann bin ich den ganzen Tag entspannt. Aber ich finde, das ist nicht genug. Genauso wichtig ist eine gesunde Ernährung. Ohne meine tägliche Portion Obst und Gemüse fühle ich mich nicht wohl.

4

Sprecherin: Also ehrlich gesagt, ich finde den aktuellen Fitnesstrend etwas übertrieben. Man soll jeden Tag Sport machen und sich viel bewegen. Darauf habe ich keine Lust. Das ist mir viel zu viel. Ich habe beruflich viel Stress und muss mich in meiner Freizeit ausruhen. Ich mache es mir am liebsten auf dem Sofa gemütlich und sehe mir einen Film im Fernsehen an. Dabei erhole ich mich am besten.

Fokus Beruf: Ein Gespräch mit dem Betriebsarzt
Übung 2a

Arzt: Der Nächste bitte! ... Guten Morgen, Frau ... Nowak.
Frau Nowak: Guten Morgen, Herr Doktor.
Arzt: Nehmen Sie Platz. Wie geht es Ihnen?
Frau Nowak: Ach, ich fühle mich nicht so gut. Ich habe oft Kopfschmerzen und meine Augen werden schnell müde.
Arzt: Sie arbeiten viel am Computer, nehme ich an?
Frau Nowak: Ja, mindestens fünf Stunden am Tag.
Arzt: Aha. Und haben Sie auch Rückenschmerzen?
Frau Nowak: Ja, mein Rücken tut oben schon auch oft weh.
Arzt: Mhm. Und steht Ihr Schreibtisch vor dem Fenster?
Frau Nowak: Nein, er steht neben dem Fenster.
Arzt: Das Licht fällt also von der Seite ein?
Frau Nowak: Ja, genau.
Arzt: Das ist sehr gut. Tragen Sie Ihre Brille bei der Arbeit?
Frau Nowak: Ja, meine Brille muss ich auch bei der Arbeit tragen.
Arzt: Okay, dann macht meine Kollegin nun einen Sehtest mit Ihnen und danach sehen wir uns wieder.

Übung 2b und 3b

Frau Nowak: Und? Was hat der Test ergeben? Brauche ich eine neue Brille?
Arzt: Nein, Ihre Brille ist noch in Ordnung, aber es ist nicht die richtige Brille für die Arbeit am Computer. Dafür brauchen Sie eine Arbeitsbrille.
Frau Nowak: Oje. Muss ich die selbst bezahlen?
Arzt: Nein, die Kosten für die Bildschirmbrille übernimmt natürlich der Arbeitgeber. Außerdem müssen Sie regelmäßig Bildschirmpausen machen. Das ist sehr wichtig. Pro Stunde sollten Sie 5–10 Minuten nicht am Computer arbeiten. Nur so können Ihre Augen sich erholen. Sie können sich in der Zeit um andere Aufgaben kümmern. Hauptsache, Sie schauen nicht auf den Bildschirm.
Frau Nowak: Aha. Kann ich denn sonst noch etwas tun?
Arzt: Ja, machen Sie regelmäßig Augengymnastik. Hier, in dieser Broschüre finden Sie viele verschiedene Übungen für die Augen und den oberen Teil des Rückens. Sie werden sehen, dass Sie dann bald keine Kopf- und Rückenschmerzen mehr haben.
Frau Nowak: Okay! Haben Sie vielleicht auch noch einen Ernährungstipp für mich?
Arzt: Ja natürlich, wenn Sie sich gesund ernähren, hilft das auch Ihren Augen. Für die Augen sind die Vitamine A, C und E besonders wichtig. Sie sollten also Karotten, Zitrusfrüchte, Nüsse und Soja essen, wenn Sie etwas Gutes für Ihre Augen tun wollen.
Frau Nowak: Ja okay, das mache ich.
Arzt: Wenn Sie auch mit der neuen Brille noch oft Kopfschmerzen haben, kommen Sie einfach noch einmal vorbei.
Frau Nowak: Gut. Vielen Dank und auf Wiedersehen.
Arzt: Auf Wiedersehen, Frau Nowak.

Lektion 6 Schule und Ausbildung

Schritt B Übung 14 a und b
vgl. Seite AB 76

Schritt B Übung 14a und b
glücklich – lustig – traurig – freundlich – ruhig – höflich – ledig – billig – berufstätig – selbstständig – schwierig

Schritt B Übung 15
vgl. Seite AB 76

Schritt B Übung 16a
1 Wein
2 Brot
3 Bier
4 Wecker
5 bald
6 weit

Schritt B Übung 16b und c
1 Wo war Willi?
2 Vera will nach Wien.
3 Werner wohnt in Berlin.
4 Willst du so bald ins Bett?
5 Auf Wiedersehen, bis Mittwoch.
6 Veronika wartet auf Bernd.

Schritt B Übung 17
vgl. Seite AB 76

Schritt E Übung 26
1
Yara: Mein Name ist Yara. Ich wollte schon immer gern Schneiderin werden. Mein Onkel in Syrien war Schneider und als Kind bin ich immer bei ihm im Geschäft gewesen und habe ihm bei der Arbeit zugesehen. Das war toll. Später durfte ich ihm dann auch manchmal helfen. Das hat mir sehr gefallen und mich auch ein bisschen stolz gemacht. ... Ich finde es einfach toll, dass ich als Schneiderin alle meine Kleider selbst nähen kann und natürlich die für meine Kundinnen. In diesem Beruf kann man wirklich kreativ sein!

Mir gefällt auch, dass ich selbstständig arbeiten kann. Leider verdient man nicht viel Geld in diesem Beruf. Das ist nicht so toll. Aber es reicht mir und ich bin zufrieden.

2
Salah: Ich heiße Salah. Als Kind wollte ich immer Pilot werden. Ich habe immer gedacht: Es ist bestimmt toll, so als Pilot im Cockpit über den Wolken zu fliegen. Aber das ist ein Kindertraum geblieben. ... Es ist eine lange und teure Ausbildung. Meine Eltern konnten das nicht bezahlen. Mein Vater hat gesagt, ich kann ja auch Taxifahrer werden – dann fliege ich nicht über sondern fahre unter den Wolken und auch ein bisschen langsamer. ... Tja, und ich bin dann wirklich Taxifahrer geworden. Jetzt gefällt mir meine Arbeit gut, weil ich so die Stadt sehr gut kenne und am Tag oder in der Nacht arbeiten kann, wie ich will. Ich habe also nicht jeden Tag den gleichen Tagesablauf. ... Und klar, die Arbeit nachts ist manchmal anstrengend, wenn man müde ist. Aber wenn kein Gast im Taxi ist, kann ich immer meine Lieblingsmusik hören. Das finde ich toll.

3
Dilara: Ich bin Dilara. Schon als Kind haben mich die vielen Flaschen und Dosen in den Regalen der Apotheken interessiert und mein Traumberuf war Apothekerin. Aber mit 18 Jahren wollte ich doch lieber Krankenschwester werden – und nun arbeite ich schon seit 40 Jahren in diesem Beruf. Er macht mir immer noch viel Spaß. Besonders gefällt mir, dass ich viel Kontakt mit Menschen habe und Menschen helfen kann. Meine Kolleginnen sind auch sehr nett. Wir sind ein richtig tolles internationales Team: Außer meinen deutschen Kolleginnen habe ich noch zwei Kolleginnen aus Polen, eine aus Kamerun, eine aus Ungarn und eine kommt wie ich aus Iran. Wir verstehen uns sehr gut. Nicht so gut finde ich, dass ich auch oft am Wochenende arbeiten muss, wenn alle meine Freunde frei haben.

Fokus Beruf: Ein Berufsberatungsgespräch
Übung 1
Berufsberater: So, nehmen Sie doch bitte Platz. Was kann ich denn für Sie tun?
Marina: Ich möchte mich gern beruflich verändern.
Berufsberater: Was sind Sie denn von Beruf?
Marina: Ich bin Krankenpflegerin und ...
Berufsberater: Und wo arbeiten Sie?
Marina: In der Kinderklinik im Dritten Orden, hier in München.
Berufsberater: Und haben Sie dort auch Ihre Ausbildung gemacht?
Marina: Nein, meine Ausbildung habe ich am Klinikum in Neumarkt gemacht und dann habe ich auch gleich eine Stelle hier in München gefunden. Ich war erst zwei Jahre am Klinikum Großhadern und bin jetzt an der Kinderklinik.
Berufsberater: Und warum möchten Sie sich verändern?
Marina: Wissen Sie, zum einen habe ich einen kleinen Sohn. Er ist drei Jahre alt. Und ich habe einfach nicht genug Zeit für ihn. In der Klinik muss ich ja Schicht arbeiten, das passt oft nicht mit den Kindergartenzeiten zusammen.

Berufsberater: Hm-hm, ja, verstehe.
Marina: Ja, das ist ein Problem, aber es gibt noch einen anderen Grund. Ich möchte nicht die nächsten 30 Jahre immer die gleiche Arbeit machen. Ich würde einfach gern noch etwas Neues lernen.
Berufsberater: Und haben Sie da schon eine Idee?
Marina: Nein, ich wollte erst einmal mit Ihnen sprechen. Gibt es denn da überhaupt Möglichkeiten?
Berufsberater: Ja, klar. Ich muss aber erst noch ein bisschen mehr über Sie wissen. Zum Beispiel: Welchen Schulabschluss haben Sie denn?
Marina: Ich habe den Realschulabschluss und – wie gesagt – danach die Ausbildung als Krankenpflegerin gemacht.
Berufsberater: Hm-hm. Und was gefällt Ihnen bei Ihrer Arbeit besonders gut? Wo sehen Sie Ihre Stärken?
Marina: Also, besonders gut gefällt mir die Arbeit mit Kindern und auch die Arbeit mit den Angehörigen. Das Gefühl, dass ich helfen kann ...
Berufsberater: Hm-hm.
Marina: Aber ich organisiere auch sehr gern. Das macht mir wirklich Spaß. Aber dazu gibt es in meinem Beruf wenig Möglichkeiten.
Berufsberater: Ah ja, das ist interessant. In Ihrem Beruf gibt es in dieser Richtung viele Weiterbildungsmöglichkeiten für Sie. Kommt eine Weiterbildung denn für Sie finanziell infrage?
Marina: Das wäre kein Problem. Mein Mann arbeitet ja.
Berufsberater: Das ist sehr gut. Ich denke nämlich zum Beispiel an eine Weiterbildung zum Pflegemanagement. Dazu müssten Sie allerdings erst einmal ...

Lektion 7   Feste und Geschenke

Schritt C Übung 18a
offen – öffnen
schön – schon
kommen – können

Schritt C Übung 18b
vgl. Seite AB 89

Schritt C Übung 19
Nachbarin: Hallo, Moni. Wie geht's? Du siehst ganz schön müde aus.
Moni: Mh-mh, bin ich auch. Ich habe die ganze Nacht nicht geschlafen, weil Jonas dauernd geweint hat.
Nachbarin: Oh, der arme Kleine. Was hatte er denn?
Moni: Keine Ahnung. Bauchschmerzen vielleicht. Oder es war ihm alles einfach zu viel. Wir haben nämlich gestern seinen 1. Geburtstag mit einer großen Kuchen-Party gefeiert.
Nachbarin: Wirklich? Toll! Wie war es denn?
Moni: Schön – aber auch viel Arbeit. Weißt du, wir haben zu Hause gefeiert und ich war ziemlich nervös: Klappt alles, sind die Gäste zufrieden, weint Jonas ... der übliche Stress, wenn man selbst eine Feier organisiert.
Nachbarin: Mm-ja, das ist viel Arbeit. Hast du alle Kuchen selbst gebacken?

Moni: Nein. Dafür hatte ich keine Zeit. Wir haben verschiedene Kuchen und Torten bei einer Bäckerei bestellt.
Nachbarin: Und: Wie haben die Kuchen geschmeckt?
Moni: Du, die waren wirklich lecker. Nur die Schokoladentorte, die war nicht so toll. Zu viel Sahne.
Nachbarin: Und wie habt ihr gefeiert? Habt ihr auch getanzt?
Moni: Na hör mal, das war doch ein Geburtstagsfest für ein Kleinkind und keine wilde Tanzparty. Nein, wir haben Kaffee getrunken und Kuchen gegessen, die Geschenke für Jonas ausgepackt und geredet. Es waren ja vor allem Verwandte da, meine Eltern, Sebastians Eltern, unsere Geschwister, Tanten, Onkel ... Mein Onkel Fritz hat lustige Geschichten aus seiner und Papas Kindheit erzählt. Wir haben total viel gelacht. ... Also, ich glaube, es hat allen gefallen. Die Stimmung war jedenfalls toll. Du, wir müssen weiter. Wir haben einen Termin beim Kinderarzt.
Nachbarin: Ah, gut. Vielleicht kann er dir ja etwas empfehlen, damit Jonas nachts besser schläft.
Moni: Genau. Tschüs.

Schritt E Übung 28
vgl. Seite AB 92

Fokus Beruf: Konflikte bei der Arbeit
Übung 1
1
Sprecherin 1: Du, Anke, muss das sein? Mich stört, wenn du im Büro rauchst.
Sprecherin 2: Oh, Entschuldigung. Das habe ich nicht gewusst.

2
Sprecher 1: Kannst du bitte das Fenster zumachen? Ich habe Schnupfen und mir ist kalt.
Sprecher 2: Natürlich! Das mache ich sofort.

3
Sprecher 1: Sie kommen schon wieder zu spät!
Sprecher 2: Es tut mir leid. Ich habe meinen Schlüssel nicht gefunden und dann den Bus verpasst.
Sprecher 1: Ach so. Na, das kann jedem mal passieren.

4
Sprecher: Das geht aber nicht! Sie können nicht in der Arbeitszeit zusammen Kaffee trinken! Gehen Sie sofort wieder an die Arbeit.
Sprecherin: Tut uns leid. Sie haben natürlich recht.

Fokus Familie: Ein Sommerfest im Kindergarten
Übung 2

Frau Grotewohl: Also, nachdem jetzt alle da sind, fangen wir mal an. Heute Abend geht es um unser Sommerfest im Kindergarten. Es ist noch ein bisschen Zeit, aber so langsam wollen wir mit der Planung beginnen. Ich denke, wir sammeln erst einmal alle Ideen. Hat denn jemand schon eine Idee für das Programm?
Herr Özdem: Ich finde, wir sollten grillen. Ein Sommerfest ohne Grillen, das geht nicht.
Frau Grotewohl: Sie hören, Herr Özdem, eine gute Idee. Können Sie das organisieren?
Herr Özdem: Ja, gern. Ich kenne auch ein gutes Geschäft, nämlich Karaca Market, wo wir alles sehr günstig bekommen können.
Frau Grotewohl: Ah ja. Kaffee und Kuchen ist auch kein Problem. Die Mütter könnten Kuchen mitbringen. Wer kann sie ansprechen? Frau Winterher?
Frau Winterher: Klar, ich frage sie mal. Ich spreche mit den Müttern. Sie sollen verschiedene Kuchen mitbringen, aber nicht zu viele. Vielleicht kennen die ja auch noch Spiele. Auf unseren Festen gibt es ja immer viele Spiele. Da frage ich auch noch die Eltern.

Frau Grotewohl: Jetzt noch zu einem wichtigen Punkt: Aufbauen und aufräumen. Das macht niemand gern. Aber wir brauchen etwa zehn Väter und Mütter. Das ist sehr wichtig. Ja, Herr Mosbach?
Herr Mosbach: Am besten ich hänge eine Liste auf. Da können sich die Eltern eintragen. Und letztes Jahr hatten wir genügend Eltern. Das ist sicher kein Problem.
Frau Grotewohl: Wir müssen auch einkaufen. Wasser, Apfelsaft, Orangensaft, Fanta und Spezi, und für die Erwachsenen auch Bier. Herr Franetti, was meinen Sie: Bestellen wir die Getränke wieder bei Getränke Fischer?
Herr Franetti: Genau. Das ist eine gute Idee. Die Getränke besorge wieder ich. Also, ich notiere mir das noch mal: Wasser, Apfelsaft, Orangensaft, Fanta, Spezi ...

Transkriptionen der Filme

Lektion 1 Ankommen

Foto-Hörgeschichte

vgl. Transkriptionen zum Kursbuch, Seite 1–3

Tims Film

Das fängt ja gut an!

Tim: Hallo Leute! Hier spricht Tim. Es ist Freitag, heute ist mein Umzugstag. Am Montag ist mein erster Arbeitstag im Hotel. Leider hat es schon vorher Probleme gegeben. Vor ein paar Wochen haben sie mir noch gesagt, ich kann im Hotel wohnen. „Super!", habe ich gedacht, „Wie praktisch!" Vor ein paar Tagen haben sie dann nochmal angerufen: „Ohh, es tut uns ja sooo leid, aber das klappt nicht, weil das Mitarbeiter-Appartement noch nicht frei ist." Na toll, … „Und wo soll ich wohnen?", habe ich gefragt. „Wir haben eine Wohnung für Sie gefunden, Herr Wilson. Zwei Zimmer, Küche und Bad. Voll möbliert. Es ist auch nur für fünf Monate, weil dann ja das Mitarbeiter-Appartement frei wird." Sie haben mir die Wohnungsschlüssel und die Adresse geschickt: Düsterstraße sieben? Ich habe natürlich gleich im Internet nachgesehen: Weil die Wohnung am Stadtrand liegt, fahre ich jetzt vierzig Minuten zur Arbeit. Und zurück noch mal vierzig Minuten. Na, was soll's? Heute bin ich umgezogen. Ich bin zur Wohnung gefahren und nun bin ich da. Und ich sage jetzt nichts dazu. Seht selbst! Hier bitte! Mann! – Iiiiihhh! – Uhhh! Fünf Monate Düsterstraße sieben! Warum habe ich immer Pech mit meinen Wohnungen? Eins ist klar: Hier bleib ich keine fünf Monate.

Videotraining

Weil es gleich regnet.

Tim: Hallo! Ähm Lara ist noch nicht da. Sie frühstückt noch. Lara ist noch nicht da. Warum ist sie noch nicht da? Sie frühstückt noch. Das ist der Grund. Aus diesen beiden Sätzen kann man einen Satz machen und zwar mit „weil". Das geht ganz einfach: So! Lara ist noch nicht da, weil sie noch frühstückt. Haben Sie gesehen? Hier ist das „weil" und das „frühstückt" im zweiten Satz kommt ganz nach hinten. Das war's schon! So einfach ist das.
Lara: Hallo-o! Ach, ist das nicht wunderbar?
Tim: Lara liebt den Morgen. Da singen alle Vögel. Können Sie daraus einen weil-Satz machen? Versuchen Sie es! Lara liebt den Morgen, weil da alle Vögel singen. Hmmm!
Lara: Tim ist glücklich. Das Wetter ist heute so schön. Sie sind wieder dran!
Lara: Tim ist glücklich, weil das Wetter heute so schön ist.
Tim: Lara ist fröhlich. Sie muss heute nicht arbeiten. Und bitte! Lara ist fröhlich, weil sie heute nicht arbeiten muss.
Tim: Hey! Was soll das! Geh weg! Weg da!
Lara: Tim ist sauer. Er mag keine Fliegen. Sie sind dran!
Lara: Tim ist sauer, weil er keine Fliegen mag.
Tim: Oje! So ein Mist!
Lara: Wir gehen besser rein. Es regnet gleich. Machen Sie bitte schnell!

Tim: Ja. Wir wollen nicht nass werden.
Lara: Wir gehen besser rein, weil es gleich regnet.
Tim: So, jetzt komm!
Lara: Tschüs!

Zwischendurch mal Film

Das ist meine Familie.

Marie: Hallo! Ich heiße Marie. Ich bin 21 und arbeite zur Zeit als Verkäuferin. Und jetzt stelle ich euch meine Familie vor, okay? Das ist mein Bruder Max. Er ist 25 und arbeitet als IT-Spezialist. Das ist meine Schwägerin Paula. Sie ist auch 25. Paula und Max sind seit einem Jahr verheiratet. Das ist mein Cousin Jan. Er ist 16. Er geht noch zur Schule und ist auch ein Computerfreak, wie Max. Das ist Jans Mutter, meine Tante Helga. Sie ist alleinerziehend. Helga ist die Schwester von Papa. Das sind meine Eltern. Meine Mutter heißt Magda und ist 54. Sie arbeitet als Event-Managerin. Mein Vater heißt Manfred und ist 56. Er ist Krankenpfleger. Das ist mein Opa. Er heißt Richard und ist 78 Jahre alt. Opa hat bei einer Bank gearbeitet. Aber jetzt ist er Rentner. Und das ist meine Oma Elisabeth. Sie lebt leider nicht mehr. Aber sie ist trotzdem immer bei uns. So, jetzt habt ihr meine Familie kennengelernt. Tschüs!

Lektion 2 Zu Hause

Foto-Hörgeschichte

vgl. Transkriptionen zum Kursbuch, Seite 7–9

Laras Film

Mein Traum

Tim: Letzte Nacht hatte ich einen Traum. Und der Traum war seeeehr seltsam. Wollt ihr ihn sehen? Passt auf, das war ungefähr so: Ich lege meinen Schlüssel auf den Tisch. Ich gehe kurz raus und komme wieder rein. Der Schlüssel liegt nicht mehr auf dem Tisch. Häh!? Der Schlüssel hängt jetzt an der Wand. Ich lege den Schlüssel in die Schublade. Ich gehe kurz raus und komme wieder rein. Der Schlüssel liegt nicht mehr in der Schublade. Häh!? Der Schlüssel steckt jetzt im Türschloss. Ich mache die Tür auf. Da ist Frau Sicinski. Sie sagt: „Möchten Sie eine Glühbirne?" Häh!? Und plötzlich liegt eine Glühbirne auf meiner Hand. Ich lege die Glühbirne ins Regal. „Möchten Sie eine Glühbirne?", sagt Frau Sicinski. Wieder liegt eine Glühbirne auf meiner Hand. Ich lege sie ins Regal. „Möchten Sie eine Glühbirne?", sagt Frau Sicinski. Wieder liegt eine Glühbirne auf meiner Hand. Ich lege sie ins Regal. „Möchten Sie eine Glühbirne?", sagt Frau Sicinski. Wieder liegt eine Glühbirne auf meiner Hand. Ich lege sie ins Regal. „Möchten Sie eine Glühbirne?", sagt Frau Sicinski. Stooooopppppp! Dann bin ich zum Glück aufgewacht. Den Schlüssel … Hähhh? Der Schlüssel ist weg! Das gibts doch nicht! Wo ist er denn? Das ist ja total verrückt! Aaah! Auf dem Boden liegt er … da, da! Und du kommst jetzt in meine Hosentasche.

Videotraining

So steht er richtig.

Tim: Hey? Was machst du denn da?

Lara: Ich möchte den Tisch da rüber stellen.

Tim: Da rüber? Wohin denn?

Lara: Na, einfach ein Stück da rüber, zwischen die Stühle. Kannst du mir vielleicht helfen?

Tim: Na klar!

Lara: Leg doch mal die Bälle weg!

Tim: Wohin soll ich sie denn legen?

Lara: Leg sie einfach hierhin!

Tim: Hier auf den Tisch? Aber...

Lara: Na los! Mach schon!

Tim: Da! Jetzt sind sie runtergefallen. Jetzt liegen sie auf dem Boden.

Lara: Dann liegen sie eben auf dem Boden. Komm jetzt! ... Aaaahh!

Tim: Jetzt liegst du auch auf dem Boden!

Lara: Ha ha ha! Komm, hilf mir lieber!

Tim: Aaaahh!

Lara: Jetzt liegen wir beide auf dem Boden.

Tim: Komm! Jetzt stellen wir den Tisch rüber.

Tim: Steht er jetzt richtig so?

Lara: So steht er richtig.

Tim: Und jetzt sind Sie dran!

Lara: Ergänzen Sie bitte!

Tim: Hey? Was machst du denn da?

Lara: Ich möchte den Tisch da ....

Tim: Da ....? .... denn?

Lara: Na, einfach ein Stück da ...., ... die Stühle.

Tim: Hey? Was machst du denn da?

Lara: Ich möchte den Tisch da rüber stellen.

Tim: Da rüber? Wohin denn?

Lara: Na, einfach ein Stück da rüber, zwischen die Stühle. Kannst du mir vielleicht helfen?

Tim: Na klar!

Lara: ....doch mal die Bälle weg!

Tim: ....soll ich sie denn..........?

Lara: ....sie einfach ....

Tim: Hier .... Tisch? Aber...

Lara: Na los! Mach schon!

Lara: Leg doch mal die Bälle weg!

Tim: Wohin soll ich sie denn legen?

Lara: Leg sie einfach hierhin!

Tim: Hier auf den Tisch? Aber...

Lara: Na los! Mach schon!

Tim: Da! Jetzt sind sie........... Jetzt..........sie..............Boden.

Lara: Dann..........sie eben..........Boden.

Tim: Da! Jetzt sind sie runtergefallen. Jetzt liegen sie auf dem Boden.

Lara: Dann liegen sie eben auf dem Boden. Komm jetzt!

Lara: Ahhh!

Tim: Jetzt..........du auch ....Boden.

Lara: Ha ha ha! Komm, hilf mir lieber!

Tim: Ahhh!

Lara: Jetzt..........wir beide..........Boden.

Lara: Aaaahh!

Tim: Jetzt liegst du auch auf dem Boden!

Lara: Ha ha ha! Komm, hilf mir lieber!

Tim: Aaaahh!

Lara: Jetzt liegen wir beide auf dem Boden.

Tim: Komm! Jetzt...........wir den Tisch...........!...........er jetzt richtig so?

Lara: So...........er richtig.

Tim: Komm! Jetzt stellen wir den Tisch rüber. Steht er jetzt richtig so?

Lara: So steht er richtig.

Lektion 3   Essen und Trinekn

Foto-Hörgeschichte

vgl. Transkriptionen zum Kursbuch, Seite 13–15

Tims Film

Jetzt hab' ich eine.

Betty: Hey, da kommt Tim mit einer Tüte. Was hat er denn eingekauft?

Betty: Okay, ich mache jetzt ein Tim-Einkaufs-Video.

Betty: Hey, hallo Tim!

Tim: Hallo Betty! Was machst du denn da?

Betty: Ich warte auf den Bus. Langweilig, langweilig, langweilig. Und du?

Tim: Ich habe eine Pfanne gekauft.

Betty: Eine Pfanne?

Tim: In meiner Wohnung war keine. Also bin ich los und hab eine gekauft.

Betty: Wo denn?

Tim: Bei „Degenhardt". Da gibt es alles für die Küche. Fünfzig verschiedene Pfannen zum Beispiel.

Betty: Und die hast du ausgesucht?

Tim: Ja! Ist sie nicht wunderschön?

Betty: Oh, ja, die sieht toll aus.

Tim: Leider war sie ziemlich teuer. Aber sie ist auch sehr gut.

Betty: Na, das klingt doch vernünftig. Dann hast du sie lange.

Tim: Ich hab nachgefragt. Dreißig Jahre Garantie!

Betty: Dreißig Jahre? In dreißig Jahren bist du ein Opa! Und was hast du noch alles gekauft? Noch mehr Pfannen?

Tim: Nein. Ich sag dir doch: Bei „Degenhardt" gibt es ALLES für die Küche. Da, sieh mal: Ich hatte kein Gemüsemesser ... jetzt hab ich eins. Ich hatte keine Teekanne...jetzt hab ich eine. Ich hatte keine Teetassen...

Betty: Jetzt hat er welche.

Tim: H-hm.

Betty: Noch was?

Tim: Ja. Ich hatte Geld...jetzt hab ich keins mehr.

Betty: Kommen Sie zu „Degenhardt". Gut für Ihre Küche....

Tim: ...aber sehr gefährlich für Ihre Geldbörse.

Tim: Du Betty, das Video, könnte ich das auch haben?

Betty: Na klar. Ich schick's dir später.

Transkriptionen der Filme

Videotraining

Sie hat schon einen.
Lara: Hallo! Wir möchten gern ein Spiel mit Ihnen spielen.
Tim: Es geht ganz einfach. Wir fragen und Sie antworten. Zum Beispiel so:
Braucht Lara eine Serviette?
Nein. Sie braucht keine.
Braucht Lara eine Serviette?
Ja. Sie braucht eine.
Braucht Lara eine Serviette?
Nein. Sie braucht keine. Sie hat schon eine.
Noch ein Beispiel? Gern!
Lara: Möchte Tim Nüsse?
Nein. Er möchte keine.
Möchte Tim Chips?
Ja. Er möchte welche.
Möchte Tim Chips?
Nein. Er möchte keine. Er hat schon welche.
Tim: Und jetzt sind Sie dran. Viel Spaß!
Lara: Gleich gibt es Nudelsuppe.
Moment mal, da fehlt doch noch etwas.
Was braucht Tim? Braucht er ein Messer?
Nein. Er braucht keins.
Braucht er eine Gabel?
Nein. Er braucht keine.
Braucht er einen Löffel?
Nein. Er braucht keinen. Er hat schon einen.
Braucht er einen Suppenteller?
Ja. Er braucht einen.
Oh, da fehlt noch was.
Was braucht Tim noch? Braucht er Nudeln?
Ja. Er braucht welche.
So, jetzt aber! Guten Appetit, Tim!
Tim: Danke!
Tim: Lara und ihr Freund wollen frühstücken.
Was brauchen sie noch?
Brauchen sie Teller?
Nein. Sie brauchen keine. Sie haben schon welche.
Brauchen sie Tassen?
Ja. Sie brauchen welche.
Brauchen sie Brötchen?
Jaaa. Sie brauchen welche.
Brauchen sie Eier?
Ja. Sie brauchen welche.
Nanu! Lara ist ja allein? Was braucht sie noch?
Braucht sie noch einen Freund?
Nein, halt! Warten Sie!
Tim: Sie braucht keinen. Sie hat schon einen.

Lektion 4 Arbeitswelt

Foto-Hörgeschichte

vgl. Transkriptionen zum Kursbuch, Seite 20–23

Tims Film

Wir lieben unsere Kunden
Tim: So, es ist Donnerstag, der 24. Mai und ich rufe gerade bei der „Deutschen TeleTask" an. Also, sagen wir so: Ich versuche es zumindest, schon seit einer Viertelstunde. Aber ich höre immer nur: „Hallo und herzlich willkommen! Sie sind verbunden mit der Deutschen TeleTask. Alle unsere Mitarbeiter sind zur Zeit im Gespräch. Bitte warten Sie einen Moment." Also, das ist wirklich ziemlich nervig. Ähh, hallo? … Ähh ja, guten Tag, hier spricht Tim Wilson … Meine Kundennummer? Moment … Die Kundennummer ist KE563746. Meinen Namen haben Sie? … Tim Wilson, genau. Kann ich Ihren bitte auch haben? … Herr Brumlik? … Gut, Herr Brumlik, mein WLAN funktioniert nicht. … Nein, ich habe nichts kaputtgemacht. … Ihr WLAN-Router funktioniert nicht richtig. … Nein, das Gerät ist ganz neu. Es ist gerade mal eine Woche alt. … Ich habe keine Ahnung, Herr Brumlik. Aber wenn das WLAN nicht funktioniert, dann IST das ein Problem …. Nein, morgen Nachmittag und Abend bin ich außer Haus. Ich arbeite im Schichtdienst. Ich bin diese Woche immer nur bis 13 Uhr hier in meiner Wohnung. … Sie rufen gleich nochmal an? Okay. … Ja, dann bis gleich. Ja, tschüs! Boah! Mann! Wenn die nicht reparieren, dann stelle ich diesen Film ins Internet.

Videotraining

Das „wenn"-Spiel
Tim: Wir spielen jetzt das „wenn"-Spiel.
Lara: Wie bitte? WAS spielen wir?
Tim: Das „wenn"-Spiel.
Lara: Aha. Und wie geht das?
Tim: Ich erkläre dir das Spiel, wenn du möchtest.
Lara: Ui ja! Los!
Tim: Wenn du möchtest, erkläre ich dir das Spiel.
Lara: Ja, ich möchte! Und? Weiter?
Tim: Das wars schon.
Lara: Das verstehe ich nicht. Ich meine…
Tim: Hör einfach zu, wenn du mitspielen möchtest.
Lara: Ja, aber, aber, ich weiß nicht…
Tim: Wenn du mitspielen möchtest, hör einfach zu.
Lara: Ja sag mal! Ich höre doch zu!
Tim: Du solltest leise sein, wenn du keine Ahnung hast.
Lara: Boah! Also jetzt reicht es mir!
Tim: Wenn du keine Ahnung hast, solltest du leise sein. SIE haben das Spiel sofort verstanden, oder? Einen „wenn-Satz" kann man umdrehen, wenn man möchte. … Wenn man möchte, kann man einen „wenn-Satz" umdrehen. … Noch ein Beispiel? Bitte sehr! Spielen Sie doch gleich mit! Man braucht einen Schirm, wenn es regnet. … Wenn es regnet, braucht man einen Schirm. … Alles klar? Jetzt Sie allein. Es ist schön warm, wenn die Sonne scheint. … Wenn die

Sonne scheint, ist es schön warm. … Man sollte etwas essen, wenn man Hunger hat. … Wenn man Hunger hat, sollte man etwas essen. … Lara sieht besonders süß aus, wenn sie sauer ist. … Wenn sie sauer ist, sieht Lara besonders süß aus.
Lara: Phh!
Tim: Hmmm! Eine Brezel!
Lara: Tim bekommt ein Stück Brezel, wenn er „Entschuldigung!" sagt. … Wenn er „Entschuldigung!" sagt, bekommt Tim ein Stück Brezel.
Tim: Entschuldigung!
Lara: Na ja, okay. … Du darfst essen, wenn die Übung vorbei ist. … Wenn die Übung vorbei ist, darfst du essen.
Tim: Also gut, die Übung ist vorbei! Hmmm! Lecker!

Zwischendurch mal Film

Die Arbeit macht ihr Spaß.
Sprecher/in: Das ist Gisela Specht. Frau Specht ist Grafikdesignerin und Illustratorin. Sie macht vor allem Zeichnungen. Zum Beispiel für Kinderbücher. Oder für Internetseiten. Oder für Lehrwerke. Auch für Deutschlehrwerke. Oder einfach nur so. Man merkt: Frau Specht liebt ihren Beruf. Die Arbeit macht ihr Spaß. Fürs Zeichnen braucht sie nicht viel Platz. Sie kann prima zu Hause arbeiten. Sie braucht nur einen Arbeitstisch mit ihren Zeichensachen: Papier, Stifte, Pinsel, Federn und Farben. Dann braucht sie noch einen Computer mit Scanner und Drucker, einen Internetanschluss und viel Ruhe. Gerade hat sie einen neuen Auftrag bekommen. Für ein Bildwörterbuch soll sie zwei Fische zeichnen. Zuerst macht sie eine Skizze. Dann eine Reinzeichnung. Dann kommen noch Farben dazu. Und fertig!

Lektion 5   Sport und Fitness

Foto-Hörgeschichte

vgl. Transkriptionen zum Kursbuch, Seite 24–26

Tims Film

Wofür interessierst du dich?
Tim: Ich interessiere mich für meinen Bauch und für meine Fitness. Ich habe mich in letzter Zeit nicht gesund ernährt. Und leider habe ich mich auch viel zu wenig bewegt. Aber damit ist jetzt Schluss. Ha-haaa! Gestern habe ich mich bei einem Sportverein angemeldet.
Betty: Wofür ich mich interessiere? Na, dafür zum Beispiel, für diese alte Nähmaschine. Sie war kaputt, ich habe sie repariert und jetzt geht sie wieder. Ist sie nicht wunderschön? Und so praktisch!
Tim: Kannst du denn auch damit nähen?
Betty: Nähen? Na ja, ein bisschen schon. Aber sie gehört mir gar nicht. Ich habe sie nur repariert.
Tim: Wofür interessierst du dich, Niki?
Niki: Warte! Ich muss mich konzentrieren. Ich interessiere mich fürs Zocken.
Tim: Wie bitte?
Niki: Ich interessiere mich für Com-pu-ter-spie-le.

Tim: Aha. Und die Schule? Komm, sag, was ist damit?
Niki: Womit?
Tim: Schule? Lernen? Hausaufgaben?
Niki: Ähh, darauf habe ich, ehrlich gesagt, null Bock.
Tim: Was!?
Niki: Darauf habe ich keine Lu-hust!
Tim: Ich glaube, ich sollte mal mit Dimi reden.

Videotraining

Worüber ärgert sich Lara?
Tim: Hey!
Lara: Hmmm.
Tim: Was ist denn los, Lara?
Lara: Hmmm.
Tim: Möchtest du nicht reden?
Lara: Mm-mm.
Tim: Worüber ärgerst du dich?
Lara: Ich ärgere mich über alles.
Tim: Über alles? Oje, das ist ja schrecklich! Und Sie? Worüber ärgern Sie sich?
Tim: Sie ärgern sich über das Wetter? Aha.
Lara: Das kann ich gut verstehen. Darüber ärgere ich mich auch. Warum grinst du so? Was ist denn so lustig?
Tim: Lustig? Nichts. Ich freue mich auf etwas.
Lara: So so. Worauf freust du dich denn?
Tim: Ich freue mich auf dein Lächeln.
Lara: Du freust dich auf mein Lächeln?
Tim: H-hm. Na los! Versuch's mal! Schön!
Lara: Und worauf freuen Sie sich?
Tim: Sie freuen sich auf das Wochenende?
Lara: Darauf freuen wir uns auch!
Tim: Aber vorher haben wir noch…
Lara: …ein paar Übungen für Sie.
Tim: Viel Spaß dabei! Wofür interessieren Sie sich? Die richtige Antwort ist: Ich interessiere mich für Fußball und Tennis.
Lara: Woran erinnern Sie sich gern? Die richtige Antwort ist: Ich erinnere mich gern an meine Oma.
Worüber beschweren Sie sich manchmal? Die richtige Antwort ist: Ich beschwere mich manchmal über das Essen.
Tim: Worauf haben Sie jetzt Lust? Die richtige Antwort ist: Ich habe Lust auf eine Lernpause.
Tim: Eine Lernpause? Die bekommen Sie jetzt.
Lara: Wir sehen uns wieder bei der nächsten Übung!
Tim: Bis dann!
Lara: Tschüs!

Lektion 6   Schule und Ausbildung

Foto-Hörgeschichte

vgl. Transkriptionen zum Kursbuch, Seite 30–32

Tims Film

Mein Wunschberuf
Frau Sicinski: Wissen Sie, als Kind wollte ich immer etwas mit Mode machen, mit Kleidern oder mit Kosmetik. Mit

vierzehn wollte ich dann Friseurin werden. Aber das durfte ich nicht. Meine Eltern haben es nicht erlaubt. Ich sollte Sekretärin werden. Aber ich wollte nicht im Büro arbeiten. Da hat meine Lieblingslehrerin, Frau Wunderlich, meinen Eltern einen Vorschlag gemacht: „Ich bin sicher, dass Marianne eine prima Schneiderin werden könnte", hat sie gesagt. Meine Eltern haben ja gesagt und ich konnte eine Schneiderlehre machen. Heute weiß ich, dass das genau das Richtige für mich war. Ich habe fast fünfzig Jahre lang als Schneiderin gearbeitet und es hat mir immer Spaß gemacht. Jetzt arbeite ich natürlich nicht mehr. Aber für mich nähe ich manchmal noch etwas. Die Bluse hier, sehen Sie? Die habe ich selbst gemacht. Schick, oder? Hm. Ja, Schneiderin, das war immer mein Wunschberuf.

Videotraining

Ich denke, dass das viel besser geht.

Lara: Also, ich geh' dann mal in den Kurs, tschüs!
Tim: Ja, ja.
Lara: Um drei bin ich wieder da.
Tim: Wo gehst du denn hin?
Lara: Hab ich doch gesagt: Ich gehe in meinen Kurs.
Tim: Das hast du gesagt?
Lara: Typisch! Nie hörst du zu!
Tim: Was? Das stimmt doch gar nicht!
Lara: Du interessierst dich immer nur für deine Zeitung.
Sprecher: Stopp! Ich denke, dass das viel besser geht.
Lara: Also, ich geh dann mal in den Kurs, tschüs!
Tim: Ja, ja.
Lara: Um drei bin ich wieder da.
Tim: Wo gehst du denn hin?
Lara: Hab ich doch gesagt: Ich gehe in meinen Kurs.
Tim: Oh, wirklich? Es tut mir leid, dass ich nicht zugehört habe.
Lara: Ähm, ich finde, dass du ziemlich oft nicht zuhörst.
Tim: Wirklich? Bist du sicher, dass das so ist?
Lara: Ja. Und ich denke, dass das ein Problem ist.
Tim: Ja, das stimmt. Da hast du recht.
Lara: Okay, ich geh dann mal.
Tim: Ich bin froh, dass wir darüber gesprochen haben.
Lara: Es ist schön, dass das jetzt klar ist. ... Na also! Man muss nicht immer gleich laut werden.
Tim: Man kann seine Meinung auch ganz ruhig sagen und dabei freundlich bleiben.
Lara: Genau. Und jetzt sind Sie dran! Sagen Sie Ihre Meinung und benutzen Sie dabei „dass".
Tim: Zum Beispiel so:
Lara: Ich denke, dass ... .
Tim: Ich glaube, dass ... .
Lara: Ich finde, dass ... .
Tim: Sollte man im Deutschkurs auch Lieder hören? Was finden Sie? Ich finde, dass man auch Lieder hören sollte.
Lara: Ich finde, dass Lieder im Kurs eher stören. Sollte man zum Deutschkurs immer pünktlich kommen?
Tim: Ich denke, dass Pünktlichkeit nicht so wichtig ist.
Lara: Ich denke, dass man immer pünktlich sein sollte.
Tim: Sollten Lehrer Fehler sofort korrigieren?

Tim: Ich meine, dass das stört.
Lara: Ich meine, dass das beim Lernen hilft.
Lara: Unsere Kursleiterin Frau Meier glaubt: Spiele sind gut für den Deutschunterricht.
Tim: Ich glaube, dass Frau Meier recht hat.
Lara: Ich glaube, dass man dabei nicht so viel lernt.

Lektion 7   Feste und Geschenke

Foto-Hörgeschichte

vgl. Transkriptionen zum Kursbuch, Seite 36–39

Tims Film

Tims Witz

Tim: Ich habe gerade einen Witz gehört. Der ist so toll, den muss ich euch einfach erzählen. Also, passt auf! Ein Ehepaar hat eine Katze. Der Mann mag die Katze nicht. Also nimmt er die Katze, setzt sie ins Auto, fährt zwei Kilometer weit und lässt sie raus. Dann fährt er wieder nach Hause. Zehn Minuten später ist die Katze auch wieder da. Da setzt der Mann die Katze wieder ins Auto, fährt vier Kilometer weit und lässt sie raus. Dann fährt er zurück. Zwanzig Minuten später ist auch die Katze wieder da. Da denkt der Mann: „Ich muss die Katze gaaanz weit wegbringen." Er setzt die Katze ins Auto, fährt durch die Stadt, fährt über eine Brücke, fährt am Fluss entlang und durch einen Wald. Dann lässt er die Katze raus. Eine halbe Stunde später klingelt bei der Frau das Telefon. „Hallo?", sagt die Frau. „Ja, ich bin's. Du, sag mal, ist die Katze da?" „Mmm, jaaaa", sagt die Frau, „sie kommt gerade zur Tür herein." Da sagt der Mann: „Hol sie doch mal bitte ans Telefon. Ich finde den Weg nach Hause nicht mehr." Der ist lustig, was? Ganz schön blöd der Typ!

Videotraining

Das Gedicht

Tim: Was machst du da eigentlich?
Lara: Ich stricke meiner Mutter einen Schal.
Tim: Einfach so?
Lara: Nein, ich schenke ihn ihr zum Geburtstag.
Tim: Aha.
Lara: Und du? Was machst du?
Tim: Ich schreibe meinem Onkel ein Gedicht.
Lara: Ach? Hat er auch bald Geburtstag?
Tim: Nein. Ich schicke es ihm einfach so.
Lara: Das ist ja lieb von dir! Schreibst du mir auch mal ein Gedicht?
Tim: Mmmm-ja, wenn du mir Socken strickst.
Lara: Ich stricke sie dir nächste Woche, okay?
Tim: Okay.
Lara: Und... wann schreibst du mir das Gedicht?
Tim: Weißt du was? Ich schreibe es dir sofort.
Lara: Oh, toll!
Lara: Hey! Schon fertig?
Tim: Hm-m.
Lara: Ein Gedicht für mich allein!? Wie schön!

Tim: Na ja, nicht ganz für dich allein. Es ist nämlich auch ein Gedicht für Sie. Es ist noch nicht ganz fertig ... und Sie sollen es jetzt fertig machen. Ergänzen Sie bitte die vier Wörter. ... Drei Leute und ein Kuchen: Wir sitzen am Tisch: du und ich und Frau Glück und jeder nimmt von dem Kuchen ein Stück. Ich gebe ihn ihr und sie gibt ihn dir und du gibst ihn mir dann zurück. Na?

Lara: Lustig! Und ich geb ihn dir dann zurück.

Zwischendurch mal Film

Hauptsache, sie sind glücklich.

Kind: Du Oma?

Oma: Hm?

Kind: Willst du mal sehen, wie man heiratet?

Oma: Oh, ja!

Kind: Warte, ich zeige es dir.

Oma: Na, da bin ich aber gespannt!

Kind: Also, pass auf! Das ist die Braut.

Oma: Ohhh! Toll!

Kind: Sie hat ein super Brautkleid an.

Oma: Ja. Sie ist wirklich wunderschön! Und wen heiratet sie?

Kind: Sie heiratet den Bräutigam.

Oma: Natürlich. Du, ich finde es toll, wie hübsch du die beiden angezogen hast.

Kind: Das war nicht ich. Die können sich ja schon selbst anziehen.

Oma: Ach so! Hm. Und äh, jetzt gehen sie in die Kirche, oder?

Kind: Nein.

Oma: Nein?

Kind: Sie heiraten nicht in der Kirche. Sie gehen zum..., zum ... wie heißt das?

Oma: Zum Standesamt?

Kind: Ja. Genau. Sie heiraten auf dem Standesamt. ... Hallo Mann! Mmmm. Möchten Sie diese Frau heiraten? Ja! Hallo Frau! Mmmm. Möchten Sie diesen Mann heiraten? Ja! Okay. Dann sind sie jetzt Mann und Frau. Mmmm.

Oma: Und jetzt küssen sie sich, oder?

Kind: Nein.

Oma: Nicht?

Kind: Zuerst brauchen sie ja noch die Eheringe.

Oma: Ach! Das hab ich vergessen.

Kind: Er gibt ihr einen Ehering.

Oma: Und sie gibt ihm einen Ehering.

Kind: Genau.

Kind: So, jetzt küssen sie sich.

Oma: Na endlich! Bravo!

Kind: Und noch ein Kuss.

Oma: Warum lachst du?

Kind: Ich finde es so lustig, wie die sich küssen.

Oma: Sag mal, gibt's denn auch ein Hochzeitsfest?

Kind: Na klar! Da essen sie zuerst die Hochzeitstorte. Hmm! Lecker! Möchtest du auch probieren, Oma?

Oma: Oh, ja, gern! Hmmmm! Super! Und wie geht das Fest weiter?

Kind: Na ja, jetzt feiern sie alle miteinander. Sie lachen und machen lustige Sachen und tanzen und essen und trinken und so weiter.

Oma: Die Hauptsache ist, dass sie glücklich sind.

Kind: Ja, genau. Kuck mal, Oma, da ist noch was von der Hochzeitstorte übrig.

Oma: Sollen wir sie zusammen aufessen?

Kind: Jaaaaa!

Lösungen zum Arbeitsbuch

Lektion 1   Ankommen

Schritt A

1   **b** mein Ehemann aus Österreich kommt. **c** mir die Sprache gefällt. **d** meine Schwester in Berlin lebt.

2   **b** gefunden hat. **c** seine Freundin nicht anruft. **d** sie ihre Nachbarn einladen möchte.

3   **b** mein Mann dort einen neuen Job gefunden hat. **c** ich noch keinen Menschen in Hamburg kenne. **d** ich meine Einkäufe mit dem Rad machen will. **e** wir Antonio abholen möchten.

4   **B** Sie sind glücklich, weil sie heute Bayar abholen. **C** Er ist traurig, weil er Edina zwei Monate nicht sieht.

5   **b** Er ist mit seinem neuen Job zufrieden, weil sein Arbeitgeber sehr nett ist. **c** Er schreibt seiner Freundin jeden Tag eine E-Mail, weil er sie sehr vermisst. **d** Sie ist glücklich, weil die Zimmersuche geklappt hat. **e** Er fährt zum Flughafen, weil er seinen Nachbarn Emilio abholen will. **f** Ana fährt ins Zentrum, weil sie ein paar Einkäufe machen muss. **g** Aviva ruft Christina an, weil sie ins Kino gehen möchte.

6   Liebe Leonie,
vielen Dank für Deine Einladung. Es tut mir sehr leid, aber wir können nicht kommen, weil meine Eltern mich am Wochenende besuchen und wir auch schon Theaterkarten für Samstag haben. Max hat leider auch keine Zeit, weil er in Köln ist und erst am Sonntag zurückkommt. Viele Grüße Ludovika

8   **a** Ich muss unbedingt noch <u>Blumen</u> kaufen. <u>Warum</u>? Weil meine Mutter <u>Geburtstag</u> hat. **b** Franziska kommt heute <u>nicht</u> zum Unterricht. <u>Warum</u> denn nicht? Weil ihre <u>Tochter</u> krank ist. **c** Gehen wir morgen wirklich <u>joggen</u>? Warum <u>nicht</u>? Na ja, weil doch dein <u>Bein</u> wehtut. **d** Ich gehe <u>nicht</u> mit ins Kino. Weil dir der <u>Film</u> nicht gefällt oder <u>warum</u> nicht? Ganz <u>einfach</u>, weil ich kein <u>Geld</u> mehr habe.

9   **Musterlösung:**
1 Woher kommst du? – Ich komme aus der Türkei.
2 Wo bist du geboren? – Ich bin in Izmir geboren.
3 Und wo wohnst du jetzt? – Ich wohne in München.
4 Welche Sprachen sprichst du? – Ich spreche Türkisch, Deutsch und ein bisschen Französisch. 5 Welchen Beruf hast du? – Ich bin Mechatroniker. 6 Hast du Familie? – Ja, ich bin verheiratet und habe zwei Kinder. 7 Und welche Hobbys hast du? – Ich spiele gern Fußball und ich koche gern.

Schritt B

10

ge...t		
	er/sie	er/sie
machen	macht	hat gemacht
antworten	antwortet	hat geantwortet
lernen	lernt	hat gelernt
kochen	kocht	hat gekocht
sagen	sagt	hat gesagt
holen	holt	hat geholt

ge...en		
	er/sie	er/sie
lesen	liest	hat gelesen
schlafen	schläft	hat geschlafen
finden	fand	hat gefunden
schreiben	schrieb	hat geschrieben

11   **b** ist **c** ist **d** ist **e** ist **f** ist **g** hat **h** hat **i** hat **j** hat

12   hat ... abgeholt, sind ... gefahren, habe ... ausgepackt, haben ... gegessen, bin ... gegangen, bin ... eingeschlafen.

13   **b** Haben ... ausgepackt? **c** haben ... angesehen. **d** Hast ... gehört? **e** hat ... eingekauft. **f** ist ... angekommen. **g** sind ... umgezogen. **h** hat ... geklappt.

14   **b** 3 **c** 4 **d** 1

15   hat ... gegessen ... getrunken, ist ... gegangen, ist ... eingestiegen, ist ... gefahren, ist ... angekommen ... hat ... angefangen, ist ... zurückgefahren

16   hat ... gewartet ... hat ... angerufen, hat ... gehört, ist ... gegangen, ist ... aufgestanden ... hat ... getrunken, hat ... abgeholt ... haben ... gemacht, hat ... ausgepackt ... hat ... eingekauft ... gekocht

17   **Musterlösung:**
Liebe Zorica,
wie geht es Dir? Gestern bin ich mit Kalina an die Ostsee gefahren. Leider bin ich zu spät aufgestanden. Dann habe ich schnell Kalina abgeholt und bin mit ihr mit dem Bus zum Bahnhof gefahren. Um 11 Uhr sind wir in Lübeck angekommen. Dort sind wir umgestiegen und haben den Bus nach Travemünde genommen. Am Nachmittag um 14 Uhr sind wir endlich angekommen. Dann haben wir einen Hamburger gegessen und (haben) einen Spaziergang am Strand gemacht.
Viele Grüße und bis bald
Radka

18   ... sind wir ausgestiegen und wir sind in eine Bar gegangen. Dort haben wir etwas zusammen getrunken. Dann sind wir noch ein bisschen durch die Stadt spazieren gegangen. Um halb zwei Uhr morgens sind wir nach Hause gefahren. Schließlich war ich um zwei zu Hause und bin sofort eingeschlafen ...

Schritt C

19 **b** erlebt **c** verstanden **d** passiert

20

	be...t	be...en
sie/er hat	bestellt	bekommen
	besichtigt	begonnen
	besucht	
	bemerkt	
	bedeutet	
	beantragt	
	bezahlt	

	er...t	er...en
sie/er hat	erklärt	erfahren
	erzählt	
	erlaubt	

	ver...t	ver...en
sie/er hat	verdient	verstanden
	verkauft	verloren
	versucht	vergessen
	verwendet	
	vermietet	

	...iert
sie/er hat	telefoniert
	studiert
	repariert
! es ist	passiert

22 **a** verstanden **b** begonnen **c** besucht **d** verloren, bemerkt **e** passiert, verpasst **f** vergessen

23 **Musterlösung A:** Susanne ist zu spät aufgestanden. Sie hat schnell die Koffer gepackt. Weil sie kein Taxi bekommen hat, ist sie zum Bahnhof gelaufen. Aber sie hat den Zug verpasst.
Musterlösung B: Nina ist gerade am Flughafen angekommen. Sie muss ihren Pass zeigen, aber sie kann ihn nicht finden. Sie hat ihn auf dem Küchentisch vergessen!

Schritt D

24 **b** Ist das Peters Onkel? **c** Ist das der Mann von Frau Moll? **d** Ist das Tante Käthes Haus? **e** Ist das die Freundin von Toni? **f** Ist das Angelas Tochter?

25a 2 i 3 g 4 f 5 c 6 j 7 a 8 b 9 e 10 h

25b

der	die	die
Vater	Mutter	Eltern
Großvater/Opa	Großmutter/Oma	Großeltern
Bruder	Schwester	
Onkel	Tante	
Sohn	Tochter	
Cousin	Cousine	
Neffe	Nichte	
Ehemann	Ehefrau	
Schwager	Schwägerin	

26 Onkel, Tante, mein Cousin und meine Cousine, Tante, Nichte

27 **Musterlösung:** Ich lade meine Tante Maite ein, weil sie so lustig ist. Und meine Oma, weil sie immer viele Geschichten erzählt. Ich lade auch meinen Schwager ein, weil er immer so viel lacht. Und natürlich lade ich auch meinen Neffen ein – der ist so süß!

Schritt E

28a 2 d 3 c 4 a

28b **1** ist froh, weil sie am Anfang mit dem Baby Hilfe bekommt.
2 ist von Montag bis Freitag allein mit Jari., hat viel Stress im Alltag.

29 ausziehen, Viertel, Mieter ... verschiedenen, Rente, Dachwohnung, Jede, Platz, teilen, reicht, bisher, Haushalt, Anfang, Gefühl

Fokus Alltag: Lerntipps

1 **Oscar:** Hören **Rebecca:** Sprechen
2 Radio hören, im Internet surfen, Wortkarten schreiben, in der Freizeit mehr Deutsch sprechen, einen Konversationskurs besuchen

Fokus Beruf: Ein schriftlicher Arbeitsauftrag

1 **b** 1 **c** 2
2a ...Geht das? ... Geben Sie mir bitte ...
2b Frau Nokic soll Frau Wilabi vertreten.
3a Leider muss ich ... Also kann ich nicht ... Tut mir leid, aber ...
3b **Musterlösung:** an: Frau Bruzzone
Leider muss ich nach der Arbeit meine Tochter vom Kindergarten abholen. Also kann ich nicht länger arbeiten und Frau Wilabi vertreten.

Lösungen zum Arbeitsbuch

Lektion 2   Zu Hause

Schritt A

1   c hängt d liegt e liegt f hängt g steckt h steht

2

	der	das	die	die
c Das Bild hängt			an der Wand.	
d Die Hose liegt		auf dem Bett.		
e Der Kugelschreiber liegt				unter den Zeitungen.
f Die Lampe hängt			an der Decke.	
g Das Handy steckt			in der Jacke.	
h Der Fernseher steht				zwischen den Fenstern.

3   B auf C hinter D in E neben F unter G über H vor I zwischen

4a   2 das Buch 3 der Fernseher 4 das Foto 5 das Regal 6 die Jacke 7 die Decke 8 das Fenster 9 der Tisch 10 (die Blumen)vase 11 das Glas 12 der Teppich 13 das Bild 14 der Stuhl 15 der Papierkorb 16 der Schreibtisch 17 die Tasche 18 das Bett 19 die Hose 20 die Katze

4b   **Musterlösung:** Vor dem Schreibtisch steht ein Stuhl. Am Schreibtisch / Vor dem Schreibtisch steht eine Tasche. Auf dem Schreibtisch steht eine Lampe und liegt ein Kugelschreiber. Über dem Schreibtisch hängt ein Bild. Neben dem Schreibtisch steht ein Bett. Auf dem Bett liegt eine Hose. Unter dem Bett liegt eine Katze. In der Mitte steht ein Tisch. Auf dem Tisch stehen ein Glas und eine Blumenvase. Vor dem Tisch / am Tisch steht ein Stuhl. Auf dem Stuhl hängt eine Jacke. In der Jacke steckt ein Handy. Hinter dem Stuhl steht ein Schrank. Neben dem Schrank steht ein Regal. Im Regal stehen Bücher, ein Fernseher und ein Foto. Zwischen dem Regal und dem Schreibtisch ist ein Fenster. An der Decke hängt eine Lampe.

5   liegen, im Regal … liegen … auf dem Boden … auf dem Schreibtisch … auf dem Sofa, in den Schränken, steht … auf den Küchenstühlen, in der Wohnung … an der Decke hängen, auf dem Boden … an den Wänden, steckt … im Schloss, liegt … auf dem Sofa

6   **Musterlösung:** b Mein Kühlschrank steht in der Küche links neben der Tür. c Meine Lieblingslampe hängt im Wohnzimmer. d Mein Fernseher steht im Regal. e Meine Schuhe stehen im Schuhregal im Flur. f Meine Waschmaschine steht im Keller.

Schritt B

7   A 2 neben die 3 neben das 4 in den 5 unter die
B 2 neben der 3 neben dem 4 im 5 unter den

8

	Ich lege das Buch …	Daas Buch liegt …
der Tisch	auf den Tisch.	auf dem Tisch.
das Bett	neben das Bett.	neben dem Bett.
die Lampe	neben die Lampe.	neben der Lampe.
die Zeitungen	unter die Zeitungen.	unter den Zeitungen.

9   b gelegt, liegt c gehängt, hängt d gesteckt, steckt

10   b das, im c dem, Unter dem d dem, neben dem e die, in der f dem, vor dem g den, In den

11   b Das Foto stellen wir ins Regal und das Bild hängen wir an die Wand. c Die Kleider hängen wir in den Schrank und den Tisch stellen wir in die Mitte. d Den Fernseher stellen wir ins Regal und die CDs legen wir auf den Tisch. e Die Stühle stellen wir an den Tisch und das Bett stellen wir neben die Tür.

12   b hat Platz für viele Sachen. c zwischen das Sofa und das Regal stellen. d Teppichen und Bildern kann man die Wohnung schön machen.

13   b ~~auf den Schreibtisch~~ an die Wand hängen c ~~steckt in der Steckdose~~ liegt auf dem Boden d ~~in den Schrank~~ in den Drucker

Schritt C

14   b Dorthin. c Da d hierhin e dorthin, f hier

15   b da, dem c dahin, den, Da d Dahin, die

16   b Marita geht ins Haus. Sie geht rein. c Marita geht in den dritten Stock. Sie geht rauf. d Marita geht in den Hof. Sie geht runter. e Marita geht über die Straße. Sie geht rüber.

17   1 a rein 3 c rauf 4 e runter 5 b rüber

18   b Hier darf man nicht reingehen. c Hier dürfen Sie leider nicht rüberfahren. d Am Donnerstag musst du den Müll rausstellen. e Wir müssen alles reinbringen. f Nein, du darfst noch nicht reinkommen.

19a   2 B 3 A 4 A

Schritt D

20   b das Auto abstellen c den Mietvertrag kündigen d auf Verständnis hoffen e die Heizkosten erhöhen f Widerspruch einlegen g die Mülltonnen leeren

21   b die Hofeinfahrt c die Mülltonne d der Parkplatz e der Hausbewohner f die Heizkosten

22   b ~~das Sofa~~ 3 der Müll c ~~die Hofeinfahrt~~ 4 die Geräte d die Küche 5 die Möbel e der Abfall 1 das Haus

23a   2 der Müll – die Tonne – die Mülltonne 3 heizen – die Kosten – die Heizkosten 4 die Heizung – die Ablesung – die Heizungsablesung 5 der Hof – die Einfahrt – die Hofeinfahrt 6 mieten – der Vertrag – der Mietvertrag

24   es gibt ein Problem, Seien Sie bitte so nett, Vielen Dank für Ihre Mithilfe, Mit freundlichen Grüßen

25   3, 5, 2, 1, 4

26 Musterlösung: ... auch dieses Jahr ein Hausfest. Wer kann mithelfen? Wer bringt etwas zu essen mit? Wer kauft Getränke? Wer informiert den Hausmeister? Hoffentlich kommen viele und machen mit!

Schritt E

27 **b** Da rufen Sie am besten den Hausmeister, Herrn Kuhne, an. **c** Kein Problem. Das mache ich gern. **d** Oh, Entschuldigung. Sie haben recht. Ich stelle ihn gleich weg.

28 ist doch kein Problem, Seien Sie bitte so nett, geht leider nicht, habe ich nicht gewusst, Vielen Dank für Ihr Verständnis.

29 Seien Sie bitte so nett, Das mache ich sofort, Danke für Ihr Verständnis ... Was ist denn los?, Das war keine Absicht

30 1 falsch 2 b

31a 1 **Anrede:** Hallo Herr Regner 3 **Was soll Herr Regner tun?** Könnten Sie die Firma bitte in meine Wohnung lassen? 4 **Dank und Gruß:** Vielen Dank für Ihre Hilfe und herzliche Grüße

31b Hallo Herr Regner,
die Heizungsfirma kommt am 18.1. Leider habe ich an dem Tag Frühschicht und muss arbeiten. Könnten Sie die Firma bitte in meine Wohnung lassen? Ich klingle heute Abend mal bei Ihnen oder werfe den Wohnungsschlüssel in Ihren Briefkasten.
Vielen Dank für Ihre Hilfe und herzliche Grüße

32 Musterlösung: Liebe Frau Steiner,
meine Schwester ist krank. Sie wohnt in Augsburg und ich möchte sie über das Wochenende besuchen. Könnten Sie bitte meine Blumen gießen und die Katze füttern? Ich werfe Ihnen meinen Wohnungsschlüssel in Ihren Briefkasten. Vielen Dank für Ihre Hilfe und herzliche Grüße
Radka Popowa

Fokus Beruf: Gewerbräume suchen

1 einen Laden

2a 1

2b 2 Miete 3 Kaution 4 2,38 5 sofort

2c Anbieter kontaktieren

3 gültig, ansehen, liegt, erreichen, Grüßen

Fokus Alltag: Einen Mietvertrag verstehen

1 § 1 Mieträume § 2 Mietdauer § 3 Miete und Nebenkosten § 4 Zahlung

2 **b** ersten **c** ab 1. Februar **d** nicht befristet **e** 570 Euro **f** Der Mieter

Lektion 3 Essen und Trinken

Schritt A

1 nie, selten, manchmal, oft, meistens, immer

2 **b** nie **c** oft **d** immer

3a Musterlösung: Ich glaube, Alfredo geht oft spazieren, er geht nie in den Klub, weil er abends immer fernsieht. Manchmal macht er Sport, er geht meistens schwimmen. Er geht selten Kleidung kaufen. Deutsch lernt er immer am Abend und geht dann spät ins Bett.

4 übernommen, morgens, Honig, Marmelade, unterwegs, Mittags, Kantine, Gericht, Schweine, fast, Mahlzeit

Schritt B

5 **b** welche **c** keins **d** einer **e** keine **f** eins **g** keine **h** keiner

6 **b** welche. **c** keine. **d** keins. **e** einen. **f** eine. **g** eins. **h** keinen

7

Wer?/Was?	Hier ist/sind ...	Wen?/Was?	Ich habe/ möchte/ nehme ...
der Löffel	einer/keiner	den Löffel	einen/ keinen
das Messer	eins/keins	das Messer	eins/keins
die Tasse	eine/keine	die Tasse	eine/keine
die Nüsse	welche/keine	die Nüsse	welche/keine

8 **b** eins **c** einen **d** welche, keine **e** eine **f** keins

9 **b** 4 **c** 1 **d** 3 **e** 5

10 **b** keinen, einer **c** eins **d** keine, eine **e** welche

11 **A** Tasse **B** Gabel **D** Kanne **E** Löffel **F** Schüssel **G** Glas **H** Messer **I** Pfanne **Lösungswort:** Abendessen

Schritt C

12 (von oben nach unten): 5, 2, 1, 3, 4
(von oben nach unten): 6, 5, 2, 1, 4, 3
(von oben nach unten): 4, 2, 1, 3

13 **b** 5 **c** 4 **d** 2 **e** 1

14 **a** Vielen Dank. Das ist sehr nett. Wir kommen gern. **c** Ein Wasser, bitte. Ich trinke keinen Alkohol. **d** Ja gern. Sie schmeckt wirklich lecker! **e** Vielen Dank für den schönen Abend.

15 **a** vorher **b** höflich **c** seltsam, anders **d** genauso

16 **B** süß **C** scharf **D** salzig **E** fett

18 c, e, f

20 **a** Mineralwasser, isst, ist, passiert **b** Reisen, Spaß, dreißig, besucht **c** musst, Hause, Schlüssel, vergessen

Schritt D

21 **A** Mahlzeit, Müsli, Früchten, gegen, satt **B** Hauptgerichte, frisch, unterschiedliche, Essen **C** leitet, Vorspeisen, Steak, Produkten, regional

22 1 b 2 c 3 a

Schritt E

23a (links von oben nach unten): die Gabel, der Burger, der Teller, das Messer, das Salz, der Löffel

(rechts von oben nach unten): das Wasser, der Wein, das Glas, die Schüssel, die Zitrone, die Pommes, das Schnitzel, die Tasse

23b

Besteck	Geschirr	Essen/Getränke
der Löffel	der Teller	das Wasser
die Gabel	das Glas	der Burger
das Messer	die Schüssel	das Salz
	die Tasse	der Wein
		die Zitrone
		die Pommes
		das Schnitzel

24a 2 reklamieren 3 bezahlen 4 bestellen

24b 1 ▪ Entschuldigung, ist der Platz noch frei?
    ▼ Sicher, nehmen Sie doch Platz.
    ▪ Vielen Dank. Das ist sehr nett.
  2 ▪ Ich möchte bitte bestellen.
    ▼ Gern. Was darf ich Ihnen bringen?
    ▪ Einen Apfelsaft, bitte.
    ▼ Und was möchten Sie essen?
    ▪ Ich nehme einen Hamburger mit Salat, bitte.
  3 ▪ Entschuldigung, aber der Tisch ist nicht sauber.
    ▼ Oh, das tut mir leid. Ich putze ihn gleich.
    ▪ Vielen Dank.
  4 ▪ Wir möchten bitte zahlen.
    ▼ Zusammen oder getrennt?
    ▪ Zusammen.
    ▼ Das macht 13,60 €.
    ▪ Stimmt so.

25a 3 eine Restaurantkritik

25b 2 original Wiener Schnitzel mit hausgemachtem Kartoffelsalat 3 ein Traum – alles hausgemacht und perfekt 4 die Weine 5 immer freundlich, erfüllen auch gern Extrawünsche

26a **Musterlösung:** im Restaurant, in der Kantine, in der Mensa

26b **Musterlösung:** Liebe/r Ahmad,
ich esse sehr gern an einem Imbissstand, weil es da sehr leckere Fleischgerichte gibt. Ich esse immer eine Currywurst, die schmeckt mir sehr gut. Viele Leute essen dort auch Döner.

Fokus Alltag: Werbung hören und verstehen

1 **B** die Marke **C** der Werbespruch **D** das Produkt

2a A 3 B 2 C 1

2b 4, 5

Fokus Beruf: Gesunde Ernährung am Arbeitsplatz

1 **Musterlösung:** Zum Frühstück esse ich immer ein Brötchen oder ein Stück Vollkornbrot mit Marmelade oder Rührei. Dazu trinke ich einen Kaffee und einen Saft.

Zum Mittagessen nehme ich als Vorspeise einen Salat oder eine Suppe, danach esse ich oft eine Pizza, manchmal mit Gemüse, oder eine Currywurst mit Pommes frites oder ich kaufe mir ein Sandwich. Ich trinke viel Wasser. Zwischendurch esse ich oft ein Stück Schokolade oder Obst oder ich trinke einen Tee.

2 **B** Gesund frühstücken ist ganz einfach! **C** Tipps für eine gesunde Mittagspause **D** Lecker und gesund essen – das geht auch zwischendurch!

3a **Frühstück:** Vollkornbrot oder Vollkornbrötchen mit Käse, Müsli mit Milch oder Joghurt, Glas Milch oder Tasse Tee **Mittagessen:** vor und nach dem Essen ein Glas Wasser, Obst, Gemüse, Salat, Sandwich mit Salat, Gurken oder Tomaten, Essen von zu Hause mitbringen und warm machen **Zwischendurch:** Nüsse, Banane, Apfel, Karotte

Lektion 4 Arbeitswelt

Schritt A

1 **A** wenn die Sonne scheint **B** wenn es schneit **C** wenn es regnet

2 **b** ist **c** ankommen **d** gemacht habe

3a

Ich hole ...,	wenn	ein Hotelgast sehr schwierig	ist.
An der Rezeption ...,	wenn	viele Gäste	ankommen.
Ich ...,	wenn	ich einen Fehler	gemacht habe.

3b

Position 1	Position 2	Ende
Wenn ein Hotelgast sehr schwierig ist,	hole	ich die Chefin.
Wenn viele Gäste ankommen,	ist	an der Rezeption immer viel los-
Wenn ich einen Fehler gemacht habe,	entschuldige	ich mich.

4 **b** Wenn ich morgens ins Büro komme, schalte ich den Computer an. **c** Ich kann nicht freinehmen, wenn wir viel Arbeit in der Firma haben. **d** Wenn etwas kaputt ist, rufe ich den Hausmeister an. **e** Ich frage einen anderen Kursteilnehmer, wenn ich etwas nicht verstanden habe. **f** Wenn ich online eine Reservierung gemacht habe, bekomme ich eine Bestätigung.

5 **b** Ja, wenn Frau Volb da ist. **c** Ja, wenn wir Sie immer anrufen können. **d** Ja natürlich, wenn kein anderer Termin möglich ist.

6 **Musterlösung:** **B** Sie sind traurig, wenn es regnet. **C** Sie sind glücklich, wenn sie am Abend am Strand spazieren gehen. **D** Sie sind traurig, wenn die Mutter verreist. **E** Er ist glücklich, wenn er surfen kann.

Schritt B

7 **a** Zeitarbeit **b** Forum, Plattform **c** Nutzen, Agentur, regelmäßig **d** Tipp, Kaufhaus, Zettel **e** Notieren

8 **b** sollten **c** sollten **d** solltet **e** solltest **f** sollte

9 **b** Du solltest lieber diesen Rock anziehen. **c** Sie sollten nicht so viel rauchen. **d** Ihr solltet beim Sport genug trinken. **e** Du solltest am Schreibtisch nicht essen.

Schritt C

10 **A** Veranstaltung, ohne, berichtet, Betriebsversammlung **B** Arbeitsschutz, Weiterbildung, findet, statt, Interesse, Anmeldefrist **C** Tarif, Kündigung, berät

11 **b** 5 **c** 6 **d** 3 **e** 1 **f** 4

12 **a** -versammlung **b** Rente **c** Weiterbildung, wenden, Frist **d** Gewerkschaft, Entlassung

13 **B** leider komme ich morgen später zur Arbeit. Meine Tochter ist krank und ich habe mit ihr einen Arzttermin. Aber ich kann dann abends länger arbeiten. **C** der Drucker ist kaputt. Bitte bestellen Sie den Reparaturservice, ich brauche den Drucker am Montag.

14 1 **c** 2 **b** 3 **b**

Schritt D

15 **a** noch nicht **b** schon, noch nicht

16 **a** niemand **b** etwas, nichts, etwas **c** etwas, nichts **d** jemand, niemand

17a **(von oben nach unten):** A, A, S, S, S, S, A, A

17b Sekretärin: Firma Hens und Partner, Maurer, guten Tag.
Anruferin: Guten Tag, hier spricht Grahl. Könnten Sie mich bitte mit Frau Pauli verbinden?
Sekretärin: Tut mir leid, Frau Pauli ist gerade nicht am Platz. Kann ich ihr etwas ausrichten?
Anruferin: Nein, danke. Ist denn sonst noch jemand aus der Abteilung da?
Sekretärin: Nein, es ist gerade Mittagspause. Da ist im Moment niemand da.
Anruferin: Gut, ich versuche es später noch einmal. Geben Sie mir doch bitte die Durchwahl von Frau Pauli.
Sekretärin: Ja, gern, das ist die 301. Also 9602-301.
Anruferin: Vielen Dank, Frau Maurer. Auf Wiederhören!
Sekretärin: Auf Wiederhören.

17c **Musterlösung:**
Sekretärin: Firma Kaiser, Hauck, guten Tag.
Anruferin: Guten Tag, mein Name ist Maurer. Könnten Sie mich bitte mit Frau Müller verbinden?
Sekretärin: Es tut mir leid, Frau Müller ist gerade nicht da. Kann ich ihr etwas ausrichten? Soll sie Sie zurückrufen?
Anruferin: Nein danke. ich versuche es später noch einmal. Könnten Sie mir die Durchwahl von Frau Müller geben?
Sekretärin: Ja natürlich. Das ist die 678. Also 3457-678.
Anruferin: Vielen Dank, Frau Hauck. Auf Wiederhören.
Sekretärin: Auf Wiederhören.

18 nicht mehr im Haus, schon Feierabend, morgen früh noch einmal anrufen, geben Sie mir doch bitte die Durchwahl, Vielen Dank und auf Wiederhören

19a 2 ■ Nein, er ist noch <u>nicht</u> da. Du <u>weißt</u> doch, er kommt immer erst <u>nach</u> neun.
3 ▼ Es hat jemand für dich <u>angerufen</u>. Ein Herr Peter<u>son</u> oder so <u>ähnlich</u>.
■ Peterson? Ich kenne <u>niemand</u> mit dem Namen.

21 ich: **a** dich, nicht, Bücher, Küche, Rechnung, Na<u>ch</u>richt, ich möchte, ich berichte, täglich **b** pünktlich, mich, nicht, Vorsicht, Milch, Licht, möchte, gleich, Rechnung, möchte, sprechen
auch: **a** doch, noch, Buch, Kuchen, Na<u>ch</u>richt, mache, besuche, nachmittags, **b** acht, doch (3x), noch, kocht, mach, doch, Koch

Schritt E

22 **a** Nächste Woche kommen ihre Tante und ihr Onkel aus Tunesien zu Besuch **b** Sie hat dieses Jahr schon ihren ganzen Urlaub genommen. **c** Sie hat letzten Monat viele Überstunden gemacht. So kann sie jetzt drei Tage frei nehmen, wenn es für ihre Kollegin okay ist.

23 **A** Betrieb **B** Lohn **C** Kündigung **E** insgesamt **F** -feiertag **G** Feierabend **H** Arbeitnehmer **I** Export **Lösung:** Industrie

24 keine Ahnung … Ich denke, es gibt … arbeiten … das gilt auch … ist das auch so … durchschnittlich

25 **a** falsch **b** falsch **c** richtig

Fokus Beruf: Ein Bewerbungsschreiben

1 **b** seit vier Jahren **c** seit zwei Jahren Deutschkurs, Zertifikat B1 mit Note „gut" **d** drei Jahre im Restaurant vom Onkel

2 **Musterlösung:** Sehr geehrte Frau Bauer,
vielen Dank für Ihre E-Mail. Sehr gern komme ich am 28.2. um 17 Uhr zu dem Gespräch. Besten Dank für die Einladung! Ich freue mich auf unser Gespräch. Mit freundlichen Grüßen
Hicran Selçuk

Fokus Beruf: Einen Arbeitsvertrag verstehen

1 **b** 1. März **c** ist eine Zeit zum Kennenlernen. **d** Vollzeit. **e** 2.330 Euro **f** 20 Tage **g** die Kündigung mindestens vier Wochen vor Monatsende bringen.

2 Probezeit, Beruf, Verdienst, Arbeitszeiten, Urlaub, Kündigung

Lektion 5 Sport und Fitness

Schritt A

1 A, D, C, B

2 **A** ihr bewegt <u>euch</u>, wir bewegen <u>uns</u> **D** bewegst du <u>dich</u> **C** er fühlt <u>sich</u> **B** ich fühle <u>mich</u>, bewegen Sie <u>sich</u>

ich	fühle mich	wir	bewegen uns
du	bewegst dich	ihr	bewegt euch
es/es/sie	fühlt sich	sie/Sie	bewegen sich

3 **a** mich **b** sich **c** euch, uns **d** sich

4a **3** Er wäscht sich. **4** Er wäscht das Baby. **5** Alisa meldet sich zum Deutschkurs an. **6** Sie meldet ihren Bruder zum Deutschkurs an.

4b

jemand/etwas	sich
Er wäscht das Baby.	Er wäscht sich.
Sie meldet ihren Bruder zum Deutschkurs an.	Alisa meldet sich zum Deutschkurs an.

5 dich, mich, sich, uns, euch

6 **2** Dann lege <u>ich</u> <u>mich</u> oft nur noch in die Badewanne. **3** Schon lange ernährt <u>sich</u> <u>Mira</u> sehr gesund. **4** <u>Ihr</u> lernt <u>euch</u> dann endlich mal kennen.

7 **b** Rauch nicht so viel! **c** Esst viel Obst und Gemüse. **d** Beweg dich etwas mehr! **e** Gehen Sie jeden Tag spazieren. **f** Meldet euch beim Sportverein an!

8 **b** Du solltest nicht so viel rauchen! **c** Ihr solltet viel Obst und Gemüse essen! **d** Du solltest dich etwas mehr bewegen! **e** Sie sollten jeden Tag spazieren gehen. **f** Ihr solltet euch beim Sportverein anmelden!

9

Man kommt fit ins neue Jahr,	wenn man		viel Obst und Gemüse	isst.
	wenn man	sich	etwas mehr	bewegt.
	wenn man		jeden Tag	spazieren geht.
	wenn man	sich	beim Sportverein	anmeldet.

10 **B** sich rasieren **C** sich waschen **D** sich kämmen **E** sich anziehen

11 **a** dich ein bisschen entspannen **b** müssen uns beeilen, muss sich noch anziehen **c** ärgere dich nicht

Schritt B

12a 3, 5, 1, 4, 2

12b **richtig:** 4, 5

13 **a** sich ... für **b** euch ... für, mich ... für **c** sich ... für

14 zufrieden, beschweren, ärgere, treffe, interessiert, freue, warten, hast ... Lust

15 zufrieden ... mit, über ... beschweren, über ... ärgere, treffe ... mit, interessiert ... für, freue ... auf, Auf ... warten, Lust auf

auf	mit	über	für	von
sich freuen	zufrieden sein	sich beschweren	sich interessieren	erzählen
warten	sich treffen	sich ärgern		
Lust haben				

16 von, mit, für, mit, über, auf, auf

17a 2 a 3 d 4 b

17b **Wen/Was?:** sich ärgern über **Wem/Was?:** erzählen von

18 **a** mit ihr **b** über dich, Über mich **c** mit dir, Mit mir **d** mit deinem, mit meinem

19 **b** Die Gäste haben Lust auf Kuchen. **c** Ich erzähle von meiner Freundin. **d** Wir ärgern uns über unseren Lehrer.

20 **b** Ich treffe mich morgen mit meiner Schwester. **c** Wir haben lange auf den Bus gewartet. **d** Olga erzählt oft von ihrem Heimatland.

21 **B** Er wartet am Bahnhof auf Anja. **C** Sie freuen sich auf Weihnachten. **D** Sie treffen sich im Park.

22a Herr und Frau Schröder interessieren sich sehr für den Tanzsport. René spielt lieber Basketball oder er verabredet sich mit Freunden zum Kartenspielen, zum Radfahren oder zur Sportschau im Fernsehen.

24a 1 Reise 2 richtig 3 blau 4 Art 5 Herr 6 heiß

Schritt C

25 **a** darauf **b** Woran, Daran **c** worüber, darüber **d** Wofür, Dafür

26 **b** woran, daran **c** worüber, darüber **d** dafür

27 **b** davor **c** Worauf, darauf **d** darüber **e** Woran, Daran

28 **a** Daran **b** Worüber, Über, auf, Darüber **c** Worauf, auf, um

Schritt D

29 1 C 2 B 3 X 4 D

30a C

30b 2 Fortgeschrittenenkurs 3 Die erste Stunde 4 12 €. 5 4 €. 6 keine

Schritt E

31a **(von oben nach unten):** 3, 5, 1, 6, 4, 2

31b **Musterlösung:** Liebe Hanna,
ich habe mich sehr über Deine E-Mail gefreut. Mir geht es gut, auch, weil ich viel Sport mache und so fit bleibe. Ich mache jeden Morgen Gymnastik und ich gehe zu Fuß einkaufen. Außerdem gehe ich montags und freitags ins Fitnessstudio und am Wochenende jogge ich. Vielleicht können wir ja mal zusammen joggen gehen? Viele Grüße Susi

Lösungen zum Arbeitsbuch

32

machen	gehen	spielen
eine Reise	ins Fitnessstudio	Eishockey
einen 30-minütigen Spaziergang machen	ins Schwimmbad	Handball
Gymnastik	auf den Spielplatz	Volleyball
eine Busfahrt	spazieren	

33 B 2 C 5 D 3 E 1
34 1 d 2 c 3 f 4 a
35a gesunde Ernährung bei Kindern
35b 1, 3, 5

Fokus Alltag: Ein Brief von der Krankenkasse
1 b 2 c 2 d 3

Fokus Beruf: Ein Gespräch mit dem Betriebsarzt
1 a Arbeitgeber b Arbeitnehmern
2a Kopfschmerzen, Rückenschmerzen
2b eine Arbeitsbrille tragen, regelmäßig Bildschirmpausen machen, Augenübungen machen, sich gesund ernähren
3a 2 e 3 b 4 g 5 a 6 c 7 d

Lektion 6   Schule und Ausbildung

Schritt A
1 a will b darfst, musst c soll d kann e will f wollt, müsst
2 **Elisabeth, 15 Jahre:** d, e **Elisabeth heute:** b, c, f
3 durfte, sollte, wollte, durfte
4 a Musstet b wollte, konnten c musstest, konnte, mussten d Wolltest, durfte, durften, sollte, wollten e Solltest
5

	wollen	können	sollen	dürfen
ich	wollte	konnte	sollte	durfte
du	wolltest	konntest	solltest	durftest
es/es/sie	wollte	konnte	sollte	durfte
wir	wollten	konnten	sollten	durften
ihr	wolltet	konntet	solltet	durftet
sie/Sie	wollten	konnten	sollten	durften

	müssen	Wortende
ich	musste	-te
du	musstest	-test
es/es/sie	musste	-te
wir	mussten	-ten
ihr	musstet	-tet
sie/Sie	mussten	-ten

6 a konnte, musste b Wollten, durften, wollte, musste c durfte, konnte d sollten, konnte, musste
7 durfte, sollte, durften, wollte, konnte

8 **Musterlösung:** Als Kind konnte ich auch meinen Namen noch nicht schreiben. Als Jugendlicher wollte ich gern eine Ausbildung als Automechaniker machen, aber ich durfte nicht. Mit 16 Jahren durfte ich auf Partys gehen, aber ich musste um 22 Uhr zu Hause sein. Früher musste ich auch oft meiner Mutter bei der Hausarbeit helfen und auf meine Geschwister aufpassen. Ich wollte aber lieber lesen und in Klubs gehen.

9 b faul
c fleißig
d fach
e schrecklich
f streng
g verbessern
h Referat
i Zeugnis
j Abitur

M	O	R	G	V	E	R	B	E	S	S	E	R	N
F	S	T	R	E	M	ß	A	D	P	Ü	L	U	F
A	S	C	H	R	E	C	K	L	I	C	H	F	S
U	F	A	R	H	R	U	Z	I	L	P	O	M	T
L	E	R	L	A	W	L	I	N	G	E	R	A	R
O	R	T	F	L	E	I	ß	I	G	J	A	F	E
L	A	B	I	T	U	R	E	M	M	A	T	A	N
ß	K	U	R	E	F	E	R	A	T	I	L	C	G
Z	E	U	G	N	I	S	U	H	G	E	R	H	N

Schritt B
10 b 4 c 1 d 2
11 Kemal und Ayse finden, dass Deutschlernen Spaß macht. Omar ist sicher, dass sein Sohn das Abitur schafft. Soraya sagt, dass sie bald gut Deutsch sprechen möchte. Babak glaubt, dass er in Deutschland studieren kann.
12 b eine gute Ausbildung wichtig ist. c du im Zeugnis schlechte Noten hast. d man regelmäßig Pausen machen soll. e du ein bisschen mehr lernen kannst. f unsere Kinder eine gute Schule besuchen können. g Sebastian und Luca vorhin gestritten haben. h Sie pünktlich zu dem Termin kommen.
13 b dass c weil d wenn e dass f weil g dass
14a ■ Das ist ja auch so langweilig und überhaupt nicht wichtig.
▼ So, und was ist denn dann wichtig?
■ Dass ich endlich in der Fußballmannschaft so richtig mitspielen darf.
14c glücklich, ruhig, berufstätig, lustig, höflich, selbstständig, traurig, ledig, schwierig, freundlich, billig
16a 2 Brot 3 Bier 4 Wecker 5 bald 6 weit
16b 2 w: III b: – 3 w: II b: I 4 w: I b: II 5 w: II b: I 6 w: II b: I

Schritt C
18 richtig: c, d, e, f
19 1 b 2 b 3 c
20 b ~~die Krippe~~ c ~~das Referat~~ d streng e ~~das Handwerk~~ f ~~die Erdkunde~~ g ~~der Sport~~
21a (von oben nach unten): 4, 9, 8, 6, 1, 5, 2, 3, 7

21b Liebe Samira,
wie geht es Dir? Ich habe so lange nichts von Dir gehört. Seit zwei Wochen mache ich einen Deutschkurs in Wien. Jeden Morgen freue ich mich auf die Schule, weil ich einen sehr netten und lustigen Lehrer habe. In meiner Heimat sind die Lehrer nicht so lustig. Sie sind streng. Das finde ich nicht so gut. Denn man lernt eine Sprache leichter, wenn die Lehrer freundlich sind, oder? Wir sprechen auch viel Deutsch im Unterricht und machen häufig Gruppenarbeit. Das macht so viel Spaß! Wie war der Sprachunterricht in Deiner Schule? Bitte schreib mir bald! Ich freue mich auf eine Antwort von Dir.
Viele Grüße
Alina

21c **Musterlösung:** Liebe Alina,
vielen Dank für Deine E-Mail. Ich habe mich sehr darüber gefreut. Ich bin in Syrien zur Schule gegangen. Dort waren die Lehrer auch sehr streng. Mein Lieblingsfach war Biologie, das war immer sehr interessant. Aber Mathematik hat mir nicht gefallen – der Lehrer war unfreundlich und der Unterricht oft langweilig.
Herzliche Grüße
Samira

Schritt D

22 b 3 c 1 d 6 e 4 f 5

23 A Vorbereitung, Beginn B verletzt, blutet, möglich, Beratung

24 **(von oben nach unten):** 5, 2, 10, 1, 8, 11, 9, 7, 3, 4, 6

Schritt E

25 b ein Zertifikat c die Technik d ein Studium e den Tagesablauf f Digitalfotos

26a 1 C 2 D 3 E

26b

Yara:	Schneiderin	☺ Kleidung selbst nähen, kreativ sein, selbständig arbeiten ☹ nicht viel Geld verdienen
Salah:	Taxifahrer	☺ Stadt sehr gut kennen, am Tag oder in der Nacht arbeiten, Lieblingsmusik hören ☹ Arbeit nachts ist anstrengend, wenn man müde ist
Dilara:	Kranken-schwester:	☺ viel Kontakt mit Menschen, Menschen helfen, nette Kolleginnen, tolles internationales Team ☹ oft am Wochenende arbeiten, wenn Freunde frei haben

27a Berufe: Bäcker, Architekt, Koch, Kellner, Lehrer, Physiotherapeut, Mechatroniker, Schauspieler
1 Physiotherapeut 2 Bäcker 3 Mechatroniker

Fokus Beruf: Ein tabellarischer Lebenslauf

1 **Familienstand:** verheiratet **Berufliche Tätigkeiten:** Kinderkrankenpflegerin; München **Berufsausbildung:** Ausbildung zur Krankenpflegerin **Schulausbildung:** Abschluss; Grundschule **Besondere Kenntnisse:** Deutsch, Englisch

Fokus Beruf: Ein Berufsberatungsgespräch

1 a, c, f, h

Lektion 7   Feste und Geschenke

Schritt A

1 b ihrem c unserer d ihren

2

Wer?		Wem? (Person)	Was? (Sache)
Ich	schenke	meinen Sohn	einen Fußball.
Sie	kauft	ihrem Baby	eine Jacke.
Wir	backen	unserer Freundin	einen Kuchen.
Sie	schenken	ihren Großeltern	Gartenstühle.

3 b Ihrer c einer d deinem e keinem f Ihrer g unserem

4 a uns b dir c Ihnen d euch e ihnen f ihr g ihm h mir

5a 2 ein Kochbuch 3 ein Fußball 4 eine Kette

5b 2 ihm ein Kochbuch. 3 ihnen einen Fußball. 4 ihr eine Kette.

6 die Creme, die DVD, das Parfüm, die Mütze, die Puppe, der Geldbeutel, die Kette

7 b Er kauft seiner Frau ein Parfüm. c Gibst du mir bitte meinen Geldbeutel? d Die Oma bringt Pia eine Puppe mit. e Kannst du mir dein Fahrrad leihen?

8

	Wer? (Person)	Wem? (Person)	Was? (Sache)
kaufen	Er	seiner Frau	ein Parfüm
geben	du	mir	meinen Geldbeutel
mitbringen	Oma	Pia	eine Puppe
leihen	du	mir	dein Fahrrad.

Schritt B

9

	ich	du	er	es	sie
Ich kenne ...	mich	dich	ihn	es	sie
Das gehört ...	mir	dir	ihm	ihm	ihr

	wir	ihr	sie/Sie
Ich kenne ...	uns	euch	sie/Sie
Das gehört ...	uns	euch	ihnen/Ihnen

10 **b** Wem? Oma Was? das Geburtstagsgeschenk → Hast du es ihr schon geschickt? **c** Wem? mir Was? den Film → Können Sie ihn mir empfehlen? **d** Wem? deiner Freundin Was? den Geldbeutel → Hast du ihn deiner Freundin geschenkt? **e** Wem? uns Was? die Speisekarte → Bitte bringen Sie sie uns. **f** Wem? meinen Eltern Was? dieses Hotel→ Ich habe es meinen Eltern empfohlen. **g** Wem? unserer Nachbarin Was? Blumen → Wir schenken sie unserer Nachbarin.

11 **b** sie ihm **c** es uns **d** es Ihnen **e** sie mir **f** sie dir **g** ihn ihnen **h** ihn dir **i** sie ihr

12 **Was?** 2 Milch – sie **3** einen Joghurt – ihn **4** die Marmelade – sie **5** die Brötchen – sie **6** ein Eis – es

13 **b** zeige es Ihnen. **c** ihn mir geschenkt. **d** suche sie dir. **e** hole ihn euch gleich. **f** bringe sie Ihnen gleich.

14 **a** Nudeln, liefert, -gerichte **b** Schachtel, ausdrucken, Briefmarken

Schritt C

15 1 D 2 E 3 C 4 B 5 F

16 ... auf das Brautpaar gewartet und ihm gratuliert. Dann sind wir alle zum Restaurant gefahren. Im Restaurant haben wir gegessen und getrunken. Das Hochzeitsessen war sehr lecker, besonders gut hat allen die Torte geschmeckt. Nach dem Hochzeitsessen hat das Brautpaar zuerst getanzt. Am Ende haben alle wild bis zum Morgen getanzt. ...

17a **Musterlösung:** Hochzeit, Familie und Freunde, leckeres Essen und große Party, im Sommer auf einem Schloss, weißes Kleid, lustig

17b **Musterlösung:** Vor zwei Jahren hat meine Schwester geheiratet. Die ganze Familie und viele Freunde waren da. Sie hat an einem schönen Sommertag auf einem Schloss geheiratet. Ihr weißes Brautkleid war wunderschön. Nach der Trauung haben wir gegessen und viel Rakı getrunken. Nach dem Hochzeitsessen haben wir alle eine Party gefeiert. Es war sehr lustig.

18a schön – schon, kommen – können

19 **a** war die ganze Nacht wach. **b** den Geburtstag von ihrem Sohn gefeiert. **c** vor dem Fest nervös. **d** nicht so gut **e** viel geredet und gelacht.

20 **Musterlösung A:** Ich feiere besonders gern meinen Geburtstag. Da feiere ich immer eine Party bei mir zu Hause und lade alle meine Freunde ein. Das Essen und die Getränke bringen meine Freunde mit. Aber sie müssen mir keine Geschenke mitbringen.
Musterlösung B: Ich feiere Neujahr immer mit meiner ganzen Familie. Wir treffen uns immer am 31.12. im Haus von meinen Großeltern. Meine Tante kocht und alle bringen Süßigkeiten und Getränke mit. Um Mitternacht gibt es kleine Geschenke.

Schritt D

21 meinem, meinen, meiner, meinem, meiner

22 Heimat, Fall, Tod, tabu, Kette, ausgeben, persönlich, Herzen

Schritt E

24 sich unterhalten, vorbereiten, kochen, überzeugen, kaufen, dekorieren

25 Die Party findet am, Wir feiern, Natürlich haben wir tolle Musik, Zu essen und trinken gibt es

26a Tatjana, Arne und Chiara

26b **Musterlösung:** Super Idee! Ich komme gern und bringe einen Kuchen mit – und meinen Hund. In Ordnung? Toni

27a 2 Samstag, 1. August, ab 17 Uhr **3** alle: Familien, Nachbarn, Freunde, Kollegen ...

27b 5, 6

29a Hochzeitskleid, Hochzeitsparty, Hochzeitsfest, Hochzeitsfeier, Hochzeitskarte, Geburtstagsfeier, Geburtstagsparty, Geburtstagsfest, Geburtstagskarte

Fokus Beruf: Konflikte bei der Arbeit

1a 2 D 3 A 4 C

1b **2** Natürlich! Das mache ich sofort. **3** Ach so. Na, das kann jedem mal passieren. **4** Tut uns leid. Sie haben natürlich recht.

Fokus Familie: Ein Sommerfest im Kindergarten

1 1 B 2 A 3 D 4 C 5 E

2a **Herr Özdem:** Grill organisieren; **Frau Winterher:** Kuchen, Kinderspiele; **Herr Mosbach:** aufbauen und aufräumen; **Herr Franetti:** Getränke

2b 2 a 3 e 4 d 5 b

Lösungen zu den Tests

Lektion 1   Ankommen

1   **a** Tante **b** Schwägerin **c** Schwager **d** Neffe **e** Cousine

2   **a** umziehen **b** Nachbarn **c** Sachen **d** ausziehen **e** Zentrum

3   **a** ist … passiert **b** haben … kennengelernt **c** habe … vergessen **d** hat … eingekauft **e** habe … verstanden **f** seid … umgezogen

4   **a** Ich muss zum Supermarkt, weil mein Kühlschrank leer ist. **b** Sara geht früh ins Bett, weil sie sehr müde ist. **c** Wir haben heute keine Schule, weil unser Lehrer krank ist.

5   **a** Das ist Monas Hund. **b** Hier siehst du Fredriks Haus.

6   **a** (von oben nach unten) Stell dir vor,; Wie peinlich!; So ein Pech!; Du glaubst es nicht! **b** Oje! Und was ist dann passiert?; Zum Glück

7   zu spät aufgestanden. Mein Zug war leider schon weg. Zwei Stunden später bin ich mit dem nächsten Zug gefahren. In Düsseldorf bin ich in den ICE umgestiegen. Schließlich habe ich noch eine Stunde das Hotel gesucht.

Lektion 2   Zu Hause

1   Mülltonnen, Plastik, trennen, Müll, Biomüll, werfen

2   **a** sitzt **b** liegen **c** steckt **d** stellt **e** hängen

3   **a** rein **b** dorthin **c** runter **d** rauf **e** raus

4   **a** am **b** auf dem **c** an die **d** auf den

5   Da haben Sie recht; Störe ich; Das war keine Absicht; das geht leider nicht; Natürlich

6   **richtig:** a, e

Lektion 3   Essen und Trinken

1   **a** Frühstück **b** Kantine **c** manchmal **d** Braten **e** süß **f** Pfanne

2   **a** die Kanne, die Kannen **b** die Tasse, die Tassen **c** die Schüssel, die Schüsseln **d** der Löffel, die Löffel **e** der Topf, die Töpfe

3   (von oben nach unten) eins, welche, keine, eine, eine, eins, einer, keinen

4   **a** Kuchen esse ich nie. **b** Äpfel esse ich oft. **c** Pommes esse ich manchmal. **d** Wasser trinke ich immer.

5   **a** 6 **c** 5 **d** 2 **e** 3 **f** 4

6   **Musterlösung** ins „Marimba". Dort gibt es viele kleine Gerichte, z. B. Nudeln mit Tomatensauce oder Suppen. Ich esse besonders gern einen Salatteller, weil der Salat dort immer frisch ist. Besonders empfehlen kann ich aber auch das Café „Milchkännchen". Es ist direkt neben der Schule und hat so leckeren Kuchen. Liebe Grüße …

Lektion 4   Arbeitswelt

1   **a** Rente **b** Überstunden **c** Feiertag **d** Urlaub **e** Arbeitnehmer **f** Kantine **g** Gewerkschaft, Mitglieder **h** Stellenanzeigen **i** Weiterbildung

2   **a** Bitte schalte den Computer gleich ein, wenn du morgens ins Büro kommst. **b** Wenn Sie online reserviert haben, dann haben Sie sicher eine Reservierungsbestätigung bekommen. **c** Ich kann Ihnen kein Zimmer geben, wenn Sie keine Bestätigung haben.

3   **a** Wenn Sie Arbeit suchen, sollten Sie die Portale im Internet nutzen. **b** Sie sollten einen Termin mit dem Berufsberater in der Agentur für Arbeit machen. **c** Sie sollten sich bei einer Zeitarbeitsfirma melden. **d** Wenn du für deinen Beruf noch mehr lernen möchtest, solltest du eine Weiterbildung machen.

4   **a** 1 **b** 2 **c** 1 **d** 2 **e** 1

5   **richtig:** c, d, f, i

Lektion 5   Sport und Fitness

1   **a** Verein **b** Mannschaft **c** Ermäßigung **d** kostenlos **e** Ferien **f** Spielplatz **g** ehrlich **h** Umwelt

2   **a** sich anziehen **b** sich waschen **c** sich kämmen **d** sich beeilen **e** sich rasieren **f** sich konzentrieren

3   uns, dich, sich, mich, sich, sich

4   **a** Worüber **b** Woran **c** Wovon **d** Worauf **e** Worüber **f** Womit

5   **Musterlösung a** Ich ärgere mich oft über den Bus. **b** Ich denke nicht gern an die Prüfung. **c** Ich habe heute von viel Geld geträumt. **d** Ich habe nie Lust auf Sport. **e** Ich habe mich letzte Woche sehr auf meinen Geburtstag gefreut. **f** Ich bin mit meiner Wohnung richtig zufrieden.

6   **b** 3 **c** 1 **d** 6 **e** 2 **f** 4

7   **Musterlösung** Betreff: Meine Tipps für Tobi, Hallo Tobi, klar kann ich dir Tipps geben. Ich mache morgens schon Gymnastik und ich esse viel Obst und Gemüse. Zum Kursraum nehme ich immer die Treppe. Sollen wir zusammen Sport machen? Du könntest mit mir einmal in der Woche joggen gehen. Antworte schnell. Viele Grüße …

Lektion 6   Schule und Ausbildung

1   **a** Beratung, Sprachkenntnisse, Förderung **b** Abitur, Universität, Fach, Kontakt **c** Krippe **d** Kindergarten, Migranten

2   **a** er nicht in die Schule gehen will **b** die Kinder Hausaufgaben machen müssen **c** ich immer eine gute Schülerin war **d** sie ihren Sportlehrer liebt

3   **a** wollte, durfte **b** wollten, mussten **c** konntest **d** durften

4 **a** Es tut mir leid **b** Es ist wichtig **c** Bist du sicher **d** Ich bin froh **e** Ich glaube **f** Findest du

5 **richtig:** b, c, e

6 **a** Die Abteilung finden Sie im ersten Stock. **b** Nein, leider nicht. Den haben wir nur in Blau. **c** Der kostet nur 79 €. Das ist der Letzte. **d** Die ist gleich da vorne, neben der Treppe. **e** Tut mir leid, die gibt es nur noch in 42.

Lektion 7   Feste und Geschenke

1 **a** Geldbeutel **b** Parfüm **c** Puppe **d** Pralinen **e** Torte

2 ausgedruckt, dekorieren, basteln, weiß, ausgegeben, liefert, unterhalten, grüßen

3 -em, -er, -em, -en, -er, -er

4 **b** Sie sie **c** es dir **d** Sie ihn **e** es dir **f** ihn ihr

5 Ich finde es toll, wenn; Muss das sein; zu Hause bei; Zu trinken gibt es; Unser Raum ist so dekoriert; Unser Motto ist

6 **B** Viele Freunde haben vor der Kirche gewartet und gratuliert. **C** Dann sind wir mit dem Brautpaar zum Restaurant gefahren. **D** Dort haben wir gegessen und getrunken. **E** Danach hat das Brautpaar getanzt. **F** Schließlich haben alle getanzt. Es war eine tolle Hochzeit. Liebe Grüße ..

Bewertungsschlüssel für die Tests:

40 – 36 Punkte	sehr gut
35 – 32 Punkte	gut
31 – 28 Punkte	befriedigend
27 – 24 Punkte	ausreichend
23 – 0 Punkte	nicht bestanden